Adam Smith:

Der Wert unseres Geldes

Paper Money

Die Hintergründe der weltweiten Inflation

Aus dem Amerikanischen von
Gerti von Rabenau

Deutscher
Taschenbuch
Verlag

dtv

Ungekürzte Ausgabe
November 1984
Deutscher Taschenbuch Verlag GmbH & Co. KG,
München

Titel der amerikanischen Originalausgabe:
Paper Money
(Summit Books, New York)
ISBN 0-671-44825-0

ISBN 3-430-18561-0
Umschlaggestaltung: Celestino Piatti
Umschlagabbildung: Lee Quinones: Geld verschafft einem falschen Respekt (Galerie Rudolf Zwirner, Köln)
Gesamtherstellung: C. H. Beck'sche Buchdruckerei, Nördlingen
Printed in Germany · ISBN 3-423-10351-5

G. Wenke

Das Buch

Was ist unser Geld noch wert? Hat es tatsächlich nur noch den Wert des Papiers, auf dem es gedruckt ist? Im letzten Jahrzehnt hat sich die Weltwirtschaftslage rapide verschlechtert: Die Inflation weitet sich aus, die Bevölkerung der westlichen Welt fühlt sich unwohl, obgleich es ihr augenscheinlich gut geht, und die Menschen in der Dritten Welt verhungern buchstäblich. Weltweite wirtschaftliche Verflechtungen und einflußreiche politische Interessengruppen haben die heutige Lage entscheidend beeinflußt. Mit der Einführung des US-Dollars als Leitwährung und der damit verbundenen Ablösung der Golddekkung hat auch das Papiergeld seinen absoluten Wert verloren. Adam Smith beleuchtet und analysiert die Hintergründe der gegenwärtigen Misere. Mit dem Sachverstand des Fachmanns und der großen Begabung, einer schwierigen Materie nicht nur verständlich, sondern auch witzig und unterhaltsam beizukommen, vermittelt er dem Laien die Zusammenhänge – von den Auswirkungen des flexiblen Wechselkurses bis hin zum staatlich subventionierten Wohnungsbau und den Folgen der Ölpreiskontrolle durch die OPEC-Staaten. Der Nobelpreisträger für Wirtschaftswissenschaften Wassily Leontief urteilte: »Das informativste und spannendste Buch über dieses unbekannte und geheimnisvolle Gebiet, das Geld.«

Der Autor

Adam Smith ist das Pseudonym des in St. Louis geborenen George J. W. Goodman. Goodman absolvierte die Harvard University und war Assistent in Oxford. Als Anlageberater und Fonds-Manager an der Wall Street entdeckte er seine schriftstellerische Begabung, wurde Herausgeber eines Finanzmagazins und schrieb unter dem Pseudonym Adam Smith Kolumnen und Bücher, von denen ›Supermoney‹ und ›The Money Game‹ Bestseller wurden.

Inhalt

Kapitel 5

Kapitel 6

Kapitel 7

Danksagung

Obwohl ich natürlich die alleinige Verantwortung für dies Buch trage, stehe ich bei all denen in der Schuld, die das Manuskript gelesen und kommentiert haben. Ihnen gilt mein Dank ebenso wie der volkswirtschaftlichen Abteilung der Princeton-Universität, deren beratendem Ausschuß ich dreizehn Jahre lang angehörte, sowie deren Leiter, Professor Burton W. Malkiel, der mich in jeder Beziehung unterstützt hat.

Dank gilt auch dem Princeton-Professor Dwight Jaffee, der mein Kapitel über den Immobilienmarkt nicht nur gelesen, sondern zugleich die in diesem Kapitel erscheinenden Tabellen entworfen hat. Auch die von dem ehemaligen Beamten des Wohnungsbauministeriums und derzeitigen Mitherausgebers der *New York Times*, Roger Starr, gelieferten Kommentare zu diesem Kapitel waren überaus hilfreich.

Für das Lesen und Kommentieren der Kapitel über den Dollar, die Auswirkungen des Ölpreises und das Recycling des Dollars danke ich insbesondere Ralph A. Dungan (US-Direktor der Inter-American-Bank), John G. Heimann (Währungskommissar der Vereinigten Staaten), Charles Morris von der Chase-Manhattan-Bank und Peter Kenen (Walker-Professor für Ökonomie und internationale Finanzen an der Princeton-Universität).

Auch Professor Geoffrey Watson von Princeton hat mir mit seinen nützlichen Hinweisen bezüglich der modelltheoretischen und quantitativen Techniken sowie der einzelnen Ökonomen ebenso geholfen wie Professor Robert Lekachman von der City-Universität in New York bei meinen Ausführungen über Keynes.

Besonderen Dank schulde ich auch dem ehemaligen Berater des Königreiches Saudi-Arabien, Dr. Thomas McHale, und der Herausgeberin der Wochenzeitschrift *Petroleum Intelligence Weekly*, Wanda Jablonsky, für ihre Kommentare und Hinweise bezüglich der Entwicklung der OPEC und der Rolle der Saudis. Gleichzeitig möchte ich Dr. McHale für seine Gastfreundschaft im Nahen Osten danken.

Mein Dank gilt ferner dem Direktor der Inter-American-Bank in Venezuela, Dr. Juan Pablo Perez Castillo, der mir wichtiges Material über die Rolle seines Vaters in der Geschichte der OPEC zur Verfügung gestellt hat.

Außerdem möchte ich Herrn Professor J. C. Hurewitz vom Middle East Institute der Columbia-Universität danken, weil er mir die Teilnahme an dem regelmäßig tagenden Expertenseminar ermöglicht hat, in dem die Probleme des Nahen Ostens diskutiert wurden.

Desgleichen danke ich dem Direktor des Energieprojekts der Kennedy School in Harvard und dem Mitherausgeber des Energieberichts der Harvard Business School, Daniel Yergin, für seine überaus hilfreichen Kommentare zu dem Gesamtmanuskript, insbesondere aber zu den Problemen der Energie und des Recycling. Auch dem anderen Mitherausgeber des Harvard-Energieberichts, Professor Robert Stobaugh von der Harvard Business School, möchte ich für seine Unterstützung bei diesem Thema Dank sagen. Dasselbe gilt für die beiden Harvard-Professoren Hendrik Houthakker und A. J. Meyer, die mir ebenfalls zu Beginn meines Buches sehr geholfen haben.

Äußerst wichtige Hinweise über den Aktienmarkt bekam ich von Warren Buffett aus Omaha, Nebraska, von Martin Sosnoff, dem Leiter der Atlanta Corporation in New York, sowie von Burton Malkiel von der Princeton-Universität.

Danken möchte ich ferner den beiden MIT-Professoren Lester Thurow und Robert M. Solow – für die von ihnen aufgewendete Zeit, für ihre Kommentare und die Erlaubnis, teils unveröffentlichtes Material einzusehen und zugrunde zu legen.

Mein Dank gilt ferner dem ehemaligen Staatssekretär Robert V. Roosa, dem Ministerialdirektor C. Fred Bergsten, dem ehemaligen

Minister W. Michael Blumenthal und insbesondere dem ehemaligen Staatssekretär George W. Ball.

Auch John Lichtblau vom American Petroleum Institute, Stephan Stamass von Exxon, Pierre Wack von Royal Dutch-Shell sowie Jack Sunderland von Coroil und Charles Maxwell von der Cyrus J. Lawrence Inc. möchte ich in diesem Zusammenhang nicht unerwähnt lassen.

Dasselbe gilt für die Professoren A. Rustow von der New-York-Universität, Robert Triffin von der Universität Louvain sowie für Geoffrey Bell von J. Henry Schroeder International Ltd., Walter Levy von W. J. Levy and Associates, Prof. Charles Issawi und Prof. Richard Quandt von der Princeton-Universität, Prof. Bernard Lewis vom Institute for Advanced Study in Princeton und Alain Greenspan von der Townsend-Greenspan and Co. Inc.

Dank schulde ich ferner David Armour vom Internationalen Währungsfonds, David Foster von Salomon Brothers sowie Lawrence Goldstein von Drexel, Burnham & Co. für die in ihrem jeweiligen Fach geleistete Unterstützung mit statistischem Material.

Zu guter Letzt möchte ich noch Melvina al-Itzmirly von der saudiarabischen Botschaft in Washington erwähnen, die mir geduldig alle für dieses Land erforderlichen Informationen beschaffte, sowie Kevin Lippert, der mir bei meinen Recherchen eine große Hilfe war.

Schließlich möchte ich noch den drei auf diesen Gebieten besonders bewanderten Journalisten Anthony Sampson aus London sowie Martin Mayer und Chris Vallas aus New York danken, die mir in großzügigster Weise ihre Notizen, ihre Quellen und ihr Wissen zur Verfügung gestellt haben.

Kapitel 1

Warum fühlen wir uns so schlecht, obwohl es uns so gut geht?

Dr. Burns

Wir alle kennen, glaube ich, das unwirkliche Gefühl, das uns manchmal im Auto überfällt, während wir gerade Radio hören oder einfach vor uns hindenken, wenn die Räder plötzlich keinen direkten Kontakt mehr mit der nassen oder schneebedeckten Straße zu haben scheinen. Dieses vorwiegend unterbewußte Gefühl des Gleitens rüttelt uns unvermittelt auf und macht uns reaktionsbereit. Genau dieses Gefühl überfiel mich vor gut zehn Jahren in bestimmten Abständen, sobald ich an meinem Schreibtisch saß und etwas über Preise und den Geldmarkt las. Manchmal verspürte ich es auch im Supermarkt, wenn mir der Angestellte das meist sehr geringe Wechselgeld reichte. Eines Tages vereinbarte ich schließlich einen Termin mit Dr. Burns.

Allerdings hatte dieser Termin nichts mit meinem Gesundheitszustand zu tun; denn Dr. Burns war nicht etwa Arzt, sondern Ökonom und damals gerade Vorsitzender des amerikanischen Bundesbankdirektoriums (Board of Governors). Natürlich konnte ich ihm nicht einfach sagen: »Ich hab' so ein merkwürdiges Gefühl in bezug auf die Inflation«, als handelte es sich um Magenweh, sondern ich versuchte statt dessen, mir einige Fragen zurechtzulegen, die mir einigermaßen intelligent erschienen. Obwohl ich mir diese Fragen noch im Taxi auf meinem Weg zum Gebäude des Federal Reserve Board in Washington wiederholt vorgesagt hatte, konnte ich doch nicht verhindern, daß ich inmitten unseres Gesprächs von diesem »merkwürdigen Gefühl« sprach.

Ich hatte Dr. Burns vor etwa zwei Jahren kennengelernt, als ich eine gefährliche Situation erkannt hatte, die dank des Verhaltens der amerikanischen Bundesbank* nicht zu einem Drama ausartete. In meinem Buch »Supermoney« habe ich in dem Kapitel »Der Tag, an dem fast die Musik ausgestorben wäre« in Kurzfassung die Panik beschrieben, die schließlich nicht stattfand. Die Penn Central Company war am Sonntagmorgen bankrott gegangen und hatte wertlose Papiere in Höhe von zweihundert Millionen Dollar sowie nicht unbeträchtliche Schulden hinterlassen. Außerdem wurde befürchtet, daß die Märkte am folgenden Montag und Dienstag so erschüttert würden, daß sie die derzeitigen kurzfristigen Schulden anderer auf wackelnden Füßen stehender Schuldner nicht erneuern würden. Zu diesen gehörten zum Beispiel Lockheed, Chrysler und Pan American.

Falls diese stark verschuldeten Unternehmen nicht irgendwo Geld auftreiben konnten, waren sie außerstande, ihre Rechnungen zu bezahlen, was ihrerseits wiederum ihre Kreditoren in Zahlungsnöte versetzt und eine Lawine von Liquiditätskrisen ausgelöst hätte. Die Bundesbank rief daraufhin ihre Mitgliedsbanken zusammen und forderte sie auf, das zur Vermeidung dieser Katastrophe erforderliche Geld aufzutreiben. Die Situation war vergleichbar mit dem Fall einer starken Überlastung des Stromnetzes, bei dem der leitende Ingenieur sämtliche verfügbaren Stromreserven in das System hineinpumpt, um einen Zusammenbruch zu vermeiden. Genau das ist ja eine Funktion der Federal-Reserve-Bank; deshalb wird sie auch als »letzte Kreditzuflucht« bezeichnet. Natürlich waren – und sind – damit die Probleme der großen Schuldner keineswegs beseitigt, aber das Funktionieren des *Systems* war gewährleistet, und die Quasi-Katastrophe blieb – genau wie ein schließlich doch nicht stattfindender Stromausfall – weitgehend unbemerkt.

Beim Betreten des Federal-Reserve-Gebäudes fragt einen zunächst der livrierte Pförtner nach dem Namen und dem Zweck des Besuches, schreibt beides in ein Buch, bestellt telefonisch eine Begleitung und heftet einem einen Passierschein an das Revers. Auf-

* Im Text sind grundsätzlich die amerikanischen Institutionen gemeint, soweit sie nicht ausdrücklich als diejenigen anderer Nationen ausgewiesen sind. (Anm. d. Verlages)

grund der breiten links und rechts nach oben führenden Marmortreppen erstreckt sich der Innenraum des Atriums über drei Stockwerke, und die aus italienischem und belgischem Travertin bestehenden Böden entsprechen genau dem in Banken üblichen Stil. Beim Gehen erzeugen die Schritte ein lautes Echo. Auf dem zweiten Stock fällt die merkwürdige Anordnung der Türen auf: sechs riesige dunkelbraune Türen, die jeweils über die eine Seite der Galerie verteilt sind und ihr Pendant in sechs entsprechenden Türen auf der gegenüberliegenden Seite des Atriums haben. Jede gehört jeweils einer der zwölf regionalen Federal-Reserve-Banken. Sie erinnern unwillkürlich an Kulissen, in denen ein Hitchcock-Film gedreht werden könnte. Man würde hinter ihnen eigentlich ziemlich weitläufige und saalähnliche Konferenzzimmer mit hohen Decken und überdimensionalen Möbeln vermuten. Dem ist jedoch nicht so, denn hinter den Türen verbergen sich relativ einfache Büros mit Metallschreibtischen, metallenen Aktenschränken und elektrischen Schreibmaschinen. Zwischen den einzelnen Büros gibt es keinerlei direkte Verbindung.

Man sieht weder Kassierer noch Schalter und praktisch überhaupt keinen Kundenverkehr. Der französische Architekt Paul Philippe Cret verwendete neben den zwölf großen Türen noch die Symbole der Naturgöttin Kybele, die in dem Konferenzsaal, in dem sich die Bankdirektoren treffen, als Relief über dem Kamin thront. Außerdem ließ er das große Siegel der Federal Reserve in den Boden eingravieren. Durch die Höhe der Decken, die zahlreichen Kerzenhalter und die indirekte Beleuchtung erweckt das Gebäude den Eindruck eines Tempels oder gar einer Kathedrale – die majestätische Stille, die in dem Gebäude herrscht, erscheint für eine so große Bank gerade angemessen.

Das 1937 errichtete Gebäude, das damals in Washington erstmals eine zentrale Klimaanlage besaß, enthält einige Kunstgegenstände, die zu einer von einem Industriellen gestifteten Sammlung gehören. Diese Sammlung wird immer wieder an Museen verliehen, von denen die Bank als Gegenleistung andere Gemälde ausleiht, so daß ihre Wände ständig mit den unterschiedlichsten Kunstwerken geschmückt sind.

Die Gründer dieser Bank und ihres Gesetzes handelten im

wahrsten Sinne des Wortes in »Panikstimmung«. Die Schulkinder mußten früher noch die geschichtlichen Daten der Bankpaniken auswendig lernen, als wären es Schlachten: Dies waren insbesondere die Panik von 1837, von 1873, von 1893 und die von 1907. Mit all diesen Bankkrisen verbindet sich dasselbe Bild des anfänglichen Booms und des anschließenden Bankrotts, der durch die aufgeregten Schlangen von Aktieninhabern charakterisiert ist, die alles daransetzten, um ihr Geld zurückzubekommen, bevor es zu spät war. Das Ende war dann der Zusammenbruch und die Depression. Als der Kongreß 1913 das System der Federal Reserve schuf, erwartete er von diesem System, daß es imstande wäre, einen Ansturm auf die heimischen Banken zu stoppen, indem es mit Hilfe einer Reihe von Mechanismen dem Staate neues Geld zuführte, das weder Gold noch Silber war und nicht dem normalen Geldumlauf entstammte. Dies bedeutete, daß Banken mit Schwierigkeiten in der Federal Reserve einen Freund und Helfer besaßen, der die gesamte Geldmenge des Landes regulierte. Es leuchtet ein, daß damit zugleich eine große finanzielle Macht verbunden war.

Es überrascht mich nicht, daß Arthur Burns in seinem reichhaltig mit Büchern geschmückten Büro gerade seine Pfeife raucht; denn sie ist praktisch sein ständiger Begleiter: sei es im Kongreß, im Senat oder im Weißen Haus. Er trägt eine randlose Brille, und sein weißes Haar ist in der Mitte gescheitelt. Er ist ein ehemaliger Professor der Columbia-Universität und eine Autorität in Konjunkturfragen. Nachdem wir uns eine Weile unterhalten haben, stelle ich endlich meine Frage:

»Was ist Ihrer Ansicht nach eine akzeptable Inflationsrate?« Hinter einer dicken Rauchwolke aus seiner Pfeife versteckt, höre ich Burns' Stimme: »Eine akzeptable Inflationsrate? Die einzig akzeptable Rate ist eine Inflation von Null!«

Gerade diese Zahl hatte ich am wenigsten erwartet, und es war höchstwahrscheinlich das letzte Mal, daß irgend jemand eine Inflationsrate von Null für angemessen hielt. Natürlich war es eine gute Antwort, die genau Burns entsprach und mit zu dem Stil gehörte, der ihn in der ganzen Welt zu einem Symbol der Redlichkeit gemacht hatte. Dennoch vermag ich ihm nicht so recht zu glauben. Ich hab' dieses merkwürdige Gefühl ...

zuvor konnte die Regierung der Vereinigten Staaten mühelos Obligationen mit einer Laufzeit von dreißig Jahren verkaufen. Während der galoppierenden Inflation der zwanziger Jahre waren die Deutschen dagegen nicht einmal bereit, ihre Währung eine Stunde lang zu halten, weil sie sich in den Händen dunkler und fremdartiger Mächte wähnten. Das heißt, Arthur Burns' »sozialer Kitt« hatte sich aufgelöst, und die zuvor gut funktionierende Gesellschaft hörte in ihrer Verwirrung lieber auf die Stimmen, die ihr per Mikrophon leichte Zinserträge und einfache Lösungen versprachen.

In diesem Buch möchte ich berichten, wie wir dahin gelangt sind, wo wir heute sind, und zugleich einige potentielle künftige Ereignisse skizzieren. Dabei haben Sie als Leser den ungeheuren Vorteil, diese Ereignisse zu verstehen, weil Sie ein Buch lesen können. Dies meine ich durchaus ernst, weil ja der größte Teil unserer Mitbürger seine Informationen heutzutage von Bildern bezieht. Das Fernsehen ist ein wunderbares Medium für Dramen, für Persönlichkeiten und für Spiele, die auf Zeit und Raum begrenzt sind. Unsere Geschichte eignet sich jedoch weniger gut für Bilder, weil sie einige Abstraktionen enthält. Einige Leute, einschließlich meiner Person, haben zwar versucht, diese Geschichte in Bilderform darzustellen, aber ohne großen Erfolg. Selbst in der jetzigen Form erhalten die Zahlen manchmal die Rolle der »Hauptdarsteller«, während die menschlichen Akteure nur durch kurze homerische Attribute beschrieben werden können.

Dennoch habe ich die Beziehungen zwischen den Ereignissen, Menschen und dem Verhalten als ausgesprochen faszinierend und mindestens genauso aufregend wie irgendein Fernsehspiel empfunden. Denken wir nur einmal an den Schock, den die Ölpreise und die dadurch ausgelösten Probleme für die Wirtschaft bedeutet haben. Obwohl die OPEC offiziell in Bagdad ihren Anfang hatte, lag ihr eigentlicher Ursprung in dem Notizbuch eines südamerikanischen Rechtsanwalts, eines großen Bewunderers der Texas Railroad Commission – der texanischen Eisenbahnkommission. Das Kartell, das diesen Mann so bewegte, wurde von irgendwelchen Jägern des schottischen Moorhuhns in einem Schloß in Achnacarry, Schottland, gegründet. Demgegenüber fand der Akt, der die

Entstehung der OPEC auslöste, im 29. Stockwerk eines Manhattaner Wolkenkratzers statt, während das Banksystem, das den immensen Geldstrom von den Ölproduzenten absorbierte, den Aktivitäten eines russischen Bürokraten in London entstammt. Alle drei, die Moorhuhnjäger, der Rechtsanwalt und der Russe, haben in irgendeiner Form etwas mit dem Wert eines Bankkontos und dem Preis eines Hauses zu tun.

Dies ist allerdings nur ein Teil der Geschichte – obwohl die detaillierte Darstellung dieser Verbindungen keineswegs nur den Zweck hat, irgendeine relativ unbekannte Geschichte zu erzählen.

Der Punkt ist vielmehr, daß den Amerikanern nicht nur das wohltuende und angenehme Gefühl der Nachkriegszeit, ihr Schicksal voll in der Hand zu haben, verlorengegangen ist, sondern daß damit zugleich auch der wohltuende und angenehme Spielraum für Irrtümer und Fehler verschwunden ist. Wir können uns zwar auch weiterhin durch die finanziellen Probleme der Welt hindurchmogeln, aber wir müssen uns dabei vergegenwärtigen, daß wir einige gefährliche Klippen zu umschiffen haben.

Die Frage ist zum Beispiel, ob die Leute in schwierigen Zeiten wirklich verstehen und zu verstehen versuchen, was geschehen ist, oder ob sie lieber anderen den Schwarzen Peter zuschieben und einfache Lösungen bevorzugen. Immerhin wissen nach sieben Jahren Ölkrise vier von zehn Amerikanern noch nicht, daß wir überhaupt Öl importieren. Stellen wir uns doch einmal all jene Riesentanker vor, die in den Ölhafen einlaufen, all die neunzig Milliarden Dollar jährlich, die für das Öl dieser Tanker bezahlt werden müssen, oder aber all die Erdölleitungen, die sozusagen das »moralische Äquivalent eines Krieges« darstellen – und dennoch scheint fast die Hälfte der Bevölkerung nicht zu begreifen, daß wir all das Öl erhalten und dafür Geld bezahlen müssen.

Die zu diesem Thema durchgeführten Gallup-Untersuchungen haben mir immer dasselbe unwirkliche Gefühl gegeben, das ich beim Lesen all der Zahlen hatte und das mich schließlich veranlaßte, Arthur Burns aufzusuchen.

Wie sind wir dahin gekommen, wo wir heute sind? – Die gute alte Zeit

Wir haben uns inzwischen so sehr an die Inflation gewöhnt, daß wir gar nicht mehr wissen, wie es ist, in einer Umwelt zu leben, in der Preise nicht ständig steigen und die Anbieter in ihren Preisen nicht ständig künftige Preissteigerungen antizipieren. Wir sollten uns jedoch daran erinnern, daß sich die Inflationsrate in den Vereinigten Staaten in der ersten Hälfte der sechziger Jahre zwischen ein und zwei Prozent bewegte.

Obwohl unsere Geschichte zum Teil auf Ereignisse in den Jahren 1717, 1913 und 1928 zurückzuführen ist, erscheint das Jahr 1965 dennoch als sehr guter Ausgangspunkt. Die Wirtschaft lief in diesem Jahr auf vollen Touren, und die Vereinigten Staaten hatten aufgrund ihres zunehmenden Engagements in Vietnam hohe Ausgaben für Flugzeuge, Treibstoff und Kampfboote, die von irgend jemand getragen werden mußten. Lyndon B. Johnson versuchte jedoch, sich um die Tatsache herumzudrücken, daß dieses Geld nur in Form von erhöhten Steuern aufgebracht werden konnte.

Nach Aussagen von David Halberstam soll Präsident Johnson gesagt haben: »Ich verstehe nicht viel von Ökonomie, aber ich kenne den Kongreß. Und ich weiß, daß ich die ›Große Gesellschaft‹ im Augenblick durchsetzen kann – dies ist genau die richtige Zeit. Wir haben einen guten Kongreß, und ich bin der richtige Präsident, der es tun kann. Wenn ich jedoch anfange, über die Kosten des Krieges zu sprechen, kann ich meine ›Große Gesellschaft‹ nicht durchbringen. Ich sehe den alten Wilbur Mills schon vor mir, wie er mir freundlich danken und meine ›Große Gesellschaft‹ genauso freundlich ablehnen wird. Und dann wird er mir sagen, daß er bereit ist, alle für den Krieg erforderlichen Ausgaben zu unterstützen.«

Als der Wirtschaftsbeirat (Council of Economic Advisers) den Präsidenten zu Steuererhöhungen drängte, rief Johnson die wichtigsten Mitglieder des Haushaltsausschusses zusammen, um sich mit ihnen zu beratschlagen. Doch die von ihm für Vietnam veranschlagten Zahlen waren relativ niedrig, so daß er mit der Zustimmung des Wirtschaftsausschusses seinem Beirat sagen konnte, er sei vor den Kongreß gegangen und habe diese Zahlen diskutiert, könne jedoch nicht die erforderlichen Stimmen erhalten.

Da die private Wirtschaft bereits eine hohe Kapazitätsauslastung erreicht hatte, konkurrierte die Militärnachfrage mit der privaten, Armeestiefel mit privaten Schuhen, die Rüstungsindustrie mit der Privatindustrie – und auf diese Weise wurde eine klassische Nachfrageinflation produziert: Es waren einfach nicht genügend Güter da. Alle Kriege müssen irgendwie bezahlt werden; in diesem Fall geschah dies nicht in Form einer expliziten Sondersteuer, sondern auf indirekte Weise durch die Inflation. Ihr Anfang war also letztlich die unbezahlte Rechnung des Vietnam-Krieges.

Obwohl die Inflationsrate unter Präsident Nixon nach heutigen Maßstäben relativ harmlos erscheint, war sie mit etwa fünf Prozent dennoch doppelt so hoch wie vor dem Vietnam-Krieg. Unglücklicherweise griffen die klassischen Instrumente der Ökonomie – Kreditverknappung und höhere Steuern – nicht in dem gewünschten Maße: Die wirtschaftliche Entwicklung verlangsamte sich zwar, aber nicht die Inflation, die offenbar mehr Triebkraft besaß, als die verantwortlichen Politiker angenommen hatten. Im August 1971 mußte Nixon genau wie Johnson wohl oder übel eine Entscheidung treffen. Die Umfragen hatten ergeben, daß Nixon in einem potentiellen Wahlkampf eindeutig hinter Edmund Muskie rangierte. Deshalb entschied sich Nixon für eine Doppelstrategie: Er verordnete Lohn- und Preiskontrollen einerseits und stimulierte andererseits die Wirtschaft mit Hilfe fiskalpolitischer Maßnahmen. Arthur Burns, der eine Inflationsrate von Null als ideal propagiert hatte, war der Hauptverantwortliche, als sich die Geldmenge immer mehr aufblähte, und mußte sich von seinen Kritikern gefallen lassen, daß sich sein Ziel offenbar in (Pfeifen-)Rauch aufgelöst hatte. Nixons Taktik war indes zeitlich geschickt eingefädelt; denn zum Zeitpunkt seiner Wahl herrschte in der Wirtschaft Optimismus, und die Preise waren per Gesetz relativ stabil. Unmittelbar nach der Wahl mußten die Kontrollen jedoch aufgehoben werden, und die unterdrückte Inflation schlug wieder voll durch: Alle Unternehmen, die ihre Preise eingefroren hatten, holten die versäumten Preissteigerungen in vollem Umfang nach, sobald sie gesetzlich dazu die Erlaubnis hatten, und die Nachfrage schäumte dann natürlicherweise aufgrund all des überschüssigen Geldes über.

Zu den politischen Maßnahmen von Präsident Johnson und Nixon kamen unter anderem noch das Wetter und die fehlenden Sardellen hinzu. Das Wetter war insofern beteiligt, als es in Rußland eine schlechte Weizenernte bewirkte und die Nixon-Administration hierin eine Gelegenheit sah, um bei den Farmern für die Wahlen einige Stimmen zu gewinnen. Sie ging dabei jedoch zu weit und verkaufte den Russen zuviel Weizen, so daß die Amerikaner danach Mühe hatten, ihren eigenen Weizenbedarf zu decken.

Sie werden sich fragen, was die in diesem Zusammenhang ungewöhnlich anmutende Variable der Sardellen hier zu tun hat. Tatsache war jedoch, daß damals die Sardellenschwärme die peruanische Küste mit unbekanntem Ziel verließen; die Fische, die sich von ihnen ernährten, folgten ihnen, woraufhin die Fischer von ihren Fangfahrten mit leeren Netzen zurückkehrten. Dies hatte seinerseits zur Folge, daß die europäischen Rinderzüchter, die normalerweise Fischmehl verfütterten, auf Weizen umstiegen und nach Minneapolis flogen, um sich in den Hotelzimmern einzumieten, die die Russen soeben verlassen hatten. Das Ergebnis war eine ungeheure Explosion der Weizenpreise.

Insofern wird unsere Geschichte sowohl durch politische Entscheidungen als auch durch eine industriell und landwirtschaftlich bedingte Inflation eingeleitet – bei der aber dennoch genau wie bei allen klassischen Inflationsarten die Tatsache ausschlaggebend ist, daß man für das Geld nicht genügend Waren kaufen kann.

Hinzu kommt, daß – noch während sich die Hotels von Minneapolis mit Weizenhändlern füllten, während das Geld in Strömen floß und gute Geschäfte gemacht wurden – sich das Ungeheuer OPEC bereits wie ein wachgewordener Leopard zu räkeln und zu strecken begann; doch niemand ahnte so recht, welch tiefgreifende Veränderung dieses Kartell in unserem Dasein auslösen würde. Wir kommen gleich noch darauf zurück.

Wenn die Inflation gar nicht einmal so schlimm war, warum beklagen wir uns dann ständig?

Sie alle werden inzwischen wissen, daß die Inflation eine überaus komplizierte Angelegenheit ist und daß alle diesbezüglichen Vereinfachungen zu simpel sind.

Sie alle wissen auch bereits, daß zwei Ihnen durchaus bekannte einfache Faktoren bei der Inflation ausschlaggebend sind. Der erste besteht in der Tatsache, daß, wenn wir für irgend etwas mehr Dollar bezahlen als notwendig, einer unserer Mitbürger diese Extra-Dollars erhält. Dies erscheint offensichtlich und bedeutet, daß unsere Wirtschaft in gewissem Umfang bereits »indexgebunden« ist. Falls dieser Index vollkommen wäre, würden sämtliche Löhne, Preise und Dividenden mit genau derselben Rate steigen. Somit besteht ein Problem darin, daß manche Dinge stärker steigen als andere und auf diese Weise einige Individuen gegenüber anderen benachteiligt werden.

Der zweite Ihnen bereits bekannte Punkt ist, daß sich diese Variablen ursprünglich in zwei Richtungen veränderten, also nach unten und nach oben, und daß sie dies heute nicht mehr tun. Egal, ob sie kontinuierlich oder aber mit kurzen Unterbrechungen steigen – entscheidend ist, daß eine Abwärtsbewegung nicht mehr möglich ist.

Genau das meinen die Ökonomen, wenn sie sagen, daß die Löhne und Preise ihre Sensibilität gegenüber konjunkturellen Veränderungen verloren haben. Selbst wenn der Umsatz von Autos drastisch nachgelassen hat, verharren sowohl die Autopreise als auch die Löhne der Automobilarbeiter unnachgiebig auf ihrer einmal erreichten Höhe. Die Frage ist nun, in welchen Bereichen nicht dennoch Preissenkungen zu erwarten sind, so daß man mit dem Kauf bestimmter Dinge warten sollte, bis die Preise tatsächlich nachgegeben haben? Natürlich werden einige Dinge tatsächlich billiger: vor allem elektronische Rechner und Taschenrechner, also letztlich Gegenstände, deren Technologie sich mit Riesenschritten entwickelt hat. Außerdem gibt es noch einige Produkte, die uns nicht weiter auffallen und über die wir uns auch nicht beklagen: so zum Beispiel Toaster und elektrische Wecker.

Alles andere scheint unaufhörlich teurer zu werden: Häuser, Schuhe, Arztrechnungen, Nachhilfe, Autos, Nahrungsmittel, Haarschnitt, Lippenstift und Kaugummi. Selbst in einer Periode der Wirtschaftsflaute sind die Preise nach den Worten der Ökonomen »nach unten eingefroren oder starr«, wohingegen sie bei zunehmender Konjunktur wieder auftauen und munter klettern.

Obwohl wir keineswegs genau wissen, warum die Preise nach unten so starr sind, ist ein vermutlicher Grund der, daß dies sozusagen der Preis ist, den wir für die seit der »Großen Depression« genossene Prosperität und Stabilität zu zahlen haben. Solange Rezessionen kurz und kontrollierbar sind, bleiben die Anbieter auf der Hut und warten auf den Wendepunkt, um dann wieder ihre Kosten decken zu können. Auch arbeitslose Arbeitnehmer erhalten ihre Unterstützungszahlungen, so daß sie in der Regel nicht daran denken, irgendeinen Posten zu irgendeinem beliebigen Lohn anzunehmen. Die meisten Unternehmen entlassen ihre Leute im Falle zurückgehender Umsätze aber deshalb nicht, weil sie davon ausgehen, daß in Kürze wieder ein Aufschwung erfolgt, und weil sie keine guten Leute an ihre Konkurrenten abgeben wollen.

Wenn die Unternehmen heutzutage so viel Angst hätten wie in den dreißiger Jahren, dann wären sie bereit, mit Verlusten zu verkaufen und ihre Arbeiter zu entlassen, und die Arbeiter würden jeden nur denkbaren Job akzeptieren. Diese Art Angst kennen wir jedoch heute nicht mehr als Motivation unseres Handelns – und wir sind sicherlich nicht sehr erpicht darauf, sie noch einmal zu erleben.

Ein weiterer Faktor ist, daß wir im vergangenen Jahrzehnt nicht nur mit der Inflation selbst, sondern zugleich mit *der Erwartung* der Inflation zu leben gelernt haben, und diese psychologische Kraft ist mindestens gleichbedeutend mit allen technischen ökonomischen Kräften.

Von Ökonomen kann man außerdem hören, daß es uns bei bloßer Betrachtung der Wirtschaftsdaten gar nicht einmal so schlecht ging, sondern daß wir nur *meinen,* alles sei ziemlich schlimm gewesen. Angesichts der Tatsache, daß die sechziger Jahre eine Periode des Optimismus und die siebziger Jahre dagegen eine Zeit des Pessimismus waren, ist die Vermutung naheliegend, daß die sechziger Jahre durch einen wirtschaftlichen Aufschwung und die siebziger durch ein entsprechendes Tief charakterisiert waren.

Schauen wir uns die beiden Dekaden einmal genauer an. Die sechziger Jahre waren tatsächlich eine Boom-Periode, in der das um die Inflation bereinigte Realeinkommen um dreißig Prozent stieg. Genau dasselbe gilt jedoch auch für die siebziger Jahre, in denen es immerhin etwa 28 Prozent waren. Und diese Zunahmen verteilten sich sowohl auf Weiße und Schwarze als auch auf Land- und Stadtbevölkerung und Männer und Frauen. Allerdings schnitten einige Gruppen schlechter ab als andere: So konnten beispielsweise weder die akademischen Gehälter noch die von Zeitungsreportern Schritt halten. Hinzu kommt jedoch noch eine weitere Konsequenz, nämlich die sinkende Zahl der Universitätsstudenten, die gleichzeitig zu einer Verringerung der Universitätslehrkörper führte, deren Zahl in den sechziger Jahren noch zugenommen hatte. Oftmals wird der Inflation der Schwarze Peter zugeschoben, selbst wenn sie gar nicht ursächlich ist, und falls wir jemals noch eine Inflationsrate von Null realisieren sollten, werden wir vermutlich voller Überraschung feststellen, daß uns dennoch einige Probleme übriggeblieben sind.

Warum haben wir dann trotzdem so ein schlechtes Gefühl? Lester Thurow, ein ehemaliger Rhodes-Gelehrter und MIT-Ökonom, nennt uns zwei mögliche Gründe: Der eine ist die sogenannte »Geldillusion«. Hierzu ein Beispiel: Obwohl die Löhne in den siebziger Jahren um 134 Prozent stiegen, nahmen die inflationsbereinigten »Reallöhne« nur um 28 Prozent zu. Das ist so, als ob man eine Lohnerhöhung von 134 Dollar bekommt, von der jedoch sofort 106 Dollar abgezogen werden, so daß man sich zu Recht beraubt fühlt, weil man ja nicht berücksichtigt, daß ein Großteil dieser Lohnerhöhung inflationsbedingt war. Das zweite eng damit verbundene Element ist unser Puritanismus. Wir denken, wir verdienen genau das, was wir bekommen, so daß wir auch die gesamten 134 Dollar verdienen. Deshalb haben wir das Gefühl, daß irgendeine verborgene Kraft uns dieses Geldes beraubt, obwohl wir es eigentlich verdient hätten.

Der freundliche und übersprudelnde MIT-Ökonomieprofessor

Robert Solow nennt noch einen weiteren Grund für unser Gefühl, es gehe uns schlecht: nämlich die Tatsache, daß wir für dieselben Güter härter arbeiten müssen. In den dreißig Jahren nach dem Zweiten Weltkrieg ist die Produktivität genau wie unser Lebensstandard ständig gestiegen. Das heißt, wir brauchten immer weniger Arbeit pro Stunde, um dieselben Gütermengen zu produzieren. Neuerdings hat sich diese Produktivitätsentwicklung jedoch verlangsamt. Liegt es vielleicht daran, daß niemand mehr hart arbeiten möchte? Oder aber daran, daß die Amerikaner ihren Erfindungsreichtum verloren haben? Oder aber, weil die Regierung soviel Geld für die staatliche Regulation aufwenden muß, was sich ja nicht in einer Mehrproduktion von Gütern niederschlägt?

Professor Solow gibt zwar zu, daß wir natürlich mehr Regulation haben, daß wir mehr für die Umwelt ausgeben und daß der technologische Wandel sich möglicherweise etwas verlangsamt hat. Seiner Ansicht nach kommt jedoch in diesen Zahlen vor allem die entscheidende Tatsache zum Ausdruck, daß die Erwerbsbevölkerung zugenommen hat, und zwar insbesondere aufgrund der zunehmenden Anzahl junger Arbeitskräfte – bedingt durch den Baby-Boom der sechziger Jahre – sowie durch den gestiegenen Anteil verheirateter berufstätiger Frauen. Diesem Zuwachs an neuen Arbeitskräften, die ja zunächst eine geringere Produktivität aufweisen, stand keine entsprechende Modernisierung des Maschinenparks gegenüber, durch die ja die Produktivität jeder Arbeitskraft gesteigert wird.

Da die neuen Arbeitskräfte jedoch im Laufe der Zeit mit zunehmender Erfahrung produktiver werden, können wir diesbezüglich optimistisch sein. Außerdem könnten wir die Unternehmen mit Hilfe von Steueranreizen dazu anregen, den Kauf neuer Anlagen zu beschleunigen. Auch die Steuergesetze könnten durchaus besser werden. Wenn wir also mit allen Mitteln versuchen, unsere Produktivität zu steigern, wird sich auch die Stimmung insgesamt verbessern.

In unserer Geschichte des Papiergeldes haben wir jetzt sehr kurz einige Elemente dargestellt, auf die wir nicht mehr weiter eingehen werden: Dazu gehören Löhne, Preise, »Starrheit nach unten« und »die Geldillusion«, wobei es bei der letzteren um das frustrierende

Gefühl geht, daß wir trotz höherer Einkommen immer weniger für unser Geld bekommen.

Darüber hinaus gibt es noch zwei weitere Elemente in unserer Geschichte, denen manchmal die Gesamtschuld an der Inflation zugeschoben wird und die möglicherweise sehr abstrakt klingen, falls Sie nicht bereits mit dieser Terminologie vertraut sind. Das erste sind die Defizite des Bundeshaushalts, das heißt, die Regierung gibt mehr aus, als sie einnimmt. Die Inflation wird dadurch insofern angeheizt, als die Regierung in diesem Fall die fehlenden Geldbeträge zur Finanzierung ihrer Ausgaben auf dem Kapitalmarkt beschaffen muß. Dort konkurriert sie dann mit privaten Kreditnehmern, die mit Hilfe der aufgenommenen Gelder neue Fabriken oder Häuser bauen wollen. Durch diesen Wettbewerb steigen die Zinsen und damit zugleich die betrieblichen Kosten.

Manche Leute gehen jedoch noch weiter und behaupten, daß unsere *sämtlichen* Probleme gelöst werden könnten, wenn der Staat es schaffte, seinen Haushalt auszugleichen. Bevor wir uns dieser Meinung anschließen, müssen wir uns zunächst einmal ansehen, was die Bundesregierung mit ihrem Geld macht. Was wäre zum Beispiel, wenn sie ihr Geld an die Städte und Bundesstaaten verleihen würde? Denn es kommt durchaus vor, daß die Bundesstaaten einen Überschuß aufweisen, während der Bundeshaushalt ein Defizit aufweist. Deshalb müssen wir alle drei staatlichen Ebenen – die Bundes-, Staaten- und Kommunalebene – gemeinsam betrachten, und wir werden dann sehen, daß die Defizite keineswegs zwangsläufig mit der Inflationsrate übereinstimmen. Natürlich sollten die Regierungen nicht ständig mit Defiziten arbeiten, weil sie dann am meisten von der Inflation profitieren, da sie ja das zuvor von den Sparern geliehene Geld später mit billigeren Dollars zurückzahlen. Wenn jedoch die Regierung nicht an die eigene Währung glaubt, wer sollte es dann tun? Die Kreditgeber werden allmählich immer weniger Lust verspüren, die ständig wachsende Geldnachfrage des Staates zu befriedigen. Als Fazit läßt sich sagen, daß der Staatshaushalt durchaus ein großes Problem darstellt, aber keineswegs das einzige ist.

Der zweite Faktor, dem von einigen Leuten die Schuld in die Schuhe geschoben wird, ist die Bundesbank, die ja auch eine staatliche Institution ist. Mit »einigen Leuten« sind in diesem Fall die Monetaristen gemeint, die mit vielerlei Zungen reden. So glaubten sie beispielsweise, daß die Federal Reserve nur die Geldmenge knapp zu halten brauchte und daß sich alles andere dann von selbst ergäbe. Natürlich steht es außer Zweifel, daß eine Geldmenge, die schneller wächst als die Produktion von Gütern und Dienstleistungen, die Inflation anheizt. Und die Bundesbank sieht durchaus eine ihrer wichtigsten Aufgaben darin, die Zuwachsrate der Geldmenge niedrig zu halten. Dennoch können Sie der Tabelle (siehe Seite 30) entnehmen, daß es zwei Maße für die Geldmenge gibt und daß die Inflation in den vergangenen fünf Jahren selbst bei sinkender Geldmenge zugenommen hat. Insofern kann das letztere offenbar nicht die einzige Ursache der Inflation sein. Genau wie die Energie ist die Geldmenge in den letzten Jahren ein äußerst beliebter Diskussionsgegenstand gewesen, zu dem es zahlreiche Veröffentlichungen gibt.

Wenn wir davon ausgehen, daß wir in einer interdependenten Welt leben, kann eine Nation sämtliche dieser genannten Faktoren – also Löhne, Preise, Produktivität, »Starrheit nach unten«, Bundeshaushalte und die Geldmenge – zumindest rein theoretisch vollauf kontrollieren. Da wir jedoch bereits darauf hingewiesen haben, daß alle vereinfachten Theorien über die Inflation zu simpel sind, und nachdem wir die einzelnen Elemente unserer Geschichte aus der heimischen (bzw. amerikanischen) Sicht betrachtet haben, werden wir uns jetzt mit den »externen« Faktoren des Geldes befassen. Hierbei geht es um nichtökonomische Faktoren, die in den Bereich Politik und internationale Angelegenheiten fallen und sich auf die ganze Welt erstrecken. Es leuchtet ein, daß sie sehr viel schwieriger zu kontrollieren sind und daß dies bei vielen überhaupt nicht möglich ist. Insofern ist es unerläßlich, daß wir die Funktionsweise des OPEC-Kartells und die finanziellen Implikationen der Energieversorgung sowie das Recycling der Petro-Dollars verstehen, da wir nicht einfach in Washington anrufen und sagen können: »Bringt das in Ordnung.« Bei diesen »externen« Problemen ist die Anlaufphase ohnehin länger als normalerweise, und das wiegt um so schwerer, als wir bereits sehr viel Zeit verloren haben.

Die beiden offiziellen Maße der Geldmenge sind mit ein Ausdruck für die Tatsache, daß heute niemand mehr so recht weiß, was Geld eigentlich ist. Während ursprünglich zwischen normalen Bankguthaben und Festgeldkonten unterschieden wurde – wobei die ersteren für den Giro- bzw. Scheckverkehr bestimmt und die letzteren für eine bestimmte Zeitdauer festgelegt waren –, lassen sich beide heute nicht mehr so genau abgrenzen, weil Schecks inzwischen sowohl über diverse kurzfristige Sparkonten als auch über die sogenannten NOW-Konten (dies sind Sparkonten, über die man ebenfalls per Scheck verfügen kann, Anm. d. Übers.) verrechnet werden können. Die beiden von uns verwendeten Definitionen beziehen sich jeweils auf Festgeldkonten, über die der Scheckverkehr abgewickelt werden kann (M 1 B) bzw. bei denen dies nicht möglich ist (M 2). Die folgenden Zahlen zeigen ihr jährliches Wachstum seit 1973:

	1973	1974	1975	1976	1977	1978	1979
M 1 B	5,5	4,3	4,8	6,5	8,1	8,2	7,7
M 2	7,0	5,6	12,8	14,1	10,9	9,2	8,8

Danach ist M 1 B leicht gestiegen, während M 2 abgenommen hat, obwohl während dieses Zeitraums eine deutliche Beschleunigung der Inflation stattfand. Eine mögliche Erklärung wäre, daß die Zunahme der Geldmenge leicht verzögernd gewirkt hat. Die Monetaristen behaupten ja immer wieder, daß man nur die Geldmenge lange genug beschränken müsse, um die Inflation in den Griff zu bekommen. Allerdings kann niemand genau sagen, wie lange dies dauern würde und ob die Gesellschaft den damit zwangsläufig verbundenen wirtschaftlichen Abschwung in Kauf nehmen würde. Desgleichen wissen wir nicht, ob die Federal Reserve die Geldmenge tatsächlich in der Weise kontrollieren kann, wie dies in den Lehrbüchern immer behauptet wird.

In diesem Zusammenhang erscheint zunächst ein kurzer technischer Hinweis angebracht: Wir haben bisher unser Gefühl, daß es uns schlecht geht, mit den Daten verglichen, nach denen es uns gar nicht einmal so schlecht geht. Damit haben wir zugleich eine überaus nützliche Eigenschaft der Ökonomie dargestellt, nämlich die Tatsache, daß sie »alltägliche« oder »allseits bekannte« Tatsachen überprüft. Die Frage ist nun, ob die Ausgaben des Staates effektiv ursächlich sind für unsere Inflation. Dagegen spricht beispielsweise, daß die westdeutsche Regierung einen erheblich größeren Prozentsatz des Sozialprodukts ausgibt, die Deutschen aber dennoch eine niedrigere Inflationsrate haben. Oder ist die Geldmenge die Hauptursache? In der Schweiz und in Westdeutschland ist sie mit einer deutlich schnelleren Zuwachsrate gestiegen als bei uns, und dennoch haben beide Länder niedrigere Inflationsraten. Die einzig mögliche Erklärung ist die Komplexität des Prozesses, das heißt, daß alle Faktoren ineinandergreifen und deshalb alle groben Vereinfachungen unzureichend sind.

Nachdem ich mich jetzt so positiv über die Ökonomie geäußert habe und mich dabei der Argumente der beiden äußerst cleveren und anerkannten Ökonomen Thurow und Solow bedient habe, nehme ich nun die Gegenposition ein und behaupte, daß die Ökonomen unsere Probleme nicht lösen können. Wir neigen dazu, sie genau wie die uns allwissend erscheinenden Ärzte um Rat zu fragen: Was ist los mit den Preisen? Was sollen wir gegen die Inflation tun? Sind die Gewerkschaften noch linientreu? Und was sollen wir mit dem Problemkind Energie tun?

Und die Antworten lassen keineswegs auf sich warten. Ich habe noch nie einen Ökonomen getroffen, der nicht irgendeine Antwort parat hatte. Die meisten haben mir ihre Zeit in sehr großzügiger Weise zur Verfügung gestellt; haben mir ihre unveröffentlichten Artikel zu lesen gegeben; haben das Manuskript dieses Buches gelesen und ihre Kommentare dazu geliefert; sie haben großzügig und im Interesse der Tugend und Wahrheit viele unbezahlte Stunden darüber diskutiert – und dennoch kann ich nicht umhin, mich, wenn auch in sanfter und liebevoller Weise, gegen all diejenigen zu stellen, die mich unterstützt haben. Und zwar tue ich dies ebenfalls im Interesse der Tugend und Wahrheit – und gerade

Die Kreditaufnahme der Haushalte

Jährlich von 1946–51; saisonbereinigte Zuwächse, vierteljährlich von 1952 –

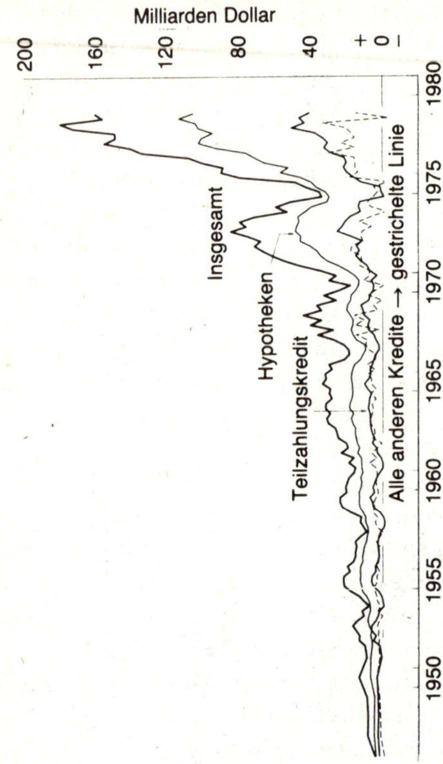

Dies Schaubild zeigt die Veränderung des Verhaltens der amerikanischen Haushalte im Laufe der siebziger Jahre. Bei genauer Betrachtung dieses von der amerikanischen Bundesbank erstellten Diagramms läßt sich erkennen, daß die Schulden im Vergleich zu vorherigen Dekaden geradezu explosionsartig angestiegen sind. Obwohl die Amerikaner diesen Trend nicht etwa initiiert haben, sondern ihm vielmehr gefolgt sind, ist die Botschaft für alle unmißverständlich durchgedrungen: Die Tugenden unserer Großväter sind hinfällig, die Devise heißt nicht sparen, sondern *Geld borgen.* Die Implikationen dieses überraschenden Bildes werden in einem späteren Kapitel noch einmal aufgegriffen.

Quelle: Direktorium der amerikanischen Bundesbank

weil wir die Ökonomen um Rat fragen: Sie sind sowohl für Präsidenten und Premierminister als auch für Zeitungen und Zeitschriften zum allwissenden Ratgeber und zur Autorität geworden. Wir brauchen sie zwar, aber sie sind sich ihrer Sache keineswegs mehr so sicher wie noch vor zehn oder fünfzehn Jahren.

Kapitel 2

Warum sollen wir uns nicht an die Ökonomen wenden?

Will Rogers

Der Begriff *Ökonomie* wurzelt in den beiden griechischen Wörtern *oikos* (Haushalt) und *nomia* (Management, Vereinbarung, Kontrolle) und bedeutet demnach, daß sie sich vor allem mit dem Management eines Haushalts befaßt. Mir gefällt diese Definition ehrlich gesagt besser als diejenige im Lexikon, wonach die Ökonomie die Wissenschaft ist, die sich mit der Erzeugung und Verteilung von Vermögen und dem Konsum von Gütern und Dienstleistungen beschäftigt. Mir gefällt die erste insofern besser, als es sich bei der Volkswirtschaftslehre eigentlich um keine rechte Wissenschaft handelt, selbst wenn das Lexikon dies behauptet. Denn wenn dies so wäre, könnten wir uns ohne weiteres an die Ökonomen wenden, ihnen unser Problem vorstellen und sie bitten, uns bis zum Mittwoch die Lösungen zu liefern.

James Bryant Conant schreibt in seinem wunderbaren kleinen Buch »On Understanding Science«, daß die experimentelle Wissenschaft auf Beobachtungen beruht, aufgrund derer dann ein Experiment durchgeführt wird. Und dieses Experiment müßte von jedermann zu irgendeinem beliebigen Zeitpunkt und an irgendeinem beliebigen Ort wiederholt werden können, wenn seine Basis stimmt. Die einzelnen miteinander verbundenen Experimente werden durch ein »konzeptuelles Schema« zusammengehalten, das wiederum weitere Experimente und damit den Fortschritt der Wissenschaft ermöglicht. All dies ist unabhängig von der Zeit: Ein Magnet besitzt seine Anziehungskraft sowohl heute als auch morgen. Leider trifft dies nicht für die Ökonomie zu. Eine Steuer kann heute sehr wohl anders wirken als im nächsten Jahr, und auch die zugrunde gelegten Beobachtungen sind mit wesentlich größerer Vorsicht zu betrachten als die hinsichtlich eines Magnets, der eine Reißzwecke aufhebt.

Der reine Wissenschaftler hat gegenüber dem Ökonomen den Vorteil, daß er in einem Labor arbeitet, wo er die Ausgangsfaktoren kontrollieren kann. Demgegenüber muß der Ökonom die Handlungen von Menschen zugrunde legen, und deren Verhalten ist eben nicht so konsistent wie das eines Magneten oder einer Labormaus. Außerdem begeben sich die Ökonomen auch nicht »unter das Volk« – wie der verkleidete Prinz im Märchen –, um zu sehen, was dieses treibt. Statt dessen wenden sie sich an staatliche Behörden und lassen sich von diesen die nötigen Daten geben.

Der Nobelpreisträger Sir John Hicks von der Oxford-Universität schreibt in seinem Buch »Die Kausalität in der Ökonomie«, daß »es nur sehr wenig ökonomische Fakten gibt, die wir ganz genau kennen ... die meisten der ›Makro‹-Größen, die in theoretischen Diskussionen eine so wichtige Rolle spielen, unterliegen häufig Irrtümern und Ungenauigkeiten, die bei weitem die in den meisten Naturwissenschaften üblichen Toleranzgrenzen überschreiten. Es gibt nur wenige volkswirtschaftliche ›Gesetze‹, die als wirklich gesichert gelten.«

Einerseits erscheint es uns selbstverständlich, die Ökonomen um Rat zu fragen, andererseits ist es jedoch verwirrend, wenn die Antworten aus allen Richtungen kommen.

Will Rogers hat einmal gesagt, daß »ein Ökonom ein Mann ist, der ihnen alles über ... erzählen kann, das heißt, daß er ihnen sagen wird, was unter irgendeiner bestimmten Bedingung passieren wird, und seine Schätzung ist wahrscheinlich mindestens genausogut wie die von irgend jemand anderem auch.«

Hierzu sind zwei Bemerkungen angebracht: Die zweite ist strategischer Natur und hängt mit dem Versagen einer großen Theorie zusammen. Die erste hingegen ist taktischer Natur und läßt sich vielleicht am besten durch die folgende kleine Geschichte illustrieren.

»Aber du sprichst ja dauernd von exogenen Variablen!«

Ich habe einen Freund namens Arthur, der neben seinem angenehmen Lächeln eine Frau, zwei Kinder und zwei Paar Skier besitzt – und der eine für die Zwecke der Ökonomie ideale quantitative Ausbildung besitzt. Arthur liebte praktisch von der zweiten Klasse an das Fach Mathematik über alles und konnte absolut nicht verstehen, warum manche Leute während der Schulaufgaben auf ihren Stiften herumkauten und schier verzweifelten. Für ihn war Mathematik genauso einfach wie das Fernsehen für einen Teil seiner Zeitgenossen. Doch obwohl es bei ihm in diesem Fach während seiner ganzen Schulzeit gute Noten nur so hagelte, war er niemals ein ernsthafter und innovativer Mathematiker. Die richtig großen Mathematiker reifen in der Regel sehr viel früher: Mit sechzehn haben sie bereits das letzte Theorem von Fermat gelöst, und mit 26 wäre es eigentlich angebracht, daß sie irgendwo unterrichten, da sie bereits ausgebrannt sind. Arthur wußte jedoch mit achtzehn, daß er nicht zu dieser Sorte Mathematiker gehörte, deshalb sah er sich auf dem College um und fand in der Ökonomie ein ihm angemessenes Fach. Seine härteste Prüfung erlebte er im ersten Studienjahr in Englisch, als er zwei Geschichten von Joseph Conrad (»Herz der Finsternis« und »Der Geheimagent«) kommentieren und interpretieren mußte. Nachdem er diese Tortur hinter sich gebracht hatte, war er äußerst froh, daß er niemals wieder etwas Ähnliches würde tun müssen.

Die graduierten Studenten, die zum Teil die Ökonomievorlesungen hielten, waren sehr bewandert in Ökonometrie, die ja ein mathematischer und statistischer Zweig der Ökonomie ist und für die Arthur natürlich bestens geeignet war. Nach der Erlangung seines Ph. D. hatte Arthur eigentlich vor, in den Lehrberuf zu gehen, aber einer seiner Professoren war Berater einer Handelsfirma, die ich hier Economics Inc. nennen möchte. Diese Firma, die ein Computermodell von der Gesamtwirtschaft entwickelt hatte und ihre Dienstleistungen an verschiedenartige Unternehmen verkaufte, bot Arthur ein derart hohes Anfangsgehalt, daß er die Stelle sofort annahm und dort seither sehr zufrieden war.

Immer wenn ich Arthur in seinem Büro besuchte, saßen wir an

seinem Computergerät, und seine Finger schwebten über die Tastatur wie über ein Piano oder eine Orgel. Die Computertasten waren genau wie eine Schreibmaschine angeordnet, besaßen darüber hinaus jedoch eine Menge Extratasten, die man drücken mußte, bevor man Fragen stellen konnte. Einmal war ich gerade aus dem Nahen Osten zurückgekehrt und machte mir große Sorgen, daß der Ölpreis bis zu fünfzehn oder zwanzig Dollar pro Barrel steigen könnte.

Ich sagte Arthur, er solle den Computer befragen, wie hoch die Inflationsrate wäre, wenn der Ölpreis bis auf fünfzehn Dollar stiege. Die Antwort erschien kurze Zeit darauf auf dem CRT-Schirm (was immer dann der Fall war, wenn der Computer keine weiteren Informationen oder keine Wiederholung der Eingabe verlangte). »Oje«, stöhnte Arthur. »Eine Inflation von neun Prozent, wenn alle anderen Größen unverändert bleiben.«

»Frag ihn jetzt, wie hoch der Hypothekenzins bei einem Ölpreis von fünfzehn Dollar liegen wird«, verlangte ich nun. Arthur ratterte die Tasten entlang, und das Ergebnis waren zehn Prozent. Arthur konnte es nicht glauben und meinte: »Das ist schrecklich hoch. Es kann nicht stimmen. Vielleicht müssen wir gleichzeitig noch Angaben über die Zahl der Neubauten machen.«

Obwohl ich Arthur jahrelang in regelmäßigen Abständen aufsuchte, war ich nie darauf angewiesen, nach seinen Informationen zu handeln. Als die Economics Inc. 1973 beispielsweise die Inflationsrate ziemlich falsch einschätzte, verteidigte sich Arthur damit, daß sie immer noch besser läge als der dem Präsidenten zugeordnete Wirtschaftsbeirat in Washington: »Nach Aussagen der Berater des Präsidenten hätte die Inflation um zweieinhalb Prozent abnehmen müssen.« Da mußte ich ihm wohl oder übel recht geben.

Um eine genauso klare und symmetrische Beziehung wie eine Gleichung zu erhalten, muß man Annahmen treffen, selbst wenn diese von sehr grundlegender Natur sind, wie zum Beispiel die Angabe, daß X für die Unbekannte steht und daß Σ gleichbedeutend ist mit »die Summe von«. Es gibt einen alten Witz, der gern von Ökonomen bei ministeriellen Essen erzählt wird, in dem drei Männer auf einer verlassenen Insel gestrandet sind. Lediglich eine riesige Dose Thunfisch ist ihnen geblieben, allerdings mit dem Nachteil, daß sie verschlossen ist. Daraufhin schlägt zunächst der Physiker vor, man solle ein Feuer machen, das heiß genug ist, um die Dose zu schmelzen. Der zweite, ein Ingenieur, denkt sich eine komplizierte Schleuderkonstruktion aus, mit der er die Dose so stark gegen einen Felsen schleudern kann, daß sie zerbirst. Der dritte Schiffbrüchige, der Ökonom, hat dann *die* Antwort parat und beginnt: »Wir unterstellen zunächst, wir hätten einen Dosenöffner ...« – und erläutert ihnen dann seine weitere Theorie.

Die Economics Inc. arbeitete mit den verschiedensten Annahmen und Schätzungen – was ihr übrigens in keiner Weise schadete. Alle ihre Kunden – Unternehmer ebenso wie Institutionen – verlangten Sicherheit, und die Computer der Economics Inc. waren sich äußerst sicher, selbst wenn sie nicht immer recht hatten. Auf dem CRT-Schirm erschien zwar FEHLER, wenn das Verfahren inkonsistent war, aber nicht, wenn die Schlußfolgerungen von den realen Geschehnissen in der turbulenten Außenwelt abwichen.

Wie gesagt, ich machte mir damals große Sorgen um den Nahen Osten. Der Ölpreis brauchte nur schnell und hoch genug zu steigen, und wir würden eine Depression erleben, weil das gesamte für Importe ausgegebene Geld aus der Wirtschaft abgezogen würde, es sei denn, die Ölländer reinvestierten es wieder in produktive Anlagen, die Federal Reserve ließ die Geldschraube etwas lockerer, um auch andere Importe zuzulassen, der neue Ölpreis würde die Ölproduktion ankurbeln ... usw. Deshalb sprach ich mit Arthur über Saudi-Arabien und die Gesundheit von König Khalid sowie über die Schiiten der östlichen Provinz, die in den Ölfeldern arbeiteten. Dabei wurde mir klar, daß dies alles für Arthur genauso unergründlich und unverständlich war wie Joseph Conrads Kongo in seinem Buch »Herz der Finsternis«. Der revolutionäre Iran hatte den Schah hinausgeworfen, der Ölpreis hatte sich nahezu verdoppelt, das Gold erreichte immer neue Höhen, und ich konnte nicht umhin, Arthur zu sagen, wie sehr das große Modell der Economics Inc. von der Realität entfernt war; denn es konnte mir nicht das sagen, was ich dringend wissen mußte. Daraufhin verlor Arthur die Geduld und rief erregt: *»Aber du sprichst ja dauernd von exogenen Variablen!«*

Genau wie der Begriff der Ökonomie wurzelt der Terminus *exogen* ebenfalls im Griechischen und heißt soviel wie »außen«, »von außen kommend«.

»Wer wußte denn überhaupt, daß es einen Ayatollah gab?« rief Arthur. »Und wer wußte, daß die russische Weizenernte ruiniert würde? Und wer kümmert sich denn in der östlichen Provinz um das, was irgend jemand anders tut?«

»Aber das *Leben* besteht nur aus exogenen Variablen«, antwortete ich darauf. Mich interessierten lediglich die Antworten. Mir wurde einfach angst und bange, wenn ich daran dachte, daß *ein einziger* Ayatollah es vermochte, in kürzester Zeit den Ölpreis hinaufzutreiben, die Lastwagenfahrer zum Streik zu veranlassen, die Fluglinien kurz vor den Bankrott zu bringen, das Verteidigungsbudget in die Höhe zu treiben, die Japaner als Käufer iranischen Öls an die Stelle der Amerikaner zu setzen – was wäre, wenn es noch einen fanatischen islamischen Geistlichen irgendwo gäbe, der irgendwelche Befehle auf Kassetten sprach? Oder aber wenn es irgendeinem frustrierten Oberst in einem Ölland einfiele, daß nach Allahs Wunsch der Premierminister von einer Neun-Millimeter-Kugel getroffen werden sollte?

Doch Arthur hatte bereits aufgehängt. Dabei war mir plötzlich eins der Probleme mit der Ökonomie klargeworden. Arthur war hochintelligent, er hatte noch nie eine Dose Schuhputzcreme verkauft oder eine Ladung Holz gekauft bzw. irgend jemanden eingestellt oder entlassen oder sich über sein Scheckkonto Gedanken gemacht – das heißt, er hatte nie etwas anderes gemacht als Ökonomie. In seinem eigenen Laden konnte er Lemmas um stochastische Gleichgewichte herumtanzen lassen, er konnte multiple Regressionen herunterrasseln, und er konnte Gleichungen »Dixie« pfeifen lassen. Das Problem wurde genau durch den Witz »Nehmen wir einmal an, wir hätten einen Dosenöffner« charakterisiert. Entscheidend war jedoch, daß Arthur *ein Ökonom war.* Sobald man ihn etwas fragte, nahm er ein winziges Stück gelbes Papier und sagte: »Wie hoch sind die Kosten, und wie hoch ist der Gewinn?« Dieser kühle und rationale Mensch warf natürlich nie einen Aschenbecher nach seiner kleinen Frau, so daß ein Fenster zerbrach und durch den Preis des neuen Fensters das Bruttosozialprodukt stieg. Angst, Geiz, Panik, Emotionen, Nationalismus und religiösen Eifer gab es in seiner Welt ebensowenig wie Ayatollahs, Schiiten und finstere nahöstliche Militärs.

Dies soll keineswegs eine Klage über die Grenzen von Modellen sein – das ist nur für solche Leute interessant, die damit arbeiten müssen und dabei so erfolgreich wie möglich sein wollen. Außerdem ist dies Thema bereits von so anerkannten Personen wie dem Harvard-Professor Hendrik Houthakker diskutiert worden, der Experte für ökonometrische Modelle und die verschiedenartigen Elastizitäten ist. Ein weiterer Freund von mir aus Princeton, Geoffrey Watson, entwickelte vor vielen Jahren zusammen mit James Durbin eine Gleichung, die sie beide ebenfalls auf diesem Gebiet berühmt machte. Der Durbin-Watson-Test überprüft die Zuverlässigkeit der mathematischen Gleichungen, auf denen die komplizierten Computermodelle basieren. Geoffrey hat einmal zu mir gesagt: »Die Mathematik hat so viel Ansehen, daß die Leute manchmal vor ihren eigenen intuitiven Urteilen zurückschrecken. Das, was ursprünglich in Oxford und Cambridge als ›politische Ökonomie‹ bezeichnet wurde, ist inzwischen in den Hintergrund gedrängt worden. Ich hatte damals in Cambridge einen anerkannten Ökonomie-Professor, Richard Stern, der Philologe war.«

Früher gab es im Grunde zwei Arten von Ökonomen – die Smithianer und die Ricardianer, die jeweils die Schule von Adam Smith (1723) und die von seinem unmittelbaren Nachfolger David Ricardo vertraten. Beide Gruppen befaßten sich mit den menschlichen Aktivitäten und den Institutionen, die Vermögen produzieren, erhalten und verteilen. Während die Anhänger von Smith vor allem beobachteten, suchten die Ricardianer mit Hilfe der Algebra und daraus abgeleiteter Methoden nach den universellen und logischen Prinzipien. Die Smithianer interessierten sich für das, was zu erklären war, die Ricardianer hingegen suchten nach den Prinzipien, die als Erklärung dienen konnten. Noch bis vor relativ kurzer Zeit konnten sich die Ökonomen beider Methoden bedienen: Das heißt, sie konnten die menschlichen Aktivitäten anhand einer detaillierten verbalen Analyse beschreiben und gleichzeitig die zugrunde liegenden Prinzipien mathematisch und abstrakt darstellen.

Heute haben die Ricardianer den Smithianern eindeutig den Rang abgelaufen. Deshalb laufen Ökonomen mit gutem englischen Stil – von denen es meines Erachtens etwa acht gibt – auch Gefahr, leicht abwertend als »literarisch« betitelt zu werden. Die Ricardianer bewundern hingegen die Eleganz vollkommener Rechnungen, und sie sind allenfalls bereit, als höchstes Lob »scharfsinnig« und »wissenschaftlich« zu vergeben.

Sobald das Problem hinreichend konkretisiert und die Zahlen relativ exakt waren, ließen sich die mathematischen Beschreibungen der Ricardianer ohne weiteres anwenden. So entdeckten beispielsweise die staatlichen Ökonomen, die gegen die Regulierung der Luftfahrtindustrie waren, daß sich die Situation ziemlich genau nach ihren Vorstellungen entwickelte. Andererseits kommt es nur zu häufig vor, daß sich die reale Welt nicht in der Weise verändert, wie es sich der winzige Ökonom innerhalb des Computers vorgestellt hat. So haben die Ökonomen im Laufe der siebziger Jahre die Auswirkungen der OPEC deshalb falsch eingeschätzt, weil sie sie mathematisch erfaßt und wie eine rationale, gewinnmaximierende Konvention der Ökonomen behandelt haben. Dabei haben sie weder den spezifischen arabischen Gemeinschaftssinn, das sogenannte *asibaya*, mit berücksichtigt noch die Abneigung der Dritten Welt gegenüber ihrer Geschichte oder aber nahöstliche Rivalitäten und westliche Kurzsichtigkeit quantifiziert, die alle plötzlich sehr viel wichtiger wurden als die zugrunde gelegten leichter quantifizierbaren Daten.

Der Soziologe und Meinungsforscher Daniel Yankelovich beschrieb einen Prozeß, den er nach dem Verteidigungsminister McNamara, der den Vietnam-Krieg so sorgfältig quantifiziert hatte, als den »McNamara-Trugschluß« bezeichnete: Der erste Schritt besteht darin, das zu messen, was sich leicht messen läßt. Der zweite Schritt ist, das außer acht zu lassen, was sich nicht messen läßt, oder seine Größe mit einem willkürlichen quantitativen Wert anzusetzen. Dies ist ausgesprochen künstlich und irreführend. Der dritte Schritt besteht in der Annahme: Was sich nicht leicht messen läßt, ist nicht sehr wichtig. Dies ist pure Blindheit. Beim vierten Schritt wird dann gesagt, daß das, was sich nicht einfach messen läßt, in der Realität nicht existiert.

Der Philosoph A. M. Whitehead hat diese Neigung als »Trugschluß der unangebrachten Konkretheit« bezeichnet.

Die Hopi-Sprache eines amerikanischen Indianerstammes enthält keinerlei Worte, grammatische Formen, Strukturen oder Ausdrücke, die sich auf unsere sogenannte »Zeit« beziehen, also auf die Vergangenheit, Gegenwart oder Zukunft. Folglich läßt sich alles, was auf der »Zeit« basiert – also Löhne, Mieten, Kredite, Zinsen, Abschreibungen und Versicherungen –, nicht in Hopi ausdrücken und ist praktisch für die Welt dieser Indianer nicht existent. Die Hauptsprache der Eskimos besitzt 27 unterschiedliche Worte für Schnee, die jeweils eine andere Nuance bezüglich der Beschaffenheit, des Nutzens und der Konsistenz zum Ausdruck bringen, so daß Eskimos sehr viel genauer und ausführlicher über den Schnee kommunizieren können als wir. Dies bedeutet, daß sich das Bild des Universums oder der »Realität« von Sprache zu Sprache verändert. Folglich sprechen die Ökonomen, die wir – bzw. Präsidenten und Premierminister – um Rat fragen, von einer Welt innerhalb der Welt, genau wie die Hopi von einer Welt ohne Zeit, Kredit, Löhne und Mieten sprachen. Allerdings beinhaltet diese kalte, präzise und elegante Welt der Mathematik eine ganz andere Realität als die der unverblümten und zweideutigen englischen Sprache.

Dichter wissen sehr wohl, daß sie die weichen Zischlaute und scharfen Kanten der Sprache ebenso zur Kommunikation benötigen wie die Bedeutung der Worte. Und sie wissen auch, daß das Leben zahlreiche exogene Variablen hervorbringt. Ich habe mir einmal notiert, daß ich bei dem nächsten Treffen des Beratenden Ausschusses der Wirtschaftswissenschaftlichen Fakultät, in dem ich Mitglied bin, vorschlagen würde, einige Dichter einzustellen. Ich weiß natürlich, daß der Ausschuß diesen Vorschlag als bloßen Scherz betrachten wird, und ich bin mir auch nicht völlig sicher, daß es eine großartige Idee ist; aber ich weiß, daß mein Vorschlag zumindest in die richtige Richtung zielt. Ich habe Arthur den Klassiker »Language, Thought, and Reality« von Benjamin Whorf geschickt, aus dem das Beispiel der Hopi stammt; bisher habe ich nichts von ihm gehört. Vielleicht erinnert es ihn an Conrads »Herz der Finsternis«, oder er hat einfach zuviel zu tun.

Der Aufstieg der Ricardianer war durch die Veröffentlichung eines überaus wichtigen Werkes von einem Mann bedingt, der sowohl zu den Smithianern als auch zu den Ricardianern gezählt werden konnte. Dies war John Maynard Keynes' Werk »Die allgemeine Theorie der Beschäftigung, des Zinses und des Geldes«. Während wir nach Freud eine andere Vorstellung von unseren Träumen und unserem Unterbewußtsein besaßen, hatte sich nach Keynes unsere Vorstellung von der Ökonomie grundlegend verändert. Dabei hat dieses Buch nicht nur unsere Sichtweise von der Welt verändert, sondern zugleich die Art und Weise, in der sie regiert wird.

Keynes schrieb ein sehr gutes Englisch. Einige seiner polemischen Briefe, die er in den zwanziger Jahren an die Londoner Zeitungen richtete, sind stilistisch hervorragend. In seiner Rolle als Cambridge-Professor verteilte er die Manuskripte seiner »Allgemeinen Theorie« an eine Gruppe von Cambridge-Ökonomen. Einer davon war R. F. Kahn, der insbesondere durch die Entwicklung des Multiplikator-Konzepts bekanntgeworden war, auf das wir hier jedoch nicht weiter eingehen wollen. Der Multiplikator war für die »Allgemeine Theorie« insofern wichtig, als Keynes dadurch ein analytisches Instrument zur Darstellung seines Arguments erhielt. Darüber hinaus hat Kahn die Ökonomie stark »algebraisiert«. Aus den Briefen zwischen Keynes und Kahn geht hervor, daß der letztere bei seiner Kritik der automatischen Funktionsweise der Märkte immer wieder umfassendere Beweise forderte.

Ein Teil der »Allgemeinen Theorie« ist stilistisch überragend, aber ein noch größerer ist extrem kompliziert, komprimiert und nur versierten Experten verständlich. Die Gleichungen zeigen auf, welche Veränderungen der staatlichen Politik erforderlich sind, um eine Maximalausbringung zu erzeugen. Einige Paragraphen seiner Arbeit sind den Smithianern zuzuordnen, aber der größte Teil entspricht eher den Ricardianern – und wurde letztlich prägend für den Stil der wissenschaftlichen Ökonomie.

Keynes war ein außergewöhnlich vielseitiger Mann. Er wurde in soliden viktorianischen Wohlstand hineingeboren und war der

Reihe nach Redakteur, Journalist, Landwirt, Beamter, Unternehmer, Direktor und Lehrer ebenso wie der größte Ökonom des Jahrhunderts. Er heiratete eine Ballettänzerin und managte eine Ballettgruppe. Er war sowohl ein erfolgreicher Spekulant als auch Präsident einer Versicherungsgesellschaft sowie Direktor anderer Gesellschaften. Als er kurz vor seinem Tode gefragt wurde, was er am meisten bedauere, lautete seine Antwort: »Ich wollte, ich hätte mehr Champagner getrunken.«

Keynes wuchs im Geist des viktorianischen Optimismus auf und war überzeugt, daß Vernunft die Probleme des menschlichen Daseins lösen konnte, insbesondere die Vernunft der in Eton und Cambridge herangezogenen Bildungselite. So schrieb er am Tiefpunkt der Großen Depression: »Hier ist nichts anderes erforderlich, und nichts anderes wird helfen als ein bißchen, ein ganz klein bißchen klares Denken.« Seiner Meinung nach war es nicht vernünftig, daß die Menschen verzweifelt, untätig und hungrig waren, obwohl es sich weder um eine Hungersnot oder ein Erdbeben noch um einen Krieg oder mangelnde materielle Ressourcen handelte, sondern vielmehr »um das Versagen der immateriellen Werkzeuge und der Motivationen, die uns zu den Entscheidungen und Willensakten befähigen sollten, welche notwendig sind, um die vorhandenen Ressourcen und technischen Mittel sinnvoll einzusetzen«.

Insofern bot die »Allgemeine Theorie« Glauben und Hoffnung. Die Depressionen waren nicht vergleichbar mit Hungersnöten oder Naturereignissen, die fatalistisch erduldet werden mußten, sondern sie konnten mit Hilfe der staatlichen Politik bewältigt werden. Eine stagnierende Wirtschaft war wie ein Auto ohne »Magnetzünder« – oder, wie wir heute sagen würden, ohne Zündkerze oder Zündung. Und eine Regierung, die die Depression – mit welchen Mitteln auch immer – beenden konnte, hatte die Verpflichtung, dies auch zu tun.

Es ist heute ausgesprochen schwierig, die Verzweiflung darzustellen, die durch die »Große Depression« hervorgerufen wurde. Wir dürfen jedoch nicht vergessen, daß die Regierungen auch vor der Veröffentlichung der »Allgemeinen Theorie« im Jahre 1936 bereits Ausgaben tätigten. In Deutschland trug die Wiederaufrüstung entscheidend zur Vollbeschäftigung bei, und in den Vereinigten Staaten versuchte sich Franklin D. Roosevelt mit Improvisationen. (Roosevelt selbst hat zwar nie Keynes gelesen, aber einige seiner Berater. Als der Präsident später den Ökonomen kennenlernte, sagte er zu Frances Perkins: »Ich habe Ihren Freund Keynes gesehen. Er hat uns einen Wust von Zahlen hinterlassen. Meines Erachtens ist er eher Mathematiker als politischer Ökonom.«)

Keynes hat eine Welle ungeheurer Aufregung ausgelöst. »Wir waren die Vorläufer eines neuen Systems«, sagte er einmal zu einer seiner Elitegruppen, »und wir hatten vor nichts Angst.«

Der Triumph der Keynesianer bot den wissenschaftlichen Ökonomen sämtliche Voraussetzungen für eine neuartige Priesterrolle. Ein entscheidender Faktor war, daß sie jetzt eine »Heilige Schrift« bzw. eine Doktrin besaßen. Obwohl diese durchaus »Wiedergutmachung« bot, war sie für Laien praktisch nicht lesbar oder verständlich und erforderte insofern die Existenz einer Priesterklasse. Für Harvard-Professoren wurde es deshalb Usus, aus ihren Vorlesungen hinauszustürzen, um den Nachmittagsexpreß nach Washington zu erreichen und die Regierung zu beraten. Während der fünfziger und zu Beginn der sechziger Jahre erlebte der Wohlstand den absoluten Höhepunkt dieses ersten halben Jahrhunderts und vielleicht sogar der gesamten westlichen Industriegeschichte. Die Doktrin weckte indes relativ hohe Erwartungen: daß nämlich der Staat dem Konjunkturzyklus entgegenwirken, seine gefährlichen Höhen und schrecklichen Tiefen abflachen und den Wohlstand zurückbringen konnte, sobald dieser abzunehmen drohte. Im Laufe der Zeit nahmen diese Erwartungen sogar noch zu: Der Staat konnte nicht nur das tun, was *funktionierte,* sondern auch das, was *gerecht* war oder zumindest, was von den Gesetzgebern als gerecht erachtet wurde. Falls das Risiko der Landwirtschaft zu groß war, konnte die Gesellschaft die Haftung für diese Risiken übernehmen. Und falls ein angemessenes Wohnen durch einen sozialen Konsens definiert wurde, konnte die Gesellschaft dafür sorgen, daß dieser Wohnungsstandard tatsächlich verwirklicht wurde.

Noch eine Generation davor war der Konjunkturzyklus als ein unausweichbares und unbezähmbares Ereignis wie die Dürre, die

Flut und das Feuer betrachtet worden; jetzt hingegen wurde erwartet, daß man ihn nicht nur zähmen, sondern sogar ganz genau regulieren und kontrollieren konnte. Der Beginn der sechziger Jahre ließ jeden Optimismus als gerechtfertigt erscheinen: Die Inflationsrate und die Arbeitslosigkeit waren minimal, und die Produktion erreichte ständig neue Rekordzahlen.

1966 konnte sich einer von Kennedys Wirtschaftsberatern, Walter Heller, einen durchaus berechtigten Triumphschrei leisten. Im Rahmen seiner Godkin-Vorlesungen an der Harvard-Universität verkündete er den Erfolg der »neuen Ökonomie«: »Zwei Präsidenten (Kennedy und Johnson) haben die moderne Ökonomie als Quelle der nationalen Stärke erkannt und sich ihrer bedient, indem sie zum ersten Mal die ganze Skala des vorhandenen wirtschaftspolitischen Instrumentariums ausnutzten.«

Das war der absolute Höhepunkt dieses Jahrhunderts. Doch die Drachen der Inflation und Arbeitslosigkeit begannen bereits in ihren Höhlen unruhig zu werden, und das widerliche Ungeheuer der »Stagflation«, ein Zwitter aus Inflation und Stagnation, konnte sich zunehmend ausbreiten, weil es keine natürlichen Feinde besaß. Zyniker meinten, daß es zwei sichere Zeichen für das Ende der Keynes-Ära gäbe. Das eine wäre, daß das *Time* -Magazin Keynes 34 Jahre nach seinem Tode auf der Titelseite abbildete und daß Richard Nixon damals sagte: »Ich bin ein Keynesianer. Wir sind jetzt alle Keynesianer.«

Das erstmals 1948 veröffentlichte Lehrbuch von Paul Samuelson brachte eine ganze Generation von keynesianisch geprägten Ökonomiestudenten hervor und erreichte eine Gesamtauflage von zehn Millionen Exemplaren. Samuelson, der wohl zu Recht als einer der beliebtesten Professoren bezeichnet werden kann, war der erste Amerikaner, der einen Nobelpreis in Ökonomie erhielt. Unter dem Titel »The Composition and Pricing of National Output« druckte er in der Reihe *»Readings in Economics«* die Arbeit des zweiten Adam Smith, »The Cocoa Caper«, die mir danach wiederholt Gelegenheit gab, um mit ihm in sporadischen Abständen Diskussionen zu führen, bei denen es kürzlich zum Beispiel um das mysteriöse nationale Unbehagen ging: Wenn die statistischen Zahlen so gut sind, warum fühlen wir uns so schlecht?

Eines Tages saßen wir in seinem MIT-Büro mit Blick auf den Charles River. Bei unserem Gespräch ging es darum, ob Keynes tatsächlich tot war. Samuelson meinte hierzu: »Tatsache ist, daß unsere keynesianische Wirtschaft zwar ökonomisch stabil, aber politisch instabil ist. Das Eigeninteresse, das nach Ansicht der frühen Ökonomen für das Gleichgewicht sorgen sollte, führt in einer modernen Wirtschaft unter den einzelnen Interessengruppen zu betrügerischen Absprachen.«

Heißt dies, daß wir ein Wirtschaftssystem haben, das zwar im Prinzip funktioniert, aber nicht für die darin lebenden Menschen? Wir können diese Menschen doch nicht ausklammern. Wenn also die Mischwirtschaft nicht funktioniert, was bleibt dann noch?

»Wir besitzen zwar kein Heilmittel für die Stagflation, aber vielleicht gibt es ein anderes System, das besser funktioniert. Vielleicht mehr Staat? Lohn- und Preiskontrollen? Diese funktionieren zwar kurzfristig gut, aber die Preise steigen sofort, sobald die Kontrollen aufgehoben werden. Obwohl es zweitausend Radikalökonomen in diesem Lande gibt, haben sie bisher noch keinerlei vernünftige Ideen entwickelt. Und die andere Richtung? Sollen wir vielleicht in das 19. Jahrhundert zurückkehren? Es ist ausgesprochen schwierig, eine Mischwirtschaft abzubauen. Im Grunde sind Milton Friedmans Ideen auch nicht für eine Mischwirtschaft gedacht. Einige jüngere Ökonomen wenden sich wieder der alten österreichischen Schule zu und lassen sich von Ökonomen wie Friedrich August von Hayek inspirieren, der streng an den freien Markt glaubte. Für die Depression hatte Hayek jedoch keinerlei Rezept. Seiner Meinung nach war dies der Preis, den wir für unsere Sünden zu bezahlen hatten. Diesen Rückschritt wird doch wohl niemand ernsthaft anstreben wollen.«

Und woher rührt dann unser Unbehagen?

»Dies Unbehagen liegt nicht nur an den Zahlen, sondern es muß noch irgendeinen anderen Grund haben.«

Nach Auffassung von Stanley Fisher, Mitautor des derzeit sehr erfolgreichen neuen Makroökonomie-Lehrbuchs, ist unter Ökonomen ein gewisser Vertrauensschwund zu beobachten, der ziemlich charakteristisch ist für die derzeitige Tendenz jüngerer Ökonomen, sich von der Keynesschen Doktrin zu entfernen. Fisher meint hierzu: »Wir glauben zwar immer noch, daß der Staat bei größeren Störungen seine geld- und fiskalpolitischen Maßnahmen anwenden solle, daß er dabei aber mit großer Vorsicht vorgehen müsse. Denn die Politik selbst kann wiederum destabilisierend wirken.«

Dies würde also bedeuten, daß der Staat den Schaden nicht heilt, sondern ihn eher verschlimmert – ergo Finger weg von zuviel Staatseinfluß.

»Selbst sorgfältig kalkulierte politische Maßnahmen haben manchmal Konsequenzen, die man nicht antizipieren kann. Hierbei denken wir nicht einmal an die dreißiger Jahre, sondern wir glauben, daß die Zeit von 1948 bis 1973 in gewisser Weise außergewöhnlich und einzigartig war und daß die Ökonomen zum Teil davon profitiert haben. Jetzt hat sich die Ausgangssituation jedoch dahin gehend geändert, daß man vorsichtiger sein muß, weil der Spielraum für politische Fehler kleiner geworden ist. Fast sämtliche mir bekannten jungen Ökonomen stehen politisch rechts von der älteren Generation und leben in dem Gefühl, daß man nicht sehr viel tun kann, um die Wirtschaft in die gewünschte Richtung zu lenken.«

Man kann also nicht viel tun?

Die »Allgemeine Theorie« bot eine Gewißheit, die einzigartig zu sein scheint.

»Ich glaube nicht, daß es dieselbe Gewißheit noch einmal geben kann«, meint Fisher hierzu. »Die Studenten möchten kleine Probleme lösen, und die Ökonomen möchten vorsichtig vorgehen. Es gibt einfach kein großes Gesamtbild.«

Der alte Glaube ist also verschwunden, ohne daß ein neuer Glaube oder ein neuer Star am ökonomischen Horizont sichtbar wäre. Der alte konzeptionelle Rahmen, in den sich die Beobachtungen einfügten, ist zerschlissen, ohne Ersatz zu bieten. Sämtliche Keynesianer – Neo- und Post-Keynesianer ebenso wie Anti-Keynesianer – zanken sich mit Marxisten, Libertären und verschiedenen dazwischenliegenden Gruppierungen herum. Wiederum scheinen die Probleme größer zu sein als die Fähigkeit des Menschen, sie zu lösen. Das optimistische Credo und die Vision von einem verantwortlichen und fähigen Menschen, der aus einem wohlwollenden Selbstinteresse heraus handelt, ist dahin und wird durch eine engstirnigere, weniger zuversichtliche und unerbittlichere Sichtweise ersetzt.

George Ball schrieb einmal in einem zynischen, aber witzigen Kommentar: »Während der langen Periode ununterbrochener Unschuld der fünfziger und sechziger Jahre sonnten wir uns in der angenehmen Überzeugung, daß die Ökonomie eine hochentwikkelte Wissenschaft wäre, die in ihrer Bedeutung in etwa der Ära der Sulfonamide in der Medizin gleichzusetzen war. Um so schokkierter waren wir, als wir feststellten, daß der Zustand der Wirtschaftswissenschaft sehr viel mehr Parallelen mit Dr. Harveys Entdeckung der Blutzirkulation aufwies. Die aufrichtigen Allgemeinmediziner versuchen nicht länger, ihre Zweifel zu verstecken, sondern viele scheuen sich nicht, ganz offen auf Blutegel, Wickel und Packungen zurückzugreifen. Ich glaube, daß unsere Wirtschaft hinreichend widerstandsfähig ist, um zu überleben, muß aber dennoch immer wieder an den jungen Ludwig XV. denken, der nach seiner Erkrankung an Pocken nur deshalb vom Tode gerettet wurde, weil seine Schwester ihn vor den Ärzten versteckte, an deren Behandlungsmethoden bereits sein Vater und sein Bruder gestorben waren.«

Derartige Seitenhiebe wären noch vor zwei Jahrzehnten völlig undenkbar gewesen. Man braucht nur einige ihrer ungeheuren Erkenntnisse und Leistungen zu betrachten, um zu erkennen, daß die Entwicklung der Ökonomie inzwischen weit über die Entdeckung des Blutkreislaufs hinaus ist. So hat beispielsweise Wassili Leontief eine Input-Output-Analyse für eine gesamte Volkswirtschaft erstellt und dafür einen Nobelpreis erhalten. Und heute gibt es bereits Input-Output-Modelle für hundert Länder und gar für einen ganzen Planeten – die Vorstellung ist einfach atemberaubend! Leontief selbst hat gesagt: »Als ich 1931 in der wirtschaftswissenschaftlichen Abteilung der Harvard-Universität die Mathematik einführte, wußte ich nicht, daß sie eines Tages zum *Denksport* werden würde.« Verdächtig ist heute dagegen die Verfassung, auf der ein Teil des ökonomischen Gesetzes basiert: Die Menschen verhalten sich nicht so, wie sie sollten. Wir vergessen nur zu leicht, daß es uns, gemessen an früheren Zeiten, immer noch sehr gut geht. Wir sehen natürlich viele Probleme – reiche und arme Länder, Industrialisierung und Umwelt, Energie und Nahrung, Inflation und Arbeitslosigkeit – und erwarten nicht zuletzt deshalb so viel, weil die Keynesianer so hohe enthusiastische Erwartungen geweckt haben. Selbst wenn die Ökonomen sowohl Englisch als auch Hopi sprechen könnten, hätten sie große Schwierigkeiten, unsere Erwartungen zu erfüllen.

Alle Ratsuchenden, die sich an die Ökonomen wenden und teuer dafür bezahlen, wollen natürlich eine möglichst konkrete Antwort haben. Dennoch sollten sie nicht vergessen, daß der Ökonom häufig mit Annahmen arbeitet. Dies ist insofern wichtig, als die Ökonomie heute nicht zur Lösung der Probleme beiträgt, sondern zugleich mit zum Problem geworden ist.

Wir empfinden nun einmal dieses merkwürdige Unbehagen, und wenn wir uns zur Beruhigung an diesen Berufsstand wenden, spüren wir häufig, daß seine Mitglieder sich keineswegs so sicher sind. Diese mangelnde Sicherheit führt dann zu einer Lücke, die von sehr überzeugend klingenden Leuten ausgefüllt wird, welche uns den kurz bevorstehenden Weltuntergang ankündigen. Der Unterschied zwischen diesen Schwarzsehern und den meisten Ökonomen besteht darin, daß die ersteren nicht so sorgfältig sein müssen, daß sie jedoch allein durch ihre Intensität Zuhörer anziehen.

Wir wollen uns im folgenden selbst ein wenig im Schwarzsehen versuchen – nicht zuletzt, weil ein bißchen Spekulieren Spaß macht. Das Ergebnis ist dann sozusagen in die Zukunft transferierte »Apocalyptic Fiction«. Die von uns gewählte Form: Ein junger japanischer Student schreibt einen Brief aus den USA. Allerdings ist in diesem Brief ein Trick verborgen – versuchen Sie einmal, ihn herauszufinden.

Kapitel 3

Apocalyptic Fiction

New York, 34. Mai 198-
Herrn Professor Noritake Watanabe
Fachbereich für Wirtschaftswissenschaft und Soziologie
Saiwai-cho, Takamatsu 760
Kagawa-Universität
Kagawa, Japan

Sehr geehrter Herr Professor!

Da ich diesen Brief auf dem Computerterminal im Nippon-Club schreibe, weiß ich, daß Sie ihn morgen haben werden. Ich habe versucht, Sie anzurufen, aber es ist genau, wie Sie gesagt haben: Das amerikanische Telefonsystem ist dermaßen unzuverlässig, daß es die meiste Zeit »daniederliegt«. Man muß drei Tage lang auf einen Auslandsanruf warten, und dann hört man soviel Nebengeräusche und Störungen, daß ich lieber den alten zuverlässigen Hitachi-Terminal benutze. Wenn die Amerikaner doch nur unsere Anlagen zuließen! Ich kann es kaum glauben, daß die Amerikaner den Transistor und die gesamte Technologie der Halbleiter erfunden haben! Denn wir haben ihnen doch gezeigt, wie man sie benutzen muß.

Ich möchte Ihnen nochmals für das Stipendium danken, durch das mir der Aufenthalt hier ermöglicht wurde. Ich werde mein Bestes tun, um Ihre Erwartungen zu erfüllen.

Bei meiner Ankunft am Flughafen fiel mir eine lange Schlange von Amerikanern auf, die mir gegenüberstanden und darauf warteten, ihre heruntergekommene Währung gegen »externe Dollars«

einzutauschen oder die Formulare für den Kauf von Petro-Franken auszufüllen. Mit »heruntergekommener Währung« meine ich, daß sie sehr schnell an Wert verliert und sozusagen zusehends wertlos wird. Ich kann mir vorstellen, daß Sie sehr froh sein werden, neue Dollars im Verhältnis von hundert zu eins tauschen zu können. Die Amerikaner schienen recht guter Dinge zu sein, wirkten aber heruntergekommen. Ich erinnere mich noch an Ihren großartigen Artikel, in dem Sie 1980 die Amerikaner mit den Bretonen verglichen und feststellten, daß sie jährlich pro Kopf nur 4,75 Dollar (gemessen in 1980er Dollars) für Kleiderreinigung ausgaben – und genauso sahen sie auch aus.

Mein Weg nach New York City war ziemlich abenteuerlich. Die Araber in unserem Flugzeug schienen mühelos durch den Zoll zu gelangen und wurden von ihren amerikanischen Unterhändlern mit bereitstehenden Wagen empfangen. Ich hatte dagegen Mühe, zusammen mit Hisae Robata, einem Schüler von Professor Shimetsu Tokagawa von Kyoto, ein altes gelbes Taxi für die Reise in die Stadt zu ergattern. Wir boten 27 000 Dollar, was vielleicht zuviel war, aber wir waren beide sehr müde und wollten schnell ins Hotel. Natürlich sind 27 000 Dollar nicht mehr als drei Petro-Franken, aber von den Flughafen-Taxis war keins bereit, einen Petro-Franken in eine andere Währung als in Dollars einzutauschen.

Die Straße zur Stadt hatte sehr viele Schlaglöcher. Der Fahrer erzählte uns, daß sie seit dem Bankrott der Stadt zu Beginn der großen Inflation nicht mehr repariert worden sei. Es herrschte ein solches Verkehrschaos, daß unser Fahrer eine Abkürzung benutzte. Als er seine Geschwindigkeit in einer Kurve verlangsamte, wurden wir prompt von Banditen angehalten! Es waren drei schwarze und zwei weiße Männer mit Bärten, in Kampfanzügen und mit Sonnenbrillen, die Karabiner und die kleinen Handgewehre trugen, die in Amerika sozusagen als Samstagabend-Vergnügen überall verkauft wurden.

»Oh nein, nicht noch einmal«, stöhnte der Taxifahrer, »ihr Typen habt mich schon auf dem Weg zum Flughafen geschlagen.«

»Haben Sie einen RP-Paß, Mann?« fragte der offensichtliche Anführer.

»Mein Cousin hat den RP-Paß; denn es ist sein Taxi«, antwortete unser Fahrer.

Der Anführer schlug ihm mit dem Kolben seines Karabiners in den Magen.

»Niemand darf ohne RP-Paß auf der Straße fahren«, meinte der Anführer lakonisch, während sich unser Fahrer vor Schmerz krümmte. »Nächstes Mal bringst du ihn mit.«

Demnach handelte es sich bei diesen Männern nicht um echte Banditen, sondern um die Plünderer von der Revolutionären Partei, von denen man soviel hörte. Sonst hätten sie uns nämlich unsere Petro-Franken und Kameras und was-weiß-ich abgenommen, vielleicht sogar das Gold in unseren Zähnen. Sie können sich vorstellen, was für eine Angst wir hatten!

Ich bin Ihnen sehr dankbar für Ihre Bemühungen, mich im Plaza-Hotel unterzubringen. Obwohl es nicht ganz so sauber und effizient ist wie die japanischen Hotels in New York, vermittelt es andererseits einen sehr schnellen Einblick in diese Gesellschaft.

In dem Park auf der gegenüberliegenden Straßenseite des Hotels befinden sich im wahrsten Sinne des Wortes Hunderte von Bettlern. Schwarze junge Frauen, die ihre Kinder auf ihren Armen tragen, treten an das Taxi und versuchen, ihre geöffneten Hände durch das Fenster zu stecken. Doch die livrierten Disney Guards halten sie zurück. Die Disney Guards mit ihren höflichen, gleichwohl etwas mechanischen Manieren und ihren sauberen, grauen Uniformen mit weißen Gürteln sind ein überaus willkommener Anblick. Soweit ich gehört habe, waren sie ursprünglich Führer in dem berühmten Touristenzentrum, bevor sie sich plötzlich als private Sicherheitspolizei großer Nachfrage erfreuten.

Natürlich erstaunt einen der Anblick der Roulette-Räder und Spielmaschinen in dem früheren Palm Court des Plaza, wo angeblich in früheren Zeiten den wohlhabenden Witwen Tee serviert wurde. Aber das Spielfieber läßt sich natürlich überall beobachten.

Auf dem Weg in unser Zimmer – wir mußten allerdings über eine Stunde warten, bis das Zimmer saubergemacht war – hielt der Fahrstuhlführer den Fahrstuhl zwischen den Stockwerken an. Wir hatten schon wieder große Angst!

»Geld wechseln?« sagte er. »Petro-Franken?«

Wir sagten, wir wären einfache Studenten und wollten kein Geld wechseln.

»Ich gebe euch 15 000 Dollar für einen Petro-Franken«, meinte er darauf.

Wir antworteten, daß wir nichts anderes wollten, als in unser Zimmer zu gelangen. Daraufhin bot er uns nacheinander Kokain, Marihuana und Frauen an. Natürlich dachten wir angesichts der für den Währungstausch angesetzten und überall veröffentlichten Strafen nicht daran, uns auf ein solches Abenteuer einzulassen, obgleich das Angebot des Mannes sehr großzügig war.

Nachdem wir geduscht hatten, gingen wir ein wenig spazieren. Hisae schaute sich einen Teil des Prozesses der Ölgesellschaftspräsidenten im Fernsehen an, und ich sah ebenfalls einen Augenblick lang zu. Da sich dieser Prozeß schon so lange hinzieht, haben die meisten Amerikaner kein Interesse mehr daran, aber die Hauptpersonen sind inzwischen genauso vertraut geworden wie die aller anderen Fernsehserien. So weiß man von vornherein, daß der Texaco-Präsident nur herumjammern und immer wieder behaupten wird, daß er nur Anweisungen ausgeführt habe. Und der kleine rauflustige Vertreter von Mobil-Oil wird nach wie vor seine Unschuld beteuern und dabei immer wieder dieselben juristischen Phrasen dreschen. Demgegenüber wird der Kahle und Würdige das Ganze als eine historische Situation darstellen, in der er eigentlich keine Rolle spielt.

Unterdessen hatte vor dem Hotel ein Gefecht zwischen den Disney Guards und der RP stattgefunden. Die ersteren hatten zwei junge Schwarze beim Plündern eines Geschäfts erwischt. Dies bedeutete für die beiden, daß sie sich in einem Straßenprozeß verantworten mußten, der nach dem Notstandsgesetz vorgeschrieben war. Kurze Zeit später erschien ein Straßenrichter in einem Polizeiwagen, aber die Fernsehkameras konnten nicht rechtzeitig installiert werden. Die Fernsehübertragung soll bezwecken, daß die Leute durch den Anblick der direkt verurteilten und manchmal sogar exekutierten Diebe abgeschreckt werden. In der Realität geschieht dies jedoch relativ selten. Offensichtlich war ein RP-Wagen gekommen, die darin sitzenden RPs hatten eine Benzinbombe geworfen und dann versucht, die Plünderer in ihr Auto zu bringen. Statt dessen explodierte jedoch ihr eigenes Auto, und die Polizei fuhr mit den Plünderern von dannen. Leider hatten Hisae und ich das Ganze versäumt.

Zwei von den Disney Guards waren jedoch noch da, beide sahen erregt und glücklich aus. Sie schienen etwa genauso alt zu sein wie wir. Dann kamen einige Texaner oder reiche Bauern, schlugen ihnen freundschaftlich auf den Rücken und wollten ihnen einen ausgeben. Die Disney Guards sind immer ordentliche und höfliche, teils sogar pausbäckige Jungen. Sie lehnten dankend ab.

Die Fifth Avenue wirkte wie ein Basar und war vollgestopft mit Leuten. Neben Lateinamerikanern und Arabern konnte man Frauen sehen, die von den Hotelangestellten als »Gulfies« bezeichnet wurden, die völlig schwarz gekleidet gingen und statt der Schleier abschreckend aussehende Plastikmasken trugen. Dies sind die Witwen der Geschäftsleute der Golfstaaten von Abu Dhabi, Qatar, Bahrain usw., die sich immer noch in der orthodoxen Weise kleiden. Die Geschäfte erstrahlen in Luxus und Luxusgütern.

Wir schauten uns die Schaufenster bei den Brooks Brothers an, die ja, wie Sie sich vielleicht erinnern, einmal ein Geschäft in Japan hatten. Wir sahen einen Herrenanzug, der von 54 000 Dollar auf 43 000 gesenkt war, und Schuhe, die 22 000 Dollar kosteten. Sie hatten recht, als Sie mir empfahlen, mich hier einzukleiden. Alles ist wirklich billig. Natürlich ist die Verarbeitung in der Regel schlecht, und wenn man einen Anzug kauft, darf man damit nicht in den Regen gehen, weil er entweder einläuft oder auseinanderfällt.

Wenn man die Straßen entlangwandert, hört man ständig so eine Art entferntes Schießen – scharfe Knaller wie bei der Fehlzündung eines Autos und einen gelegentlich großen Knall. Diese Geräusche kommen vom nördlichen Sektor, in dem ständig geschossen wird. Nach einer Weile hat man sich genauso daran gewöhnt wie an den Verkehr in Tokio. Die in diesem Sektor verübten Gewalttaten sind heute politisch bedingt und werden vor allem von der RP und deren Banditen getragen, gehen jedoch – wie Sie ja oft genug betont haben – auf die Zeit vor der Inflation zurück und wurden immer der Nichtintegration der Landbevölkerung in den städtischen Rahmen zugeschrieben. Ich kann mich noch gut daran erinnern, als Sie einmal in dem Lexington-Avenue-Bus waren und einem Passagier mehrere Messerstiche versetzt wurden. Alle anderen Leute sprangen vom Bus ab, und Sie waren schließlich der einzige Passagier, der dem Busfahrer half, das Opfer in ein Krankenhaus zu bringen! Auf jeden Fall sind in unserem Hotel einige etwa gleichaltrige arabische Studenten, nach deren Aussagen New York nicht sehr viel schlimmer ist als Beirut Ende der siebziger Jahre. Um von einem Sektor zum anderen zu fahren, muß man nur die richtigen Leute kennen und zudem wissen, welche Straßen an welchem Tag passierbar sind.

Es kommt immer wieder vor, daß im Hotel der Strom ausfällt, manchmal sogar bis zu zwei Stunden. Auf einem Schild in unserem Zimmer wird mitgeteilt, daß das Wasser von sechs bis zehn Uhr abends und von sieben bis zehn Uhr morgens angedreht ist, aber irgend etwas muß heute morgen nicht funktioniert haben, weil es kein Wasser gab. Vielleicht hängt dies mit dem Streik der Arbeiter der öffentlichen Versorgungsunternehmen zusammen.

Heute morgen sind Hisae und ich zum Supermarkt Gristede gegangen, der zu der von der deutschen Firma Tegemann kontrollierten Kette gehört, die sich im Eigentum der »Kuwaiter« befindet. Dort kostete ein Brot nur 195 Dollar – und Orangensaft pro Dose nur 88 Dollar. Diese Artikel müssen subventioniert sein. Wenn man sich also fragt, wie die Amerikaner überhaupt leben können – ohne Tauschhandel und illegale Geschäfte –, dann liegt hier ein Teil der Antwort: Etliche Artikel sind offenbar subventioniert. Andererseits könnte es sich kein Amerikaner leisten, Fisch zu essen (abgesehen von dem heimischen), da dieser über den externen Warenaustausch hereinkommt und nicht den Nahrungsmittelkontrollen unterliegt.

Dennoch gelang es Hisae und mir, in einem der entzückenden japanischen Restaurants ein sehr gutes *Sashimi* zu essen und sogar in japanischer Währung zu bezahlen – weil wir nicht das richtige Kleingeld hatten.

Hisae wollte dann diese Reise nach Washington organisieren, war sich jedoch nicht ganz sicher, wie er dies am besten tun sollte. Der Zug nach Washington ist mit 1 100 Dollar extrem billig; dies ist durch die Tatsache bedingt, daß die Amtrak eine staatliche Gesellschaft ist und daß der Staat, da er die Inflation offiziell leugnet, die Fahrpreise nur sehr allmählich angehoben hat. Allerdings ist der Zug ständig überfüllt und immer genauso voll wie die Untergrundbahn in Tokio zur *Rush-hour*. Die Fahrt dauert sechs oder sieben Stunden und ist sehr unbequem, da ständig irgendwelche Pannen passieren, bei denen wiederum die Möglichkeit von Zugräubern besteht. Andererseits hatte er den Vorteil, daß Hisae auf diese Weise noch viel von seinem Reisegeld übrigblieb. Daneben gibt es ab und zu noch das Eastern Shuttle, das 66 000 Dollar kostet, sowie das elegante Turbo-Flugzeug, das genauso lange fliegt wie das kleinere Shuttle, aber nur in Petro-Franken bezahlt werden kann und den Spitznamen »Arabien-Expreß« trägt. Tatsächlich wird es auch von den Saudia Airlines betrieben. Hisae möchte jedoch nicht bereits zu Beginn seines einjährigen Aufenthaltes seine sämtlichen Petro-Franken ausgeben.

Im Westen der Stadt sahen wir die vom Fernsehen bereits so vertrauten Barrikaden und den Stacheldraht und dahinter mit Brettern zugenagelte Geschäfte und ruhige Straßen, hinter denen sich angeblich riesige Schuttplätze und große Flächen mit ausgebrannten Häusern befinden. Als wir an den Barrikaden standen, sahen wir die Wasserlaster mit ihren Hochdruckschläuchen, das Betonblockhaus und einen Lieferwagen mit einem Zwanzig-Millimeter-Geschütz hintendrauf.

Dann gingen wir in den Bezirk des Washington Square, der diese Woche angeblich sicher war. Hisae wollte versuchen, einen Freund zu finden, der an der New-York-Universität studiert, aber er war nicht in seinem Zimmer.

Deshalb setzten wir uns in ein Café. Hier ging ein Mann mittleren Alters von Tisch zu Tisch und sang Balladen und spielte dabei Gitarre. Er hatte dunkle Augenbrauen und sang uns mit süßer Stimme und mit sehr geringem amerikanischen Akzent ein japanisches Lied vor. Er ist ein Professor, der einmal ein Austauschjahr in Kyoto verbracht hat. Jetzt muß er sich aufgrund der Inflation noch etwas hinzuverdienen. Wir gaben ihm ein großzügiges Trinkgeld, woraufhin er zum nächsten Tisch weiterging und dort ein anderes Lied sang.

Auf dem Fernsehschirm konnten wir jetzt Senator Burr auf einer Massenversammlung sehen. Ich glaube, er war in einem Fußballstadion in Texas. Die Zuschauer konnten auf den riesigen Schirmen des Stadions Großaufnahmen von seinem Gesicht mit seinen ebenen weißen Zähnen sehen. Überall waren freundliche und lächelnde Disney Guards zu sehen. Die Musik versetzte die Menge offensichtlich in eine gute Stimmung. Dann hob Senator Burr seine Hände, und die Menge wurde ganz still. »Ich liebe euch«, sagte er zuerst.

Die Menge hatte offenbar darauf gewartet; denn sie begann sofort begeistert zu applaudieren und Sprechgesänge anzustimmen.

Der Senator hob nochmals seine Hände. Dann sagte er sehr langsam, daß ihm viel am Volk gelegen sei, daß sie alle hart gearbeitet hätten, daß sie ihrer Ersparnisse beraubt worden seien, daß ihre Kinder keinerlei Zukunftsaussichten hätten, daß ihre Schulen kurz vor dem Zusammenbruch stünden und daß ihr einstmals großes Land jetzt krank wäre und deshalb gereinigt werden müsse, um wieder seine alte Größe zu erlangen.

Dann begann er sich zu erregen. Er sagte, die Präsidenten der Oil Company wären nicht die wahren Verräter, sondern sie wären nur Marionetten, und er kenne die Namen der eigentlichen Verräter.

Er sprach dann von den Bürokraten, die in ihren glänzenden Wagen führen, während alle anderen keine Möglichkeit hätten, ihre Autos reparieren zu lassen. Er sprach von den Leuten, die reich geworden waren, während alle anderen litten. Die Verräter müßten ihrer gerechten Strafe zugeführt und die Ausländer, die mit ihnen gemeinsame Sache machen, müßten hinausgeworfen werden.

Diese Worte erweckten in Hisae und mir ein Gefühl des Unbehagens, obwohl wir ein offiziell genehmigtes Stipendium besaßen. Die Masse der Zuschauer war jetzt aufgestanden und schüttelte ihre Fäuste. Selbst die Disney Guards, die gewöhnlich sehr freundlich sind, schlossen sich ihnen an, weil ihre Freundlichkeit im Kreise einer so großen Runde nicht aufrechtzuerhalten war.

Dann sprach der Senator wieder mit sanfter und beruhigender Stimme, und die Masse wurde still.

»Ihr und ich seid eins«, sagte er. Offenbar sagte er an diesem Punkt immer wieder dasselbe, und die Menge wartete bereits darauf und kannte die Kadenzen genau wie in einer religiösen Zeremonie. »Euer Herz ist mein Herz, eure Gerechtigkeit ist meine Kontrolle. Euer Ärger ist meine Stärke, euer Wille ist mein Friede.«

Die Menge applaudierte enthusiastisch.

Der englische Satz »Euer Wille ist mein Friede« ist für uns noch nicht ganz verständlich. Nach einigen Monaten hier wird unser Englisch jedoch besser sein, und wir werden ihn verstehen.

Wir waren geradezu erleichtert, als wir anschließend den kühlen Innenhof des Nippon-Clubs erreichten, der seit Ihrem Besuch hier sehr stark erweitert worden ist. Ich wäre Ihnen sehr verbunden, mein sehr verehrter Lehrer, wenn Sie meine Eltern anrufen und ihnen sagen könnten, daß alles in Ordnung ist und daß ihre Ängste umsonst waren. Sie wissen ja, wie Eltern sind.

Ich bin äußerst gespannt auf mein Projekt. Sagen Sie meiner Mutter, sie solle sich keine Sorgen machen.

Ihr sehr ergebener Shigetsu

Kapitel 4

Symbol der Angst: ein Karren voller Geld

Das war also unsere apokalyptische Fiktion, die irgendwann in der Zukunft spielte.

Ich hatte ja zuvor darauf hingewiesen, daß dies Kapitel einen Trick enthielt, den ich Ihnen jetzt verraten will: *Sämtliche darin geschilderten Ereignisse sind bereits geschehen*. George Orwell hat sein Buch »1984«, bei dem ihm Jewgeni Zamjatins Buch »Wir« über Rußland als Vorlage diente, nicht nur über Rußland geschrieben, sondern die darin beschriebene Bürokratie entsprach genau der seines damaligen Arbeitgebers, des britischen BBC.

Alles in diesem Kapitel hat tatsächlich stattgefunden, aber nicht immer gleichzeitig und an demselben Ort. So wurde beispielsweise über die Messerstecherei in dem Lexington-Avenue-Bus am 8. Juni 1970 in der *New York Times* berichtet, und tatsächlich waren sämtliche Passagiere ausgestiegen, außer einem japanischen Professor, der dem Busfahrer half, das Opfer zum Krankenhaus zu fahren. Es war im Grunde nur eine winzige Geschichte, deren implizierte Gewalt wir bereits für selbstverständlich halten. Der Anblick von Militärlastern, die an Kreuzungen parken – und mit Hochdruckschläuchen oder Zwanzig-Millimeter-Geschützen ausgerüstet sind –, ist in zahlreichen Städten auf der ganzen Welt durchaus vertraut. Dasselbe gilt für die uniformierten privaten Leibwachen. Ich selbst bin auch schon auf einer Versammlung mit einem charismatischen »Führer« gewesen, nur war er kein Senator, und es war keine politische Veranstaltung.

Auch die sogenannte Hyperinflation mit ihren enormen Preissteigerungen ist in Lateinamerika, Asien, im Nahen Osten und in Ländern, in denen die Ereignisse und die Wirtschaft außer Kontrolle geraten sind, bereits gang und gäbe. Sogar in den Vereinigten Staaten haben wir eine solche Hyperinflation bereits gehabt.

Die *New York Times* hat einmal den Brief eines in den sechziger Jahren politisch sehr engagierten Rechtsanwaltes abgedruckt, in dem es hieß: »Ich verstehe nicht, was los ist. Ich habe ein gutes Gehalt, aber die Preise von Häusern und Wohnungen erscheinen mir empörend hoch. Geld scheint überhaupt nichts mehr zu bedeuten. Mein Einkommen steigt zwar, aber die Steuern und Ausgaben steigen auch, und das Mehr an Einkommen ist sofort wieder verschwunden. Ich habe das Gefühl, daß niemand mehr irgendeine Form der Kontrolle besitzt, daß alles letztlich außer Kontrolle geraten ist.«

Diese Klage ist heute gang und gäbe. Sie ist bedingt durch eine mehr oder weniger unterbewußte Urangst in uns, das zu verlieren, was wir haben. Für die Amerikaner der vorherigen Generationen hieß dies, arbeitslos zu werden und keinen anderen Job zu bekommen – oder den Hof der Familie durch Dürre, Staub und die Bankiers zu verlieren. Wahrscheinlich gibt es irgendwo in unserer Gehirnrinde eine Gruppe Zellen, die auf die Angst vor dem Unbekannten, vor dem feindlichen Stamm hinter dem Horizont oder vor fremden Männern auf Pferderücken, die Farmen niederbrennen, unbewußt reagiert. Die derzeitige Form dieser Angst ist für die heute lebenden Amerikaner relativ neu, nämlich die Angst, daß die Währung ihren Wert verliert und schließlich bedeutungslos wird. Wir hören immer wieder, daß die Amerikaner ihr ökonomisches Verhalten in den vergangenen fünf Jahren geändert haben; sie sparen nicht mehr und geben sogar dann Geld aus, wenn gar keine unmittelbare Notwendigkeit dafür besteht. Die Europäer kennen das Symbol einer völlig entwerteten Währung sehr wohl: den Karren voller Geld, der in den zwanziger Jahren in Deutschland der Ausdruck für die große Inflation war. Diese trug nicht nur dazu bei, daß Hitler an die Macht kam, sondern die Erinnerung daran hat selbst heute noch Auswirkungen und sollte uns in mancher Hinsicht eine Lehre sein.

Vor dem Ersten Weltkrieg war Deutschland ein reiches Land

mit einer durch das Gold gedeckten Währung, einer expandierenden Industrie, die im Bereich der Optik, Chemie und des Maschinenbaus Weltrang besaß. Die deutsche Mark, der britische Schilling, der französische Franc und die italienische Lira besaßen alle in etwa den gleichen Wert und hatten ein Austauschverhältnis von vier oder fünf zu einem Dollar. Das war 1914. Demgegenüber betrug der Wechselkurs zwischen dem Dollar und der Mark 1923, auf dem Höhepunkt der deutschen Hyperinflation, eine Billion Mark zu einem Dollar, und man konnte mit einem Karren voller Geld noch nicht einmal eine Zeitung kaufen. Für die meisten Deutschen kam dieser finanzielle Tornado völlig unvorhergesehen.

Der international bekannte deutschgebürtige Ölberater in New York, Walter Levy, erzählte mir einmal: »Mein Vater war Rechtsanwalt und hatte 1903 eine Versicherungspolice unterschrieben, für die er bis dahin jeden Monat treu eingezahlt hatte. Die Laufzeit betrug zwanzig Jahre, und als sie abgelaufen war, konnte er für die Versicherungssumme *ein einziges Brot* kaufen.« Und der Berliner Verleger Leopold Ullstein erinnert sich, daß ein amerikanischer Besucher ihrer Köchin einen Dollar Trinkgeld gegeben hatte. Die Familie setzte sich daraufhin zusammen und beschloß, daß bei einer Berliner Bank ein Investmentfonds errichtet werden sollte, bei dem die Köchin die Anspruchsberechtigte war. Die Bank erhielt den Auftrag, den Dollar zu verwalten und zu investieren.

Rückblickend lassen sich zwar die verschiedenen Stufen dieser Inflation verfolgen, aber einige ihrer Ursachen bleiben dennoch unklar. Ein wesentlicher Punkt ist, daß Deutschland 1914 die Golddeckung seiner Währung aufgab. Da man erwartete, daß der Krieg schnell beendet wäre, wurde er durch staatliche Kredite und nicht durch Ersparnisse und Steuern finanziert. Fünfzig Jahre später taten die Vereinigten Staaten genau dasselbe während des Vietnam-Krieges, weil ihre politischen Führer das Engagement in Vietnam nur für begrenzt und für sehr kurzfristig hielten. In Deutschland haben sich die Preise zwischen 1914 und 1919 genau wie bei uns in den vergangenen zehn Jahren verdoppelt.

Die Parallelen sind aber insofern begrenzt, weil Deutschland einen Krieg verloren hatte. Im Rahmen des Versailler Friedensvertrages hatte es bereits Reparationszahlungen in durch Gold gedeckte RM geleistet und stand kurz davor, einen Teil der Produktion an der Ruhr und in Oberschlesien zu verlieren. Insofern war die Weimarer Republik politisch äußerst fragil.

Andererseits besaß das Bürgertum äußerst starke und eingefleischte Gewohnheiten. Die normalen Bürger gingen ihrem Beruf nach, schickten ihre Kinder in die Schule und machten sich Gedanken über ihre Noten, kämpften mit allen Mitteln um ihren beruflichen Erfolg, freuten sich, wenn er ihnen gelang, und warteten darauf, daß alles besser würde. Die Preise, die sich zwischen 1914 und 1919 verdoppelt hatten, schafften 1922 dasselbe innerhalb von fünf Monaten, so daß die Milch plötzlich statt sieben Mark pro Liter sechzehn Mark und Bier statt 5,60 achtzehn Mark kostete. Man hörte allenthalben Klagen über die hohen Lebenshaltungskosten. Die Professoren und Beamten stöhnten, sie würden ausgequetscht; und die Fabrikarbeiter verlangten ständig höhere Löhne. Daneben entwickelte sich eine Untergrundwirtschaft, die vor allem durch den generell vorherrschenden Wunsch Aufschwung erhielt, dem Steuerfahnder ein Schnippchen zu schlagen.

Am 24. Juni 1922 ermordeten rechte Fanatiker den gemäßigten und fähigen Außenminister Walther Rathenau. Rathenau war eine charismatische Figur gewesen, und die Vorstellung, daß ein bekannter, wohlhabender und sympathischer Staatsminister in einer gesetzestreuen Gesellschaft ohne weiteres erschossen werden konnte, erschütterte den Glauben der Deutschen zutiefst, da sie gern in der Überzeugung leben wollten, daß alles in Ordnung wäre. Rathenaus Staatsbegräbnis kam einem nationalen Trauma gleich. Die nervösen Industriellen der Ruhr waren ohnehin schon dabei, ihr Geld in Sicherheit zu bringen, indem sie es in reale Werte umtauschten – Diamanten, Kunstwerke und Grundbesitz. Jetzt begannen immer mehr Deutsche, es ihnen gleichzutun. So schrieb der britische Historiker Adam Fergusson, daß selbst unmusikalische Familien Klaviere kauften. Die Verkäufer hielten sich hingegen zurück, weil die Mark jeden Tag weniger wert war. Aufgrund der steigenden Preise wurden ständig größere Mengen von der Währung benötigt, und die Deutsche Zentralbank kam diesem Bedarf anstandslos nach, da auch die Regierungsbehörden meinten, alles sei in bester Ordnung. Selbst eine führende Wirtschaftszeitung meinte, die in Umlauf befindlichen Geldmengen wären keineswegs übertrieben hoch. Und der Präsident der Reichsbank, Dr. Rudolf Havenstein, erklärte einem Professor der Volkswirtschaftslehre, daß er zwar einen neuen Anzug brauchte, diesen aber erst kaufen würde, wenn die Preise wieder gesunken wären.

Warum unternahm die deutsche Regierung nichts, um die Inflation aufzuhalten? Der Grund war, daß es sich um eine wacklige und schwache Regierung handelte, deren Position nach der Ermordung Rathenaus noch schwächer wurde. Die Franzosen schickten ihre Armee an die Ruhr, um ihre Reparationsforderungen durchzusetzen, und die Deutschen hatten keinerlei Möglichkeit, sich zu wehren. Außerdem fürchteten die Deutschen Arbeitslosigkeit noch mehr als Inflation. 1919 hatten die Kommunisten einen ernsthaften Versuch der Machtübernahme unternommen, und eine Verschlechterung der Arbeitslosigkeit konnte eine weitere Chance für sie sein. Die großen deutschen Industriekonzerne – Krupp, Thyssen, IG-Farben, Stinnes – nahmen die Inflation stillschweigend hin und überlebten sie recht gut. Sie wußten sehr wohl, daß eine billigere Mark deutsche Produkte billiger machte und dadurch den Export erleichtern würde; die Exporteinnahmen brauchten sie schließlich zum Kauf von Rohstoffen im Ausland. Die Inflation hielt alle in Atem.

Die Geldpressen liefen ununterbrochen, und nachdem sie einmal in Gang waren, ließen sie sich nurmehr schwer aufhalten. Die Preiserhöhungen erreichten schwindelnde Höhen. Die Getränkekarten in Cafés konnten gar nicht schnell genug verändert werden. So bestellte einmal ein Student an der Freiburger Universität eine Tasse Kaffee, die auf der Karte mit 5 000 Mark ausgezeichnet war. Nachdem er zwei Tassen getrunken hatte, mußte er bereits 14 000 Mark bezahlen.

Die Erklärung lautete: »Wenn Sie Geld sparen und zwei Tassen Kaffee trinken wollen, müssen Sie beide gleichzeitig bestellen.«

Die Geldpressen der Reichsbank konnten schließlich nicht mehr mithalten, obwohl sie Tag und Nacht liefen. Einzelne Städte und Länder begannen daraufhin, ihr eigenes Geld herauszugeben. Dr. Havenstein bekam seinen neuen Anzug nie. Ein Fabrikarbeiter beschrieb den täglich stattfindenden Lohntag mit folgenden Worten: »Um elf Uhr morgens ertönte eine Sirene, und alle versammelten sich in dem Fabrikhof, wo ein Fünf-Tonnen-Lastwagen bis zum Rand mit Papiergeld beladen stand. Dann kletterten der Hauptkassierer und seine Assistenten auf den Laster, riefen die Namen auf und warfen einfach Bündel von Noten nach unten. Sobald man eins zu fassen bekam, ging man damit sofort in den nächsten Laden und kaufte alles, was es dafür zu kaufen gab.« Die Lehrer, die bereits um zehn Uhr morgens bezahlt wurden, brachten ihr Geld auf den Schulhof, wo Verwandte die Bündel in Empfang nahmen und sich mit diesen sofort auf den Weg machten. Die Banken schlossen um elf Uhr; denn die überanstrengten Bankangestellten streikten.

Zahnärzte und Ärzte stellten ihre Rechnungen nicht mehr in Mark aus, sondern verlangten statt dessen Butter oder Eier; die Bauern aber hielten ihre Produkte soweit wie möglich zurück. Nach Aussagen eines Chronisten soll ein bayerischer Bauer einmal gesagt haben: »Wir möchten keine Judenkonfetti aus Berlin.« Die Flucht aus der Währung, die zunächst mit dem Kauf von Edelsteinen, Gold, Landhäusern und Antiquitäten begonnen hatte, erstreckte sich jetzt sogar auf kleine und fast sinnlose Artikel wie Nippsachen, Pfeifen und Haarnadeln. In diesem bislang so gesetzestreuen Land wimmelte es plötzlich von kleinen Dieben; Kupferpfeifen und Messingarmaturen waren nirgends mehr sicher, aus den Autos wurde ständig Benzin abgesaugt. Die Leute kauften Dinge, die sie nicht brauchten, um sie einzutauschen – ein Paar Schuhe gegen ein Hemd oder irgendein Geschirrstück gegen Kaffee. In Berlin herrschte geradezu eine »Hexensabbat«-Atmosphäre. Überall auf den Straßen sah man Prostituierte beiderlei Geschlechts, Kokain war ein äußerst beliebtes Rauschgift, und in den Cabarets konnten die Neureichen mit ihren ausländischen Freunden tanzen und ihr Geld ausgeben. Aus anderen Berichten geht hervor, daß es zahlreiche junge Leute gab, die ihr Leben durchaus genossen. All das, was ihnen ihre Eltern beigebracht hatten – nämlich zu arbeiten und zu sparen –, erwies sich als so eindeutig falsch, daß sie ihr Geld mit vollen Händen ausgeben, ihr Leben genießen und obendrein noch die Alten verspotten konnten.

Der Verleger Leopold Ullstein schrieb hierzu: »Die Leute verstanden einfach nicht, was hier geschah; denn in der ihnen beigebrachten Wirtschaftstheorie kam ein derartiges Phänomen nicht vor. Insgesamt herrschte ein allgemeines Gefühl der Abhängigkeit von anonymen Mächten vor – vergleichbar primitiven Völkern, die an magische Kräfte glauben –, denn irgend jemand mußte ja die Fäden in der Hand halten, und das konnte nur eine Gruppe von Verschwörern sein.«

Als schließlich der Eintausend-Milliarden-Mark-Schein herauskam, spielte das richtige Wechselgeld schon keine Rolle mehr, und als dann im November 1923 ein Dollar einen Wert von einer Billion Mark besaß, war der Zusammenbruch endgültig. Die Währung war völlig bedeutungslos geworden.

Die Geschehnisse unmittelbar danach sind mindestens genauso faszinierend wie die große Inflation selbst. Dem Tornado der Mark-Inflation folgte nämlich das »Wunder der Rentenmark«. Die Reichsbank erhielt als neuen Präsidenten Horace Greeley Hjalmar Schacht, der seine ersten beiden Vornamen der Bewunderung seines Vaters für einen Redakteur der *New York Tribune* verdankte. Die Rentenmark war zwar nicht Schachts Idee, aber er führte sie aus und erhielt in seiner Funktion als Reichsbankpräsident auch den damit verbundenen Ruhm. Da er noch jahrzehntelang danach den Ruf eines Finanzgenies besaß, wurde er schließlich der Mitbegründer des finanziellen Wohlstands, der durch die Nazipartei erzeugt wurde.

Natürlich war Deutschland trotz seiner wertlosen Währung dank seiner Minen, seiner Landwirtschaft, seiner Fabriken und Wälder immer noch ein reiches Land. Die Rentenmark war durch Hypotheken auf den Boden und Schuldverschreibungen für die Fabriken abgesichert, aber diese Sicherung war dennoch eine Fiktion: Die Fabriken und der Grundbesitz ließen sich ja nicht in Bargeld umtauschen oder im Ausland verwenden. Bei der Rentenreform wurden kurzerhand neun Nullen weggestrichen, so daß eine Rentenmark gleich einer Milliarde alter Mark war. Die Deutschen waren natürlich allemal bereit, an die Rentenmark zu glauben. Eine Frau Barten aus Ostpreußen erinnert sich beispielsweise an das Gefühl, das sie hatte, als sie nur eine einzige Rentenmark ausgeben konnte. »Ich habe eine kleine Brotdose aus Zinn gekauft. Denn es war einfach aufregend, etwas zu kaufen, das nur *eine* Mark kostete.«

Das ganze Geld ist letztlich eine Glaubensfrage. Das Wort *Kredit* stammt von dem lateinischen Verb *credere* und heißt »glauben«. Der Glaube war natürlich da; die Fabriken funktionierten wieder, und die Bauern lieferten ihre Produkte ab. Die Zentralbank erhielt ihrerseits den Glauben dadurch aufrecht, daß sie auch dem Staat keine weiteren Kredite gewährte.

Doch obwohl das Land insgesamt wieder normal funktionierte, wurden weder die Ersparnisse noch die damit verbundenen Werte der harten Arbeit und der Ehrbarkeit jemals wieder in demselben Ausmaße erreicht. Insgesamt hatte sich eine andersartige Stimmung breitgemacht, die von Hitler später mit teuflischer Demagogie ausgenutzt wurde. Thomas Mann schrieb hierzu: »Die Marktfrau, die, ohne mit der Wimper zu zucken, hundert Millionen für ein Ei verlangte, konnte nichts mehr überraschen. Dementsprechend war nichts, was danach geschah, verrückt oder grausam genug, um sie aus ihrer Ruhe zu bringen.«

Der Verlust der Währung bedeutete zugleich den Verlust vieler Lebenspläne von Durchschnittsbürgern. In der Regel war es Sitte, daß die Braut etwas Geld mit in eine Ehe brachte – da dies nicht mehr möglich war, wurden viele Ehen gar nicht geschlossen. Witwen, die von Versicherungen lebten, sahen sich plötzlich ihrer finanziellen Basis beraubt. Leute, die ein Leben lang gearbeitet hatten, stellten fest, daß sie mit ihren Renten nicht einmal eine Tasse Kaffee kaufen konnten.

Die amerikanische Schriftstellerin Pearl S. Buck, die durch ihre China-Romane berühmt wurde, war 1923 in Deutschland. Anschließend schrieb sie über ihren Besuch: »Die Städte waren zwar immer noch da, die Häuser noch nicht zerbombt und in Ruinen, aber es gab Millionen von menschlichen Opfern, die ihr Vermögen und ihre Ersparnisse verloren hatten. Sie waren verwirrt und standen noch unter dem Eindruck des Inflationsschocks und konnten nicht verstehen, wie dies hatte geschehen können und wer der Feind war, der sie besiegt hatte. Gleichzeitig hatten sie ihre Selbstsicherheit und ihr Gefühl verloren, daß sie Herr ihres eigenen

Lebens waren, wenn sie nur hart genug arbeiteten. Außerdem hatten sie die alten Werte der Moral, Ethik und des Anstands verloren.«

Die neu aufkommende nationalsozialistische Partei, deren Staatsstreich 1923 fehlgeschlagen war, gewann in der nächsten Wahl offiziell 32 Parlamentssitze. Die rechte Nationalistische Partei erhielt 106 Sitze aufgrund ihres Versprechens, allen Opfern der Inflation eine hundertprozentige Entschädigung zu zahlen und Rache an den Verrätern zu nehmen, die sie verursacht hatten. Ein britischer Ökonom, der anläßlich des Friedensvertrages mit der englischen Delegation nach Deutschland gekommen war, schrieb damals einen überaus polemischen Artikel mit dem Titel »Die ökonomischen Folgen des Friedens«. Nachdem John Maynard Keynes vom britischen Schatzamt entlassen worden war, schrieb er brillante, hitzige Artikel an Londoner Zeitungen, in denen bereits sein Weitblick erkennbar war.

Da unser spezifischer ökonomischer Alptraum nicht durch den Wertverlust der Währung, sondern durch den Verlust der Arbeitsplätze zur Zeit der Großen Depression ausgelöst wurde, hatten wir nie die deutsche Angst vor dem Verlust der ganzen Habe, die durch die Explosion der Währung bedingt ist. Insofern ist bei uns eine Inflation des britischen Typs sehr viel wahrscheinlicher als eine galoppierende Inflation nach deutschem Stil. Dennoch gehen die Lehren der großen Inflation weit über die einfache Formel der Monetaristen hinaus – daß nämlich alles in Ordnung ist, solange das Geldangebot begrenzt bleibt. Diese Lehren haben mit Glauben und Instinkt zu tun. Die Tatsache, daß die Amerikaner eine Manie für den Wohnungsbau entwickelt haben – allerdings nicht für das Bauen von Häusern, sondern für das Herauftreiben der Hauspreise um hundert Milliarden Dollar jährlich, wie sie dies in den vergangenen fünf Jahren getan haben –, bedeutet nichts anderes, als daß sie ihren Glauben in die Währung als Wertaufbewahrungsmittel verlieren.

Warum sprechen alle Leute so besessen über Häuser? Was ist denn an Ziegeln, Mörtel, Sanitärinstallationen und Drähten so interessant? Unser Interesse gilt ja gar nicht den Häusern selbst – also nicht der Architektur, dem Design, der Verkehrslage, den

Küchen oder der Form der Häuser und ihrem Einfluß auf uns –, sondern uns interessieren nur die Preise. Und die Tatsache, daß wir soviel über Eigentumswohnungen und Genossenschaften und Häuser reden, beruht allein darauf, daß das alte Sprichwort »Ein Haus ist nicht nur ein Heim« einen neuen Sinn erhalten hat. Wann ist denn ein Haus nicht nur ein Heim? Wenn es ein Mittel der Währungsflucht ist.

Kapitel 5

Die neue Rolle des Hauses

»Der Staat möchte, daß Sie ein Haus kaufen«

»Ich kann Ihnen sagen, worüber man heute redet«, sagte ein Chikagoer Redakteur. »Nicht über Politik, nicht über Sex oder Sport, sondern über Grundbesitz. Es geht dauernd darum, wer wieviel wofür bezahlt hat, was heute dafür verlangt wird und ob man irgendwelche guten Objekte kennt.«

Ein anderer Redakteur pflichtete ihm bei: »Ich habe mein Haus vor sieben Jahren für 50 000 Dollar gekauft und könnte es heute für 135 000 verkaufen. Ein Haus ist das einzige Mittel, um mit der Inflation Schritt zu halten.«

Diese Meinung kann man heute überall hören. In manchen Gebieten sind die Preise so schnell gestiegen, daß manche Beobachter den Immobilienmarkt für gefährlich halten und meinen, er sei aufgebläht wie eine Seifenblase und könnte das Land beim Zerplatzen in eine generelle Wirtschaftskrise hineinreißen. Es steht außer Zweifel, daß Häuser inzwischen sehr teuer geworden sind: Der durchschnittliche Preis eines Hauses liegt nahe bei hunderttausend Dollar. Die enthusiastischen US-Bürger, die fest davon überzeugt sind, daß der Wert von Immobilien nur steigen kann, übersehen allerdings, daß die eigentliche Ursache nicht das Steigen der Hauspreise ist, sondern das Sinken der Währung. Der Bau eines Hauses ist eine Möglichkeit, um heute Geld zu borgen und später zu bezahlen, und dies bewirkt in einer Periode steigender Inflation, daß die Hypothek den Eigentümer begünstigt. Diese Form eines Sicherungsgeschäfts steht nahezu jedem Amerikaner offen, und die

Zahl der gekauften Häuser zeigt nur zu deutlich, wo ein Großteil unseres Geldes gelandet ist, was für eine soziale Wahl wir getroffen haben und woran wir heute glauben.

Genau wie die Fische, die nicht wissen, daß sie im Wasser leben, sind wir uns gewöhnlich nicht des sozialen Konsenses bewußt, in dem wir leben und handeln. Und der soziale Konsensus, der uns nahelegt, ein eigenes Haus zu besitzen, ist äußerst mächtig. Dies war keineswegs immer so. Aber jede Generation betrachtet ihre spezifische Umwelt als normal und möchte nichts davon wissen, daß Mutti und Vati sechs Kilometer durch den Schnee zur Schule marschiert sind. Statt dessen interessiert sie sich vielleicht für Großvaters Erzählungen von der Großen Depression oder dem Krieg, weil sie bereits so lange her sind, daß sie einen gewissen nostalgischen Charme besitzen. Aber Großvater lebt ja heutzutage nicht mehr bei der Familie, sondern er besitzt eine vierfach subventionierte Eigentumswohnung in Florida.

Es gab durchaus Zeiten in diesem Land, in denen die Leute nicht Eigentümer ihrer Wohnungen waren. Ausnahmen waren vielleicht Farmer und reiche Leute, aber für die Mehrheit galt, daß man, um ein Haus zu kaufen, mindestens die Hälfte des Preises gespart haben mußte. Die andere Hälfte wurde dann mit Hilfe einer Hypothek finanziert, die jedoch in fünf Jahren fällig war, so daß die monatlichen Zahlungen relativ hoch waren. Manchmal hatte die Hypothek nur eine Laufzeit von einem Jahr und mußte jedes Jahr wieder neu ausgehandelt werden. Außerdem war sie eine schwere Belastung und Gegenstand vieler Melodramen.

In derartigen Melodramen, an die wir uns kaum mehr erinnern – vielleicht ein Fragment eines Chaplin-Films oder eines alten Varieté-Stückes –, ist der Vermieter ein Bösewicht mit schwarzem Schnurrbart, der die monatliche Zahlung verlangt und die hübsche Annabelle Lee um den Eßzimmertisch herum verfolgt. Als sie seine Annäherungsversuche zurückweist, setzt er die ganze Familie vor die Tür: »Raus! Alle raus! Bis Freitag mittag!«

Kein Wunder, daß jede Familie möglichst versuchte, schuldenfrei zu sein. Die Abzahlung der Hypothek war das vorrangige Ziel der Familie – oder der Kirche oder der Gesellschaft. Und sobald die Hypothek abgezahlt war, gab es eine Party, bei der das Dokument unter lautem Johlen verbrannt und dieser Anlaß mit viel Alkohol begossen wurde.

In Arthur Millers großartigem Stück »Der Tod des Handlungsreisenden« hat sich Willy Loman selbst in den Tod gefahren. In der Endszene spricht seine Frau Linda am Grab mit ihm. Sie sagt, daß sie nicht versteht, was er getan hat: »Willy, ich habe heute die letzte Rate für die Hypothek gezahlt. Wir sind frei und schuldenlos ... Wir sind frei ... Wir sind frei.«

Seither hat sich viel verändert: Heute hat niemand mehr ein Interesse daran, seine Hypothek so schnell wie möglich los zu sein.

Das englische Wort für Hypothek *mortgage* stammt von dem französischen Wort *gage*, das »Hand« heißt. Zur Zeit der Sachsen und Normannen wurde sozusagen die Hand auf das Land gelegt, um die Schuld des Landbesitzers abzusichern. Unter dem damaligen Recht gab es zwei Formen der Sicherung. Die eine war das sogenannte »Leib«-Pfand, bei dem der Geldgeber das verpfändete Eigentum selbst in Besitz nahm und seine Erträge und Erzeugnisse bis zur Begleichung der Schuld vereinnahmte. Danach gab er das Eigentum wieder an den Schuldner zurück.

Die zweite Sicherungsform war das sogenannte »Todes«-Pfand, bei dem der Schuldner weiterhin über sein Land verfügte und bestimmte Raten seines Einkommens an den Gläubiger abführte. Da Tod im Französischen *mort* heißt, wurde diese Art der Pfändung als *mort-gage* bezeichnet. Falls der Geldnehmer die vereinbarten Zahlungen nicht leisten konnte, hatte der Gläubiger einen Anspruch auf das mit der Hypothek belastete Eigentum. Solange er jedoch zahlte, blieb er sein eigener Herr.

Im 19. Jahrhundert wurden sowohl in Amerika als auch in einigen Ländern Westeuropas sogenannte »Bausparkassen« mit dem Ziel gegründet, die Ersparnisse der arbeitenden Bevölkerung zugunsten des Häuserbaus zu verleihen. Die von ihnen gewährten Hypotheken hatten eine Laufzeit von drei bis fünf Jahren. Bis zum Jahre 1920 waren jedoch sechzig Prozent aller von den Eigentümern bewohnten Häuser völlig hypothekenfrei.

Als dann während der Großen Depression die Arbeitslosigkeit bis zu 25 Prozent der Erwerbsbevölkerung betrug, gerieten viele Familien in große Zahlungsschwierigkeiten und konnten ihre Hypothekenraten kaum noch bezahlen. Die Farmer wurden ihre Produkte nicht los und verloren ihre Bauernhöfe; die Sparer zogen ihr Geld von den Sparkassen ab, und den Kreditinstituten blieb nichts anderes übrig, als aus den verfallenen Hypotheken die Zwangsvollstreckung zu betreiben. Selbst Familien mit passablem Einkommen mußten feststellen, daß die Bank bei Fälligkeit der Hypothek diese nicht erneuerte, weil sie es sich einfach nicht leisten konnte. Die Sparkassendirektoren waren angesichts der langen Schlangen von Kontenbesitzern, die ihr Geld abheben wollten, nicht imstande, sich mit dreijährigen Hypotheken zu binden. Rein statistisch fanden zwar keine massiven und umfangreichen Zwangsversteigerungen statt, aber dennoch wurden zu Beginn der Depression in der Zeitung häufig Familien abgebildet, die mit ihren sämtlichen Möbeln, schreienden Kindern, Vogelkäfigen, Spielsachen und Haushaltswaren auf dem Bürgersteig saßen und keine Bleibe hatten. Die unveränderlichen Hypothekenkonditionen wurden zu einer unerbittlichen Last. (Im Falle einer Deflation bzw. *sinkender* Preise verschlechtern sich die Konditionen mit jedem weiteren Jahr.) Der Ernährer der Familie war vielleicht arbeitslos oder erhielt bestenfalls ein stark gekürztes Gehalt, die Frauen arbeiteten nicht, und das von den Kindern durch das Austragen von Zeitungen und Lebensmitteln verdiente Geld war nicht der Rede wert. Diese Bilder des »Nicht-mehr-Wissens-Wohin« erzeugten überall eine heimliche Angst.

1920 lebten etwa fünfzig Prozent aller Amerikaner in Häusern, die nach dem 1948 erlassenen Wohnungsbaugesetz als »annehmbar« bezeichnet wurden, da sie »Inneninstallationen hatten und nicht baufällig waren«. Im Jahre 1960 lebten bereits 82 Prozent der Bevölkerung in »annehmbaren Wohnungen« und 62 Prozent in Eigenheimen.

Hinter diesen statistischen Zahlen verbirgt sich ein gesetzlicher und sozialer Triumph. Die erste Welle der Sozialgesetzgebung rettete sozusagen ein total zerrüttetes System, indem es dieses umkehrte und im Laufe einer Generation das Wohnen im Eigenheim ermöglichte. Dabei spielte sich der folgende Kreislauf ab: Die Sparer brachten ihr Geld auf die Banken, die Banken verliehen es ihrerseits an Hauskäufer, die Hauskäufer bezahlten ihre Darlehen ab, und die als Bürgen fungierenden staatlichen Behörden kosteten den Steuerzahler fast gar nichts.

Franklin D. Roosevelt hatte noch erlebt, daß ein Drittel der Nation schlecht wohnte und schlecht ernährt war. Unter Lyndon B. Johnson war die Situation schon ganz anders: Die Kinder von den Nutznießern der ersten Welle der Wohnungsbaugesetzgebung besaßen Mitte der sechziger Jahre bereits ihre eigenen Häuser. Dennoch gab es noch immer große soziale Unterschiede, und Johnson versuchte den Kongreß davon zu überzeugen, daß ein so großes und reiches Land wie Amerika seinem Volk ein angemessenes Wohnen ermöglichen müßte. Johnsons Mitarbeiter errechneten, daß die »Große Gesellschaft« in den kommenden zehn Jahren 26 Millionen Wohnungseinheiten benötigte und daß die Institutionen der ersten Gesetzgebungswelle jährlich nur etwa eineinhalb Millionen Neubauten vorsahen. Johnson war sich sehr wohl der Macht der Bauindustrie bewußt: nicht nur der Baufirmen selbst, die politisch äußerst empfindlich waren und im allgemeinen ihre örtlichen Abgeordneten sehr gut kannten, sondern zugleich der Zulieferfirmen und Bankiers. In einem guten Jahr konnte die Bauindustrie ohne weiteres bis zu zehn Prozent des Bruttosozialprodukts erstellen.

Das Problem war nur, daß noch mehr Häuser gebaut werden mußten – nämlich zusätzlich eine Million Wohneinheiten jährlich – und daß der Wohnungsbau in der Mitte der sechziger Jahre Finanzierungsschwierigkeiten hatte, weil der durch den Vietnam-Krieg bedingte Boom in Investitionen gelenkt wurde, die schnellere Erträge brachten.

Kritiker behaupteten, ein Großteil des von den staatlich geförderten Kreditagenturen bereitgestellten Geldes hätte auf dem Markt das *vorhandene* Wohnungsangebot reduziert. Denn sobald Hypothekenkredite verfügbar waren, haben die Sparkassen und Banken diese auch ausgenutzt. Und je mehr Geld verfügbar ist, um so mehr kann ausgegeben werden und um so mehr müssen Kreditnehmer für Häuser bezahlen, was wiederum andere Leute zur Kreditaufnahme ermutigt, weil bei steigenden Preisen nur zu schnell das Gefühl entsteht, man sollte lieber heute kaufen, weil es morgen bereits zu spät sein könnte.

Der kalifornische Traum – vier Schlafzimmer, zwei Bäder für eine Million Dollar

Wenn wir davon ausgehen, daß die Entwicklung in Kalifornien zukunftweisend ist, dann erscheinen die in den siebziger Jahren geradezu atemberaubenden Preissteigerungen kalifornischer Häuser in einem anderen Licht.

Um fair zu sein, müssen wir jedoch zugeben, daß in dieser Zeit Geld gewissermaßen eine gewisse Eigendynamik auslöste. Diese führte zu einem ständigen Wachstum der kalifornischen Bevölkerung und damit zu einem Anstieg der Bodenpreise. Gleichzeitig mehrten sich die Umweltauflagen. So konnte beispielsweise der Bau einer Wohnsiedlung die Zustimmung von 25 verschiedenen Behörden erfordern. Außerdem betrieben die kalifornischen Sparkassen eine ausgesprochen aggressive Kreditpolitik; denn einige von ihnen waren Aktiengesellschaften mit offiziell an der Börse gehandelten Aktien – und waren sehr stark an hohen Gewinnen interessiert, die letztlich nur aus dem Geldleihgeschäft stammen konnten.

Die Kalifornier erkannten als erste, daß man eine Hypothek nicht tilgen sollte, sondern daß die Schuld, vor der die Generation der Großväter solche Angst hatte, angesichts der neuen Situation sehr wohl ein Weg zum Reichtum sein konnte. In den guten alten Zeiten spielte sich ein Kreditantrag etwa folgendermaßen ab: Man ging zu seiner Bausparkasse und stellte den Antrag, woraufhin der Herr mit dem gestärkten Kragen wissen wollte, wie hoch das Einkommen war und wie man die monatlichen Raten aufbringen konnte. Dann kam ein Gutachter zur Schätzung des Hauses und sagte: »Nun ja, dies Haus wird zu 35 000 verkauft, ist jedoch zehn Jahre alt, es wird im Preis sinken, die Farbe blättert bereits ab, also sagen wir 25 000 ... «

In den siebziger Jahren war die Vorstellung, daß ein kalifornisches Haus an Wert verlieren könnte, mindestens genauso fremdartig wie der Mars. Der Boom war unaufhaltsam und steckte selbst diejenigen an, die gar nichts damit im Sinn hatten. Als der ehemalige Präsident einer Gesellschaft aus einem Vorort von Washington, D. C., nach Kalifornien kam, um die große Bausparkasse

American Savings zu leiten, berichtete er: »Damals kauften wir in Benedict Canyon ein Haus mit vier Schlafzimmern für 165 000 Dollar.* Heute, also nach knapp fünf Jahren, würden wir über 600 000 Dollar dafür bekommen.« Wenn dies ohne besondere Mühe und Spekulation möglich war, was war dann erst möglich, wenn man das erste Haus wieder finanzierte und ein zweites kaufte? »Ich besitze Häuser im Werte von zehn Millionen Dollar«, sagte ein dreißigjähriger Schauspieler, der einmal in einer Jack-Webb-Fernsehserie mitgespielt hatte. Der Boom riß alle mit: genau wie 1957 in Midland, Texas; wie 1968 in Wall Street und 1976 in Rijad, Saudi-Arabien. Alle schwammen in Geld, und das Hauptgesprächsthema bei kalifornischen Partys waren Leute, die über Nacht reich geworden waren.

Eines Tages suchte ich Harleigh Wandler, der bereits seit 1955 im Immobiliengeschäft tätig ist, in seinem Büro in Beverly Hills auf, hatte dabei jedoch die Vorahnung, daß seine Mitteilungen bei mir ein Gefühl des Unbehagens hervorrufen würden. Wir sprachen von meinem Haus in Los Angeles, in dem ich früher gewohnt hatte. Harleigh sagte: »Dies Haus hatte vor dreizehn Jahren vielleicht einen Wert von achtzigtausend und würde heute für mindestens eine Million weggehen.« Das löste in mir ein ungutes Gefühl aus.

Ich erinnerte Harleigh daran, daß man damals im Falle eines Umzugs sein Haus verkaufte, um ein anderes kaufen zu können, daß man aber keine Häuser hortete.

»Wir verkaufen derzeit pro Woche Häuser im Wert von zehn Millionen Dollar, das sind fünfhundert Millionen Dollar im Jahr«, antwortete Harleigh darauf, »und wir haben eine ganze Abteilung, die Häuser mit einem Mindestpreis von einer Million Dollar verkauft.«

Wir sprachen dann über ein Haus, das ich einmal hatte kaufen wollen und das damals leer gewesen war. Es war ein sehr hübsches Haus mit schöner Aussicht, getäfelter Bücherei, hohen Decken, einer geräumigen Küche und einer Vorratskammer. Der Ange-

* In Amerika ist es üblich, die Größe eines Hauses nach der Anzahl der Schlaf- und Badezimmer zu bemessen, während die Gemeinschaftsräume wie Wohnzimmer, Küche etc. als selbstverständlich gelten. (Anm. d. Übers.)

botspreis war damals 104 000 Dollar gewesen, bei einer ersten sechsprozentigen Hypothek in Höhe von neunzigtausend Dollar.

»Ich glaube, das Haus ist im letzten halben Jahr verkauft worden«, meinte Harleigh und griff nach der Maklerangebotsliste für Los Angeles. »Ja, stimmt, für 1,2 Millionen. Sie hätten es für vierzehntausend bar haben können und in dreizehn Jahren mehr als 1,1 Millionen verdient. Das ist sehr viel besser als in Wall Street.«

»Auf jeden Fall. Doch wer konnte sich das Haus leisten?« »Jemand, der gerade ein anderes Haus verkauft hatte. Sie wissen doch, daß Kalifornien immer den anderen Staaten um eine Nasenlänge voraus ist und daß die Kalifornier es auf Sachwerte abgesehen haben. Geld ist völlig uninteressant. Deshalb wird Grundbesitz auch weiterhin im Wert steigen. Sie werden allerdings keine Sekretärin für tausend Dollar im Monat bekommen, weil niemand mit tausend Dollar im Monat auskommt.

Die Eigentumswohnungen in Century City wurden während des Baus für 425 000 Dollar gehandelt, doch als sie fertiggestellt waren, konnten ihre Eigentümer sie bereits mit einem Gewinn von 250 000 Dollar verkaufen.«

»Sind es schöne Eigentumswohnungen?« fragte ich.

»Sie sind zwar nicht schlecht – die Geschäfte sind in unmittelbarer Nähe –, aber sie sind auch nicht richtig schön wie die an der Küste oder so.«

Der kalifornische Immobilien-Boom beschränkt sich keineswegs auf den Westen von Los Angeles. Ein Beispiel hierfür ist ein Freund von mir, dem im nördlichen Kalifornien eine Direktorenstelle für langfristige Planung eines großen Versorgungsunternehmens angeboten wurde. Er lebte zu diesem Zeitpunkt in einem Vorort von New Jersey in einem Haus mit vier Schlafzimmern, dessen Preis von 90 000 Dollar auf 255 000 Dollar gestiegen war. Doch als dann seine Frau in den Vororten von San Francisco auf Haussuche ging, stellte sie fest, daß ein ähnliches Haus etwa 700 000 Dollar kosten würde. Sein Arbeitgeber mußte ihm wohl oder übel bei der Finanzierung des neuen Hauses helfen. Ein in diesem Zusammenhang interessantes Phänomen ist, daß die hohen

Kosten des kalifornischen Wohnungsmarktes gleichzeitig zur Wiederbelebung verlassener Ecken in New England beitragen. So haben zwar die Computer- und Halbleiterindustrien auf der südlichen Halbinsel von San Francisco stark expandiert und verzeichnen nach wie vor hohe Wachstumsraten, aber andererseits verlieren sie ständig Ingenieure an Computerwerke in New England, weil dort die Häuser nicht so teuer sind.

Die Frage ist, ob dem Preisanstieg auch wieder der Preisverfall folgt. Wenn man zum ersten Mal ein Ein-Millionen-Dollar-Haus mit vier Schlafzimmern sieht, könnte man vielleicht meinen, daß es eigentlich nur eine Seifenblase oder eine Marotte sein kann, die genauso zerplatzt wie die Preisspekulationen der holländischen Tulpenpflanzer im 17. Jahrhundert, als eine einzige Tulpe teilweise die Hälfte eines guten Schiffes kostete. Natürlich meint jeder, dessen Hauswert sich verdreifacht hat, er sei besonders clever. Und wenn sich der potentielle Angebotspreis des Hauses verdreifacht hat, dann kann der Wert des Grundkapitals sogar um das Zehnfache höher sein. Die Immobilienmakler haben alle Zweifler verblüfft und so viel Energie in das Anmieten von Büroräumen, das Einstellen von Leuten und das Konkurrieren um Verkäufe investiert, daß sie es als angemessene Belohnung empfinden, wenn sie jährlich eine halbe Milliarde Dollar umsetzen und brutto etwa dreißig Millionen Dollar Provision verdienen. Eine meiner alten Maximen lautete schon immer: Finanzielles Talent führt zu einem expandierenden Markt. Booms schaffen sich ihre eigenen Helden. Jemand, der zehnmal nacheinander eine Münze mit dem Kopf nach oben werfen kann, wird nicht nur nach seiner Technik des Münzenwerfens gefragt werden, sondern auch nach seinen Vorstellungen bezüglich der Ereignisse in Washington.

Nach der konventionellen Vorstellung war der Haus-Boom dagegen eine »Seifenblase«, die jederzeit zerplatzen konnte. Bei der Verwendung dieser Metapher waren sich sowohl das *Wall Street Journal*, *Business*, *Forbes*, *Barron's* als auch die *Financial World* und *Money* einig. »Derartige Obsessionen haben immer mit einem Zusammenbruch geendet«, meinte *Business Week*. Nach Auffassung von *Forbes* gab es keine »ewigen Booms. Und warum sollte es mit diesem anders sein?« Und *Barron's* veröffentlichte Auszüge aus einer Studie, nach deren Vorhersagen der Einbruch in den Häuserpreisen genauso groß sein konnte wie 1929 der Zusammenbruch auf dem Aktienmarkt.

Kalifornien war keineswegs der einzige Ort, an dem es brodelte. In Aspen, Colorado, kostete eine Drei-Zimmer-Ferienwohnung, die 1974 für 150 000 Dollar gekauft worden war, fünf Jahre später bereits 675 000 Dollar. In Chikago, Washington, D. C., und Florida sah es nicht viel anders aus. Auch andere gefragte Vororte wie New Canaan, Rumson und River Oaks hatten alle mehrere Ein-Millionen-Dollar-Häuser auf den Maklerlisten. Die Leute, die sich selbst einmal als zur Mittelschicht gehörig betrachtet hatten, empfanden diese Preise einerseits als verrückt, sonnten sich andererseits jedoch in ihrer Rolle als Eigentümer, selbst wenn sie nur ein bescheideneres Haus bewohnten. In diesen Gebieten werden Häuser mit zwei Schlafzimmern bald das kalifornische Preisniveau von 1980 erreichen und zweihunderttausend Dollar kosten. Und wenn wir weiterhin eine zehnprozentige Inflationsrate haben, wird das Ein-Millionen-Dollar-Haus gar nicht mehr so selten sein, weil sich die Preise alle sieben Jahre verdoppeln.

Es stimmt natürlich, daß sich der Boden nicht einfach vermehren läßt. Doch selbst in den dichtest bevölkerten Gebieten der Vereinigten Staaten gibt es immer noch sehr viel Platz. Wenn man bei spielsweise von Philadelphia nach New York fährt und dabei den Staat New Jersey durchquert, der die höchste Bevölkerungsdichte Amerikas hat, befindet man sich fast ständig in Vorstädten. Und wenn man die andere Achse von Nordosten nach Südwesten durchquert, kann man mühelos dreißig Minuten lang fahren, ohne ein Haus zu sehen. Woher kommt es dann aber, daß die Preise von Ziegeln und Mörtel, Holz und Farbe sehr viel schneller steigen als die Inflationsrate? Der Grund hierfür ist nicht nur die Tatsache, daß die Währung relativ zu Sachgegenständen an Wert verliert, sondern daß der *Glaube* an die Währung sogar noch schneller abnimmt. Insofern erscheint die herkömmliche Auffassung, daß einem Preisanstieg auch wieder ein Preisverfall folgen muß, kaum haltbar zu sein.

Nachdem einige Länder genau dieselbe Entwicklung durchgemacht hatten, haben sie einfach einige Nullen von der Währung weggestrichen. So wurden beispielsweise einhundert alte französische Francs ein neuer Franc. Wenn das Ein-Millionen-Dollar-Haus nach nationalem Standard zu peinlich wirkt, dann muß es eben für hunderttausend Dollar verkauft werden. Natürlich ist dies reine Augenwischerei, solange keine weiteren Maßnahmen unternommen werden.

Die Frage bleibt indes: Wäre tatsächlich ein Kollaps des Immobilienmarktes denkbar, der ähnliche Ausmaße annehmen könnte wie der des Aktienmarktes im Jahre 1929?

Es stimmt natürlich, daß ein Spekulant in Orange County, Kalifornien, der fünfzehn Eigentumswohnungen gekauft und sie gehortet hat, um mit den unrealisierten Preissteigerungen der einen die nächste Wohnung zu kaufen, ohne weiteres erschüttert werden kann. Wenn die Mieten niedriger sind als die Hypotheken, wenn die Steuern schneller steigen als die Mieten und das ganze Spiel nicht mit derselben Geschwindigkeit weitergeht, ist der Spekulant ebenso wie der ganze Eigentumswohnungsmarkt in Orange County, Kalifornien, äußerst labil. So kann es passieren, daß ein Spekulant, der fünf Anbieter hat, aber keine verfügbaren Eigentumswohnungen, in einer anderen Situation seinerseits von diesen fünf im Stich gelassen wird, obwohl er ihnen mehrere Wohnungen anbieten kann.

Orange County ist jedoch nicht vergleichbar mit dem ganzen Land, und in den meisten Orten finden Spekulanten gar keine fünfzehn Eigentumswohnungen auf einmal. Außerdem findet man in Buffalo, New York, daß eine Million Dollar immer noch eine Menge Geld ist. Es bedarf relativ weniger Leute aus dem mittleren Osten, um das flache Land von Beverly Hills entscheidend zu verändern, und nur ein wenig mehr reicher Lateinamerikaner, um die Preise im südlichen Florida in schwindelerregende Höhen zu treiben.

Was erzählt uns nun die Geschichte über Wohnungspreise?

Zunächst einmal einen Blick in die Vergangenheit: Nach Angaben des Statistischen Bundesamtes blieben die Wohnungspreise sowohl von den Einbrüchen der Jahre 1893 und 1907 als auch von den Mini-Depressionen von 1913 bis 1914 und 1920 bis 1921 weitgehend unberührt. Das war jedoch vor dem sozialen Konsens, daß jeder ein Haus haben sollte und daß der Staat dafür verantwortlich sei, jedem mit zu seinem Recht zu verhelfen. Natürlich fielen die Preise während der Großen Depression der dreißiger Jahre, aber am stärksten in der Zeit von 1930 bis 1933, als die Sparinstitute ihre Türen schlossen. 1934 stabilisierten sich die Häuserpreise dank des National Housing Act, blieben dann während der dreißiger Jahre weitgehend stabil, bis sie in den vierziger Jahren erneut zu klettern begannen , ohne jemals wieder zu einem Stillstand zu gelangen.

Unser nächster Blick in die jüngste Vergangenheit ergibt, daß die Wohnungspreise munter weiterkletterten – auch während der Aktienmarkteinbrüche von 1966, 1970 und 1974, die alle mit Kreditverknappungen verbunden waren, weil die Zinsen nach oben gingen und kaum mehr Kredite vergeben wurden. 1974 fiel der Aktienmarkt um 49 Prozent, der Zins erreichte seinen absoluten Höhepunkt, die Neubauten sanken um 65 Prozent – aber der Nationalindex für Einfamilienhäuser kletterte munter weiter. Dies läßt sich anhand der durchschnittlichen Verkaufspreise von bereits vorhandenen Häusern veranschaulichen (Zahlen von der National Association of Realtors):

1972	30 000
1973	32 900
1974	35 800
1975	39 000
1976	42 200
1977	47 900
1978	55 500
1979	64 200

Wie ist es möglich, daß Häuser – aus rein historischer Sicht – sämtlichen Stürmen um sie herum widerstehen konnten?

Auf allen Märkten spielt die Psychologie eine wichtige Rolle. So kommt es durchaus vor, daß der Manager eines Pensionsfonds von IBM auf Schatzbriefe umsteigt und dann wieder zu IBM zurückkehrt. Dies läßt sich mühelos mit einem oder drei Telefonanrufen bewerkstelligen. Demgegenüber sind die Märkte für Kunst, Briefmarken und chinesische Vasen wesentlich weniger effizient, aber während man die Kunst oder die chinesische Vase nicht *braucht*, *müssen* wir irgendwo *leben*.

Dies erscheint unmittelbar einleuchtend, wird aber in ökonomischen Analysen oft als »anekdotisches Beweismaterial« betrachtet und ausgelassen.

Sie haben also sechzigtausend Dollar für Ihr Haus bezahlt und hören von Ihren Nachbarn, daß es hundertfünfzigtausend wert ist. Warum verkaufen Sie es dann nicht? Sie verkaufen es nicht, weil dabei ein ganz simples Problem auftaucht: Wo sollten Sie hinziehen?

Alle anderen Häuser sind ja auch im Preis gestiegen, genau wie die Wohnungsmieten, und aufgrund der geringen Anzahl von Mietshäusern sind Wohnungen äußerst schwierig zu finden. Aber Sie könnten es natürlich dennoch tun, wenn Sie bereit sind, eine Wohnung zu suchen, den Immobilienmakler anzurufen und die potentiellen Käufer zu unterhalten, die bei Ihnen hereinplatzen, alles anfassen und die Schranktüren zuknallen.

Bei anderen Märkten lösen Preissenkungen Verkäufe aus, weil die Leute ihre Sachen immer dann verkaufen, wenn sie meinen, die Preise könnten noch weiter sinken. Dies trifft jedoch nicht für die gegenwärtige Generation der Hausbesitzer zu – selbst wenn die Häuserpreise zu sinken beginnen sollten: Sie werden statt dessen eher die schlechten Zeiten überdauern wollen.

Auf dem Aktien- oder Gütermarkt erhalten Sie im Falle von Kurs- oder Preissenkungen vielleicht die Aufforderung zur Leistung einer Einschußzahlung; aber Ihre Bank interessiert es überhaupt nicht, ob Ihr Nachbar sein Haus für weniger als den Kaufpreis verkauft. Sie brauchen nur Ihre Hypothekenraten weiter zu zahlen, und selbst wenn dies schwierig ist, wird die Bank nicht Ihre hübsche Tochter um den Eßzimmertisch herumjagen. Denn um sagen zu können: »Alle raus! Bis Freitag mittag!« muß sie Anwaltskosten auf sich nehmen, eine Eintragung in ihren Büchern machen und dann das Haus verkaufen, indem sie jemand anderen beauftragt, es an den Mann zu bringen. Daran hat die Bank überhaupt kein Interesse.

Daneben gibt es noch einen weiteren Faktor, der ebenfalls so

Diese Tabelle wirkt vielleicht etwas verwirrend, aber die Schlüsselzahlen sind durch die Pfeile markiert. Entscheidend ist also, daß wir Häuser im Wert von 2,2 Billionen Dollar haben, denen 654 Milliarden Dollar Schulden entgegenstehen.

Vom Eigentümer genutzte Einfamilienhäuser in Milliarden Dollar

	1970	1971
Zunahme des Marktwertes insgesamt	51,4	96,1
minus Kauf neuer Häuser	19,6	26,0
= Zuwachs des Marktwertes der vorhandenen Häuser	31,7	70,0
minus realisierte Kapitalgewinne	8,5	13,7
= Zuwächse zu unrealisierten Gewinnen	23,2	56,3
Hypothekenschuldverlängerungen bei neuen Häusern	10,6	17,2
minus Amortisationszahlungen	13,4	14,3
= Zuwachs der Hypothekenschuld ohne Nettoverlängerungen bei bestehenden Häusern	– 2,8	2,9
Zuwachs der gesamten Hypothekenschuld	11,1	21,4
Nettoverlängerungen bei bestehenden Häusern	13,9	18,4
Zuwachs des hypothekenfreien Hauswertes – insgesamt	40,3	74,7
bedingt durch – Kapitalgewinne	17,9	51,6
anderes	22,4	23,1
Gesamtmarktwert (am Jahresende)	645,6	741,6
gesamte Hypothekenschuld (am Jahresende)	223,6	245,0
Schuld/Marktwert	0,346	0,330
Verfügbares persönliches Einkommen	685,9	742,8
plus Nettoschuldverlängerung für bestehende Häuser	13,9	18,4
= verfügbares persönliches Einkommen plus Schuld	699,8	761,2
minus persönliche Ausgaben	635,4	685,5
= persönliche Ersparnisse (korrigiert)	64,4	75,7
Sparrate (korrigiert)	9,2	9,9
Sparrate (offiziell)	7,4	7,7

Quelle: Townsend-Greenspan & Co. Inc.

1972	1973	1974	1975	1976	1977	1978	1979
90,0	155,2	109,8	121,0	156,4	226,7	353,1	299,9
32,7	35,3	31,4	35,4	49,8	66,9	80,1	81,8
57,3	119,9	78,5	85,6	106,6	159,8	273,0	218,1
18,3	25,2	29,2	36,1	49,2	69,8	77,3	90,4
39,0	94,7	49,3	49,5	57,4	90,0	195,7	127,7
21,8	23,6	20,3	20,8	26,4	39,0	48,3	51,3
15,8	17,8	19,6	21,3	23,6	27,2	31,9	37,2
5,9	5,8	0,7	– 0,5	2,8	11,8	16,4	14,1
29,8	31,0	26,0	31,8	49,7	71,8	82,1	86,7
23,9	25,1	25,3	32,3	46,9	60,1	65,7	72,6
60,2	124,2	83,8	89,2	106,7	154,8	271,0	213,1
33,4	94,7	53,2	53,3	59,7	99,7	207,3	145,5
26,8	29,5	30,7	35,9	47,0	55,1	63,7	67,7
831,6	986,8	1096,6	1217,7	1374,1	1600,7	1953,8	2253,7 ←
274,8	305,7	331,7	363,6	413,3	485,1	567,3	654,0 ←
0,330	0,310	0,303	0,299	0,301	0,303	0,290	0,290
801,3	901,7	984,6	1086,7	1184,5	1305,1	1458,4	1623,2
23,9	25,1	25,3	32,3	46,9	60,1	65,7	72,6
825,2	926,8	1009,9	1119,0	1231,4	1365,2	1524,1	1695,8
751,9	831,3	913,0	1003,0	1115,9	1240,2	1386,4	1550,4
73,3	95,5	96,9	116,0	115,5	125,0	137,7	145,4
8,9	10,3	9,6	10,4	9,4	9,2	9,0	8,6
6,2	7,8	7,3	7,7	5,8	5,0	4,9	4,5

selbstverständlich ist, daß er extra genannt werden muß. Die Zahlen an der New Yorker Börse können von jedem überall im ganzen Land gelesen werden. Dasselbe gilt für Gütermärkte. Man kann in ein Maklerbüro hineingehen oder einen Makler anrufen oder aber die Morgenzeitung lesen. Doch wenn Sie in Dothan, Alabama, leben, hören Sie vielleicht nichts von dem Preisauftrieb in Orange County. Und wenn Sie in Lexington, Kentucky, oder Cape Girardeau, Missouri, leben, können sämtliche Perser auf Beverly Hills ihre Häuser verkaufen und nach Persien zurückkehren, und Sie werden erst davon erfahren, wenn jemand sich darüber lustig macht.

Dies soll aber nicht heißen, daß Dothan, Lexington und Beverly Hills nicht alle in demselben Land liegen. Vor der Einrichtung von Immobilienmaklern waren sie sogar noch stärker voneinander getrennt; heute werden die Hypotheken dagegen bundesweit gepoolt, und die Preise sowie die Kreditbedingungen werden ebenfalls im bundesweiten Rahmen gültig sein.

Sehen wir uns jetzt einmal die überaus interessante Tabelle auf den Seiten 86 und 87 an, die von Alan Greenspan erstellt wurde, der Mitglied des Wirtschaftsbeirats von Präsident Ford war. Die in dieser Tabelle angegebenen Zahlen sind sehr hoch, tatsächlich sind bei jeder Zahl nach der Dezimalstelle neun Nullen weggelassen worden – das heißt, bei allen Zahlen handelt es sich um Milliardenbeträge.

Schauen wir uns zunächst Reihe fünfzehn an. Sie gibt die gesamte Hypothekenschuld an, die 1970 223,6 Milliarden Dollar und 1979 654 Milliarden Dollar betrug, und enthält sämtliche Geldbeträge, die von den Bausparkassen und Banken verliehen wurden.

Aus der Reihe vierzehn geht hervor, daß der Gesamtmarktwert sämtlicher amerikanischer Häuser von 645,6 Milliarden auf 2 253,7 Milliarden gestiegen ist, das heißt, daß er heute mehr als 2,2 Billionen Dollar beträgt: 2 253 700 000 000. Eine geradezu abstrakt anmutende hohe Zahl.

Wenn wir jetzt die Zeile fünfzehn von der Zeile vierzehn abziehen, erhalten wir 1,6 Billionen. Diese Zahl gibt uns den Anteil an, der uns tatsächlich von unseren Häusern gehört, da wir ja die Hypothekenschuld abgezogen haben.

Wenn wir diesen 1,6 Billionen Dollar den Gesamtwert der an der New Yorker Börse gehandelten Aktien, nämlich 961 Milliarden Dollar, sowie den Gesamtwert sämtlicher Schuldverschreibungen, das sind 460 Milliarden Dollar, gegenüberstellen, ergibt sich die folgende Schlußfolgerung: *Die Ersparnisse der Amerikaner wurden vorwiegend in Form von Häusern angelegt.* Obwohl zum Teil auch mit Häusern spekuliert wurde, sind die 1,6 Billionen reales Hauseigentum einfach keine *Quantité négligeable.*

Natürlich können Sie als Wohnungsmarktspezialist die Richtigkeit dieser Zahlen durchaus anzweifeln. Alan Greenspan gibt ja zu, daß die Sparrate möglicherweise nicht nur vier Prozent, sondern acht Prozent beträgt, weil die Ersparnisse nicht in Form von Bankguthaben, sondern in Form von Hausannuitäten angelegt wurden. Im Augenblick wollen wir ja gar nicht versuchen, den Wohnungsmarktökonomen zu widersprechen.

Meine zweite Schlußfolgerung, die auf der ersten basiert, lautet: *Auf dem Wohnungs- und Hausmarkt gibt es keinen Zusammenbruch, der als solcher erkennbar ist.*

Wenn wir bedenken, daß von den 86 Millionen Häusern 56 Millionen von ihren Eigentümern bewohnt werden, dann wird uns klar, daß dies eine äußerst mächtige politische Kraft ist. Demgegenüber gab es 1929 nur 1,37 Millionen Courtagekonten bei Maklern, die entwertet werden konnten.

Jede Regierung könnte im Falle einer derartigen Krise sofort ihren Hut nehmen; denn 56 Millionen Eigenheime, die von ihren Eigentümern bewohnt werden, sind ein ungeheures Wählerpotential. 84 Prozent aller Familien mit einem jährlichen Einkommen von mehr als zwanzigtausend Dollar besitzen ihr eigenes Haus. Und die staatlich unterstützten steuerfreien Emissionen von Schuldverschreibungen subventionieren sogar die Reichen. Tatsache ist, daß es heute mehr Hausbesitzer als Kirchgänger gibt.

Als Aktienmarktinvestor hätten Sie 1974 vielleicht gesagt: »Früher habe ich Avon-Products-Aktien zu neunzig Cent besessen, und heute sind sie nur noch sechzehn wert.« Können Sie sich die Partys vorstellen, bei denen alle, die früher sagten: »Ich habe für dies Haus sechzigtausend bezahlt, und heute ist es 150 000 wert«, statt dessen sagen: »Ich habe 150 000 für dies Haus bezahlt, und heute ist es nur dreißigtausend wert« – oder noch schlimmer: »Mir hat dies Haus sieben Jahre gehört, ich kann es aber nicht weiter behalten, die Bank wird es am Freitag übernehmen«?

Ganz zu schweigen davon, daß alle Banken und Bausparkassen einfach vom Erdboden verschwinden würden. Ich glaube durchaus, daß dies möglich wäre, aber das wäre dann kein echter oder modifizierter Kapitalismus mehr, und unter diesen Umständen könnte kein Student mehr zum College gehen, dessen Eltern früher ein Haus besaßen, weil er dann zu der alten bourgeoisen privilegierten Klasse gehören würde.

Natürlich ist ein Zusammenbruch auf dem Immobilienmarkt möglich – er ist genauso denkbar bzw. undenkbar wie der Atomkrieg. Denn an dem Tag, an dem die 1,6 Billionen Dollar an Hausinvestitionen verschwunden sind, wird niemand mehr auf der Seite der Banken sein, und kein Bankier wird zahlungsunfähige Familien hinauswerfen können, weil es überhaupt keine Banken außer einer mehr gibt. In der Sowjetunion gibt es nur eine einzige Bank, die sogenannte Gos-Bank. Sie ist die größte Bank der Welt und übt die Funktionen sämtlicher Banken in Rußland aus. Falls wir also jemals einen Zusammenbruch des Immobilienmarktes in der Größenordnung von 1929 haben sollten, wird es danach Fernsehspots geben, die über die Sparrate bei der amerikanischen Gos-Bank berichten.

Ihr aufmerksames Auge wird jedoch bereits bei meiner oben genannten Vorhersage über den Wohnungsmarkt den Clou gefunden haben. Ich hatte ja gesagt, daß wir keinen Zusammenbruch haben können, der wie ein Zusammenbruch aussieht. Die Frage ist nun: Was wäre statt dessen möglich?

Möglich wäre beispielsweise das Ende des Hauses als phantastischer Inflationsschutz. Rein numerisch würden die Verkaufspreise von Häusern nach wie vor steigen, doch ob der tatsächliche Wert eines Hauses schneller oder langsamer als die Inflationsrate steigt, hinge von der jeweiligen Region sowie von der Größe, dem Ort und der Attraktivität des spezifischen Hauses ab.

Diejenigen der Wohnungsbauindustrie werden natürlich beim Anblick des Schaubildes auf der gegenüberliegenden Seite frohlokken. Dies Schaubild, mit dem wir einen kleinen Exkurs in die

Der Baby-Boom und die Nachfrage nach Häusern

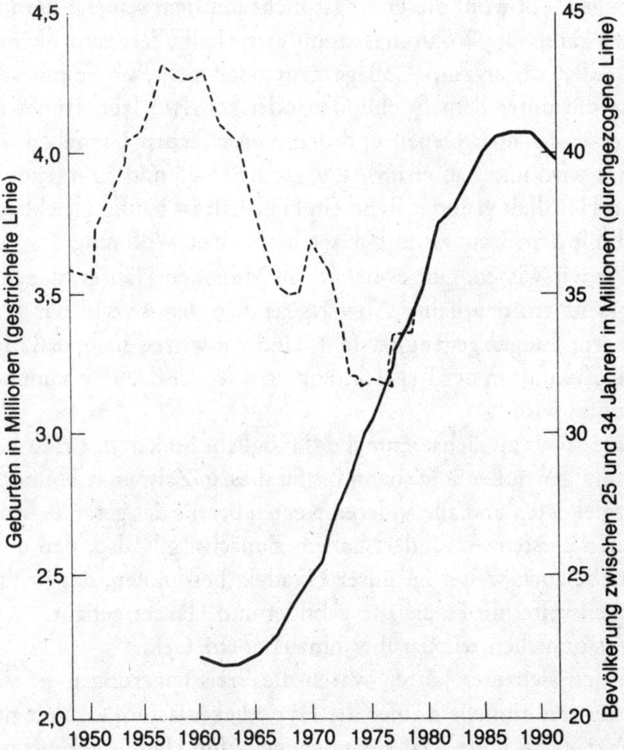

Dies Schaubild wurde von einem Computer gezeichnet. Die gestrichelte Linie zeigt die Kurve des Nachkriegs-Baby-Booms, der Ende der fünfziger Jahre seinen Höhepunkt hatte. Die Auswirkungen erfolgen logischerweise eine Generation später, wenn die Kinder 25 bis 34 Jahre alt sind und einen eigenen Haushalt gründen; das kennzeichnet die schwarze Linie. Das Diagramm zeigt, daß die durch den Baby-Boom der fünfziger Jahre initiierten Haushaltsgründungen zu Beginn der achtziger Jahre noch relativ stark steigen, dann abnehmende Zuwachsraten verzeichnen und schließlich sinken. Auf den Baby-Boom folgt natürlich eine Baby-Flaute – dies sind die Haushaltsgründungen der Kinder der siebziger Jahre. Deshalb wird die zusätzliche Nachfrage nach Ersthäusern abnehmen.

Quelle: Professor Dwight M. Jaffee, Princeton-Universität

Demographie machen wollen, stellt die Zahl der Haushaltsgründungen bzw. speziell den Nachkriegs-Baby-Boom dar, der jetzt lange genug her ist, um seinerseits wieder einen Baby-Boom zu erzeugen – obwohl dieser längst nicht mit dem seiner Eltern mithalten kann. Die Wohnungsbauindustrie kalkuliert ganz nüchtern, daß jeder, ob er zum College geht oder nicht, ob er mit seiner Freundin unter dem Dachboden oder sonstwo lebt, früher oder später von seinen Genen und den menschlichen Urtrieben übermannt wird und daß er im Alter zwischen 25 und 35 irgendwann einen Haushalt gründet. Und ein Haushalt ist häufig gleichbedeutend mit dem Kauf eines Hauses bzw. einer Wohnung.

Wie wir wissen, gibt es bereits 86 Millionen Häuser, denen andererseits ein deutlicher Abwärtstrend in der Anzahl der Haushaltsgründungen gegenübersteht. Und wir wissen auch, daß Märkte die Zukunft in der Regel antizipieren – oder daß dies zumindest vermutet wird.

Lassen wir zunächst einmal das mögliche Sinken der Haushaltsgründungen außer acht; denn bis zu diesem Zeitpunkt können die Energiekosten und alle anderen Kosten bereits das gesamte Muster unserer Existenz verändert haben. Zunächst gilt also, daß unsere Urtriebe auch weiterhin unser Handeln bestimmen, das heißt, es werden weiterhin Haushalte gebildet und Häuser gebaut.

Was brauchen wir darüber hinaus noch? Geld.

In den siebziger Jahren waren die Preissteigerungen so stark, daß der traditionelle Käufer die Hypothekenlast im Grunde nicht mehr tragen konnte. Daß dennoch weiterhin Häuser gekauft wurden, beruhte vor allem auf der Tatsache, daß immer mehr Ehefrauen berufstätig waren, so daß es immer mehr Familien mit Doppelverdienern gab. Die Kreditgeber lernten schnell, das zweite Einkommen bei der Darlehensvergabe mitzuberücksichtigen, genau wie sie – mit einer gewissen Ermutigung durch die staatlichen Behörden – sogar die Einkommen von Minderheiten, Frauen und Alleinstehende akzeptierten.

Das nächste Schaubild hat eine ziemlich komplizierte Überschrift: »Hypotheken- und Amortisationsschuld, Tilgungszahlungen und Zinsen am Prozentsatz des verfügbaren persönlichen Bareinkommen« (das heißt nach laufenden Abzügen, Anm. d.

Übers.). Hierbei geht es ganz einfach um die Frage, ob alle die regelmäßig anfallenden Zins- und Tilgungsraten bezahlen können. Aus dem Schaubild geht hervor, daß diese Zahlungen im Laufe von dreißig Jahren von etwas mehr als zwölf Prozent des verfügbaren persönlichen Einkommens bis auf nahezu dreißig Prozent gestiegen sind. Dabei sind diese statistischen Zahlen insofern relativ grob, als zwanzig Prozent der Bevölkerung keinerlei Schulden haben, so daß der prozentuale Anteil bei den übrigen sogar noch höher liegt.

Die mitarbeitenden Ehefrauen haben diese Zins- und Tilgungszahlungen mit ermöglicht, aber irgendwo oberhalb von vierzig Prozent ist dann sozusagen die Schallgrenze erreicht, bei der echter Widerstand spürbar wird. Wer ist schon bereit, die Hälfte seines Einkommens für das Wohnen auszugeben, wenn andere Preise ebenfalls steigen. Die Kosten für das Wohnen werden mit Sicherheit nicht sinken; denn die Installateure werden ihre Preise genausowenig senken wie die Zimmerleute und Elektriker, die Bauleiter, die Rechtsanwälte und die Angestellten in den Baufirmen, die ja alle ebenfalls Eigentum bilden wollen.

Mit jedem zusätzlichen Anstieg der Zinssätze fällt eine andere Gruppe von Käufern zwangsläufig weg. Die National Association of Home Builders berichtet beispielsweise, daß sich bei einem Zinssatz von neun Prozent siebzig Prozent mehr Käufer eine Verschuldung leisten können als bei dreizehn Prozent.

Was folgt nun hieraus? Antwort: *Die Zeiten der günstigen Hausfinanzierung sind vorbei.*

Damit meine ich vor allem die langfristige Hypothek mit fixen Tilgungsraten, die für den Kreditnehmer praktisch völlig ohne Risiko war. Die Kreditgeber haben etwas dazugelernt.

In den sechziger Jahren konnten Kreditnehmer in Amerika einen Dreißig-Jahres-Kredit für sechs Prozent und weniger bekommen. Die Bowery Savings Bank in New York hat immer noch sechsprozentige Kredite im Wert von fünfhundert Millionen Dollar in ihren Büchern. Die Konditionen sind hier derart, daß die Raten unabhängig von allen Geschehnissen für diese Gruppe von Haushalten immer die gleichen bleiben, obwohl die Kredite natürlich allmählich abgezahlt werden. In den siebziger Jahren kostete

Hypotheken- und Amortisationsschuld, Tilgungszahlungen und Zinsen als Prozentsatz des verfügbaren persönlichen Bareinkommens
(das heißt nach laufenden Abzügen)

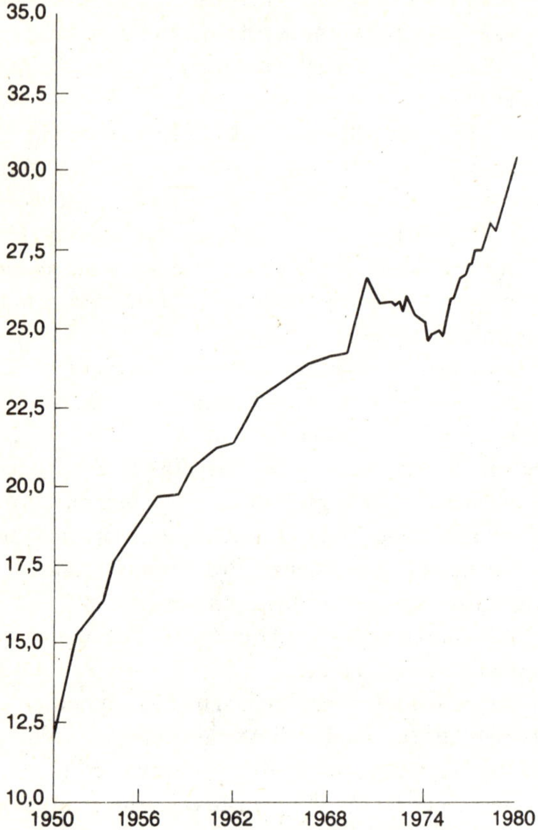

Hier geht es um die Frage: Können sich die Leute die monatlichen Zahlungen für ihre Häuser leisten? Das Diagramm zeigt uns, daß dies immer schwieriger wird, weil selbst bei steigendem Einkommen die monatlichen Zahlungen noch stärker steigen und einen zunehmenden Prozentsatz des Einkommens ausmachen.

Quelle: Townsend-Greenspan & Co., Inc.

ein Dreißig-Jahres-Kredit ungefähr zwischen sieben und acht Prozent.

Das Geld für diese Darlehen stammte weitgehend aus Sparbucheinlagen von Christmas-Clubs, Chanukah-Clubs sowie von Kindern, die für Schlittschuhe und Stereoanlagen sparten. Die Eigentümer dieser Ersparnisse von insgesamt 1 176 000 000 000 Dollar und deren Kreditinstitute haben sowohl die kalifornischen Hausmillionäre als auch die Chikagoer Eigentumswohnungsbesitzer und sämtliche anderen Hauskäufer mit unterstützt.

Ein Teil der Sparbuchinhaber hat sich inzwischen eines besseren besonnen und die Mittel bei denselben Banken in Sparzertifikate umgewandelt und erhält auf diese Weise zehn bis zwölf oder mehr Prozent Zinsen. Andere haben wiederum diverse Geldmarktpapiere und Schatzbriefe sowie verschiedenartige Effekten gekauft. Die cleversten von ihnen haben sich jedoch einfach auf die Seite der Kreditnehmer geschlagen.

Es ist absolut ungut, wenn das Sparbuch des kleinen Sparers zu einem Symbol von Dummheit wird. Selbst wenn wir sagen, daß die Ersparnisse in Häuser gewandert sind, ist der Anteil unserer Ersparnisse am Einkommen weit entfernt von dem anderer Industriestaaten. Die Deutschen und die Japaner sparen einen weitaus größeren Anteil ihrer Einkommen. Diese Ersparnisse werden dann für moderne Anlagen und neue Projekte verwendet. Kein Wunder also, daß es nun überall Toyotas, Datsuns und Volkswagen gibt und daß sich alle Arbeiter bei Chrysler ebenso wie deren Familien, Cousins und Händler ziemlich unwohl in ihrer Haut fühlen.

Somit waren also die Besitzer von Sparbüchern die Narren, die uns die günstige Hausfinanzierung ermöglicht haben.

Wer wurde noch zur Kasse gebeten?

Die Sparkassen selbst haben ihren Anteil dazu beigetragen. Wenn wir die Inflation nicht auf andere Weise kontrollieren können, kürzen wir die Kredite, so daß andere Kreditnehmer vom Wohnungsmarkt verdrängt werden, weil die Hypothekenraten so hoch sind, daß die Kreditnehmer erschrecken und die Gewinne der Sparkassen dahinschmelzen. Das ist ein unerläßliches konjunkturell bedingtes Übel der Sparkassen. Dennoch machen sie nicht pleite.

Darüber hinaus wird die Zeche auch von den neuen Schuldnern mitgetragen. Die alten Kreditnehmer befinden sich mit ihren 6,8 oder neun Prozent in Sicherheit, die Sparkassen können nicht pleite machen, und die Kinder mit den Sparbüchern kann man nur eine bestimmte Zeit lang täuschen. Woher kommt dann also das Geld? Natürlich von den jungen Leuten, die ein Haus kaufen wollen, also von den Haushaltsneugründungen. Sie müssen nicht zuletzt deshalb höhere Zinsen zahlen, um die alten siebenprozentigen Kredite mit zu unterstützen. Deshalb werden immer weniger junge Leute imstande sein, auf dem aufgeblähten Wohnungsmarkt als Käufer aufzutreten.

Zu guter Letzt müssen wir alle natürlich unser Scherflein beitragen, da wir alle der Inflation unterliegen, die den Boom des Wohnungsmarkts ermöglichte, und da alles andere ja für uns alle gleichermaßen teurer wird. Wenn Sie eine siebenprozentige Hypothek auf einem Haus haben, das eine halbe Million Dollar wert ist, werden Sie vielleicht genau wie alle anderen über die ständig steigenden Kosten von Schuhen, Lammkoteletts und Schulgebühren klagen, aber im Innersten sind Sie vermutlich relativ unbeeindruckt.

Sehen wir uns ein weiteres Schaubild an.

Vor 1970 beliefen sich die Hypothekenschulden insgesamt auf etwa fünfzehn Milliarden Dollar jährlich.

Gegen Ende der siebziger Jahre sind sie aber bis in die schwindelnde Höhe von hundert Milliarden Dollar jährlich gestiegen.

Angeheizt wird diese Entwicklung durch eine völlig übersteigerte und frenetische Nachfrage nach Häusern und Hypotheken, die den Hausmarkt letztlich als Seifenblase erscheinen läßt. Auf die Frage, wie die Hypothekenschuld so stark steigen konnte, bietet sich zunächst als Antwort an: Die Kapitalgewinne der bestehenden Häuser sind ebenfalls um hundert Milliarden Dollar gestiegen. Jedes Jahr werden vier Millionen Häuser mit einem durchschnittlichen Kapitalgewinn von 25 000 Dollar verkauft, wobei der neue Eigentümer die höchste Hypothek nimmt, die er bekommen hat, während der alte Eigentümer ein neues Haus kauft und wiederum die höchstmögliche Hypothek in Anspruch nimmt, die *er* bekommen kann.

Dies ist ein Grund, warum manche Ökonomen Ende der sieb-

Zunahme der Hypothekenschuld

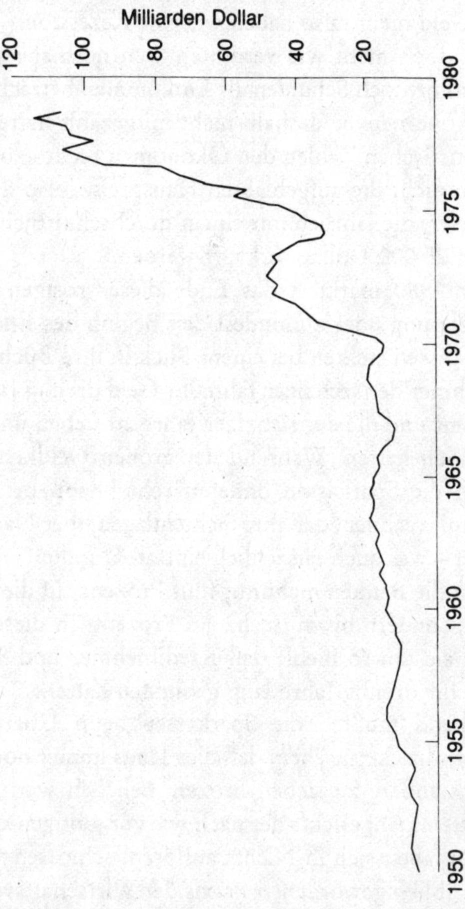

Dies Diagramm zeigt uns, wodurch der Haus-Boom angeheizt wurde: nämlich durch die Hypothekenschuld. Es ist deutlich erkennbar, daß zwischen 1950 und 1970 Häuser in erster Linie Orte waren, in denen man lebte, während sie danach eine andere Funktion erhielten: eine Möglichkeit der Kreditaufnahme. Die Hypothekenschuld ist jährlich um mehrere hundert Milliarden Dollar gestiegen.

Quelle: Direktorium der amerikanischen Bundesbank

ziger Jahre ständig eine Rezession prognostizierten, bevor überhaupt die ersten Anzeichen erkennbar waren. Sie orientierten sich allein an den Zahlen und sagten: »So, die Leute haben jetzt praktisch kein Geld mehr, also haben wir eine Rezession.« Die Rezession kam jedoch nicht wie vermutet, weil normalerweise weder Kapitalgewinne noch Schulden als Einkommen betrachtet wurden und die Ökonomen sie deshalb nicht mitgezählt hatten. Obwohl die rein statistischen Zahlen den Ökonomen recht gaben, enthielten sie eben nicht die aufgeblähten Hauspreise, also die vier Millionen Häuser, die jährlich mit einem durchschnittlichen Kapitalgewinn von 25 000 Dollar verkauft werden.

Das Jahr 1980 markiert das Ende dieser rosigen Zeiten der Hausfinanzierung oder zumindest den Beginn des Endes.

Die Sparkassen stellten bei einem Blick in ihre Bücher fest, daß die Geldnehmer der sechziger Jahre ihr Geld dreißig Jahre lang zu sechs Prozent und die der siebziger Jahre zu sieben und acht Prozent gebunden hatten. Während der großen Geldknappheit von 1980 waren die Sparkassen ohnehin sehr knapp bei Kasse und mußten damit rechnen, daß ihre Sichteinlagen über Nacht abgezogen wurden – was auch tatsächlich eintrat. Um die Gelder zu halten, mußten die Banken nicht nur fünf Prozent auf die Sparguthaben zahlen, sondern bis zu sechzehn Prozent. In dieser Situation irritierte es sie um so mehr, daß Kreditnehmer und Spekulanten ihre Mittel für dreißig Jahre lang gebunden hatten.

Jeden Abend mußten die Sparkassen beim Überprüfen der Computerausdrucke ansehen, daß dies Haus immer noch zu sechs Prozent, das andere zu sieben Prozent beliehen war. Daran war nicht zu rütteln. Angesichts der nach wie vor gültigen Gefahr, daß ihre Sichtguthaben sich in Nichts auflösen, schlossen sie sich der inzwischen üblich gewordenen Praxis der Wirtschaftsvertreter an: Sie lamentierten lauthals.

Sie begannen zunächst in Washington, wo Tränen sich oftmals auszahlen, insbesondere, wenn sie mit politischen Nackenschlägen einhergehen. Immerhin fanden sie bei dem Federal Home Loan Bank Board, der für die föderal konzessionierten Bausparkassen zuständig ist, Gehör. Der Vorsitzende Jay Janis meinte dazu: »Wir können schließlich nicht von den Kreditgebern erwarten, daß sie die Kreditkosten für die nächsten dreißig Jahre garantieren. Versuchen Sie doch einmal, Ihre Tankstelle dazu zu bewegen, den Benzinpreis zu garantieren.« Deshalb erlaubte der FHLB seinen ganzen föderal konzessionierten Bausparkassen die Ausgabe von revolvierenden Hypotheken, die er als »Hypotheken mit variablem Zinssatz« bezeichnete. Hierbei kann man immer noch eine Hypothek für 25 oder dreißig Jahre erhalten, aber die Bank kann den zu zahlenden Zinssatz alle drei Jahre (oder vier bzw. fünf Jahre, je nach spezifischer Hypothek) erneut anpassen. Die Bank kann die Hypothek also nicht sofort, sondern erst nach Ablauf von drei Jahren dem jeweiligen Marktzins anpassen, indem sie beispielsweise den Zins um einen halben Prozentsatz jährlich erhöht oder senkt. Als Kunde haben Sie neunzig Tage Zeit, um sich nach besseren Konditionen umzusehen.

Auf den ersten Blick scheint der Unterschied zu den zwanziger Jahren nur gering zu sein. Der entscheidende Punkt ist jedoch, daß die Bank im Gegensatz zu 1931, als sie die Hypothek bei Fälligkeit auflösen konnte, *sie jetzt erneuern muß* – allerdings möglicherweise zu Konditionen, die Ihnen als Schuldner nicht besonders passen.

In den vergangenen Jahren haben einige Bausparkassen in manchen Staaten bereits Hypotheken mit variablen Zinssätzen eingeführt, so daß die Konsumenten schon eine deutliche Erhöhung ihrer Ratenzahlungen verspürt haben. Diese Form der Hypothek ist für den Kreditgeber eine Möglichkeit der Existenzsicherung. Die Kreditinstitute haben überdies noch andere Methoden entwikkelt: zunächst die Hypothek mit gestaffeltem Zinssatz, bei der die Hypothekenraten im Laufe der Zeit ansteigen, sowie die Hypothek mit umgekehrter Annuität. Eine relativ neue Erfindung sind die sogenannten »Gewinnbeteiligungsdarlehen« (appreciation-participation loans), bei denen der Kreditgeber das Geld bereitstellt, aber beim Verkauf des Hauses Anspruch auf ein Drittel des Gewinns hat. All diese Formen werden zwar den Hauskauf erleichtern, aber sie werden zugleich die Kreditaufnahme teurer machen als in den Jahrzehnten der langfristigen Hypothek mit festem Zinssatz.

In diesem Zusammenhang erscheint es angebracht, kurz auf den

Internal Revenue Service, die oberste amerikanische Steuerbehörde, einzugehen. Der soziale Konsens – daß jeder ein Haus haben sollte – führte zu Steuerbestimmungen, insbesondere der vierfachen Subvention, die den Hauseigentümer eindeutig begünstigten. Der Revenue Service versucht jetzt, diese Begünstigungen dort aufzuheben, wo es am einfachsten ist – zum Beispiel bei dem zweiten Haus bzw. dem Zusatzhaus, indem er die Abzugsfähigkeit der Zinsen beschneidet, und bei der Abschreibungsdauer. Derartige Verordnungen lassen zwar den primären Konsens unberührt, haben jedoch einen Einfluß auf das spekulative Element des Wohnungsmarktes. Wenn die Steuerbehörde nicht gebremst wird, wird sie künftig immer mehr derartige Restriktionen erlassen.

Das Fazit hieraus ist: Wenn sich die Kreditinstitute schließlich an die Inflation anpassen, wenn 56 Millionen Haushalte bereits ein Haus besitzen, wenn die Steuerbehörde alle Hauseigentümer, die nicht in ihrem Haus wohnen, stärker schröpft und wenn der Anteil der Hypothekenraten am Einkommen immer weiter steigt, bleibt als einzige Schlußfolgerung, daß die rosigen Zeiten des Hauskaufs vorbei sind.

Andererseits muß eine Verlangsamung des Booms nicht gleich bedeuten, daß alles, was bisher gestiegen ist, jetzt nominal sinken müßte. Denn niemand wird die Kaufkraft der Sparbuchinhaber wiederherstellen wollen, und die neuen Bürger von Kalifornien und Texas werden keinerlei Anstalten machen, umzuziehen.

Die Nachfrage nach Häusern ist angesichts der zu erwartenden Haushaltsgründungen eine Zeitlang nach wie vor gesichert. Auch die Umweltrestriktionen werden nicht verschwinden; denn sie sind mindestens genauso ein Bestandteil des sozialen Konsenses geworden wie der Hausbesitz selbst. Der Boden wird nicht billiger werden, und die Kommunalbehörden, die die Bauvorschriften erlassen, werden sich nicht selbst arbeitslos machen. Die Häuser werden vermutlich genau wie Autos kleiner und energiesparender gebaut werden. Allerdings werden die Gebiete Amerikas, in denen die Leute leben wollen, mehr Geld als Häuser haben, so daß die Hauspreise steigen werden. Und die Regionen, aus denen die Leute abwandern, werden dann vermutlich mehr Häuser als Geld haben, und es wird relativ schwierig sein, die Häuser zu verkaufen.

Obwohl der größte Zuwachs der Haushaltsgründungen eine Generation nach einem Baby-Boom kommt, können wir hinter diesen neugegründeten Haushalten der 25- bis 34jährigen schon abnehmende College-Zugänge, leere Studentenheime und zugenagelte Grundschulen sehen, die alle durch die im Anschluß an den Baby-Boom eingetretene Baby-Flaute bedingt sind. Diese Baby-Flaute wird sich im nächsten Jahrzehnt auf dem Hausmarkt bemerkbar machen.

Die National Association of Home Builders hat in ihrem ökonometrischen Modell mit einigen Zahlen gearbeitet, nach denen das durchschnittliche Haus, das 1979 63 300 Dollar kostete, 1989 für 156 500 Dollar verkauft würde. Obwohl sich diese Steigerung erstaunlich anhört, ist es dennoch keine richtige Goldgrube. Unter den Modellannahmen befinden sich nämlich einige vom Typ des in unserer obigen Geschichte unterstellten Dosenöffners. Eine ist, daß die Kreditgeber die Kreditnachfrager weiterhin mit Geld versorgen und daß die Sparer weiterhin ihr Geld bei Sparkassen und in Lebensversicherungen anlegen. Zutreffend ist sicher, daß alle Haussubventionen nach wie vor existieren werden und daß es immer noch einen sozialen Konsens geben wird, nach dem jeder sein Eigenheim besitzen sollte. Der Preis der Häuser wird zwar relativ zur Währung immer noch steigen, weil die Währung an keinen Standard gebunden ist, der ihr Absinken verhindern könnte.

Andererseits werden wir in zehn Jahren hundert Millionen Häuser besitzen, von denen manche neu und schön, manche jedoch alt und verwohnt sind. Und sie werden keine Mittel der Kapitalanlage oder der Währungsflucht sein, sondern schlicht und simpel Orte zum Wohnen. Sobald ein Kreditnehmer einen Kreditgeber findet, der ihm Geld langfristig zu festen Zinsen bereitstellt, ist der Schuldner bei steigender Inflation im Vorteil.

Als Herbert Hoover aus dem Fenster des Weißen Hauses auf die aufgestellten Polizisten und Demonstranten gegen die *»Bonus marchers«** hinabschaute, wollte er keineswegs eine umfassende und weitreichende Veränderung der amerikanischen Finanzstruk-

* Der »bonus« war eine von den Veteranen des Ersten Weltkrieges geforderte zusätzliche Entschädigung für ihre Kriegsdienste, die mehrfach abgelehnt worden war und schließlich im Mai 1932 zum Marsch auf das Weiße Haus führte. Anm. d. Übers.

tur auslösen. Denn er hatte genau wie Franklin D. Roosevelt keinen konkreten Plan, sondern sein Ziel war ebenfalls, die Banken zu retten. Deshalb verglich er sich mit einem *Quarterback* beim *Football*, der erst das Ende des einen Spielzugs abwarten mußte, bevor er den nächsten in Angriff nahm. Dennoch veränderte sich die Finanzstruktur im Laufe der Zeit Schritt für Schritt.

Diejenigen, die versuchten, in die Liste der Diamantenverkäufer Eingang zu finden, sehen ihre Anstrengungen genausowenig im Zusammenhang mit einer sozialen Revolution wie die gesamten hektischen Käufer von Eigentumswohnungen in Chikago, Orange County und Südflorida. Die Bilder der dreißiger Jahre von den Familien mit ihren Möbeln auf den Bürgersteigen sind vergilbt und vergessen.

Zu Beginn der Flucht aus der Währung gab es für die Flüchtlinge auf dem Hausmarkt, der durch jene unsichtbare vierte Subvention untersützt wurde, noch genügend Platz. In den siebziger Jahren wurden Häuser nicht nur ein Ort zum Wohnen, sondern ein Mittel der Kapitalanlage und später der Spekulation. Inzwischen haben wir einen Punkt erreicht, bei dem Arztbüros und Eckläden zu Eigentumswohnungen gemacht werden, damit deren Besitzer zu Kreditnehmern werden können. Dies heißt nichts anderes, als daß wir die soziale Revolution über den ursprünglich beabsichtigten Punkt hinaustreiben, der noch als gerecht bezeichnet werden kann, und an einen Punkt gelangen, bei dem dieser Prozeß nicht mehr funktionieren wird. Wir sollten imstande sein, gleichzeitig auch vernünftige Mietshäuser zu haben. Häuser sind eine problematische Form der nationalen Ersparnis; sie immobilisieren sie und beschleunigen die Akkumulation von Schulden, die zunächst als logische Antwort auf die Ära des Papiergeldes begann. Wenn dann aber diese Akkumulation zu lange anhält, wird sie den zugrunde liegenden und auslösenden Konsens, der zu dem Bild von der Familie in ihrem Eigenheim geführt hat, auf jeden Fall nach und nach zerstören.

Obwohl die Aufblähung der Hypothekenschuld und die Verwandlung der Häuser in Spekulationsobjekte durchaus logisch erscheinen, ist dies dennoch ungesund. Damit Häuser jedoch ausschließlich die Funktion eines Ortes zum Wohnen erhalten, brauchen wir ein stabileres finanzielles Klima. Und das hängt wiederum von anderen, nämlich exogenen Variablen ab. Inzwischen sind Häuser keineswegs mehr die einzige Möglichkeit, um dem Dollar zu entfliehen.

Kapitel 6

Der Wucher mit dem Dollar und seine Konsequenzen: der Abstieg einer Leitwährung

Meine geliebten kleinen »Swissies«

Ein Bekannter von mir, ein sehr erfolgreicher Bostoner Rechtsanwalt, hatte vor mehreren Jahren plötzlich den Einfall, keinerlei Dollars mehr halten zu wollen. Daraufhin verkaufte er sein Haus und lebte von nun an in einem gemieteten Haus, ferner veräußerte er seine sämtlichen Wertpapiere und steckte alle Einnahmen in Gold, Silber und fremde Währungen. Er reiste relativ häufig und regelmäßig in die Schweiz, um mit Währungsexperten zu dinieren.

Wir hatten so manche hitzige Diskussion miteinander. Meine Freunde im Schatzamt hatten mir gesagt, daß der Dollar billig war, und ich war nicht bereit, Amerika zu verlassen. Damals konnte sich überhaupt niemand vorstellen, daß der Goldpreis von 150 Dollar auf 850 steigen könnte oder daß die Vereinigten Staaten jährlich hundert Milliarden Dollar für ein Produkt ins Ausland transferieren würden, das einfach verbrannt wurde und sich in (schlechte) Luft auflöste.

Mein Bostoner Rechtsanwalt war so erfolgreich, daß seine Devisen seine kleinen Freunde wurden, mit denen er leise sprach wie eine Hexe mit ihren Katzen. So sprach er zum Beispiel von den Schweizer Franken als seinen »kleinen Swissies«. »Meine kleinen Swissies haben 35 Cent gekostet, als ich sie gekauft habe. Sie sind durch Gold gedeckt, und die Inflationsrate in der Schweiz ist derzeit die niedrigste in der ganzen Welt. Dann sind meine kleinen Swissies allmählich im Wert gestiegen: zunächst auf 45 Cent, dann auf 55 und schließlich auf sechzig Cent, während alle anderen Leute die ganze Zeit die häßlichen alten Dollars behielten. Kommt, meine kleinen Lieblinge, siebzig Cent ist doch leicht zu schaffen; es ist doch ein leichtes für euch, ihr werdet bis zum Jahresende sogar einen Dollar geschafft haben.«

Mit seinen DM fiel es ihm allerdings etwas schwerer, ein intimes Verhältnis aufzubauen. Er wußte nicht so recht, ob er sie »Deutschers« oder »Deutschies« nennen sollte. Manchmal nannte er sie deshalb einfach »DM«. Aber die DM waren ebenfalls sehr gut zu ihm. Obwohl seine Beziehung zu den holländischen Gulden nicht ganz so eng war, waren sie im Vergleich zum Dollar immer noch wie angenehme Cousins.

Mein Bostoner Rechtsanwalt war sozusagen der lebendige Beweis für die Richtigkeit des Greshamschen Gesetzes. Sir Thomas Gresham gründete 1566 die Königliche Börse in London und stellte damals sein nach wie vor bekanntes Gesetz auf: »Schlechtes Geld vertreibt gutes Geld« – was vielleicht merkwürdig anmutet, weil man sich nicht vorstellen kann,warum es nicht auch umgekehrt sein könnte. Stellen wir uns jedoch einmal vor, wir hätten zwei Währungen, zum Beispiel Dollar und Schweizer Franken, von denen die eine die Hälfte ihres Wertes verliert (dies ist also die schlechte Währung), während die andere ihren Wert beibehält (= gute Währung). Die Frage ist nun: Welche von beiden würden Sie sofort ausgeben, und welche würden Sie behalten? Es erscheint naheliegend, daß die schlechte Währung zuerst ausgegeben wird und zirkuliert, während die gute gehortet und gespart wird. Genau dies behauptete Thomas Gresham, und mein Bostoner Rechtsanwalt tat es ihm gleich, indem er seine minderwertigen Dollars weggab und seine geliebten kleinen Swissies hortete.

Falls Sie Dollars besitzen und diese verkaufen wollen, brauchen Sie nur zu einer Bank zu gehen, und dort können Sie praktisch jede beliebige Währung der Welt kaufen. Für die Amerikaner ist dies völlig selbstverständlich, obwohl es durchaus Zeiten gegeben hat, als die Bürger der meisten Länder aufgrund von Währungskontrollen keineswegs ohne weiteres aus ihrer eigenen Währung aussteigen konnten. So haben sich britische Touristen beispielsweise im Ausland ein geradezu historisches Image liebenswürdigen

Schmarotzertums eingehandelt, weil sie nicht mehr als fünfzig Pfund aus England mitnehmen konnten.

Darüber hinaus können Sie noch Reiseschecks in Deutscher Mark, Yen oder Pfund Sterling kaufen. Das Problem beim Ankauf von Devisen oder Reiseschecks ist, daß kein Zins bezahlt wird und daß sie irgendwo gelagert werden müssen, was möglicherweise unbequem ist.

Sie können aber auch ein Sparkonto in einer »harten« Auslandswährung eröffnen, wobei Sie allerdings weniger Zinsen erhalten als bei einem Dollarsparkonto. Im Falle der kleinen Swissies erhebt die Schweizer Bank beispielsweise für die Haltung des Kontos bestimmte Gebühren, um auf diese Weise zu verhindern, daß der Dollar den Schweizer Franken nach oben treibt, weil die Schweizer Schokolade, Uhren und Elektrogeräte für Dollarbesitzer dann noch teurer werden, so daß die Schweiz möglicherweise ihren Marktanteil beim Absatz Schweizer Uhren einbüßt (was tatsächlich eingetreten ist). Auch die Deutschen wollen keine zu teure Deutsche Mark, weil ein Volkswagen im Falle eines Kursanstiegs gegenüber dem Dollar dann 15 000 Dollar kostet, und dieser Preis kann selbst von Detroit unterboten werden.

Rein theoretisch können Sie dennoch ohne weiteres alle Arten von Schuldverschreibungen in Schweizer Franken, DM und Yen kaufen und darauf Zinsen erhalten. Und wenn der Dollar weiterhin an Wert verliert, können Sie Ihre DM-Schuldverschreibung zu irgendeinem späteren Zeitpunkt verkaufen und sogar noch mehr Dollars dafür erhalten.

Und falls Sie ganz handfest spekulieren wollen, dann beschränken Sie sich nicht nur auf eine Währung, dann schließen Sie ein sogenanntes Termingeschäft ab, bei dem Sie die besagte Währung zu einem zukünftigen Termin kaufen. Wenn Sie beispielsweise der Meinung sind, daß der Schweizer Franken um zehn Cent steigen wird, können Sie bei irgendeiner Börse einen Kontrakt über Schweizer Franken kaufen und den größten Teil des dafür benötigten Geldes borgen. Nach sechs Monaten erhalten Sie dann Ihre Schweizer Franken, verwandeln sie wieder in Dollar und haben sehr viel Geld dabei verdient. Sollte jedoch der Schweizer Franken sinken, haben Sie den Verlust zu tragen.

Durch seine Flucht aus dem Dollar war mein Bostoner Rechtsanwalt den Leiden und Freuden aller Hausbesitzer entronnen. Auf diese Weise wurde alles, was für mich ungünstig war, für ihn zu einer freudigen Nachricht. So beunruhigte mich unsere Energieverschwendung vor allem deshalb, weil ich jeden Monat die Milliarden Dollar sah, die unser Land verließen – eine Tatsache, die ihn überaus erfreute. »Haben Sie unser Defizit des letzten Monats gesehen?« fragte er mich aufgeregt.

»Das ist ganz schön riesig. Und haben Sie gesehen, daß die Saudis den letzten Ölpreisanstieg mitmachen? Der Spot-Preis für Öl ist um vierzig Dollar gestiegen. Diese Typen da draußen in der Wüste werden dieses Jahr hundert Milliarden Dollar horten – glauben Sie, daß sie die Devisen alle in Dollar halten werden? Sie wissen doch schon gar nicht mehr, wohin mit ihren Dollars. Nein, sie müssen wohl oder übel diversifizieren. Der letzte Bundesbankpräsident, Otmar Emminger, hat gesagt, daß, selbst wenn die Araber ihre Dollars nicht abziehen, ein größerer Teil des diesjährigen neu zirkulierenden Geldes in anderen Währungen angelegt würde. Meine kleinen Swissies werden auf eins zu eins steigen. Ein Dollar – ein kleiner Swissie.«

»Eine Schweizer Schokolade für drei Dollar«, sagte ich darauf.

»Na und?« antwortete er. »Sie werden so viel Geld mit Ihrem Bankwesen verdienen, daß sie die Schokolade der ganzen Welt aufkaufen können.«

Als Präsident Carter die Beschlagnahmung der persischen Vermögen anordnete, machte mein Bostoner Rechtsanwalt nahezu Freudensprünge. »Oje, die Beschlagnahmung der Bankguthaben wird unseren ganzen Wüstenfreunden Schauer über den Rücken jagen. Jetzt müssen sie einmal gründlich nachdenken: Mensch, wir haben ja Unmengen davon bei uns gehortet. Was passiert, wenn sie dasselbe mit uns machen? Auf Wiedersehen, Wall Street, guten Tag, Frankfurt. Die Schweiz wird sie nicht alle abwehren können, und die überschüssigen Gelder werden in Deutsche Mark und Gulden umgetauscht werden. Das ist leichtes Geld.«

Ich hatte inzwischen fast alle Hoffnung bezüglich des Hausmarktes aufgegeben. Die Europäer waren damals sehr verärgert, weil ihr Energieverbrauch gesunken war, während unserer noch immer anstieg, und der Dollar schien langsam aber sicher auszubluten. Unsere Mitbürger schienen nichts zu verstehen. Ich überlegte mir, was ich mit einer Jahreseinnahme von hundert Milliarden Dollar täte, wenn ich in Dschidda, Kuwait oder Abu Dhabi säße. Der Schweizer Franken war tatsächlich zu unbedeutend, für große Geldanleger waren einfach zu wenige in Umlauf, und dann noch der negative Zinssatz. Die nächste Währung war die DM – sie gab es im Überfluß, und die deutsche Inflationsrate war immer noch relativ niedrig. Ich stellte mir daher – auf dem Papier – ein Portefeuille aus DM-Obligationen zusammen und sah einem Treffen mit dem Berater meines Bostoner Rechtsanwalts, einem Schweizer Bankier namens Edgar, voller Spannung entgegen.

Wir werden sofort wieder auf meinen Bostoner Rechtsanwalt, auf Edgar, den Schweizer Bankier, und auf die kleinen Swissies zurückkommen. Mein Bostoner Rechtsanwalt ist sowohl ein schönes Beispiel für mikroökonomisches Verhalten als auch ein lebendes Beispiel für das Greshamsche Gesetz. Sein Verhalten – nämlich der Wechsel von einer Währung in die andere, ohne sich dabei notwendigerweise auf Schweizer Franken zu beschränken – wird in einem erheblich größeren Umfang von diversen Institutionen, Weltbanken, internationalen Gesellschaften sowie von den Schatzmeistern von BP, VW, IBM und Shell »nachgeahmt«. Mein Bostoner Rechtsanwalt kann nur deshalb mit seinen kleinen Swissies herumspielen, weil es ein funktionierendes internationales monetäres System gibt, in dessen Rahmen Währungen ausgetauscht, Aufträge in unterschiedlichen Sprachen erteilt, Öl, Kaffee und Computer finanziert, geliefert und bezahlt werden. Dies »System« – wir betrachten es jetzt als Eigenbegriff – hat uns seit dem Zweiten Weltkrieg eine der längsten Perioden des Wohlstands und Reichtums in unserer gesamten Geschichte beschert.

Allerdings ist es heute mit einigen Problemen konfrontiert. Einer seiner anerkanntesten Vertreter ist H. Johannes Witteveen, ein brillentragender, nahezu kahler Holländer mit dünnen Lippen und einer Unmenge Ehrenabzeichen an seinem Revers. Witteveen ist der ehemalige Generaldirektor des Internationalen Währungsfonds (IWF) sowie der ehemalige Finanzminister der Niederlande. Seiner Meinung nach hat es derartig viele und schnelle Veränderungen gegeben, daß heutzutage keiner mehr das internationale monetäre System so richtig versteht. »Ich glaube, daß die langfristige Stabilität des Systems durchaus fragwürdig ist.«

Genau dieselbe Meinung wurde in noch viel heftigerer Form auf einer der Sitzungen eines einjährigen Kolloquiums über das System vertreten. Hauptmerkmale dieser Veranstaltung waren: gemeinnützige Schirmherrschaft, berühmte Teilnehmer, holzgetäfelte Wände, Porträts von gelehrten Herren vergangener Jahre, ein langer U-förmiger Tisch, gelbe Schreibblöcke und scharf gespitzte Bleistifte auf jedem Platz, ein Glas Wasser, das sich genau an der rechten oberen Ecke des Schreibblockes befand, sowie das zuvor zugeschickte Arbeitspapier. Auf der anderen Seite des Tisches konnte ich den Zins-Guru von den Salomon Brothers, Henry Kaufman, sehen und drei Plätze weiter den ersten Ökonomen des Ostens, Albert Woljinower, der aufgrund seiner düsteren, aber exakten Vorhersagen über die Wirtschaftsentwicklung als »Dr. Tod« bekannt war. Die Diskussion wurde zunehmend hitziger, als die Nichtbankiers den Bankiers ihre Kreditvergabepolitik im Ausland vorwarfen, mit der sie angeblich die Zukunft gefährdeten. Einer der silberhaarigen Bankiers brachte als Gegenargument: »Aber dann würde das System nicht überleben! Dieser wunderbare, empfindliche Mechanismus, den wir seit dem Kriege aufgebaut haben, dies Weltsystem eines fließenden Handels und fließenden Geldes, das bisher so gut funktioniert hat, würde zugrunde gehen! Und wir hätten die heftigste Depression! Deshalb muß das System überleben!«

Die versammelten Anwesenden wurden daraufhin sehr still; sie waren derartige Emotionen und poetische Ausführungen nicht gewohnt. Sie waren sich nicht ganz sicher, ob diese Kadenzen aus Lincolns zweiter Antrittsrede stammten oder aus einem Shakespeare-Stück oder gar aus »Krieg der Sterne« – alle waren sich jedoch darin einig, daß das System überleben mußte. Ich glaube, dies war der letzte Punkt, dem alle zustimmten.

In Diskussionen über das System werden gewöhnlich eher abstrakte Begriffe wie »Zahlungsbilanzdefizit«, »Handelsbilanz«, »laufendes Konto«, »J-Kurve« und »Liquidität« verwendet. Als ich aktives Mitglied in der Redaktion der *New York Times* war und mich über die Probleme des Systems ausließ, gab es einen Umbruchredakteur, der beim Anblick meiner Ausführungen ständig tief seufzte und sagte: »Was ist denn Liquidität? Das weiß doch niemand.« Woraufhin ich antwortete: »Es ist die Fähigkeit, Vermögenswerte in Bargeld zu verwandeln, und aufgrund dieser Tatsache also eine große Geldmenge, die Menge an Geld und Quasi-Geld, die in Umlauf ist.« Seine Antwort darauf lautete wieder: »Gibt es ein klares Ein-Wort-Synonym für Liquidität?« Ich habe nie eins gefunden; falls irgendein Leser ein solches kennt, wäre ich dankbar, wenn er es mir mitteilen würde. Und der Begriff *Liquidität* hat sich nie durchsetzen können.

Ich selbst bin zwar an derartige Termini gewöhnt, aber ich habe festgestellt, daß mein Gebrauch bei den Sitzungen dieses erhabenen Kolloquiums, dessen Mitglieder durchaus belesen und interessiert waren, in verstärktem Maße zu nervösem Fingertrommeln und Fußklopfen sowie zu eifrigem Kritzeln auf den Schreibblökken führte. Die meisten hatten nichts anderes im Sinn, als den Präsidenten bezüglich seiner Auslandspolitik, den Kongreß bezüglich seiner Innenpolitik und die Öffentlichkeit bezüglich ihres Verhaltens zu beraten. Außerdem stellte ich fest, daß meine Artikel, unabhängig davon, wann ich sie ablieferte, immer am auflageschwächsten Samstag veröffentlicht wurden. Als ich fragte, warum ich ein »Samstagskind« sei, erhielt ich zur Antwort: »Die Regierung wird Ihre Meinung am Montagmorgen lesen, wenn sie am aufnahmefähigsten ist.« Dennoch wußte ich genau Bescheid. Handelsbilanz, Kontokorrentkonto, J-Kurve und Zahlungsbilanzdefizite sind kein angenehmes Frühstücksthema. Im folgenden werde ich mir gleichwohl erlauben, bestimmte Dinge in einer relativ lässigen und grundsätzlichen Art darzustellen, die manchem Praktiker des Systems sehr elementar vorkommen mag, damit ich nicht ein für allemal auf den Samstag festgenagelt bin.

Das Land mit der Leitwährung besitzt ein Privileg

Die Leitwährung wird gewöhnlich von der Welt als gemeinsamer Nenner benutzt. Dementsprechend ist es überall selbstverständlich geworden, zu sagen: »Wieviel ist das in Dollar?« Sobald wir vom Dollar sprechen, schwingt darin ein emotionales Engagement mit, das weit über den gemeinsamen Nenner des Systems hinausgeht, weil diese Leitwährung unsere eigene Währung ist, die wir ständig in unseren Geldbörsen und Brieftaschen bei uns tragen.

Beginnen wir zunächst mit einem leichten Beispiel: Die Saudis haben eine Unmenge Öl verkauft und wollen in Jubayl ein Industriewerk errichten. Bei der Ausschreibung werden die Südkoreaner aufgrund ihres niedrigsten Angebots ausgewählt. Diese schikken daraufhin eine ganze Armee von Arbeitern nach Saudi-Arabien, die in Schlafbaracken leben und wie Biber arbeiten. Sie bringen Stahl, Ventile, Instrumente, Rohre und Kunststoff mit und errichten das Werk. Japanische Schiffe transportieren die Güter. Hier sind also drei Nationen und drei Währungen involviert – der saudische Riyal, der koreanische Won und der japanische Yen. Die Frage ist nun, in welcher Währung die Koreaner bezahlt werden.

Die Antwort lautet: In keiner der drei obengenannten. Statt dessen werden die Koreaner in Dollar ausgezahlt. Der Dollar ist eben die Leitwährung, in der der gesamte Welthandel abgewickelt wird. Das Geschäft wird zwar zwischen den Saudis und den Koreanern abgeschlossen – was tatsächlich der Fall war –, und der Transfer findet letztlich zwischen saudischen und koreanischen Banken statt – oder aber vielleicht in London oder Tokio –, der gemeinsame Nenner ist jedoch der Dollar. Jeder weiß, was ein Dollar ist, obwohl ständig über seinen künftigen Wert gestritten wird. Und da die Transaktion letztlich in Dollar stattfindet, wird sie früher oder später auf einem Kontoauszug in New York enden.

Und genau hierin liegt ein Problem. Auf allen Flughäfen sind Schilder angebracht, mit der Aufschrift, daß sich jeder strafbar macht, der mehr als fünftausend Dollar aus dem Lande ausführt, ohne ein entsprechendes Formular auszufüllen. Andererseits wird überall in der Welt der Handel in Dollar abgewickelt, werden Dollarguthaben gebildet und Dollars investiert – die alle eines Tages als Forderungen geltend gemacht werden können. Sie könnten nicht nur dazu verwendet werden, sämtliche Äpfel, Computer und Textilien, die wir importieren, für uns unerreichbar zu machen, sondern sie geben allen Dollarbesitzern überdies die Möglichkeit, sich über den Zustand des Dollars lauthals zu beschweren. Oft bleibt es nicht nur bei der Beschwerde. Die OPEC sagt zum Beispiel: »Ihr laßt den Dollar nach unten absacken, und da wir so viele Dollars auf unseren Sparkonten haben, müssen wir eben, um die Wertverluste auszugleichen, den Ölpreis anheben.« Daraufhin reagieren natürlich alle ölimportierenden Länder voller Entrüstung, allerdings gilt diese Entrüstung nicht der OPEC, sondern uns. Denn mit dem steigenden Ölpreis steigt zugleich die Inflationsrate, sobald die Kosten abgewälzt werden, so daß der Dollarkurs noch weiter absinkt und der Ölpreis wiederum erhöht wird – dies ist eine überaus unangenehme Spirale.

C. Fred Bergsten spricht in seinem Buch »The Dilemmas of the Dollar« von drei Phasen, die eine Leitwährung durchläuft. Während der ersten Phase ist jeder ganz zufrieden mit ihr, und keiner möchte sie umtauschen. In der zweiten Phase ist sehr viel von der Leitwährung in Umlauf – es existiert ein sogenannter (und bereits vor Bergsten verwendeter) »Überhang«. In der dritten Phase versuchen alle, diese Währung möglichst zu meiden, da das System kurz vor dem Zusammenbruch steht. Dabei sind die privaten Dollarinhaber in der Regel die Vorhut, deren ablehnendes Verhalten gegenüber der Leitwährung schließlich die offiziellen Kapitalbesitzer in Unruhe versetzt.

Meines Erachtens befinden wir uns derzeit eindeutig in der dritten Phase. Der »Überhang« ist offensichtlich und ständig im Wachsen begriffen. Außerhalb der Vereinigten Staaten sowie außerhalb des Wirkungsbereichs der US-Regulation existiert ein umfangreiches Warenverkehrssystem, das in Dollar abgewickelt wird. Und niemand möchte vor dem Fenster des Wahrsagers eine lange Schlange stehen sehen, die sich bis auf die Straße erstreckt, weil niemand mehr einen Ausweg weiß – und dies gilt insbesondere für die großen öffentlichen Dollarinhaber.

In gewisser Hinsicht besitzt ein Leitwährungsland einige bankähnliche Eigenschaften.

Sie werden sich fragen, welche diese sind

Wenn Sie Ihr Geld auf die Bank bringen, möchten Sie es jederzeit abheben können. Das ist absolut vorrangig. Falls Sie das Gefühl haben, es nicht zurückbekommen zu können, werden Sie es in den Sparstrumpf stecken. Deshalb werben die amerikanischen Banken auch mit der Garantie: »Konten bis zu 100 000 Dollar versichert.« Wir wollen diesen Faktor als *Sicherheit* bezeichnen.

Ebenso möchten Sie das bei der Bank eingezahlte Geld zu jedem beliebigen Zeitpunkt wieder entnehmen können. Und Sie möchten nicht etwa hören: »Füllen Sie dies Formular aus, und warten Sie sechzig Tage.« Mit anderen Worten, Sie möchten, daß die Bank genügend Mittel verfügbar hat, damit Sie nicht plötzlich auf dem trockenen sitzen. Diesen Faktor wollen wir *Liquidität* nennen.

Da die Verwendung des Geldes einen Ertrag abwirft, wollen Sie Zinsen für Ihr Geld haben. Diesen Faktor nennen wir *Ertrag*.

Schauen wir uns jetzt einmal an, was dies hinsichtlich der Währung eines Landes bedeutet. *Sicherheit* bedeutet, daß die Bank immer noch dasein muß; insofern muß das Land politisch stabil sein. So kann beispielsweise ein dickes Bankkonto in Havanna im Jahre 1958 zwei Jahre später schon völlig wertlos sein. Deshalb muß das Land zuverlässige Institutionen und Gesetze besitzen, damit die Käufer der Leitwährung nicht irgendwann veränderte Regeln vorfinden. In unserer heutigen Situation heißt das, die Institutionen des Landes müssen durch militärische Macht und politischen Einfluß geschützt werden.

Außerdem muß das Land den Wert seiner Währung sowohl im Inland als auch im Ausland schützen – das Geld muß also seinen Wert behalten. Zu diesem Zweck benötigt es eine gesunde Wirtschaft mit Wirtschaftswachstum und Preisstabilität, die wiederum für *Liquidität* sorgen.

Für den *Ertrag* sorgen sowohl das Angebot als auch die Nachfrage nach der Währung. Im Falle eines sinkenden Währungskurses kann ein höherer Zins kompensierend wirken. Angebot und Nachfrage werden in der heutigen Welt nicht nur durch den Warenmarkt determiniert, sondern zugleich durch die staatliche Bank, also die Zentralbank, die ein entsprechendes Vertrauen einflößen muß.

Ich weiß nicht, was den jähzornigen und genialen Wissenschaftler Sir Isaac Newton veranlaßte, während seiner Amtszeit als »Leiter der britischen Münze« (»Master of the Mint«) das Pfund an das Gold zu binden. Vielleicht wäre ihm fast ein Apfel auf den Kopf gefallen. Gewöhnlich verbinden wir mit dem Namen Isaac Newton Vorstellungen wie Rechnen, Optik, Mechanik, die Gesetze der Bewegung sowie die *Principia*, die Schwerkraft und eine Reihe weiterer atemberaubender wissenschaftlicher Errungenschaften. Demgegenüber wissen die wenigsten, daß er zugleich »Leiter der Münze« war und im Jahre 1717 anordnete, daß eine Guinee bzw. 21 Shilling 129,4 Gramm Gold wert sein sollten. Dies bedeutete nichts anderes, als daß die Währung ihren Wert erhalten sollte und daß sie zu einer Art Leitwährung wurde.

Isaac Newton war zu diesem Zeitpunkt Inhaber dieses Postens, weil er ihm als einträglicher Ruheposten zugedacht worden war. Sein Name dominierte damals nicht nur die britische Wissenschaft, sondern die der ganzen Welt. Er hatte mehrere Nervenzusammenbrüche erlitten, nachdem sein großer Freund, der Schweizer Mathematiker Fatio de Duillier, gestorben war und ihn völlig verzweifelt zurückgelassen hatte. Da er in der richtigen politischen Partei war, wurde er als Belohnung für seine Loyalität und seine Leistungen zum »Master of the Mint« ernannt, wobei er allerdings nicht ahnte, daß ihm diese Arbeit schließlich Spaß machen würde.

Ich will nicht etwa behaupten, daß Sir Isaac eines Tages in das Büro ging und sich sagte: »Dies Land muß in den nächsten zweihundert Jahren unbedingt die Rolle eines weltweiten Bankiers ausüben, und deshalb werde ich heute eine Leitwährung erfinden.« Dennoch verdient diese Entscheidung meines Erachtens mehr Aufmerksamkeit als die Erwähnung in einer kurzen Fußnote, weil Sir Isaac ein von den Geheimwissenschaften und von der Alchimie besessenes Genie war. Die von ihm zu diesen Themen verfaßten Werke befinden sich immer noch unveröffentlicht im Gewahrsam der Cambridge University. Für Alchimisten ist Gold der Schlüssel zur Transformation, und Sir Isaac hat Falschmünzer sicherlich mit religiösem Eifer verfolgt und alles darauf angelegt, sie hängen zu sehen.

Newtons Guinee konnte aufgrund ihres Designs nicht »beschnitten« und damit entwertet werden. Eine »beschnittene« Münze zeichnete sich dadurch aus, daß meistens am Rand ein kleines Stück Metall abgeschnitten oder abgeschabt worden war.

Wenn man sämtliche auf diese Weise gewonnenen Metallstücke einschmolz, erzielte man auf alles Geld, mit dem man in Berührung kam, eine Art Extragewinn. In der ganzen Geschichte sind Währungen immer wieder durch irgendein wertvolles Metall gedeckt worden, aber die Könige, die auf Extraerträge aus waren, fanden immer wieder einen Weg, um die Münzen zu beschneiden. Natürlich war die Währung dann entwertet, und die Bürger gaben diese entwerteten Münzen so schnell wie möglich wieder aus und horteten statt dessen die unversehrten. Hierbei kommt uns unwillkürlich wieder Sir Greshams Gesetz in den Sinn.

Sir Isaacs unbeschnittene Guinee erzeugte einen klingenden Ton, wenn sie auf den Boden fiel, und da sie stabil war, begann man sie überall in der Welt zu sammeln. So wurde sie schnell zum Rivalen des spanischen Silberdollars. Dennoch bedarf es mehr als eines Edelmetalls, um eine Leitwährung zu erhalten – das dazugehörige Land muß den Wunsch haben, die Rolle der Bank zu spielen, und die Geschichte muß ihm den entsprechenden Platz zuweisen, um diese Rolle ausüben zu können. Im 18. Jahrhundert schickten Händler aus der ganzen Welt ihr Geld nach London, um es in »Sterling« anzulegen. Dieser Begriff, der sich immer mehr durchsetzte, steht heute für »rein, edel, von hoher Qualität« und ist eine Definition für die Reinheit des Silbers. Sehr viele Dinge, einschließlich eines After-shave, sind mit diesem Namen bezeichnet worden, wobei Sterling von der estländischen Händlerfamilie Easterling abstammt, die ihren Namen in Silberbarren hineingravierte. Während langer Jahre der britischen Finanzgeschichte war der Sterling genau in Silbereinheiten definiert: Elf Unzen und zwei Drachmen Silber (1 Drachme = 1,8 Gramm. Anm. d. Übers.) entsprachen zwanzig Shilling und drei Pence.

In den Jahren zwischen 1717 und 1931 haben die Briten nur zweimal die Konvertibilität ihrer Währung aufgehoben. Der Anlaß war jedesmal, daß sie aufgrund eines Krieges mehr Geld benötigten, als die restriktiven Konvertibilitätsbedingungen zuließen. In dem einen Fall war Napoleon der Feind und im anderen der deutsche Kaiser. Beide Kriege bescherten uns eine Papierwährung und Inflation, wie dies in der Regel bei Kriegen der Fall ist.

Nach der Schlacht von Waterloo erfüllte das Pfund Sterling

sämtliche Kriterien einer Leitwährung. Die Regierung war stabil, die Institutionen waren angesehen und funktionsfähig, die Royal Navy und in ihrem Gefolge die britische Handelsmarine waren überall in der Welt zu finden. Großbritannien war der Pionier der industriellen Revolution und verschickte seine Güter in die ganze Welt. Alle Kämpfe und Krisen spielten sich an der Peripherie des britischen Empire ab. Sobald das Pfund in eine wenn auch kleine Krise geriet, begannen die Währungsbehörden sofort den Zins drastisch zu erhöhen. Sie wußten zwar, daß dadurch die Binnenwirtschaft schlechter gestellt wurde, andererseits lockten die hohen Zinsen ausländische Währungen an, so daß das Pfund seinen alten Wert wiedergewinnen konnte. Großbritannien kaufte Rohstoffe und andere Waren und schickte die verarbeiteten Güter wieder zurück. Da der Preis der Rohstoffe allmählich sank, erhöhte sich zugleich der Wert des Pfundes.

Die britische Regierung gab sogenannte »consols« heraus, dies waren langfristige Schuldverschreibungen, die über Generationen hinweg von den Vätern an ihre Söhne weitergegeben wurden und deren Wert im Laufe der Zeit ständig *stieg*. So sagt beispielsweise Galsworthys typischer Vertreter der besitzenden Klasse, Soames Forsyte: »Verkaufe niemals Staatspapiere«.

Die ganze Welt brachte also ihr Geld nach London und tauschte es dort in Pfund Sterling ein. London transferierte es auf Bankkonten und verbürgte sich dafür. Kartographen kennzeichneten das britische Reich auf den Weltkarten mit rosa Farbe; auf diese Weise war die halbe Welt rosa: vom Kap der Guten Hoffnung bis nach Kairo, vom Suezkanal bis nach Australien. Im Jahre 1897, als Königin Victoria ihr diamantenes Jubiläum feierte, bildete die Flotte fünf jeweils fünf Meilen lange Linien, die vier Stunden lang in Spithead vor der Königin vorbeidefilierten.

Das britische Kapital war überall. Es finanzierte die amerikanischen Eisenbahnen und großen Farmen im Westen der Vereinigten Staaten ebenso wie die Grundbesitzer Argentiniens. Britische Gesellschaften gruben nach Gold in Südafrika und förderten Zinn in Malaysia, sie bauten Hanf in Tanganjika an und Äpfel in Tasmanien, bohrten nach Öl in Mexiko und leiteten sowohl die Straßenbahnen in Shanghai als auch die Moskauer Elektrizitätswerke.

Die Briten verbrachten eine ungewöhnlich lange Zeit in der Phase eins, bei der jeder die Währung halten möchte und niemand bereit ist, sie umzutauschen.

Der Erste Weltkrieg war überaus kostspielig: Die Zinnminen in Malaysia, die westlichen Farmen und das mexikanische Öl mußten zum Kauf von Artilleriegeschützen und anderen im wirtschaftlichen Sinne unproduktiven Gütern verkauft werden. Die Moskauer Elektrizitätsgesellschaft ging in andere Hände über, und das Pfund verlor zusehends an Wert.

Es ist zwar schwierig, eine Leitwährung zu werden, aber es ist zumindest genauso schwierig, diese Rolle wieder aufzugeben. Im Laufe der zwanziger Jahre versuchten die Briten, den Wert des Pfundes mit Hilfe der alten im 19. Jahrhundert üblichen Formel bei 4,86 Dollar zu halten, indem sie den Zins auf Kosten der heimischen Wirtschaft erhöhten, um mehr ausländisches Kapital anzuziehen. Diese Maßnahme erwies sich jedoch als erfolglos; denn die Auswirkungen auf die heimische Wirtschaft waren zu gravierend. Der Zusammenbruch des Aktien- und Kreditmarktes in den Jahren 1929 und 1930 war zugleich das Ende der langen Vorherrschaft des Pfund Sterling.

1931 ließen die Briten das Pfund »floaten«, das heißt, sie schafften seine Konvertibilität ab. Von nun an war es nicht mehr über einen festen Wechselkurs an das Gold gebunden, sondern wurde jeden Tag nach dem jeweils von Käufern und Anbietern vereinbarten Preis verkauft. Das internationale Geldsystem brach völlig zusammen. Es gab keine Leitwährung mehr, und der Handel schlief nahezu ein. In den Vereinigten Staaten war ein Viertel der Erwerbstätigen arbeitslos. Dennoch war die Herrschaft des Pfundes so überragend, daß die Erinnerung daran ebenso wie einige der daraus resultierenden wirtschaftlichen Beziehungen nach wie vor existieren. Die britische Marine hat zwar den Persischen Golf verlassen, aber Kuwait und Abu Dhabi wickeln den Großteil ihrer Bankgeschäfte immer noch in London ab.

Das britische Pfund war nicht die einzige Schlüsselwährung, die Glanzzeiten erlebte: Der französische Franc spielte in seinem eigenen Einflußgebiet ebenfalls eine überragende Rolle. Dennoch war das englische Pfund zweihundert Jahre lang absolut dominant, und die Bank von England war *das* Symbol für Reichtum und Macht. Während der Großen Depression zerbrach die Welt in zwei Blökke, die jeweils versuchten, durch die Abwertung ihrer Währung Vorteile auf dem Exportmarkt zu erringen, um auf diese Weise ihren Bürgern wieder Arbeit zu verschaffen. Dies Spiel ist die sogenannte *»Beggar-thy-neighbor«*-Politik – und resultierte in einem völligen Desaster.

Durch den Zweiten Weltkrieg erhielt dann der Dollar die Rolle der Leitwährung. Die Vereinigten Staaten, die keinen Krieg auf ihrem eigenen Territorium führen mußten, versorgten die ganze Welt mit dem hereinfließenden Gold.

Der ehemalige Schatzminister W. Michael Blumenthal hat diese Veränderung persönlich miterlebt. Er wurde in Berlin geboren, seine Familie zog jedoch vor dem Zweiten Weltkrieg nach China. Nach einer Reise in den Mittleren Osten berichtete er: »Ich erinnere mich noch genau an jeden Hafen, den wir mit der *›Haruna Maru‹* anliefen. Port Said, Suez, Aden, Bombay, Colombo, Singapur, Hongkong und Shanghai. Überall wehte die britische Flagge, und immer kam ein britischer Offizier mit Kniestrümpfen, einem Tropenhelm und Offiziersstock an Bord und sagte: ›Howyado‹.

Doch jetzt sind die Briten verschwunden, und wo immer man auch hinkommt, bis hinauf zu den obersten Regierungsspitzen, alle schauen auf die Vereinigten Staaten. Welche Politik werden die Amerikaner einschlagen? Was wird der amerikanische Präsident tun? Alle schauen auf uns. Wir erscheinen sehr viel größer, als wir tatsächlich sind, und ihre Erwartungen von dem, was wir tun können, sind völlig übertrieben und unrealistisch.«

Im Jahre 1944 haben sich die Finanz- und Schatzminister von 44 Ländern in dem Gebirgskurort Bretton Woods, New Hampshire, getroffen und alle Währungen durch feste Austauschverhältnisse zueinander in Beziehung gesetzt. Wenn also ein Mitglied der Zentralbank 35 Dollar in die Vereinigten Staaten brachte, konnte es eine Unze Gold dafür bekommen. (Die Amerikaner dürfen immer noch kein Gold besitzen.) Und alle anderen Währungen wurden an den Dollar gebunden.

Der Dollar erfüllte sämtliche Kriterien einer Leitwährung, weil die Vereinigten Staaten die damit verbundenen Verpflichtungen akzeptierten, weil sie militärische und politische Macht besaßen, weil ihre Institutionen solide und funktionsfähig waren, weil sie alle Möglichkeiten ökonomischen Wachstums und der Preisstabilität ausnutzen konnten und – last, not least – weil es keine Alternative gab.

Die Tatsache, daß man eine Währung an ein Edelmetall bindet, macht diese zwar noch nicht zu einer Leitwährung, limitiert jedoch die Ausgabe von Papiergeld, weil das Metall nur begrenzt vorhanden ist. Deshalb kann dies als Zeichen gewertet werden, daß ein gewisser Glauben in die Währung bestehen bleibt. Andererseits ist aber auch der südafrikanische Rand teilweise durch Gold gedeckt, doch niemand wird Handelsverträge in dieser Währung abschließen, wenn er keine südafrikanische Währung besitzt, weil sie zu vielen Kontrollen und Restriktionen unterliegt. Der Schweizer Franken und einige andere europäische Währungen haben ebenfalls eine teilweise Golddeckung und werden außerdem mit Hilfe diverser Maßnahmen stabil gehalten, aber die Schweiz ist eben ein kleines Land ohne militärische Macht oder politischen Einfluß. Die Welt ist so auf einen gemeinsamen Nenner bzw. auf eine Leitwährung versessen, daß die Schweiz mit ihrem stabilen Franken das Geld aus der ganzen Welt aufgenommen und hohe Gewinne gemacht hat. Aber es gibt einfach nicht genügend Schweizer Franken, um den Welthandel zu finanzieren.

Lord Keynes, der sich selbst als Kassandra bezeichnete, als er die schlimme Depression herannahen sah, legte in Bretton Woods einen Plan vor, mit dessen Hilfe er den internationalen Wohlstand erhalten und zugleich nationale Ambitionen befriedigen zu können meinte, ohne eine Rückkehr in die dreißiger Jahre befürchten zu müssen. Er schlug als internationale Währung den sogenannten »Bancor« sowie eine internationale Bank vor, die sogenannte »International Clearing Union«. Der Bancor war jedoch ein wenig zu radikal für seine Zeit; denn die Vereinigten Staaten hätten eine bestimmte Summe Geld bereitstellen müssen, die sich die zerstörten europäischen Länder geliehen hätten. Die zu guter Letzt akzeptierten Pläne blieben jedoch weit dahinter zurück.

Fest steht allerdings, daß alle in Bretton Woods versammelten

Staaten die Währungskriege der dreißiger Jahre vermeiden und eine echte Kooperation erzielen wollten. Aus den Vereinbarungen von Bretton Woods gingen Institutionen des heutigen Systems wie der Internationale Währungsfonds (International Monetary Fond, IMF) hervor, der die internationalen Währungsbeziehungen regeln sollte, die Internationale Bank für Wiederaufbau und Entwicklung (International Bank for Reconstruction and Development), die die Welt wieder aufbauen sollte, sowie das Allgemeine Abkommen über Zölle und Handel (General Agreement on Tariffs and Trade, GATT).

Die Vereinigten Staaten erwiesen sich mit dem Marshallplan als äußerst großzügig, in dessen Rahmen sie Darlehen und Zuschüsse für den Wiederaufbau der Welt zur Verfügung stellten. (Der Marshallplan garantierte den Vereinigten Staaten zugleich ihre Vormachtstellung, was bei einer Beteiligung in einer »Clearing Union« nicht in dem Maße der Fall gewesen wäre.) Das System wuchs und gedieh: Expandierende Banken, wachsende Kommunikationsnetze, prosperierender Handel. Die Ökonomen machten sich Sorgen über eine »Dollarlücke«, bzw. wie sich die Welt genügend Dollars für ihren internationalen Handel verschaffen konnte. Es scheint bereits sehr lange her zu sein, aber in den fünfziger Jahren produzierten die Vereinigten Staaten immerhin die Hälfte der Weltölproduktion, die Hälfte aller Autos sowie vierzig Prozent der gesamten industriellen Erzeugnisse. Amerikanische Touristen wurden bei ihren Auslandsreisen immer wieder von zwielichtigen Gestalten angehalten und in Toreingänge gedrängt mit der Frage: »Pst! Wollen Sie Dollars tauschen?« Und der von ihnen gebotene Kurs lag deutlich über dem offiziellen Satz.

1958 war das System bereits so erfolgreich, daß der Handel blühte, daß sämtliche wichtigen Währungen gegenseitig konvertibel waren und der Dollar dem Gold den Vorrang abgelaufen hatte. Die meisten Leute sahen einfach keinen Sinn darin, sich Gold zu kaufen, weil man sich ja jederzeit welches durch den Umtausch von Dollars verschaffen konnte. Andererseits ist Gold insofern nachteilig, als man keine Zinsen erhält und überdies noch Lagerungsgebühren zahlen muß. Deshalb rissen sich alle um den Dollar. Anstelle der britischen Flagge wehte jetzt überall das amerikanische Banner: auf den Schiffen der amerikanischen Marine ebenso wie in den amerikanischen Banken sämtlicher Großstädte als auch in den US-Gesellschaften, die in der ganzen Welt Nickelminen und Fabriken für Autozubehörteile besaßen.

Und die Amerikaner gingen im Ausland äußerst großzügig mit ihren Dollars um. Amerikanische Unternehmen kauften in Übersee zahlreiche Fabriken, Maschinen und Rohstoffe; das Pentagon schickte viele Dollars über den Teich, um seine Stützpunkte und Truppen zu bezahlen, so daß in den sechziger Jahren per saldo wesentlich mehr Dollars aus Amerika abflossen und der sogenannte »Überhang« bzw. das Defizit der Zahlungsbilanz entstand.

Da sich das Ausland zusehends von den Auswirkungen des Zweiten Weltkrieges erholte, war es nicht mehr ganz so auf die Autoproduktion der USA angewiesen, da es allmählich immer mehr Volkswagen, Datsuns und Renaults gab. Außerdem brauchte es keine Dollars mehr, um von Texas die Hälfte der Weltölproduktion zu kaufen; denn Öl gab es jetzt überall. In der Tat begannen die Amerikaner ihrerseits Dollars für den Kauf von Volkswagen und Datsuns auszugeben. Die Ausländer besaßen zwar die amerikanische Garantie, daß ihre Zentralbanken jederzeit eine Unze Gold für 35 Dollar kaufen konnten, sofern sie dies wollten, aufgrund der ständig steigenden Zahl von Auslandsdollars vollzogen im Laufe der Zeit jedoch immer mehr Dollarinhaber den Umtausch in Gold.

Obwohl wir die Diskussion der Motive und der genauen Abfolge von Präsident Nixons Aufhebung der Goldbindung den Wirtschaftshistorikern überlassen wollen, möchte ich nur einige wichtige Fragen skizzieren: Haben die Aktionen am offiziellen »Goldfenster« Wechselkursänderungen unerläßlich gemacht? Und sollten diese einen plötzlichen Sturz des Goldkurses nach sich ziehen? Oder waren sie – wie viele der von Finanzminister John Connolly veranlaßten Maßnahmen – einfach nicht hinreichend durchdacht? Die genauen Gründe und Antworten sind für unsere Zwecke indes nicht weiter relevant. Fest steht, daß das amerikanische Schatzamt im August 1971 den Verkauf von Gold gegen Dollars völlig einstellte. Die potentiellen Goldforderungen waren einfach zu hoch. Die ausländischen Forderungen existierten weitgehend in der

Form des sogenannten Euro-Dollar, der nichts weiter als ein Auslandsdollar war. Sobald er in die Vereinigten Staaten gelangte, war er ein ganz gewöhnlicher Dollar, allerdings mit der zusätzlichen Eigenschaft, daß er, sobald er sich im Besitz einer offiziellen ausländischen Institution befand, auf Verlangen in Gold eingetauscht werden mußte. Als die Vereinigten Staaten die Verbindung zwischen dem Dollar und dem Gold aufhoben, besaß die Leitwährung keinerlei Edelmetalldeckung mehr.

Das wunderbare Euro-Land

Der Euro-Dollar war eine staatenlose Währung, die keinerlei Grenzen akzeptierte, die genauso schwer zu kontrollieren war wie Quecksilbertropfen und ein organisches Wachstum entwickelte, das den Seelilien in einem Teich oder Unkraut im August vergleichbar war. Die Identität seines Erfinders ist genauso abnorm und ungewöhnlich wie die Tatsache, daß der größte Wissenschaftler seiner Zeit, Isaac Newton, seinen Lebensabend als »Leiter der britischen Münze« beschloß. Die Erfinder des Euro-Dollars waren nämlich die Russen.

Mitte der fünfziger Jahre bedienten sich die Russen genau wie alle anderen für ihre internationalen Transaktionen des Dollars, weil er die Leitwährung war und niemand Rubel haben wollte. Mit den verdienten Dollars konnte man wiederum in den Vereinigten Staaten Öl, Flugzeuge, Weizen, Sojabohnen und Autos kaufen, und – sofern man es wollte – auch Gold. Des weiteren konnte man seine Dollars bei einer New Yorker Bank deponieren und Zinsen dafür erhalten – eine Möglichkeit, die die Russen ebenfalls genutzt hatten.

Nach dem ungarischen Aufstand im Jahre 1956 transferierte ein russischer Funktionär die Dollarguthaben seines Landes zu der sowjetischen Moskau Narodny Bank in London, die mit britischer Bankkonzession in London tätig war. Der Grund hierfür war höchstwahrscheinlich die Vermutung, daß im Falle einer Verschlimmerung des kalten Krieges die Amerikaner diese Dollars in New York einfrieren könnten. Deshalb wollte er sie lieber in Europa außerhalb des Bereichs der politischen Querelen in Sicherheit bringen. Ich habe einmal die Spur dieses gesichtslosen Funktionärs verfolgt, der zumindest verdient, in der Geschichtsschreibung in einer Fußnote erwähnt zu werden. Meine Verfolgung sah recht vielversprechend aus, bis mir ein russischer Bankier sagte: »Nicht Dregasowitsch hat den Euro-Dollar erfunden, sondern die Leute unter ihm; er hat nur das Lob dafür eingesteckt.« Danach hörte die Spur jedoch auf; der Erfinder des Euro-Dollars war in der komplizierten Welt des russischen Bankwesens untergetaucht. Vielleicht hat er als Gegenwert eine Datscha oder eine Kiste kubanischer Zigarren erhalten, vielleicht fühlt er sich in seinem eigenen Land aber auch unzureichend anerkannt und erzählt seinen Enkeln, daß er Präsident der Bank of America hätte sein können, wenn er in Kalifornien aufgewachsen wäre.

Wenn man die Moskau Narodny Bank um Einzelheiten bittet, erhält man nichts weiter als äußerst trockene Traktate über »die Entwicklung der sozialistischen Banken«. Allerdings spielt dies heute auch keine Rolle mehr. Fest steht, daß die Moskau Narodny Bank in London am 28. Februar 1957 über eine Londoner Handelsbank die Summe von 800 000 Dollar als Kredit bereitstellte und daß dieser relativ geringfügige Betrag außerhalb des amerikanischen Banksystems geliehen und zurückgezahlt wurde. Die Russen besaßen überdies eine Bank in Paris, die sogenannte Banque Commercial pour l'Europe du Nord, deren Telexadresse »Eurbank« lautete. Diese russische Bank übernahm ebenfalls Narodny-Dollars, um sie als Kredite zu vergeben, und diese Dollars wurden zunächst als Eurbank-Dollar und später als Euro-Dollar bezeichnet.

An diesem Punkt können wir die Russen aus der Geschichte des Euro-Dollars weglassen; denn die kapitalistischen Bankiers waren von dieser Idee alle sehr begeistert. Der besondere Reiz der Euro-Dollars bestand für sie darin, daß sie nirgendwohin gehörten und keinerlei Treuepflichten mit ihnen verbunden waren, so daß sie deshalb von niemandem reguliert werden konnten. Sie waren sowohl außerhalb der Reichweite der Federal Reserve, der Bank von England, der Bundesbank sowie sämtlicher anderen staatlichen Behörden. Die Federal Reserve kann von den Banken verlangen, einen Teil ihrer Sichteinlagen als Reserven zu halten, während andere Behörden die Bedingungen und den Umfang der Kredite vorschreiben können. Dies gilt jedoch nicht für Euro-Dollars; diese können also völlig beliebig deponiert, verliehen und zurückgezahlt werden, ohne daß die Federal Reserve eingreifen könnte.

Wenn die amerikanische Bundesbank den Export von zu vielen Dollars verhindern wollte, brauchte sie nur zu ihren Mitgliedsbanken zu sagen: »Eine Zeitlang werden keine Dollars nach Europa gehen, um diese oder jene Fabrik zu kaufen, o.k.?« Und die Banken müßten sich dem wohl oder übel beugen.

Andererseits konnten potentielle Kreditnehmer ihren Geldbedarf in Euro-Dollar sowohl bei kanadischen und holländischen Banken als auch bei der Londoner Moskau Narodny Bank (relativ unwahrscheinlich) und sogar bei Euro-Banken decken, die von amerikanischen Mutterbanken unterstützt wurden – dieses galt für jeden, der Euro-Dollars besaß und sie verleihen wollte.

Falls die US-Notenbank das Geldangebot kontrollieren wollte, konnte sie einfach die Reserven aller Banken um weitere zwei Prozent anheben oder aber bestimmen, daß alle Banken Festgeld nur bei mindestens dreißigtägiger Kündigungsfrist verzinsen durften. Eine weitere Möglichkeit war überdies die Festlegung einer Zinsobergrenze.

Diese Bestimmungen waren nicht zuletzt dafür ausschlaggebend, daß amerikanische Banken sich zunehmend in London und im Euro-Dollar-Geschäft engagierten, wo es keine Zinsobergrenzen und Mindestreserveanforderungen gab. Und falls die Federal Reserve versuchte, die inländischen Banken für ihre Londoner Aktivitäten zu bestrafen, konnten diese ihr entgegenhalten: »Möchten Sie, daß die Briten, Deutschen und die Holländer allein das Geschäft machen?«

Die amerikanischen Bankbehörden konnten die US-Banken in einigen Punkten jederzeit und überall kontrollieren. So konnte beispielsweise der Währungskommissar Regeln erlassen, die seiner Meinung nach der Sicherheit der Banken dienten. Selbst wenn die Banksatzung vorsah: »Keine Bank kann mehr als zehn Prozent ihres Kapitals an irgendeinen Kreditnehmer verleihen«, konnte der Währungskommissar diese Regel noch zusätzlich einschränken. Außerdem konnte er eine Bank tadeln, wenn er den Eindruck hatte, daß deren Kreditplafond kritisch zu werden begann. Ferner konnte er die ausländischen Kredite einer ausländischen Bankfiliale in das Kreditgeschäft der Mutterbank miteinbeziehen.

Diese Möglichkeit besitzt die Deutsche Bundesbank beispielsweise nicht. Der Grund hierfür ist, daß die deutschen Banken während der Nazi-Ära selbst die außerhalb Deutschlands deponierten jüdischen Bankkonten aufführen mußten. Deshalb haben die neuen deutschen Behörden im Zuge der Nachkriegsreform aus dem Wunsch heraus, das Individuum zu schützen, ihren Banken verboten, Informationen über im Ausland befindliche Depots zu sammeln.

Trotz der von Land zu Land unterschiedlichen Bestimmungen blieb als Tatsache bestehen, daß die *entflohene Währung* ein für allemal weg war und daß es keine Möglichkeit gab, sie nach Hause zu holen. Sobald man versuchte, die Euro-Dollars mit Bestimmungen zu bedrohen, flatterten sie wie eine erschreckte Herde Singvögel davon und machten sich auf die Suche nach einem anderen gastlicheren Land.

Neben dem wunderbaren Euro-Land gab es ein noch viel schöneres Geldparadies namens »Offshore«, das im Gegensatz zum Euro-Land, in dem Dollars ohne den Zugriff der Währungsbehörden verliehen und deponiert werden konnten, überdies dem Zugriff der Steuerbehörden entzogen war. Die Dollars, die nirgendwohin gehörten, wurden jetzt von Ländern aufgenommen, die zuvor gar keine richtigen Banksysteme besessen hatten und in denen es plötzlich von Banken nur so wimmelte – beispielsweise die Bahamas, die niederländischen Antillen und die Cayman-Inseln. Die Grenzen dieser beiden Geldparadiese Euro-Land und Offshore waren verschwommen und überlappten sich teilweise, und ihre Existenz gründete sich vor allem auf ihrer Nichtexistenz in den Aktenschränken der großen Anwaltskanzleien in New York und London. Die niederländischen Antillen waren bereits damit zufrieden, daß sie eine Bankkonzession sowie jährliche Briefmarken verkaufen konnten, und die Bank war glücklich, weil sie hier in einem Bankparadies lebte, wo die Bankiers so frei waren wie die Luft. Und alle waren dabei: kleine und große, unbekannte und bekannte Banken – so zum Beispiel die Chase Manhattan, Citicorp, Barclay's, die Bank of America, die Deutsche Bank, die Algemeine Nederland.

Das im Euro-Land zirkulierende Geld stammte aus den Zahlungsbilanzdefiziten, das heißt, es beruhte auf der Tatsache, daß mehr Dollars exportiert als importiert wurden. Wenn die zusätzlichen Dollars für die Volkswagen alle nach New York zurückgekommen wären, um dort verliehen oder investiert zu werden, hätte es keinen Euro-Dollar gegeben. Ein Teil jener exportierten Dollars kam jedoch nie zurück und gelangte statt dessen mit leicht karibischer Färbung ins Euro-Land.

Der Euro-Dollarmarkt begann zunächst mit den 800 000 Dollar, die von der Moskau Narodny Bank in London verliehen wurden, und besitzt heute einen Umfang von etwa dreiviertel *Billionen* Dollar in dieser überaus fruchtbaren Währung, wobei es daneben sowohl Euro-Mark, Euro-Yen als auch Euro-Franc gibt, die alle sehr »sonnengebräunt« aussehen und keinerlei Neigung zu haben scheinen, wieder nach Hause zu gehen.

Das Problem bei diesen Euro-Dollars ist indes, daß sie durchaus in ihre Heimat zurückkehren *könnten* und daß sie nicht in ihrer eigenen wunderbaren Welt bleiben müßten.

Was würde eigentlich passieren, wenn es zu viele davon gäbe?

Vorkehrungen zum Schutze des Dollars

Die Euro-Form des Dollars hat diese Währung vielleicht aufgrund der größeren Freiheit und der geringeren Restriktionen so überaus »fruchtbar« gemacht. Seine Verteidiger – vor allem die Manager der Geschäftsbanken – sind der Auffassung, daß die »Euros« den größten Boom der Welt überhaupt finanziert haben. Demgegenüber sehen die Zentralbanken, denen vor allem an der Regulierung der Geschäftsbanken liegt, in den Euros eine Ausgeburt des Teufels. Und nach Auffassung des Präsidenten der italienischen Notenbank, Guido Carli, waren sie die Wurzel allen Übels überhaupt.

Euro hin oder her – fest steht, daß die Dollars vor allem deswegen überall akzeptiert wurden, weil sie die Leitwährung darstellten. Wenn beispielsweise ein Peruaner einen Volkswagen oder eine

Fabrik in Deutschland kaufen wollte, mußte er damit rechnen, daß die Deutschen nicht sonderlich scharf auf seine heimischen Sols waren. Wenn er dagegen Kupfer abgebaut oder Sardellen gefangen und damit Mark oder Dollars verdient hatte, dann konnte er seinen VW haben. Die Amerikaner haben es dagegen einfacher: Sie brauchten nichts zu verkaufen, sondern nur Dollars in Umlauf zu setzen. Diese Dollars waren genausogut wie die bei der Kupferproduktion verdienten Dollars der Peruaner.

General de Gaulle gefiel dies ganz und gar nicht, sondern er empfand den Leitwährungsstatus der Amerikaner als »übermäßiges Privileg«. Denn wer sollte die Amerikaner daran hindern, ständig Geld zu drucken und schließlich Frankreich aufzukaufen?

Selbst während der Blütezeit des Dollars gab es durchaus einige Ökonomen, die Probleme für die »Bank« – nämlich die amerikanische Leitwährung – und für das davon abhängige System heraufkommen sahen. Das Gold wurde immer noch zum Preis von 1935, also für 35 Dollar die Unze, gehandelt, und der Dollar war nach wie vor in Gold konvertierbar. Die Frage war nun, ob dieser Preis hoch genug war und was passieren würde, wenn alle Länder plötzlich begannen, ihre Dollars einzutauschen. Zwei dieser skeptischen Ökonomen waren der Keynes-Biograph Sir Roy Harrod aus Oxford und der Belgier Robert Triffin, der in Harvard studiert hatte. Triffin, der sich gegenüber anderen Ökonomen eines ausgesprochen drastischen Tons bediente, glaubte, daß der Versuch, die amerikanischen Zahlungsbilanzdefizite und Dollarabflüsse zur Deckung des internationalen Bedarfs an Devisenreserven zu verwenden, zwangsläufig zu einer Katastrophe führen müßte.

Der Amerikaner Milton Gilbert, der von 1960 bis 1975 Chefökonom bei der Bank für Internationalen Zahlungsausgleich in Basel war, schlug eine Verdoppelung des Goldpreises vor, um das System der festen Wechselkurse nicht zu gefährden, weil er erkannte, daß die Franzosen ganz ungeniert Gold aus den Vereinigten Staaten abzogen. Demgegenüber hatten die anderen Industriestaaten vor allen Dingen die Befürchtung, daß die Dollarforderungen gegenüber den USA höher waren als die Goldreserven. Sie trauten sich jedoch nicht so recht, dies Thema offen anzusprechen, weil die Amerikaner das Bollwerk der Nato bildeten und weil sie

Angst hatten, die amerikanischen Truppen könnten aus Europa abgezogen werden. Gilbert sagte 1975 nach seiner Pensionierung: »Ich habe es nicht geschafft, meine eigenen Landsleute zu überzeugen. Sie vermochten es nicht, von den Problemen der Innenpolitik zu abstrahieren, und behandelten mich statt dessen wie einen Narren und halben Verräter.«

In den sechziger Jahren machten sowohl französische Weinhändler, italienische Schuhhersteller als auch deutsche Volkswagenproduzenten und japanische Fernsehfabrikanten sehr gute Geschäfte mit den Amerikanern. Ein Grund hierfür war vor allem, daß diese im Falle einer Dollarknappheit einfach die fehlenden Beträge drucken ließen. Wenn zum Beispiel der Toyota-Exporteur Golf spielen wollte und der Golfclub nur Yen akzeptierte, brachte er seine Dollarbündel einfach zur Bank von Japan, tauschte sie dort gegen Yen ein und ging zum Golfspielen. Falls die Bank von Japan sehr viele Dollars eintauschen mußte, lamentierte sie gewöhnlich, daß sie für diese von draußen hereinkommenden Dollars zusätzliche Yen drucken lassen mußte und daß die Amerikaner ihre Inflation nach Japan importierten. Anschließend verwendete sie die Dollars dann zum Kauf von US-Schatzanweisungen. Das amerikanische Schatzamt tauschte die Dollars gegen sogenannte IOU-Schuldverschreibungen mit bestimmter Laufzeit ein. Auf diese Weise wurde das Defizit finanziert.

John Kennedys Staatssekretär für Währungsangelegenheiten, Robert Roosa, ein ehemaliger Rhodes-Gelehrter, entwickelte schließlich die sogenannten »peripheren Verteidigungslinien«, um einen möglichen Run auf den Dollar aufzuhalten, indem er mit den ausländischen Banken eine Art »Gentlemen's Agreement« traf, wonach die Banken den Dollar zwar horten, aber nicht in New York in Gold eintauschen konnten.

Roosa entwickelte spezielle Schatzanweisungen, die auf Schweizer Franken lauteten und auf diese Weise einige Dollars absorbierten. Die Ausgabe einer »Roosa-Schuldverschreibung« wurde folgendermaßen abgewickelt: Das Schatzamt nahm die ausländischen Dollars auf und versprach, zu irgendeinem künftigen Zeitpunkt denselben Betrag in Schweizer Franken zurückzuzahlen. (Diese Maßnahme funktionierte zwar, war aber sehr kostspielig: Die

Schweizer Franken wurden so stark aufgewertet, daß sie eine Milliarde Dollar mehr kosteten.) Außerdem richtete Roosa einige »Swap-Linien« mit anderen Zentralbanken ein. Das heißt, falls es für den französischen Franc oder den holländischen Gulden zu viele Dollars gab, würde das Schatzamt diese vorübergehend aufnehmen, sich dadurch gegenüber deren Inhabern verschulden und alle durch einen sinkenden Dollarkurs bedingten Verluste kompensieren.

Ich hoffe, daß die Verwendung so konkreter Beispiele wie des Volkswagens und des französischen Weins dazu beigetragen hat, dem Leser die ganze Sache leichter verständlich zu machen. Die unzähligen exportierten Dollars wurden jedoch nicht gänzlich zum Kauf von Konsumgütern verwendet, und deren Besitzer waren keineswegs alle lebenslustige Nichtstuer, die es sich im feinen »Tour d'Argent« in Paris gutgehen ließen. Die Dollarexporteure waren meistens amerikanische multinationale Gesellschaften, darunter so bekannte Namen wie IBM und Exxon, die im Ausland Filialen errichteten, sowie nicht zuletzt auch das Pentagon. Die Verteidiger dieser den Dollar zusehends schwächenden Politik konnten für sich geltend machen, daß Deutschland und Japan keinen eigenen militärischen Schutzschirm besaßen und daß die Amerikaner dafür bezahlen mußten.

Die Briten hatten während ihrer langen Herrschaft als »Weltbank« immer für die Verteidigung ihrer Währung gesorgt; die Amerikaner hatten dagegen andere Prioritäten.

Zum Beispiel Vietnam. Die ausländischen Bankiers sahen sehr wohl, daß der Krieg nicht durch Steuern finanziert wurde, so daß sie damit rechnen konnten, daß immer mehr Dollars in Umlauf kämen. Die amerikanischen Behörden würden vielleicht versuchen, den Dollarexport zu stoppen – so gab es bereits ein Programm zur freiwilligen Beschränkung von Auslandskrediten (Voluntary Foreign Credit Restraint Program), das schließlich obligatorisch wurde (Mandatory Foreign Credit Restraint Program) –, aber die Euro-Währungen vermehrten sich ständig; die meisten Leute scherten sich wenig um den Appell an ihre Bürgerpflicht und liehen sich nach wie vor Dollars, um stärkere Währungen wie den Schweizer Franken und die Deutsche Mark zu kaufen.

Im Mai 1971 konnte – oder wollte – die Deutsche Bundesbank keinen Dollar mehr in Mark eintauschen. Das internationale Währungssystem brach zwar nicht zusammen, aber es stagnierte eine Weile. Die deutschen, holländischen, belgischen, österreichischen und schweizerischen Börsen wurden am 6. Mai geschlossen. Bei ihrer Wiedereröffnung hatten die Schweizer und Österreicher ihre Währungen aufgewertet, während die Franzosen ausländische Devisen nur mehr über die französische Notenbank handeln konnten. Und die Deutschen hatten ihre Mark nach außen völlig abgeschottet.

Die 1944 in Bretton Woods geschaffene klare und klassische Währungswelt, deren Kernstück der durch Gold gedeckte Dollar war, durch den zugleich die Wechselkurse aller anderen Währungen fixiert waren, funktionierte plötzlich nicht mehr. Relativ zum Gold gab es viel zu viele Dollars, und jeder konnte sehen, daß Fort Knox innerhalb eines Tages leergeräumt wäre, wenn die Inhaber von Euro-Dollars diese gegen Gold eingetauscht hätten. Deswegen hob die Nixon-Verwaltung im August 1971 kurzerhand die Golddeckung auf.

Jelle Zijlstra, der damals bei der Bank der Niederlande tätig war, kommentierte dies Ereignis mit der folgenden Bemerkung: »Als wir das Pfund verließen, konnten wir auf den Dollar umsteigen. Doch wohin sollten wir nach dem Ausstieg aus dem Dollar gehen? Auf den Mond?«

Die zehn führenden Industrieländer trafen sich in Washington an der Smithsonian Institution und versuchten dort, eine Neuauflage von Bretton Woods durchzuführen: Sie vereinbarten einen höheren Goldpreis, eine Abwertung des Dollars und neue feste Wechselkurse für die anderen Währungen. Doch diese Vereinbarung hielt nicht einmal achtzehn Monate vor. Während dieser Zeitspanne erlebte die internationale Geldmenge erneut eine kräftige Zunahme. Erinnern wir uns noch einmal an den japanischen Toyota-Exporteur, der Golf spielen wollte. Als er seine Dollars eintauschen wollte, mußte die japanische Notenbank aufgrund des festen Dollar-Yen-Wechselkurses mehr Yen drucken, um mit dem Dollarzufluß mitzuhalten.

Mehr Yen, mehr Mark – das hieß zugleich mehr von allem. Die

Kritiker meinten, die Vereinigten Staaten hätten eine restriktivere Kreditpolitik betreiben müssen; denn Geld war damals billig und die Inflationsrate relativ niedrig. Es war gang und gäbe, Dollars zu leihen, um zu kaufen; Yen, Mark, Franc und Dollar überschwemmten die Märkte. Dementsprechend stieg der Reutersche Warenindex – der Lebensmittel, Fasern und Mineralien enthielt – von Ende 1971 bis zum Frühjahr 1973 um 65 Prozent. Einzig und allein der Ölpreis blieb konstant.

Nach und nach löste sich eine Notenbank nach der anderen aus diesem System fester Währungsbeziehungen, bis schließlich überall flexible Wechselkurse zu finden waren. Das bedeutete, daß der Wert eines Dollars an irgendeinem beliebigen Tage allein durch Angebot und Nachfrage bestimmt wurde.

Die Welt flexibler Wechselkurse

Die flexiblen Wechselkurse wurden von einer großen Gruppe Wissenschaftler ausgesprochen begrüßt, denn ihrer Meinung nach war das *die* Lösung. Ein deutscher Bankier sagte damals zu mir, daß er den natürlichen Zynismus des Marktes immer noch dem politischen Optimismus der Regierungen vorziehe.

Das Problem mit den flexiblen Wechselkursen ist, daß sie sehr schnell auf außergewöhnliche Entwicklungen reagieren. So können schlechte Handelsergebnisse den Dollar schnell zum Sinken bringen, während die Tatsache, daß die Russen ihre Nachbarn mit dem Einsatz von hunderttausend heimischen Soldaten einschüchtern wollen, den Dollar nach oben treibt, weil einige Leute plötzlich bereit sind, den Faktor Nr. 2 (Liquidität und konstanten Wert) zugunsten des Faktors Nr. 1 (Sicherheit, die Bank existiert immer noch) einzutauschen. Die Deutsche Mark mag zwar stabil aussehen, sobald jedoch die russischen Panzer nach Frankfurt kommen, ist sie butterweich.

Wenn die OPEC ihre Ölpreise stark anhebt, wird zuerst der Dollar steigen, weil die Vereinigten Staaten trotz ihrer relativ hohen Ölimporte selbst eine Menge Öl besitzen. Demgegenüber haben Deutschland und Japan kein Öl, so daß ihre Defizite zunehmen werden, bis sie genügend exportieren, um das Öl zu bezahlen.

In einem späteren Stadium wird der Dollar dann sinken, weil die Deutschen und Japaner hinreichend Güter exportiert haben, um ihre Ölrechnung bezahlen zu können, und wir werden immer noch Geld drucken müssen, um alles bezahlen zu können. Genauso hat es zumindest bislang funktioniert.

Ein Hersteller mag zum Beispiel einen Gewinn von zehn Prozent als durchaus hinreichend betrachten. Wenn er jedoch in einem Land produziert und in einem anderen verkauft, kann sich der Wert der Währung bei flexiblen Wechselkursen *an einem Tag* um zehn Prozent oder mehr verändern. Auf diese Weise wird der Gewinn für ein Gut, dessen Produktion und Verkauf vielleicht jeweils acht bzw. vier Monate gedauert haben, durch einen Währungssprung schlagartig ausgelöscht.

Laut Theorie wird sich ein Terminmarkt entwickeln und den Hersteller schützen. Wenn dieser 1981 seinen Verkaufsvertrag unterschreibt und für 1982, bis zum Zeitpunkt der Lieferung seiner Waren, ein Termin-Devisengeschäft abschließt, kann er den Absatz seiner Produkte vor Kursschwankungen schützen, wobei die anfallenden Kosten genau denen eines Versicherungsvertrages entsprechen und Bestandteil der Betriebskosten sind. Diese Termingeschäfte können bei verschiedenen Maklern, Banken und Börsen abgewickelt werden.

Funktionieren sie tatsächlich? In der Regel ja, aber keineswegs immer. In ruhigen Zeiten sind sie durchaus positiv. Wenn jeder dagegen zum selben Zeitpunkt versucht, sich gegen das Pfund, den Dollar oder irgendeine andere Währung zu sichern, ist der Terminmarkt genau wie jeder andere Markt nicht mehr funktionsfähig.

Bei flexiblen Wechselkursen lassen sich die Einstellungen zu einer Währung sofort auf einem Computerschirm ablesen. So ging beispielsweise der Dollar während des arabischen Ölembargos zunächst nach oben (Sicherheit, Unruhe in der ganzen Welt) und sank dann nach unten, als unsere Ölimporte stiegen und wir immer mehr Dollars zur Begleichung der Ölrechnung ins Ausland schickten.

Die Märkte folgten wiederum dem Gesetz des ehrenwerten Sir Thomas Gresham, wonach man die schwache Währung verkaufen und die starke kaufen sollte. Besser noch war es, die schwache Währung auszuleihen – und sie zurückzuzahlen, wenn sie noch schwächer war – und die starke zu kaufen.

Die Verteidiger der amerikanischen Politik rechtfertigten den dreißigprozentigen Kursverfall der weltweiten Leitwährung mit dem folgenden Argument: »Die Deutschen und Japaner sind nicht sonderlich heldenhaft; denn ihre Geldmenge wächst noch schneller als unsere. Die Schweizer haben den Preis für den Schutz ihrer Währung gezahlt, da sie seit 1973 kein Wachstum mehr verzeichnen. Die Deutschen und Schweizer haben trotz ihrer wachsenden Geldmenge weniger Inflation als wir, weil sie ihre Wirtschaften ohne soziale Schäden zurechtstutzen können. Ihre Fabriken sind voller Türken, Portugiesen und Italiener, die sie einfach nach Hause schicken können. Auf diese Weise gibt es weder in Deutschland noch in der Schweiz Arbeitslosigkeit – die Arbeitslosen sind dafür in Istanbul. Wir können das nicht tun, weil unsere Arbeitslosen amerikanische Bürger sind. Außerdem haben wir keine so große Angst vor der Inflation wie die Deutschen und Schweizer, und diese Angst hilft ihnen bei ihrem Umgang mit den Gewerkschaften und beim Erreichen eines sozialen Konsenses. Und die Japaner, die haben eben diese verdammte Bienenmentalität, die Produkte nur so hinaushaut und sie überall an den Mann bringt.«

»Sie meinen, es wäre eine Katastrophe, daß wir uns als Leitwährung gegenüber den starken Währungen einen dreißigprozentigen Kursverfall geleistet hätten? Warum beziehen Sie nicht die ganze Welt ein? Im Vergleich zum Bolivar, dem Zloty und dem kanadischen Dollar stehen wir gut da.«

Doch die Welt wurde nicht von Zlotys und kanadischen Dollars regiert, sondern vom US-Dollar. Und in den Vereinigten Staaten gab es zwei äußerst günstige Bedingungen, die geradezu unwiderstehlich waren. Die erste war die Tatsache, daß die Inflationsrate höher war als der Zinssatz, so daß man einen Kredit für zehn Prozent bei einer Inflationsrate von zwölf Prozent sozusagen umsonst bekam. Der zweite Faktor war die Tatsache, daß der Benzinpreis kontrolliert wurde und dadurch um die Hälfte niedriger lag. Wenn wir einmal von der gesamten energiepolitischen Debatte absehen, bleibt als Tatsache, daß Benzin in den Vereinigten Staaten eine ziemlich wichtige Rolle spielt; denn Amerika konsumiert immerhin ein Drittel der Weltölproduktion und verbrennt eins von acht Barrel der freien Welt auf den eigenen Autobahnen. Und das heißt nichts anderes, als daß die für das Öl ausgegebenen Dollars gleichzeitig höhere Importe, höhere Defizite und einen schwächeren Dollar nach sich zogen. Insofern war die energiepolitische Debatte sowohl von finanzieller als auch von psychologischer Bedeutung. Die ausländischen Dollarinhaber, die kein Ende des Benzinverbrauchs und der Defizite absehen konnten, waren der Auffassung: »Die Amerikaner haben keine Energiepolitik, die Defizite werden immer größer werden, das heißt, es wird immer mehr Dollars geben, deshalb werde ich ein paar davon verkaufen und mir statt dessen Schweizer Franken kaufen. Ich glaube nicht, daß in diesem Jahr noch russische Panzer nach Zürich rollen werden, und dann kann ich es mir immer noch anders überlegen.«

Im Oktober 1978 befand sich die Finanzwelt aufgrund des großen Run auf den Dollar in panikartiger Aufbruchstimmung. Die Amerikaner erhöhten ihre Zinsen und wickelten bis zur Krise von 1979 Swap-Geschäfte und Kredite (nach der von Roosa entwickelten Methode) in Höhe von dreißig Milliarden Dollar ab.

Die Verteidigung der Währung ist vor allem deswegen nicht einfach, weil sie immer irgend jemanden zu Hause benachteiligt – und meistens ist das irgend jemand mit Stimmrecht.

Stellen wir uns einmal vor, Sie seien Präsident des Bundesbankdirektoriums des amerikanischen Federal-Reserve-Systems.

Die Märkte beobachten mit Argusaugen die Geldmengendaten für Donnerstag, und Sie haben noch etwas in Capitol Hill in verschiedenen Kongreßausschüssen zu tun und müssen bei einem Treffen mit den regionalen Banken den Vorsitz führen. Sie hören Gerüchte, daß die Handelszahlen im Ausland nicht sonderlich günstig aufgenommen worden sind und daß sich dort etwas zusammenzubrauen scheint.

Mitten in der Nacht, um drei Uhr morgens, klingelt plötzlich das Telefon neben Ihrem Bett. Die Märkte in Tokio und Singapur sind jetzt geöffnet und erleben einen Run auf die eigene Währung – es wimmelt von Anbietern, es gibt jedoch keine Nachfrage. Auch auf dem Londoner Markt findet die eigene Währung keine Freunde mehr. Die Anbieter durchbrechen mühelos die »peripheren Verteidigungslinien«, schlucken sämtliche von Ihnen gebotenen Swap- und Kreditlinien und marschieren geradewegs auf Sie zu. Die Devisen-Swaps können zwar hier und dort einen kleinen Teil der Angreifer aufhalten, aber der Rest der Anbieter sieht aus wie die chinesische Armee, die unbeirrt weitermarschiert und keinerlei Respekt für menschliches Leben zeigt. Sie rufen verzweifelt die Bundesbank, die Bank von England und die Bank von Japan zu Hilfe: »Es ist wie der 1. Mai! Ihr da drüben könntet zumindest ein wenig Unruhe in den Kulissen erzeugen, ein bißchen Rauch, ein bißchen Agieren, um sie abzulenken, einer ist gerade an meinem Schlafzimmer vorbeigelaufen.« Dann rufen Sie Ihre Direktoriumsmitglieder an und sagen ihnen, sie sollten sich ihre Schuhe und Socken anziehen und sich sofort bei Ihnen im Büro einstellen.

Anschließend rufen Sie den Präsidenten an und teilen ihm mit, daß Sie die ersten Anzeichen einer Invasion wahrgenommen hätten und daß es so nicht weitergehen könne, sondern daß Sie den Zinssatz auf zwanzig Prozent erhöhen und das ganze Geld aus den Banken abziehen würden.

Der Präsident ist kein Ökonom, aber er versteht sehr wohl, was ein Zinssatz von zwanzig Prozent bedeutet. »Sind Sie verrückt geworden?« schreit er durch das Telefon. »Sie reißen das Land sofort in eine Depression! Die Autohändler können keine zwanzig Prozent auf ihre Ausstellungswagen bezahlen! Und denken Sie an die Reifen, das Glas, Michigan! Alles geht kaputt: Michigan! Stahl! Pennsylvania! Eigenheimbesitzer ...!«

Sie darauf: »Dann richten Sie sich bitte darauf ein, die Börsen und vielleicht die Banken zu schließen. Die ganze Truppe hat die peripheren Verteidigungslinien mühelos durchbrochen. Außerdem möchte ich nicht verantwortlich sein und trete zurück.«

Der Präsident sagt nur, daß er sich später ihrer Sache annehmen wird.

Sie erhöhen also die Zinssätze und bringen damit die Panik zum Stillstand. Das Geld, das bei zehn Prozent Zinsen nicht schnell genug ins Ausland gelangen konnte, bleibt bei zwanzig Prozent zunächst einmal im Lande, und es wird abgewartet, was passiert. Der Dollar sinkt jedenfalls nicht noch einmal um zwanzig Prozent, die Märkte beruhigen sich allmählich, und die Rebellen ziehen sich zurück.

Sie atmen erleichtert auf und denken sich: »Puh, das war knapp! Es muß doch eine bessere Möglichkeit geben, um die Währung zu retten, als der Wirtschaft wie einem dummen Esel einen Holzhammer auf die Stirn zu hauen. Ich frage mich nur, was für eine. Was gibt's eigentlich zum Frühstück? War eine ganz schön harte Nacht.«

Frühstücken Sie nur recht ausgiebig; denn sehr viele Leute, die sich einen Dreck um die Währung scheren, sind verärgert über Sie. Dies sind vor allem die Hausbesitzer, und die Sparkassen haben einfach den Telefonhörer abgehängt. Die Autohändler hoffen, die Autoraten auf 86 Jahre verlängern zu können, so daß niemand den neuen Zinssatz richtig wahrnimmt. Die Wirtschaft kommt allmählich ins Wanken.

Als ich eines Tages zufällig in das Vorzimmer des US-Notenbank-Präsidenten kam, bemerkte ich in der Ecke einen sauber gestapelten Holzstoß aus etwa zwölf mal dreißig Zentimeter langen Stücken. »Oh, die da?« antwortete die Sekretärin auf meine Frage, »die haben uns die Baufirmen geschickt, um uns an die Zinssätze zu erinnern. Sie behaupten, wir hätten sie arbeitslos gemacht.«

Samstagmorgen-Serenade

Der Dollar hat also seine Rolle als Leitwährung ebenso verloren wie die damit verbundenen Privilegien. Achtzig Prozent der gesamten in der Welt vorhandenen Devisenreserven sind immer noch Dollars, aber niemand ist sonderlich glücklich darüber.

Wir wollten eigentlich nie die Rolle der Bank spielen; denn im Gegensatz zu den Briten waren wir nie vom Außenhandel abhängig, da dieser nur acht Prozent unseres Bruttosozialprodukts ausmachte. Deshalb gab es bei uns nie die mit dem Begriff und dem Wert des Sterling verbundenen Überzeugungen und Prioritäten.

Wir waren damals jedenfalls ziemlich autark – auf jeden Fall stärker als heute, weil wir soviel Öl, Bauxit, Mangan und Spurenmineralien brauchen und weil die Welt heute nichts mehr von dem Dollar als Leitwährung wissen will.

Die Welt glaubt zwar, daß unsere Bank immer da sein wird (Sicherheit), aber sie glaubt nicht, daß die Währung ihren Wert behalten wird. Deshalb versucht sie zu antizipieren, wie groß dieser Wertverlust sein wird. Zehn Prozent jährlich? Dann braucht man den Zins nur auf sechzehn Prozent festzusetzen, und das Geld wird zurückkommen – allerdings um einen hohen Preis für alle Unternehmen, die sich verschulden müssen. Sobald der Zins sinkt, werden die Unternehmer zu Hause zwar glücklicher sein, aber das internationale Geld wird den Dollar fliehen, und die Währungsräuber werden sich wieder formieren.

Die Aufgabe der Leitwährungsrolle bedingt gewöhnlich, daß man auf einige Vorzüge verzichten muß, die man als Bankier hatte. So mußten beispielsweise die Briten die argentinischen Farmen und die Shanghai-Straßenbahngesellschaft aufgeben. Insofern sind wir heutzutage relativ verletzlich.

Vor dreißig Jahren saß einer unserer Freunde vom Persischen Golf, der ein kleines geerbtes Stück Land mit Sand, Fliegen und einer Ölkonzession besaß, vielleicht gerade vor seinem Lehmpalast, fächerte sich Luft zu und fungierte als eine Art Richter, indem er den Streit um drei Ziegen von zwei Stammesangehörigen schlichtete und zwischen dem Vater und dem Mann einer weggelaufenen Frau vermittelte. Wenn heute dagegen derselbe Freund vom Persischen Golf (der wohl lieber vom Arabischen Golf sprechen würde) – inzwischen ein reicher Ölbesitzer –, ein Computersignal auslöst, so daß ein Teil seines Milliarden-Dollar-Sparkontos von New York nach Frankfurt verlagert wird, indem er Dollars verkauft und Mark kauft, bewirkt dies, daß die Baufirmen in unserem Land teilweise ihre Bautätigkeit einstellen müssen, daß keine Autos mehr gekauft werden, daß die Banken ihre Kreditvergabe limitieren und daß kleine Unternehmen kein Geld mehr aufnehmen können – insgesamt also wird dadurch ein ziemlich schwieriger Prozeß ausgelöst.

Der Dollar ist heute nicht mehr imstande, die einzige Leitwährung zu sein. Selbst wenn wir hohe Überschüsse und ausgeglichene Budgets hätten, wäre das Vertrauen in die Währung kaum mehr vorhanden. Außerdem können wir dieser Rolle in der heutigen Welt ohnehin nicht mehr gerecht werden. Deshalb muß die Last gemeinsam getragen werden. Tatsächlich sammeln viele Leute sowohl Deutsche Mark und Yen als auch Franc und Pfund. Darüber sind die Verantwortlichen der Notenbank in den betreffenden Ländern gar nicht einmal so glücklich; denn sie lieben ihre Arbeit und wollen nicht unter den dadurch im Inland entstehenden äußerst unangenehmen Druck geraten.

Im Grunde möchte niemand die Rolle der Bank innehaben und die Funktionen der Leitwährung ausüben, weil sich deren Aufgaben nur schwer mit denen der industriellen Demokratie vereinbaren lassen. Die Briten haben es zwar getan, aber selbst sie möchten es kein zweites Mal tun. Auf diese Weise leben wir heute mit einem *Ad-hoc*-System mehrerer Leitwährungen.

Die Finanztechniker des Internationalen Währungsfonds haben sich für Dollarinhaber eine stillschweigende Rückzugsmöglichkeit ausgedacht, ein sogenanntes »Ersatzkonto« (»Substitution account«), bei dem die Regierungen ihre Dollars gegen Sonderziehungsrechte eintauschen konnten. Dieses »Ersatzkonto« ist allerdings noch in der Anfangsphase und muß sich noch bewähren.

Die »Meistertechniker« haben außerdem noch einige andere Ideen. (Dies ist keineswegs abwertend gemeint; denn Männer wie Henry Ford und Thomas Edison waren ebenfalls Meistertechniker, denn sie erfanden die Instrumente innerhalb des Systems, während die Isaac Newtons das gesamte System konstruierten.) Einige dieser Instrumente sind: Die Notenbanken konnten außerhalb der Börsen Wertpapiere ausgeben, ferner gab es neue Versionen der alten »Roosa-Obligationen«, zum Beispiel Auslandsschuldverschreibungen, die gegen Kursverluste gesichert waren. Oder man konnte die eigenen Goldbestände des IWF, die jetzt zwischen sechzig und achtzig Milliarden Dollar lagen, zur Dekkung des Ersatzkontos verwenden und auf diese Weise eine Art Superbank schaffen, die nicht mehr von ihren einzelnen Mitgliedern abhing, sondern ihr eigenes Vermögen als Basis hatte.

Die Begeisterung für diese Ideen hielt sich in Grenzen. Eine Superbank? Wer sollte sie leiten? Was passierte, wenn uns ihre Aktivitäten nicht gefielen? Der Internationale Währungsfonds ist trotz seiner hundertvierzig Mitglieder immer als Domäne der Westeuropäer betrachtet worden. In der letzten Zeit hat der Einfluß der westlichen Länder jedoch etwas nachgelassen, weil einige arabische Nationen so reich geworden sind und weil sich zahlreiche Entwicklungsländer so lärmend gebärden. Die Araber drängen auf Anerkennung der PLO, während die Entwicklungsländer Kredite mit längeren Laufzeiten und günstigeren Konditionen erreichen wollen. Die Hartwährungsländer sind ziemlich beunruhigt: Was wäre, wenn der Internationale Währungsfonds tatsächlich eine Superbank wäre und immer mehr in die Hände der Dritten Welt geriete? Liefe er nicht Gefahr, mehr und mehr Geld auszuspucken?

Die Repräsentanten der Notenbanken kennen sich zwar untereinander und sprechen miteinander bei Arbeitsessen, aber keiner von ihnen wird auf seinen Posten gewählt, sondern alle werden ernannt. Es gibt jedoch jemand anderen, der gewählt wird und der gewöhnlich den Präsidenten der Zentralbank hinauswerfen oder ihm zumindest das Leben sehr schwer machen kann. Im Gegensatz zu diesem Jemand müssen die ersteren keine Steuergesetze oder Ausgabenprogramme durchbringen und brauchen sich vor keinen Wählern zu rechtfertigen.

In der Zwischenzeit probieren die Märkte eine Währung nach der anderen aus, lehnen im Grunde jedoch *sämtliche* Währungen und *sämtliche* Regierungen ab – mit dem kleinen Unterschied, daß sie einige mehr ablehnen als andere. Die Zentralbanken waren ursprünglich einmal größer als die Märkte, aber da sich das Papiergeld auf den Märkten so ungeheuerlich vermehrt hat, sind diese heute sehr viel größer als die Notenbanken.

Jede Aufwertung einer Währung geschieht relativ zu irgendeiner anderen Größe. Da der gemeinsame Nenner, der Dollar, heute weniger wert ist, bedeutet dies zugleich, daß unser relativer Lebensstandard im Sinken ist.

Diese Samstagmorgen-Serenade enthält natürlich eine Moral. Wir müssen ganz einfach dafür sorgen, daß wir unser Haus wieder in Ordnung bringen. Die großherrlichen Tage der Leitwährung sind vorbei, und das heißt, daß wir ein Land unter vielen sind und genau wie alle anderen produzieren und verkaufen müssen. Um zu produzieren, müssen wir für hohe Produktivität, Qualitätsarbeit, Ersparnisse und Investitionen sowie für eine positive Einstellung sorgen – kurzum, wir müssen all jene schönen puritanischen Werte wieder hochhalten. Wir müssen uns darum bemühen, unsere Güter im Ausland zu verkaufen, was wir in der Vergangenheit nie sonderlich getan haben, weil uns der heimische Markt immer gereicht hat.

Dies sollte gar nicht einmal so schwer sein. Wir sind immer noch ein sehr reiches und mächtiges Land, was man vielleicht vergißt, wenn man nur die Währungsschwankungen beobachtet. Wir haben einen enormen »Überhang«, den wir nicht wachsen lassen dürfen. Reich heißt eben nicht einfach, daß wir 265 Millionen Unzen Gold besitzen, sondern Reichtum impliziert insbesondere Talent, Geist und Energie, Universitäten, Rechtsprechung und ein Wirtschaftssystem.

Die mechanischen Hilfsmittel bedeuteten zwar einen gewissen Zeitgewinn, doch letztlich sind es die heute so unmodernen puritanischen Tugenden wie Arbeit, Sparen und Investieren, die einer Währung eine solide Basis geben.

Sie haben jetzt genügend über das internationale Finanzwesen erfahren, der Rest sind nur noch Details. So wissen Sie jetzt genau wie mein Bostoner Rechtsanwalt, daß Sie ohne weiteres aus dem Dollar aussteigen können, wenn Sie ihn nicht für sicher genug halten. Da die wichtigsten Währungen immer noch konvertierbar sind, gibt es nichts, was Sie davon abhalten könnte, ein Sparkonto in einer anderen Währung anzulegen oder irgendwelche Euro-Schuldverschreibungen zu kaufen. Die Euro-Märkte funktionieren zwar nicht ganz so reibungslos wie amerikanische Märkte und erleben ziemliche Preisschwankungen. Mir geht es hier aber nicht um Währungsspekulation, sondern um die Propagierung puritanischer Tugenden. Fest steht jedoch, daß wir nicht mehr in einer völlig amerikanischen Welt leben, sondern daß andere Länder die Risiken, den Wohlstand und die Belohnungen mit uns teilen.

Das Zusammentreffen meines Bostoner Rechtsanwalts mit seinem Schweizer Bankier-Freund Edgar verlief übrigens völlig anders, als ich erwartet hatte.

Edgars Wahl

Edgar trägt ständig drei kleine Notizbücher bei sich, die man aber nicht wahrnimmt, da er maßgeschneiderte Kleidung trägt. In einem befinden sich die Telefonnummern von Bankiers und Kunden in der ganzen Welt, im zweiten sind die Namen von neun Restaurants vermerkt, von denen er gehört hat und die er ausprobieren möchte, und im dritten befinden sich die Telefonnummern von angenehmen Bekanntschaften, die vielleicht die in dem zweiten Buch aufgeführten Adressen ausprobieren möchten. Wir trafen uns in einem Restaurant, in dem sich zuvor ein Antiquitätengeschäft befunden hatte.

Edgar begann: »Ihre Analyse ist sehr gut, unsere Wüstenfreunde stapeln das Geld in geradezu unvorstellbaren Mengen. Während sie nach dem ersten großen Öl-Boom das meiste Geld ausgaben oder in Dollar anlegten, scheinen sie jetzt etwas nervös zu werden. Nach der zweiten Welle stürzten sie sich auf Gold und Silber, so daß der Goldpreis innerhalb von acht Monaten von 250 Dollar auf 850 anstieg und Silber nach einem Jahre statt sechs Dollar 48 Dollar kostete. Jeder, der vor dieser Welle ein paar Verträge besaß, hatte schnell ein kleines Vermögen verdient.«

Ich notierte mir schnell die von ihm verwendete Wellen-Metapher. Mit ihr ließ sich deutlich zeigen, daß es analog zum guten und schlechten Geld in Greshams Gesetz gute und schlechte Wellen gab, wobei die erstere sich dadurch auszeichnet, daß der Wellenreiter sie richtig angeht, während er von der zweiten umgekippt wird.

»Augenblicklich können wir beobachten, daß das Geld sehr stark gestreut wird«, fuhr Edgar fort, »es fließt in Kupfer, Gummi, Zucker und Zink. Zucker ist in nur sechs Monaten von zehn Cent auf 24 Cent gestiegen. Angesichts der Unmengen an kursierenden Dollars waren es effektiv geringe Mengen, die den Gold- und Silberpreis nach oben trieben.«

Nach kurzer Durchsicht meines von mir präsentierten Portefeuilles von DM-Obligationen meinte Edgar: »Sehr schön. Aber Sie werden wahrscheinlich warten müssen. Die Deutschen wollen keine Aufwertung der DM, obwohl die Nachfrage nach DM ziemlich groß ist. Deshalb gibt die Bundesbank spezielle, für die Käufer im Nahen Osten gedachte Obligationen heraus, so daß sich deren Nachfrage nicht auf dem Markt niederschlägt. Denn die Bundesbank möchte nicht, daß die Leute immer mehr Dollars hereinbringen, deshalb haben sich die Bundesbank und die Federal Reserve in New York untereinander abgesprochen, und der Geldanleger hat letztlich den Nachteil. Nehmen wir einmal an, daß Sie heute fünfzehn Prozent für eine Dollar-Schuldverschreibung bekommen können und fünf Prozent für eine deutsche Obligation. Dann müßte die DM um zehn Prozent steigen, um die Zinsdifferenz auszugleichen. Bis der Druck auf die DM unerträglich geworden ist, hat sich der Internationale Währungsfonds vielleicht wieder gefangen und sogar ein Programm entwickelt, das den Ausstieg aus dem Dollar ermöglicht. Auf diese Weise bliebe das System erhalten.«

Ich fragte Edgar, welche Währung er bevorzugte. Seine Antwort:

»Den Dollar.«

»*Den Dollar*?«

»Den Dollar«, bestätigte Edgar.

»Aber denken Sie doch an unsere Energieimporte, unsere Defizite . . .«

»Stimmt, und das wird vielleicht auch das gesamte System langfristig ruinieren«, antwortete er.

»Vor sechs Monaten hätten Sie auch recht gehabt – da war alles andere besser als der Dollar. Aber jetzt sind die Russen schon in Afghanistan. Wahrscheinlich werden sie keine Panzer nach Westdeutschland schicken, aber vielleicht können sie immerhin genügend Schwierigkeiten bereiten, so daß irgendein Notfall und damit die Unterbrechung der täglichen Geschäfte eintritt. Und im Falle einer solchen Unterbrechung wäre ich lieber in den Vereinigten Staaten.«

»Das ist die negative Seite von Europa. Es gibt aber auch einen positiven Aspekt für Sie. Vielleicht sehen Sie dies selbst noch einmal ein. Vielleicht werden Sie eine Benzinsteuer erheben und genau wie in Europa für eine Gallone zwei Dollar und fünfzig Cent bezahlen, um auf diese Weise den Verbrauch zu senken. Eines

Tages werden Sie nämlich ein Energieproblem haben. Und in der Zwischenzeit kann ich fünfzehn Prozent auf meine Dollars verdienen, vielleicht sogar mehr, wenn der Zins noch steigt. Meine Wüstenkunden sind heute sehr viel klüger als 1973. Mit einem Barrel-Preis von dreißig Dollar können sie sämtliche Ökonomen, sämtliches Wissen kaufen, was sie wollen. Sie sagen mir schon jetzt dauernd: ›Edgar, kauf uns eine Farm in Iowa, kauf uns irgendwo in Amerika eine Gesellschaft.‹«

»Was passiert, wenn wir die Benzinsteuer und das Energieprogramm nicht durchsetzen können?«

»Dann werden Sie zu viele Dollars nach draußen pumpen, und niemand wird sie mehr wollen. Aber ich bin ein Schweizer, und Sie wissen, wie wir Schweizer sind. Wir haben schon seit langer Zeit Gold gehortet. Wohin *kann* es nur gegangen sein, als es so leicht auf 850 Dollar gestiegen ist?«

Ich habe vor vielen Jahren ein Interview mit einem der »Gnome von Zürich« veröffentlicht, der einzig und allein an Gold glaubte. Dies Interview hat ihn sehr berühmt gemacht. Er weissagte damals, 1966, daß das Finanzministerium die Goldbindung des Dollars aufheben würde, daß die Aktienkurse sinken und der Goldpreis steigen würde, und begründete seine Prognosen mit handfesten Argumenten. »Ob wir eine Krise erleben oder nicht, hängt davon ab, wer das Rennen zwischen Glauben und Unglauben gewinnt. Der Dollar ist die eigentliche und internationale Währung, weil es keine richtige Alternative gibt. Wir (Gnome) propagieren dagegen den Unglauben und stehen der Fähigkeit des Menschen, seine Angelegenheiten lange Zeit rational zu managen, ausgesprochen zynisch gegenüber.«

Nach Auffassung meines Gnomen war Gold die eigentliche Realität und ein Hemmschuh für das gedruckte Geld. Tatsächlich bestätigten sich in den siebziger Jahren die Prognosen meines Gnomen. Der Unglaube gewann, wir erlebten eine Krise nach der anderen, die Märkte sackten ab, Gold stieg um das Zwanzigfache und kann heute jede beliebige Höhe erreichen, in die es von der Angst und dem Papiergeld getragen wird. Keynes nannte Gold ein »barbarisches Relikt« und glaubte, daß rationale Menschen ihre Geschäfte rational führen würden. Die westlichen Regierungen waren dem Gold als Standard insofern nicht sehr zugetan, als es zu viele Restriktionen implizierte; es behinderte ihre Programme und nutzte vor allem den beiden größten Goldproduzenten, Südafrika und der Sowjetunion. Die industriellen Demokratien wollen jedoch nicht von diesen beiden Ländern abhängen, um sich das zur Erhöhung der Devisenreserven erforderliche zusätzliche Gold zu verschaffen.

Tatsächlich besitzt die Sowjetunion die größten noch nicht abgebauten Goldreserven der Welt: Mehr als fünf Milliarden Unzen befinden sich noch im Boden. Die gesamten noch nicht abgebauten Goldreserven der Welt werden auf sieben Milliarden Unzen geschätzt. Somit besitzen die Sowjets heute Goldvorräte in Höhe von gut drei Billionen Dollar (in heutigen Preisen). Wenn wir noch den früheren vollen Goldstandard hätten, könnten die Sowjets ihre kleinen Scharmützel mit dem Westen ohne weiteres aufgeben und ihn statt dessen einfach aufkaufen.

Was könnte neben dem Gold noch als Bremse für die Staatsausgaben fungieren? Da es keine automatische Bremse gibt, ist die einzige Antwort die Schaffung eines sozialen Konsenses in einer Gesellschaft, die die Auswirkungen der Inflation versteht und bereit ist, die zu ihrer Beendigung erforderlichen Maßnahmen durchzuführen.

Wir haben jetzt gesehen, wie die Defizite im Währungssystem mit festen Wechselkursen die Inflation initiierten und wie sich das System in eine schwankende Welt der reinen Papierwährung verwandelte. Ich befürchte allerdings, daß diese Ära der unendlich aufblähbaren Währungen nicht ewig dauern wird und daß wir uns tatsächlich bereits ziemlich am Ende dieser Ära befinden. Des weiteren bin ich der Auffassung, daß diese fluktuierende Welt mit all ihrer Bindungslosigkeit zugleich die dazugehörige Gesellschaft reflektiert. Ihre Tugenden sind Flexibilität und Mobilität, aber gleichzeitig wird uns gesagt, daß die Menschen heutzutage die sofortige und unmittelbare Belohnung gewohnt sind. Der Kapitalismus basiert jedoch definitionsgemäß auf bestimmten zeitlich später anfallenden Belohnungen durch den Staat oder durch Privatleute, damit das Kapital entstehen, investiert und akkumuliert werden kann. Ferner wird uns gesagt, daß wir immer mehr Achtung vor den Institutionen verlieren und daß diese Institutionen – Ehe, Schulen, Gerichte – nicht mehr das sind, was sie einmal waren. Dennoch ist für das reibungslose Funktionieren des Kapitalismus die Existenz dauerhafter Institutionen unerläßlich, um die Zeit zur Aussaat, zum Keimen und zum Reifen der menschlichen Investitionen überbrücken zu können.

Zuerst formen wir unsere Häuser, und dann formen sie uns.

Als die Atomphysiker das Universum der Quantenmechanik mit ihren Subpartikeln zu beschreiben begannen, benötigten sie zunächst eine Beschreibung der vorhandenen Welt als grundlegenden Bezugspunkt. Diese Welt nannten sie »newtonisch«: klassisch, ausgeglichen und genau abgegrenzt. Wenn wir uns in diesem Zusammenhang an den alten Sir Isaac Newton erinnern, der die Royal Society schikanierte und seine helle Freude daran hatte, irgendeinen Falschmünzer hängen zu sehen, werden Sie schnell erkennen, wie kurz im Grunde unsere Rolle als Bank mit der Leitwährung war. Wir haben von unserem Privileg viel zuviel Aufhebens gemacht und es nicht sonderlich gut ausgenutzt. Aber die Probleme des dahinsiechenden Dollars sollten bald durch eine weitaus ernstere Bedrohung überlagert werden.

Kapitel 7

Wie die OPEC begann, wuchs und den größten Vermögenstransfer der Weltgeschichte bewerkstelligte

Wanda Jablonsky und ich sitzen in ihrer Wohnung am Kaffeetisch. In ihrer Rolle als Eigentümerin und Herausgeberin der Wochenzeitschrift *Petroleum Intelligence Weekly* kennt sie sich im Ölgeschäft sehr gut aus und besitzt einen nicht unbeträchtlichen Einfluß. Sie ist insofern eine sehr mutige und clevere Dame, als sie diese Zeitschrift ganz allein aufgebaut hat, noch bevor die Spitzen-Business-Schools Frauen zuließen und bevor die heute sehr viel häufigeren weiblichen Unternehmer ausgebildet wurden. Wanda und ich wollen gemeinsam mit Unterstützung einer Stiftung ein Kolloquium mit dem Titel »Die Auswirkungen der OPEC-Preispolitik auf die westlichen Volkswirtschaften« veranstalten, und wir müssen damit rechnen, daß sich unter den Teilnehmern eine Reihe von harten Kritikern aus der ganzen Welt befindet: einerseits die ökonomischen Strategen von Exxon und Mobil sowie einige Nahostexperten und andererseits Leute von internationalen Banken, von der Federal Reserve, von kleineren Ölgesellschaften und natürlich ein ganzer Schwung Europäer.

Manchmal habe ich den Eindruck, daß meine einzige Sorge nur mehr den »Auswirkungen der OPEC-Preispolitik auf die westlichen Volkswirtschaften« gilt. Es ist schließlich noch gar nicht so lange her, daß der Dollar die »Königs«-Währung und Saudi-Arabien ein Land war, wo Kamelrennen stattfanden. Nur wenige Jahre später hatte sich die Situation dahingehend verändert, daß höchstens fünfzig Leute in Rijad darüber entscheiden können, ob wir eine Depression erleben oder nicht. Außerdem ist das gesamte Banksystem in Gefahr, das Geld hat sich von einem soliden Wertmaßstab zu einem stark inflationären und nahezu wertlosen Zahlungsmittel entwickelt, souveräne Staaten flirten mit dem Bankrott, ein billiges Haus kostet um die hunderttausend Dollar. Und Milton Friedman hofft, daß wir alle seine Prognosen von 1974 vergessen haben, wonach die OPEC bald zusammenbrechen und das Öl niemals über einen Barrelpreis von zehn Dollar hinausgelangen würde. Fazit: Wir haben den größten Vermögenstransfer in der Weltgeschichte erlebt – und zwar ohne einen einzigen Gewehr- oder Kanonenschuß.

Wenn wir die künftige Entwicklung des Ölpreises in etwa kennen, haben wir wenigstens einige Anhaltspunkte, inwieweit das Banksystem überleben wird und ob das Hunderttausend-Dollar-Haus eines Tages fünfhunderttausend Dollar oder aber fünftausend Dollar kosten wird. Außerdem können wir zumindest ahnen, was mit dem Aktienmarkt, unserer Zentralheizung und der westlichen Zivilisation passiert.

Deshalb werde ich auf unserer Konferenz meine üblichen Fragen stellen: Wird sich die OPEC halten? Kann sie den Preis kontrollieren? Wie weit wird Ihrer Meinung nach der Preis steigen? Vor zehn Jahren lag er bei 1,80 Dollar pro Barrel, dann wurde er vervierfacht, danach hielt er sich eine Weile auf 12,70 Dollar, und zum Zeitpunkt der Konferenz beträgt er 28 Dollar. Welche Zahlen werden folgen? Fünfzig Dollar pro Barrel? Hundert? Und wie ist es mit Mexiko, Kanada und dem Öl außerhalb der OPEC? Bringt es nicht eine gewisse Entlastung usw.? Anschließend wollen wir dann alle bekannten Öldaten den Finanzexperten überlassen, um festzustellen, ob das Weltbanksystem die OPEC überleben kann.

Wanda streift eine blonde Locke von ihrer Stirn.

»Wissen Sie, wo OPEC begann?« fragt sie. Ich nenne Bagdad im Jahre 1960, weil ich in meinen Akten sämtliche OPEC-Daten besitze und weil diese zu diesem Zeitpunkt beginnen.

»Nein, OPEC begann eigentlich in meiner Hotelsuite im Nile Hilton im Jahre 1959, weil ich Perez Alfonso damals Abdullah Tariki vorgestellt habe.«

»Mußten Sie das?« fragte ich, weil es mir ein bißchen so vorkam, als ob jemand sagte, er wäre derjenige gewesen, der Admiral Yamamoto den Stadtführer von Pearl Harbour zurückgegeben hätte, bevor dieser auf *die andere* Idee gekommen wäre.

»Oh, es wäre ohnehin dazu gekommen«, antwortete Wanda.

Der Mann, der die OPEC erfand

Dies stimmte tatsächlich, zumal die OPEC nicht wirklich im Nahen Osten begann und auch keineswegs von den Arabern erfunden wurde. Die OPEC-Geschichte ist in diesem Land nahezu unbekannt und steckt voller Ironien, von denen eine die Tatsache ist, daß ihr eine unserer eigenen Institutionen als Modell diente.

Der Mann, der die OPEC erfand, war ein sehr akkurater und gelehrter venezolanischer Rechtsanwalt namens Juan Pablo Perez Alfonso. Er wurde 1903 in Caracas als Enkel eines wohlhabenden Kaffeeplantagenbesitzers und Importeurs geboren. Nach Beendigung seiner Schulzeit hatte sein Vater jedoch Schwierigkeiten mit der Importfirma, und Juan Pablo mußte die Universität mehrere Semester lang verlassen, um in dem Familienunternehmen auszuhelfen. Als ältester Sohn hatte er sich zugleich um seine elf Geschwister zu kümmern. Diese zu einem so frühen Zeitpunkt übernommene Verantwortung sowie seine begrenzten finanziellen Ressourcen bewirkten, daß Juan Pablo sehr sorgfältig mit diesen umzugehen lernte.

Perez Alfonso ging schließlich zur Central-Universität in Caracas zurück und erwarb sein Rechtsdiplom aufgrund der Unterbrechung als ältester seiner Klasse. Er wurde Dozent für Zivilrecht, dann Stadtrat und 1938 Kongreßmitglied.

Der schlanke und gutaussehende Venezolaner trug den typischen romanischen schmalen Menjoubart und die von lateinamerikanischen Intellektuellen bevorzugte Hornbrille.

Für Venezolaner war es das Natürlichste von der Welt, sich in irgendeiner Weise mit Öl zu befassen. Venezuela war immerhin der führende Ölexporteur, und das Öl war eine der Haupteinnahmequellen des Staates. Die erste größere Ölbohrung war 1922 gemacht worden, so daß dieser Rohstoff bei Alfonsos Eintritt in den Kongreß nahezu zwei Jahrzehnte lang seine Hauptrolle innehatte. Perez Alfonso war ein führendes Mitglied der neuen Oppositionspartei *Accion Democratica* und ernannte sich selbst zum Öl- und Rechtsexperten.

Perez Alfonso hatte nicht unwesentlich zu dem 1943 verabschiedeten venezolanischen Ölgesetz beigetragen, das die Venezolaner als Meilenstein betrachten. Als die *Accion Democratica* 1945 die Wahlen gewann, wurde der Reformer Romulo Betancourt Präsident und Perez Alfonso Innenminister. Seine erste Aktion bestand darin, sein eigenes Gehalt um zwanzig Prozent zu kürzen und den anderen Ministern dasselbe nahezulegen, damit die Leute sahen, daß die Reformpartei ihr Anliegen ernst nahm.

Als nächstes ließ er den leitenden Ingenieur der Texanischen Eisenbahnkommission (Texas Railroad Commission) zu sich bitten. Perez Alfonso war bereits 1945 der Auffassung, daß Öl eine begrenzt vorhandene Energiequelle war, und wollte die Konservierungstechniken der Texanischen Eisenbahnkommission kennenlernen, die diese beim Gasabfackeln verwendeten. Außerdem wollte er wissen, wieviel Öl man aus einem Reservoir entnehmen konnte und welches die sicherste Methode zur Aufgabe eines Bohrlochs war.

Es mag etwas merkwürdig anmuten, daß hier die Texanische *Eisenbahn*kommission zu Rate gezogen wird, entscheidend ist jedoch, daß diese zugleich die Ölkommission ist. In den dreißiger Jahren wurde in Texas so viel Öl produziert, daß der Markt äußerst chaotische Formen annahm und der Preis manchmal nur zehn Cent pro Barrel betrug. In ihrem Wettbewerbseifer drangen die Ölsucher häufig in die Gebiete der Konkurrenten ein, so daß die Stützen der Bohrtürme manchmal ineinander verschränkt waren, während die Ingenieure ständig die schnelle Erschöpfung der Fundstellen und die Verschwendung bemängelten.

Die texanische Ölindustrie bat schließlich die Staatsregierung um Hilfe und unterstützte deren Bestrebungen, der Texanischen Eisenbahnkommission – die sich bis dahin nur mit der Regulierung der Eisenbahn befaßt hatte – die Macht zu übertragen, um die Bohrungen und die Ölproduktion zu regeln. Das Grundmotiv für die Aktivitäten der Kommission war die Erhaltung der Vorräte, so daß sie in erster Linie Regeln zur Verlängerung der Lebensdauer der Ölquellen schuf. Die Existenz dieser Kommission war der Tribut, den die unabhängigen Öleigentümer der politischen Macht zollten.

In Texas gab es große Ölgesellschaften, die nicht nur nach Öl bohrten, sondern es zugleich raffinierten und über ihre eigenen Tankstellen und Verkaufsagenten vertrieben. Dagegen existierten noch unabhängige Ölproduzenten, die nur bohrten und das Öl dann auf dem Markt verkauften. Manchmal hatten die Unabhängigen und die großen Gesellschaften ihre Brunnen an dieselbe Bohrstelle angeschlossen – vergleichbar zwei Strohhalmen in einem Glas –, denn das Erdölvorkommen richtete sich natürlich nicht nach den Eigentumsverhältnissen. Bei sinkender Nachfrage konnte die Ölgesellschaft meistens auch weiterhin Öl fördern, weil sie ihre eigenen Vertriebskanäle besaß. Die Unabhängigen mußten dagegen häufig ihre Bohrungen einstellen, weil es keinen Markt gab, und beklagten sich dann, daß ihr großer Nachbar ihnen das Öl wegschnappte.

Obwohl die unabhängigen Ölproduzenten sehr viel kleiner waren als die Gesellschaften, waren sie häufig Multimillionäre und viel reicher als irgendeiner der Gesellschaftsmanager und konnten deshalb mit ganz beträchtlichen politischen Spenden aufwarten. Männer wie H. L. Hunt und John Mecom gehörten zum Beispiel zu den reichsten Leuten des Landes. Auf diese Weise schafften es die unabhängigen Ölproduzenten, daß sie beim Staat tatsächlich Gehör fanden.

Die Texanische Eisenbahnkommission setzte zwar nicht den Ölpreis fest, aber sie bestimmte die Produktionsmenge. Die erste Garde der gewählten Ausschußmitglieder stand im Ruf, gegenüber den einzelnen Produzenten sehr fair zu sein. Sobald die Nachfrage sank, rief die Kommission die Vertreter der Industrie zusammen und versuchte, gemeinsam mit ihnen herauszufinden, wie hoch die tatsächliche Nachfrage sein würde. Dann determinierte sie eine bestimmte Produktionsrate, das heißt die Anzahl der Tage pro Monat, an denen Öl produziert werden konnte. Auf diese Weise bildeten die Konservierungsmaßnahmen zugleich ein Instrument zur Stabilisierung des Marktes.

Sobald der Ölpreis zu sinken begann, reduzierte die Texanische Eisenbahnkommission nochmals die Zahl der monatlichen Fördertage. Das Magazin *Fortune* schrieb 1959: »Die Politik der Kommission bestand darin, die Ölpreise für den ›kleinen Mann‹ – den texanischen Grenzproduzenten – hoch genug zu halten, um noch Gewinne zu machen. Dies war natürlich für die nichtmarginalen (das heißt für die großen) US-Produzenten eine überaus günstige Vereinbarung, noch günstiger aber für die großen ausländischen Gesellschaften.«

Für die letzteren war diese Regelung insofern besonders ideal, als der texanische Preis zugleich der amerikanische – »Gulf« genannte – war, wobei sich »Gulf« hier auf den Golf von Mexiko und nicht etwa auf den Persischen oder Arabischen Golf bezog. Da der texanische Preis zugleich Weltpreis wurde, verließ das Öl den anderen, nämlich den Persischen Golf, in den Tankern der Exxon (um Unklarheiten zu vermeiden, werden die Ölgesellschaften hier mit ihren heutigen Namen genannt) und Gulf zum Preis von 1,80 Dollar pro Barrel – dem texanischen Preis –, obwohl es nur zehn Cent pro Barrel kostete.

Das Problem war allerdings, daß es in der Welt so viel Öl gab, daß der »Gulf«-Preis von Texas nicht immer haltbar war. Es gab immer irgendwelche Leute, die den Preis zu unterbieten versuchten. Die Texanische Eisenbahnkommission konnte zwar den amerikanischen Preis durch eine Produktionsdrosselung hochhalten, aber sie konnte nicht verhindern, daß Öl nach Amerika importiert und dort billig verkauft wurde. Deshalb vereinbarten die amerikanischen Ölgesellschaften untereinander, die Importe zu reduzieren, und diese Maßnahme wurde später durch die US-Regierung legitimiert. Nach den Worten des britischen Ökonomen Paul Frankel haben sie sozusagen einen »unsichtbaren Deich gegen die Außenwelt« errichtet.

Als 1948 die Militärdiktatur von Perez Jiminez in Venezuela an die Macht kam, ging Juan Pablo Perez Alfonso ins Exil, zuerst nach Washington, D. C., und dann nach Mexico City. Er lebte recht bescheiden, schrieb Traktate und Artikel und erhielt manchmal Schecks von seinem Grundbesitz in Caracas. Seine Kinder erinnern sich noch, daß er manchmal durch das Haus lief und den Fernseher mit der Begründung ausdrehte, sie sollten lieber etwas Vernünftiges tun. Während seines zehnjährigen Exils las, schrieb und studierte Perez Alfonso eingehend die Aktivitäten der Texanischen Eisenbahnkommission. Hier ein kurzer Auszug aus einem seiner Artikel:

»Venezuela ist nicht imstande, sein eigenes Schicksal zu kontrollieren, obwohl es so sein sollte. Wir sind vielleicht das reichste Land Lateinamerikas, aber wir haben immer noch arme Leute, und das Öl wird nicht ewig fließen. Die Maracaibo-See sinkt pro Jahr um dreißig Zentimeter, da das darunterliegende Öl abgezapft wird. Außerdem geht das Geld für das Öl je nach Weltmarktpreis sehr unregelmäßig und für uns unkontrollierbar bei uns ein. Manchmal ist nicht genug da, und manchmal ist auf einmal zuviel da, und das wird dann für eine üppige Lebensweise in Caracas verschwendet. Alles müßte genau aufeinander abgestimmt sein: das Angebot, die Nachfrage und das für die sozialen Bedürfnisse erforderliche Geld.«

Wenn Venezuela sein eigenes Schicksal nicht kontrollieren konnte, wer konnte es dann? Antwort: das internationale Ölkartell. Sobald die Venezolaner irgendwelche Probleme verursachten, reduzierte das Kartell einfach seine Aufträge und nahm das Öl statt dessen von irgendwo anders her. Allerdings war die Beziehung zwischen den Ölgesellschaften und der venezolanischen Regierung in der Regel so gut, daß keine derartigen Maßnahmen notwendig waren. Die in Venezuela operierenden Kartellmitglieder waren Exxon, Gulf, Texaco, Royal Dutch und Mobil.

Das Kartell war im September 1928 gegründet worden, als Sir Henri Deterding, der Präsident der Royal Dutch-Shell, die Vorsitzenden von Exxon (die damals Standard Oil of New Jersey hieß) und von British Petroleum auf seinen Besitz in Achnacarry in Schottland einlud, um angeblich mit ihnen Moorgänse zu schießen. Das Hauptergebnis dieses Schützentreffens war jedoch der Beschluß eines nicht unterzeichneten Dokuments, in dem die Prinzipien zur Beseitigung »destruktiven Wettbewerbs« festgelegt waren. Die drei ursprünglichen Mitglieder nahmen später noch die Texaco, Gulf, Mobil und Socal (Standard of California) in ihren Kreis auf, den der italienische Ölmagnat Enrico Mattei, der ihren Einfluß nicht brechen konnte, als die »Sieben Schwestern« bezeichnete.

1952 berichtete das US-Bundeskartellamt (US Federal Trade Commission), daß das Kartell »sämtliche wichtigen ölproduzierenden Gebiete außerhalb der Vereinigten Staaten, sämtliche ausländischen Raffinerien, Patente und Raffinerietechnologien kontrollierte und die Weltmärkte unter sich [sic!] aufteilte«. Die Kartellausschüsse in London und New York legten Produktionsquoten fest und koordinierten die Verteilung der Weltproduktion. Ein Rechtsanwalt des Justizministeriums bezeichnete die Kartellabsprache als »großartiges Modell für eine korporative Weltregierung durch die Erdölindustrie«. Der 1952 vom Justizministerium angestrengte Antitrust-Strafprozeß gegen fünf amerikanische Kartellmitglieder wurde später auf eine Zivilklage reduziert und durch einen Vergleich beendet. Als der Schah mit Unterstützung des CIA 1953 den iranischen Premierminister Mossadegh stürzte, bestimmte der Amerikanische Nationale Sicherheitsrat per Action Memorandum 875 b »eine Lösung, die die Interessen der freien Welt im Nahen Osten wahren würde«, und bewirkte, daß das Justizministerium seine Antitrust-Klagen fallenließ, so daß die Ölgesellschaften wiederum gemeinsam im Iran agieren konnten.

All dies verfolgte Juan Pablo Perez genauestens von seinen Exilresidenzen in Washington und Mexiko. Ein Teil dieser Geschichte wurde erst Mitte der siebziger Jahre veröffentlicht, als der Senats-Unterausschuß für multinationale Gesellschaften, in dem Senator Frank Church den Vorsitz hatte, seine Hearings abhielt. 1959 hatte die venezolanische Militärjunta das Land fluchtartig verlassen und dabei Koffer voller Bargeld mitgenommen, worauf Romulo Betancourt als Präsident und Juan Pablo Perez Alfonso als Ölminister wieder das Ruder übernahmen. (Die Anhänger des Präsidenten sagten später, daß Betancourt der einzige Venezolaner gewesen wäre, der das Präsidentenamt mit einem Nettovermögen von 383 Dollar verließ.)

Juan Pablo Perez Alfonso ließ sich telefonisch mit Austin, Texas, verbinden und lud eines der Mitglieder der Texanischen Eisenbahnkommission zu sich ein, um sich von diesem beraten zu lassen. Dann begann er sofort, in seiner verkrampften, aber sorgfältigen Handschrift Direktiven zu verfassen.

Zuerst zollte er der von der Texanischen Eisenbahnkommission betriebenen Form der Ölkonservierung seinen Respekt. Dann sagte er, daß er im Interesse von Venezuela »finanzielle Verluste vermeiden wolle, die durch ungerechtfertigte Preissenkungen bedingt sind«. Das bedeutete im Klartext: Wir wollen nicht, daß der Preis sinkt, weil wir dann weniger Geld bekommen.

Anschließend fuhr er fort, daß der Ölpreis in den Vereinigten Staaten durch föderale und staatliche Kontrollen gestützt würde, die allen Produzenten einen Marktanteil garantierten, und daß Venezuela genau dasselbe tun sollte.

Somit erhielt Venezuela zwar einige neue Ölgesetze, war jedoch immer noch mit dem alten internationalen Kartell konfrontiert. Außerdem hing es extrem stark von seinen Öleinnahmen ab, hatte eine ständig wachsende Bevölkerung zu verzeichnen und konnte sein Öl auch nicht immer beliebig in den Vereinigten Staaten absetzen, weil dieser für ihn größte Markt und Verbraucher seinen verdammten unsichtbaren Deich um sich herum errichtet hatte. Und wenn die venezolanischen Produzenten, besonders aber die unabhängigen unter ihnen, ihr Öl nicht über diesen verdammten unsichtbaren Deich hinüberbringen konnten, mußten sie auf jeden Fall das Öl irgendwo anders auf dem Weltmarkt zu günstigeren Preisen anbieten – das wiederum hieß: weniger Geld für Venezuela.

Perez Alfonso, der weder rauchte noch trank und häufig an Schlaflosigkeit litt, hatte einen Notizblock und einen Bleistift neben seinem Bett, damit er für den Fall, daß er nicht einschlafen konnte, Probleme durchdenken und aufschreiben konnte. In dieser Weise verbrachte er häufig die ganze Nacht und stand beim Morgengrauen auf. Und so skizzierte er auf seinem Notizblock einen großartigen Plan von einer absolut atemberaubenden Kühnheit: Es müßte eine internationale, für die ganze Welt gültige Texanische Eisenbahnkommission geben, aber ohne die Texaner! Sobald der Ölpreis zu sinken begann, würden alle Mitglieder ihre Produktion drosseln, bis der Preis wieder zu steigen anfing. Derart vereint, könnten sich die Öl*produzenten* – unter denen Alfonso die Länder mit den Ölvorkommen meinte – gemeinsam den großen Industrienationen mit ihren großen Ölgesellschaften widersetzen.

Venezuela besaß damals sieben Prozent der gesamten Weltölreserven, während der Nahe Osten über siebzig Prozent verfügte. Jede noch so drastische Reduzierung seiner Ölproduktion konnte also gar keine nennenswerten Auswirkungen auf den Weltmarkt haben. Juan Pablo Perez Alfonso ließ seine Pläne und Veröffentlichungen sowie die neuen Ölgesetze seines Landes alle in die arabische Sprache übersetzen. Unteressen schäumte Abdullah Tariki vor Wut.

Ein merkwürdiges Paar

Abdullah Tariki war einer der ersten saudiarabischen Öltechnokraten, die ihr Studium im Westen absolvierten. Er hatte die Universität von Texas besucht, war kurzfristig mit einer Amerikanerin verheiratet und hatte eine relativ unangenehme Zeit als Texaco-Trainee absolviert. Er hatte sämtliche Argumente absorbiert, die vom Bundeskartellamt in seinem Bericht von 1952 über die Ölgesellschaften geäußert worden waren. 1959 war er der Direktor des Büros für Erdölangelegenheiten für Saudi-Arabien und hatte für die damalige Zeit und für sein Land äußerst radikale Vorstellungen. Diesen zufolge sollte Saudi-Arabien eine eigene gemeinschaftliche Ölgesellschaft haben, die anstelle der Aramco das Öl fördern und transportieren würde. In der Aramco waren die Exxon, Mobil, Socal und Texaco vereinigt.

Tarikis Wut beruhte auf der Tatsache, daß die Ölgesellschaften soeben ihre Preise *gesenkt* hatten. Man konnte wohl guten Gewissens behaupten, daß Saudi-Arabien kein sonderlich kluges Management besaß. König Saud heiratete mindestens 125mal, und jede Frau bekam ein Haus und einen Unterhaltszuschuß. Wenn der König Geld brauchte, rief ein Höfling die Aramco an und bat um einen Vorschuß. Saudi-Arabien befand sich gefährlich nahe an der Grenze zur Zahlungsunfähigkeit. Tariki erhielt ständig Telefonanrufe, und die Ölgesellschaften *senkten* darüber hinaus ihre Preise, was Saudi-Arabien mindestens 34 Millionen Dollar kosten würde.

Perez Alfonso rief dreizehn Berater zu sich, ließ sich die mehrsprachigen Übersetzungen der venezolanischen Ölgesetze bringen und verfrachtete alle zusammen in ein Flugzeug nach Kairo – natürlich in der Touristenklasse –, um dem allerersten arabischen Ölkongreß beizuwohnen.

Desgleichen machte sich der immer noch wütende Abdullah Tariki mit einigen saudiarabischen Öltechnokraten per Flugzeug auf den Weg nach Kairo.

Und bei diesem Anlaß sagte Wanda am 16. April 1959: »Abdullah Tariki, kennen Sie übrigens schon Juan Pablo Perez Alfonso?«

Aber die beiden hätten sich ohnehin kennengelernt, da Perez Alfonsos Assistenten den Begleitern von Abdullah Tariki die in arabisch verfaßten Dokumente auszuhändigen begannen, nachdem die beiden Ölminister einige scherzhafte Bemerkungen über Texas ausgetauscht hatten. Zwei Assistenten von Perez Alfonso waren sogar mit Abdullah Tariki an der Universität von Texas gewesen.

Juan Pablo Perez Alfonso begann seinen Plan einer weltweiten Texanischen Eisenbahnkommission eingehend zu erläutern, deren Grundgedanke darin bestand, das Öl zu erhalten und deshalb das Angebot zu verringern, sich zu vereinigen und Kontrolle auszuüben. Wenn man mehr Geld haben wollte, durfte man nicht mehr Öl verkaufen, sondern *weniger.*

Abdullah Tariki hörte aufmerksam zu und stellte diverse Fragen: Wie würde es funktionieren? Wer würde entscheiden, um wieviel jedes Land seine Produktion verringern sollte? Und wie konnten diese Produktionseinschränkungen durchgesetzt werden?

Dann wurde beschlossen, daß Tariki seinen Plan sowohl den Irakern, den Kuwaitern und den Bahrainern als auch den anderen ölliefernden Stämmen unterbreiten sollte. Diesen arabischen Stämmen lag das Streiten mehr als die Kooperation, und sie waren es gewöhnt, den furchteinflößenden Ölgesellschaften mit demselben Respekt wie einem Elternteil zu begegnen. Kuwait war ein kleiner Stadtstaat, und die Emirate waren mit ihren Lehmpalästen und Ziegen noch nicht einmal dem Mittelalter entronnen. In Aden flatterte immer noch die britische Flagge, und die britischen Zerstörer durchkreuzten die Gewässer des Persischen Golfes. Deshalb war es eine ausgesprochen radikale und geradezu unvorstellbare Idee, diesen so verschiedenartigen Völkern gemeinsames Handeln und Kooperation sowie die Reduzierung der Ölproduktion predigen zu wollen.

Da Tariki jedoch ein Radikaler war, hielt er es für durchaus machbar und trat sofort seine Predigttour durch die arabischen Staaten an. Perez Alfonso fuhr hingegen in den Iran und hielt dort eine Pressekonferenz, noch bevor er den Schah zu sehen bekam. Anschließend fuhr er sogar nach Moskau; denn die Russen waren genauso feindselig wie die großen Ölgesellschaften. Deshalb mußte Perez Alfonso erklären, daß die OPEC nicht etwa die Front des Ölkartells bildete.

Im August 1959 berichtete das *Fortune*-Magazin erstmals von den Wander- und Predigerreisen des »merkwürdigen Paares«, wobei der Tenor des Artikels eher amüsiert und skeptisch war, da wie üblich aus der Perspektive des Großkapitals argumentiert wurde. Wenn man ihn heute liest, fühlt man sich in eine für uns geradezu unvorstellbare Zeit zurückversetzt.

Nach Auffassung des *Fortune* bestand das Problem im Überfluß – es gab einfach zuviel Öl. Außerdem war absehbar, daß dieser Überfluß sehr lange anhalten würde; denn es gab »im Boden zuviel Öl, das zu leicht zu haben war und mit sehr wenig zusätzlichen Aufwendungen transportbereit war«. Das Verhältnis der Reserven zum Verbrauch betrug ursprünglich zwanzig zu eins, das heißt, für jedes verschiffte Barrel befanden sich zwanzig weitere Barrel im Boden. Jetzt betrug dieses Verhältnis vierzig zu eins, und im Mittleren Osten sogar hundert zu eins. Selbst wenn keine weiteren Bohrlöcher erschlossen wurden, gab es so viel Öl, daß dies Verhältnis im nächsten Jahrzehnt nicht auf zwanzig zu eins sinken würde.

»Die internationalen Ölgesellschaften lassen sich dadurch jedoch nicht unterkriegen, sondern unternehmen vermehrte Anstrengungen, um den Gebrauch von Erdölprodukten zu erhöhen.« General Motors und Socal hatten bereits in Los Angeles das Schienentransportsystem aufgekauft und dichtgemacht. Exxon versprach einen Tiger im Tank, und in zahlreichen Werbekampagnen wurde zu vermehrtem Autofahren und verstärktem Heizen aufgerufen. Der Untertitel des *Fortune*-Artikels lautete: »Überfluß ohne Ende? Zum ersten Mal seit Jahren nehmen die Gesellschaften die Gehälter, Spesenkonten und die Bürokosten unter die Lupe.« Der Highway Trust Fond half auf seine Weise durch den Bau des zwischenstaatlichen Autobahnsystems, und die expandierenden Vorstädte taten ein übriges, um den Fahraufwand zu erhöhen.

»Ein merkwürdiger neuer Plan für Weltöl« lautete die Überschrift des *Fortune*-Artikels:

»Der lapidar skizzierte Vorschlag lautet, daß sich die großen ölproduzierenden Länder außerhalb der USA zusammentun sollten, um die Produktion zu beschränken und das Preisniveau zu erhalten. Die dahinterstehende Überlegung ist unmittelbar einleuchtend. Die Rohölpreise sind außerhalb der USA wie überreife Früchte gefallen. Innerhalb Amerikas sind sie dagegen relativ hoch und stabil geblieben, weil die mächtige Texas Railroad Commission, die durch andere staatliche und föderale Körperschaften unterstützt wird, das Angebot des US-Öls dem Markt anpaßt ... Eine internationale Texas Railroad Commission könnte demnach die Rohölproduktion auf die Nachfrage abstimmen, die Produktion gerecht auf die produzierenden Länder und Gesellschaften verteilen und auf diese Weise die Preise ungefähr auf dem in den USA auf elegante Weise stabilisierten Niveau erhalten. Die Ironie dieses Vorschlages kann sogar den schlechtgelauntesten Ölproduzenten in schallendes Gelächter ausbrechen lassen ... Denn ein derart globales Verhaltensmodell widerspricht – vorausgesetzt, es ist überhaupt machbar – offensichtlich sämtlichen in Lehrbüchern propagierten Prinzipien der freien Marktwirtschaft ... Das grundlegende Interesse des Konsumenten an billigerem Öl, das durch die Entdeckung sogar noch größerer Reserven ermöglicht wurde, würde dabei völlig ignoriert.«

Fortune fuhr fort: »Alles in allem ist der Vorschlag der Herren Perez Alfonso und Tariki nicht nur unpraktisch, sondern zugleich ökonomisch unsinnig.« Der Autor des Artikels schlug daraufhin vor, daß die Vereinigten Staaten *mehr* Öl importieren sollten, da dies die Weltpreise entlasten würde, so daß sie sich auf einem realistischeren Niveau halten könnten.

Das *Fortune*-Magazin mag zwar aus unserer heutigen Sicht

ziemlich »danebengelegen« haben, aber sein Vorschlag, Öl zu importieren, war 1959 durchaus sinnvoll. Der Dollar war äußerst stark, Öl hätte zu weniger als 1,80 Dollar pro Barrel importiert werden können, dem Weltmarkt wäre geholfen und eine begrenzt vorhandene Energiequelle wäre erhalten worden. Heute bezahlen wir für ein Barrel importiertes Öl dreißig Dollar und pumpen sogar einen Teil dieses Öls als Reserve in die Salzbergwerke von Louisiana. Vor zwanzig Jahren nahmen wir es noch direkt aus unserem Boden und verbrannten es; heute transportieren wir es zum Zwanzigfachen der 1959er Kosten in Tankern und geben es wieder zurück in die Erde.

1959 wollten die amerikanischen unabhängigen Ölproduzenten jedoch auf keinen Fall mehr Öl importieren, sondern verlangten statt dessen den Schutz des »unsichtbaren Deichs«. Die im Ausland operierenden unabhängigen Ölproduzenten fanden ebenso wie die »Sieben Schwestern« Öl in Libyen und Venezuela.

Die »Überschuß«-Daten des *Fortune* stammten offensichtlich von den Ölgesellschaften, und der Gesichtskreis des Autors war entsprechend eng gefaßt. In einer Hinsicht hatte er allerdings recht: Der »merkwürdige neue Plan« von Perez Alfonso und Tariki berücksichtigte überhaupt nicht den Ölverbraucher und widersprach sämtlichen theoretischen Prinzipien der freien Marktwirtschaft. Die Frage war nur, wie es eigentlich mit dem Modell bestellt war, auf dem die Prinzipien der freien Marktwirtschaft basierten? Genau hierin bestand die Ironie, weil sich die Ölgesellschaften selbst unermüdlich als Befürworter des freien Unternehmertums gebärdeten.

Noch eine kurze Bemerkung dazu, wie sich die Dimensionen inzwischen verändert haben. Die Preissenkung, die Abdullah Tariki so sehr verärgert hatte, kostete damals 34 Millionen Dollar *jährlich*, Saudi-Arabien nimmt heute dagegen 166 Millionen Dollar *täglich* ein. Diese Zahlen können sicher mit dazu beitragen, daß wir das Zeitalter des Papiergeldes besser verstehen lernen.

Obwohl Perez Alfonso und Tariki ein ausgesprochen gegensätzliches Paar waren, kamen sie dennoch gut miteinander aus. Einerseits dieser exakte, brillante, angespannte und nervöse Lateinamerikaner mit seiner hohen Stirn, seiner Hornbrille, seinem dünnen Lippenschnurrbart und seinem allzeit bereiten Notizblock neben seinem Bett, um seine häufigen nächtlichen Einfälle festzuhalten, und andererseits sein arabisches relativ dunkelhäutiges Gegenstück (Tariki wurde in texanischen Restaurants manchmal für einen Mexikaner gehalten) mit seinem dicken Haar und seiner üppigen Nase, der im Gegensatz zu Perez Alfonso äußerst nachlässig und sorglos war. Er redete ausgesprochen gern vor vielen Menschen, obwohl er persönlich sehr scheu war. Und wenn er sprach, dröhnte er mit gewaltigen Worten: »Die Aramco bestiehlt uns, die Aramco bestiehlt uns«, um danach eine Reihe von statistischen Daten herunterzurasseln. Obwohl diese Daten keinerlei besondere Beziehung zur Realität besaßen, reichte es ihm, daß sie »sich gut anhörten«. »Was soll's? Es ist schließlich unser Öl.« Tariki lebte allein in Jidda in einem Haus mit einem ummauerten Garten, in dem er Gazellen, Hühner, Truthähne und verschiedene lahme Tiere pflegte und versorgte. Seine Saluki-Hunde konnten im Haus tun und lassen, was sie wollten, und blieben selbst dann in ihren Stühlen liegen, wenn Besucher kamen. Tariki war außerdem ein heftiger arabischer Nationalist und betonte immer wieder, er sei kein Saudi, sondern Araber.

Unser ungleiches Paar flog von Land zu Land und predigte den Ölproduzenten: »Vereinigt euch und kontrolliert, konserviert und reduziert.« Im Frühjahr 1960 legten sie ihren Plan unter anderem in Tyler, Texas, dem Verband der unabhängigen texanischen Ölproduzenten dar, die ihnen mit großer Aufmerksamkeit und Skepsis zuhörten.

Monroe Rathbone muß die von unserem Paar produzierten »Töne« in seinem eleganten Vorstandszimmer im Rockefeller Center in New York wie das Summen von zwei störenden Mükken wahrgenommen haben. »Jack« Rathbone war das Oberhaupt der Exxon – die damals Esso hieß –, und er konnte in jenem Sommer 1960 nichts anderes erkennen als den Ölüberfluß. Die Russen verkauften Öl, die Italiener verkauften Öl, und die Tanker aus den verschiedensten Staaten verkauften ihren Rohstoff überall zu jedem beliebigen Preis.

Die Wochenzeitschrift *Petroleum Week*, bei der Wanda damals als leitende Redakteurin arbeitet, sah eine weitere Preissenkung heraufziehen und prognostizierte einen allgemeinen Aufruhr.

Zwei Exxon-Direktoren, Howard Page und William Stott, machten mit warnender Stimme darauf aufmerksam, daß die Budgets vieler Länder auf dem Ölpreis basierten.

Jack Rathbone war ebenso wie die meisten Mitglieder des Exxon-Board Chemiker und kein Diplomat. Die obersten Ränge der Exxon waren alle mit Leuten von der »Exxon Academy« besetzt, der großen Raffinerie in Baton Rouge.

Exxon senkte also den Preis, ohne sich vorher mit einem der produzierenden Länder abzusprechen, wie es damals üblich war. Und die anderen Ölgesellschaften taten es ihr gleich.

Die Budgets der Nahost-Länder gingen den Bach hinunter und erzeugten in diesen Ländern lautes Protestgeschrei. Im Nahen Osten hatte sich die gesamte Atmosphäre verändert – nicht zuletzt dank der Überzeugungskünste unseres merkwürdigen Paares. Tariki beraumte schließlich am 9. September 1960 in Bagdad eine Konferenz an.

Die Preissenkung war für Persien mit seiner wachsenden Bevölkerung und für Saudi-Arabien, das ein umfangreiches Sozialprogramm plante, ganz besonders schmerzlich.

Fünfzehn Jahre später erinnerte sich der Schah von Persien zusammen mit dem britischen Journalisten Anthony Sampson an diesen Augenblick. »Selbst wenn die Preissenkung grundsätzlich vernünftig war, konnten wir sie allein deswegen nicht akzeptieren, weil sie ohne unsere Zustimmung geschehen war.« Er war sehr wütend gewesen und keineswegs von der Macht der Ölproduzenten überzeugt. »Wir wandelten damals praktisch im Nebel, zwar nicht ganz im dunkeln, aber es war ziemlich neblig. Es gab immer noch jenen Komplex der Großmächte, die mystische Macht sowie die gesamte Magie hinter dem Namen all dieser großen Länder.«

Neben dem merkwürdigen Paar als militante Gastgeber trafen sich in Bagdad fünf Nationen – Saudi-Arabien, Persien, Irak, Kuwait und Venezuela – und beschlossen die Gründung der Organization of Petroleum Exporting Countries, kurz OPEC, das von einem Delegierten als »Kartell zur Konfrontation des Kartells« bezeichnet wurde.

»Wir haben einen sehr exklusiven Club gegründet«, sagte Juan Pablo Perez Alfonso, »denn wir kontrollieren insgesamt neunzig Prozent der Rohölexporte des Weltmarktes. Da wir jetzt vereinigt sind, werden wir Geschichte machen.«

Diese am 9. September 1960 gegründete Organisation, die unsere Zukunft so entscheidend verändern sollte, wurde von der Weltpresse als so »wichtig« angesehen, daß kaum darüber berichtet wurde. Die Reuter-Agentur brachte schließlich am 24. September eine Depesche heraus, während sich die *New York Times* am 25. September in einem kurzen Artikel auf einer der hinteren Seiten damit befaßte.

Die Unabhängigkeitserklärung der OPEC hat viel gemeinsam mit der Entrüstung der amerikanischen Siedler, die damals den Tee in den Hafen warfen, nur richtete sich ihr Zorn in diesem Falle nicht gegen die Exzesse des verrückten Königs George, sondern gegen die Ölgesellschaften. Die Erklärung beginnt damit, daß die OPEC die »bisher von den Ölgesellschaften eingenommene Haltung nicht mehr länger gleichgültig hinnehmen« könne. Sie verlangt, daß die Gesellschaften »ihre Preise stabil halten« sollten und sie sogar »auf das vor den Preissenkungen vorherrschende Niveau anheben« sollten. Wenn man bedenkt, daß diese Preisreduktionen neun Cent je Barrel betrugen, erscheint einem diese Summe verglichen mit den heutigen Preisen nachgerade lächerlich. Aber dasselbe läßt sich heute von der (1773 erhobenen, Anm. d. Übers.) Teesteuer im Bostoner Hafen sagen.

Nach Auffassung des neu gegründeten Kartells hatte Öl die Funktion, die Entwicklung der ölproduzierenden Länder zu finanzieren und deren Budgets auszugleichen. Da es eine erschöpfbare Vermögensquelle war, mußte es durch andere Vermögenswerte ersetzt werden.

Später wurde der Tonfall noch etwas schärfer; Begriffe wie Kolonialismus, Beschwerden, Dritte Welt und Unabhängigkeit waren immer häufiger zu hören. Dennoch wollte die OPEC anfänglich nichts anderes als eine Rückgängigmachung der von der Exxon beschlossenen Preissenkung.

Wir können es der amerikanischen Öffentlichkeit kaum anlasten, daß sie diesen folgenschweren Anfang nicht rechtzeitig wahrgenommen hat; denn zu diesem Zeitpunkt waren die beiden Präsidentschaftskandidaten, Richard Nixon und John F. Kennedy, gerade in heftigste Debatten über den Status der beiden winzigen Inseln Quemoy und Matsu verstrickt, die der Küste von China vorgelagert sind. Und die Ölgesellschaften waren immer noch damit beschäftigt, sich neue Möglichkeiten zum Verkauf von Erdölprodukten auszudenken, um das zu verbrennen, was das *Fortune*-Magazin den »Überfluß ohne Ende« genannt hatte.

»Wir haben einen sehr exklusiven Club gegründet«

Dieser Kommentar von Juan Pablo Perez Alfonso ist eine sehr exakte Beschreibung dessen, was die OPEC war und nach wie vor ist: nämlich ein Club.

Welche Qualifikationen mußte man nun erfüllen, um Mitglied werden zu können? Es ist naheliegend, daß man auf jeden Fall ein erdölexportierendes Land sein mußte. Der Originaltext sprach sogar von einem Land mit »einem beträchtlichen Netto-Ölexport«. Das zweite Kriterium bestand darin, daß die Interessen des Bewerbers denen der anderen Mitglieder »grundsätzlich ähnlich« waren. Insofern konnte nicht jedes beliebige erdölexportierende Land Mitglied werden – dies galt zum Beispiel für Kanada und die Sowjetunion, die sich aus verschiedenen Gründen in einer andersartigen Interessenlage befanden als die Mitglieder.

Die Bestimmungen der OPEC sahen vor, daß ein Bewerber von drei Vierteln aller Mitglieder akzeptiert werden mußte, daß er aber durch das Votum irgendeines Gründungsmitglieds abgelehnt werden konnte.

Genau wie in jedem wirklich exklusiven Club wurden die »grundsätzlich ähnlichen Interessen« später leicht umdefiniert und beschränkten sich nicht mehr nur auf die Funktion des »Erdölexports«. So wurden beispielsweise das Scheichtum von Qatar und das kleine westafrikanische Land Gabun zugelassen, obwohl beide keine bedeutenden Nettoexporteure sind. Andererseits wurden die der westlichen Hemisphäre angehörenden Inseln Trinidad und Tobago abgelehnt, da sie keine »ähnlich gelagerten Interessen« besaßen.

Die OPEC begann zunächst mit einem Büro in Genf und wurde von den Schweizern wie ein Club und nicht wie eine internationale Organisation behandelt. Darüber beklagte sich der OPEC-Sekretär Abdul Amir Kubbah dementsprechend heftig: »Die Schweizer Regierung war der Auffassung, daß das Ziel der OPEC die Verteidigung der privaten und alleinigen Interessen ihrer Mitgliedsländer wäre und daß sie keinerlei internationale Interessen vertrete.« Die OPEC wollte jedoch den Status einer Botschaft erreichen: Das heißt Exterritorialität, strafrechtliche Immunität, Zoll- und Steuerfreiheit sowie das Recht auf einen Geheimcode, auf Kuriere und Kommissare. Da die Österreicher ihnen dies garantierten, zog der Club 1965 nach Wien in das sogenannte Texaco-Haus um, das nach seinem Hauptmieter benannt war.

Drei der fünf Gründungsmitglieder – ausgestattet mit dem Privileg des Vetorechts – waren genau wie sieben der zwölf Vollmitglieder arabische Staaten. Und obgleich die arabischen Staaten später als Ableger der OPEC die Organization of Arab Petroleum Exporting Countries (OAPEC) gründeten, bedurfte es keiner langen Diskussionen, um sich über die »grundsätzlich ähnlichen Interessen« einig zu sein.

Um zu beweisen, daß es ein gutes Mitglied war, verkündete Venezuela sogleich, daß es kein Öl an Israel verkaufen werde.

Die OPEC besaß also ein Büro, eine Struktur und Verfahrensbestimmungen für Sitzungen. Außerdem gab sie bei der Consulting-Firma von Arthur D. Little eine Studie über Preispolitik in Auftrag. 1962 wurde Abdullah Tariki der Laufpaß gegeben, und er wurde aufgefordert, Saudi-Arabien zu verlassen. Die saudische Königsfamilie schätzte nämlich weder seine Bewunderung für den ägyptischen Präsidenten Gamal Nasser noch seinen Radikalismus. Er wurde durch Scheich Ahmed Zaki Yamani ersetzt, der damals erst 32 Jahre alt war. Tariki ging dann als Berater nach Kairo.

Yamani war weniger radikal und rauhbeinig und kam dadurch den westlichen Interessen sehr entgegen. Als Sohn eines Richters in Mekka war er in Kairo aufgewachsen und hatte an der New Yorker Universität sowie in Harvard studiert. Er wurde schließlich der erste Vertreter der ölexportierenden Länder, der internationale Berühmtheit erlangte.

Juan Pablo Perez Alfonso legte zwar seinen Posten als Ölminister nieder, nachdem Betancourt in Venezuela abdankte, aber sein Stab blieb noch im Amt, so daß er zur grauen Eminenz der venezolanischen Ölpolitik wurde. Er hielt auch weiterhin Pressekonferenzen ab, bei denen er der Regierung eine zu laxe Haltung gegenüber den Ölgesellschaften vorwarf, und initiierte die nächste Welle der Steuerreform.

Die OPEC tat sich in ihrer Rolle als »Texanische Eisenbahnkommission« anfangs ziemlich schwer. Die Planung der Ölproduktion ist ein extrem komplizierter Prozeß, der äußerst schwierige Marktanalysen sowie eine Bereitschaft zum Kompromiß voraussetzt. Das OPEC-Sekretariat versuchte zunächst, zwei Pläne mit anteiligen Quoten durchzusetzen, aber ohne Erfolg. Insbesondere die Saudis meinten, daß ein derartiger Plan ihre Souveränität verletzte. Die Beamten in Wien konnten ihrer Meinung nach tun, was sie wollten, aber sie konnten der königlichen Familie nichts vorschreiben. Die Iraker stritten sich unterdessen mit den Persern, die Perser wiederum mit den Saudis. Die Kuwaiter trauten den Irakern nicht über den Weg, die tatsächlich einen Rechtsanspruch auf Kuwait erhoben. Außerdem wurde Venezuela als führender Ölexporteur von den Persern und Saudis überrundet, und Juan Pablo Perez Alfonso beschwerte sich, daß die Führung und der Einfluß Venezuelas in der OPEC im Abnehmen begriffen war und daß die Araber den Venezolanern verächtlich begegneten. Er beharrte darauf, daß das Öl von fundamentaler Bedeutung war und daß die Industrienationen dies bald erkennen würden.

Dennoch ging der Ölpreis nicht nach oben, sondern hatte während der ganzen sechziger Jahre sinkende Tendenz. Der »offizielle« Preis von 1,80 Dollar pro Barrel diente vor allem steuerlichen Zwecken; denn manchmal wurde das Öl sogar zu einem Dollar pro Barrel gehandelt. Hinter dem »unsichtbaren Deich« in Texas wurde das Öl am Ende des Jahrzehnts für 3,55 Dollar pro Barrel verkauft.

Ein wesentlicher Faktor, der den sinkenden Preis des nahöstlichen Öls nicht unwesentlich mitverursacht hat, waren die verbesserten Transportmöglichkeiten. Während die Tanker Mitte der fünfziger Jahre vielleicht zwanzigtausend Tonnen Kapazität besaßen, entwickelten die japanischen Schiffswerften zunächst den Jumbo-Tanker und schließlich den VLCC-Supertanker mit 250 000 Tonnen, der die Transportkosten des Öls drastisch reduzierte.

Es bedurfte allerdings zweier Kriege sowie einer allmählichen Veränderung der Energiegewohnheiten und einer französischen Planierraupe, um die zuerst von Perez Alfonso angestrebte Kontrolle zu realisieren.

Die Veränderung der Energiegewohnheiten bedingte den Übergang von der Kohle zum Öl und war keineswegs verwunderlich. Die Kohle war sperrig, schwer zu transportieren und hinterließ beim Verbrennen gefährliche Rückstände. Der Kohlebergbau war sowohl in Pennsylvania, Wales sowie auch in Lothringen eine äußerst unangenehme und gefährliche Aufgabe, und es gab ständig Ärger mit den Bergwerken.

Außerdem nahm die Zahl der Autofahrer in der Welt in einer Weise zu, als ob sich die Vorstellung von größeren Familien auch auf die Fahrzeuge übertragen hätte.

Während die Kohle 1940 noch zwei Drittel der Weltenergie lieferte, betrug ihr Anteil 1970 nur mehr ein Drittel. In den Vereinigten Staaten fiel der Prozentsatz der Kohle am gesamten Energieverbrauch in derselben Periode von 47,2 Prozent auf 18,6 Prozent.

Während der ganzen sechziger Jahre stritten sich die OPEC und die sieben großen Ölgesellschaften um einige wenige Cent pro Barrel. Der Schah entwickelte ein umfangreiches Ausgabenprogramm und brauchte immer mehr Einnahmen, um es realisieren zu können. Die Saudis sahen diesem Programm nicht gerade begeistert zu. Während des Sechstage-Krieges im Jahre 1967 organisierten die Araber einen Boykott, und der Suez-Kanal wurde geschlossen. Der Boykott war jedoch nicht sonderlich wirkungsvoll. Am Ende dieses Krieges existierte die OPEC zwar noch, aber mit erheblichen Einbußen: Die Perser und die Venezolaner hatten ihre Exporte auf Kosten der Araber erhöht.

Zu Beginn der sechziger Jahre betrug die Inflationsrate in den Vereinigten Staaten etwa ein Prozent jährlich.

Das Gleichgewicht kippt um

Während die Ölproduzenten in der ganzen Welt miteinander zankten und stritten, hatten sich die Vereinigten Staaten einen (unfreiwilligen) Puffer geschaffen: die zusätzlichen Tage pro Monat, die sie auf Geheiß der Texas Railroad Commission nicht hatten pumpen dürfen. Dann wurde Öl in der Nordsee entdeckt, und die unabhängigen Ölproduzenten, die Öl in Libyen gefunden hatten, stießen dort auf noch weitere recht ansehnliche Vorräte. Ganz allmählich zeigten sich die ersten Andeutungen eines Erdbebens, das die damalige Situation grundlegend verändern sollte. Daneben gab es vereinzelte Faktoren, die sich nicht ohne weiteres integrieren ließen: Einerseits gab es immer mehr erfolglose Bohrungen, andererseits befand sich die amerikanische Ölproduktion auf ihrem Höhepunkt. In Libyen und Algerien nahm die Zahl der trockenen – oder weniger ergiebigen – Bohrlöcher deutlich zu, und deswegen begannen diese Länder, sich ihren dahinschwindenden Vermögensquellen etwas ernsthafter zu widmen.

Obwohl der Suez-Kanal geschlossen war, gab es sowohl eine Pipeline, die von den großen saudiarabischen Feldern in die libanesische Stadt Sidon führte, als auch zahlreiche Supertanker, die das Öl im Persischen Golf abholten. Außerdem hatte man ja noch Libyen, das direkt auf der anderen Seite vom Mittelmeer lag, so daß weder ein Kanal noch Supertanker notwendig waren. Und Libyen lieferte immerhin ein Viertel des europäischen Ölbedarfs.

Und die Vereinigten Staaten waren inzwischen voll und ganz mit Vietnam beschäftigt.

Innerhalb von zwölf Monaten war die Waage umgeschlagen bzw. das Gleichgewicht umgekippt – was allerdings nur von sehr wenigen bemerkt wurde.

Am 1. September 1969 wurde der libysche König Idris, der den Ölgesellschaften Konzessionen garantiert hatte, von dem radikalen Oberst Al Kadhdhafi gestürzt. Libyen hatte aufgrund eines großen Außenhandelsüberschusses aus dem Ölverkauf keinerlei finanzielle Schwierigkeiten. Der neue Premierminister, Suleiman Maghrebi, der seinen Ph. D. an der George-Washington-Universität gemacht hatte, war früher als Rechtsanwalt für die Exxon tätig gewesen und sogar wegen der Organisation eines Ölarbeiterstreiks ins Zuchthaus gesteckt worden. Oberst Al Kadhdhafi beschloß, es sowohl aus ideologischen als auch finanziellen Gründen mit den westlichen Ölgesellschaften aufzunehmen. Deshalb setzte er Gerüchte über ein Abkommen mit den Russen in die Welt.

Im Mai 1970 beschädigte eine französische Planierraupe in Syrien bei irgendwelchen Arbeiten versehentlich die »Tapline«, die Trans-Arabien-Pipeline, die zum Mittelmeer führte. Die Syrier wollten daraufhin die Pipeline nur unter der Bedingung reparieren, daß ihnen höhere Beförderungsgebühren zugesagt wurden. Die Nigerianer befanden sich zu diesem Zeitpunkt im Bürgerkrieg, und da ihre eigene Ölprovinz Biafra das Hauptkampfgelände war, fiel die nigerianische Produktion praktisch ganz aus. Plötzlich war dadurch die Pufferreserve verschwunden. Natürlich gab es auf der Welt noch keine Ölknappheit, aber die politischen Ereignisse hatten die Öllieferungen zumindest unterbrochen.

Das neue Regime des Oberst Al Kadhdhafi ging auf vollen Konfrontationskurs mit den Ölgesellschaften: Es verlangte pro Barrel vierzig Cent zusätzlich – mit der Begründung, dies sei der Preis für die durch Libyen garantierte bequeme Lieferung nach Europa. Die Ölgesellschaften boten dagegen nur fünf Cent. Die Libyer sahen sich daraufhin noch einmal die einzelnen Gesellschaften genauer an, denen sie ihre Ölkonzessionen gewährt hatten. Die erfolgreichste von allen unabhängigen Gesellschaften war die Occidental, deren Funde sie zu dem größten Produzenten in Libyen gemacht hatten. Der Großteil des Occidental-Öls ging nach Europa und konkurrierte dort mit dem der »Sieben Schwestern«. Die Libyer beschlossen nun, sich die Gesellschaften nacheinander vorzuknöpfen. Oberst Al Kadhdhafi berief sich auf die bereits vertraute Konservierung der Ölvorräte und befahl zuerst der Occidental, die Produktion einzuschränken. Diese ging zur Exxon und fragte, ob Exxon sie im Falle einer Verweigerung der libyschen Forderungen in etwa zu denselben Kosten mit Öl aus anderen Teilen der Welt beliefern würde. Die Exxon bot einen höheren Preis, lehnte aber dennoch das von der Occidental vorgeschlagene Geschäft ab. Da die Occidental keine andere größere Rohölquelle besaß, kapitulierte sie schließlich vor den Libyern.

Wir sind über diese Geschichte vor allem durch die außerordentlichen Hearings so gut informiert, die 1974 von dem Unterausschuß des Senatsausschusses für Auslandsbeziehungen unter dem Vorsitz von Senator Frank Church abgehalten wurden. Die Shell widersetzte sich offenbar den libyschen Forderungen, und ihre Produktion wurde eingestellt. Der Shell-Vorsitzende Sir David Barran, der ein äußerst distinguiert sprechender und monokeltragender britischer Adliger war, schrieb später an Senator Church: »Unsere Schlußfolgerung lautet, daß früher oder später sowohl die Ölgesellschaften als auch die Konsumenten von seiten der ölproduzierenden Regierungen eine Lawine ständig steigender Forderungen erleben werden und daß wir zumindest versuchen sollten, die Lawine ein wenig aufzuhalten.«

Die Ölgesellschaften trafen sich in Washington im Innenministerium, um herauszufinden, welche Unterstützung ihnen gewährt werden würde. Sie waren um so erstaunter, als das Innenministerium die Diskussion mit dem Hinweis auf die Zwangslage der Palästinenser eröffnete, was so gar nicht in den Zusammenhang zu passen schien, aber Bestandteil der radikalen libyschen Rhetorik war. Das Innenministerium war nicht sonderlich an einer Unterstützung der Ölgesellschaften interessiert, da es dabei war, die Beziehungen zu den unmittelbaren Nachbarn Libyens, den Algeriern, wieder aufzubauen, um von Algerien mit Erdgas beliefert zu werden. Nach Auffassung des Ölexperten James Akins waren die Libyer »kompetente Männer in einer starken Position, die ihr Blatt voll ausspielten und sich plötzlich als Sieger sahen«. Akins fand ihre Forderungen durchaus vernünftig. Den Ölgesellschaften blieb nichts anderes übrig, als nach und nach zu kapitulieren. Die ersten Steine der Lawine waren ins Rollen gekommen, und der sprunghafte Anstieg der Ölpreise, der nach wie vor anhält, nahm seinen Lauf.

Abdul Amir Kubbah empfand den libyschen Erfolg als eine peinliche Angelegenheit für die anderen OPEC-Länder; denn die OPEC war einfach zu zurückhaltend gewesen. »Wir haben zehn Jahre damit verschwendet, nicht das zu tun, was unsere venezolanischen Freunde uns geraten hatten, bis uns Oberst Al Kadhdhafi zum Handeln gezwungen hat.«

Der Schah von Persien war über die libysche Initiative ziemlich verärgert; denn hier versuchte ein junger aufsteigender Oberst, die Führung des Clubs zu übernehmen, die eigentlich ihm gebührte, der sich ja selbst als »König der Könige« und als »Schatten Gottes auf Erden« bezeichnete. Er war davon überzeugt, daß seine Macht in diesem Gebiet mindestens zwanzigmal so groß war wie die der Briten je zuvor. Er warnte nun die Verbraucherländer davor, sich hinter ihre Ölgesellschaften zu stellen, und er warnte die Ölgesellschaften davor, sich zusammenzuschließen, um die legitimen Forderungen der Produzenten abzulehnen. Die Gesellschaften würden in Zukunft mit den Staaten des Persischen Golfes zu verhandeln haben. Auf diese Weise konnte er, der König der Könige, die »wilden Männer« der OPEC unter Kontrolle halten. Zwei von ihnen, nämlich der Irak und Algerien, waren bereits dabei, ihre Preise denen der Libyer anzupassen. Als sich die OPEC im Dezember in Caracas traf, war kaum ein Unterschied zwischen den »Wilden« und den »Gemäßigten« zu spüren. Einen Monat später trafen sich die Ölgesellschaften mit den Staaten des Persischen Golfes in Teheran.

Der Schah erkannte sehr wohl, daß die britische und die amerikanische Regierung den Ölgesellschaften keinerlei diplomatische Unterstützung gewährten, und gebärdete sich deshalb als ein wild entschlossener Gastgeber. Die Libyer hatten genau den richtigen Weg gefunden, um das Vermögen der Welt zu transferieren; sie hatten nämlich eine *vorübergehende* Marktsituation ausgenutzt, um die Preise nach oben zu treiben. Rein theoretisch war die Unterbrechung der Tapline ebenso vorübergehender Natur wie der nigerianische Bürgerkrieg und die Schließung des Suez-Kanals oder gar die europäische Nachfrage, die im Sommer 1970 kurzfristig über dem Normalniveau zu liegen schien. Die Amerikaner konnten leicht selbstgefällig oder sogar kurzsichtig sein, weil nahezu all ihr Öl damals aus der westlichen Hemisphäre kam: von ihren eigenen Ölstaaten sowie aus Kanada und Venezuela, hingegen kamen nur drei Prozent aus dem Nahen Osten. Die Libyer hatten ebenfalls gezeigt, daß eine »Verhandlung« zwischen starken Produzenten und zerstrittenen Konsumenten gar keine richtige Verhandlung sein mußte. Hinsichtlich des Öls war genau das Gegenteil von der Situation eingetreten, die Perez Alfonso vorgefunden hatte, als er zum ersten Mal in den Kongreß in Venezuela gewählt wurde und das Ölkartell die Preise diktierte. Nach Auffassung des Schah müßte der Ölpreis eigentlich etwa das *Zehnfache* des offiziellen Preises betragen, womit er in unmittelbare Nähe der Preise von alternativen Brennstoffen rückte.

Die Ölgesellschaften trafen sich dann heimlich in New York, um zusammen mit ihren Rivalen, den unabhängigen Produzenten, sowie den deutschen, spanischen, japanischen, französischen und belgischen Ölgesellschaften eine Strategie zu vereinbaren. Der Text, den die Ölgesellschaften dann an die OPEC schickten, mußte einem objektiven Beobachter angesichts der alten Geschichte des Ölkartells ironisch anmuten: Darin stand nämlich, daß die Ölkonsumenten und -produzenten beide Stabilität benötigten und daß diese »Laubfrosch«-Politik (der sprunghaften Preissteigerungen, Anm. d. Übers.) äußerst instabil wirkte. Deshalb sollte sich die OPEC zusammenschließen und ihre Mitglieder zu bestimmtem Handeln verpflichten! Die Gesellschaften hatten allerdings kein Interesse an den beiden vom Schah vorgeschlagenen Verhandlungsrunden, da sie einen weiteren Preissprung befürchteten. John Irwin wurde als Sprecher des Innenministeriums nach Teheran geschickt, um die Gründe für das Treffen der Ölgesellschaften und für eine einzige Verhandlungsrunde darzulegen. Dem Schah gelang es jedoch, Irwin von seinem Vorschlag zu überzeugen, so daß die Gesellschaften diesem letztlich wohl oder übel folgen mußten.

Obwohl die Ölgesellschaften lange Zeit als mächtiges Kartell fungiert hatten, waren sie es nicht gewöhnt, gemeinsam zu handeln. Sie mußten zunächst vom Justizministerium eine Antitrust-Verzichtserklärung erhalten, um überhaupt miteinander reden zu können, und diskutierten dann versuchsweise die möglichen Formen der Kooperation und eines »Sicherheitsnetzes«. Folglich saßen in Teheran auf der einen Seite des Tisches die »Sieben Schwestern« mit dem beliebten und fröhlichen Direktor der British Petroleum, Lord Strathalmond, an der Spitze, der in der Ölindustrie vor allem als Billy Fraser bekannt war und dessen Vater im Iran ein großes Ölvermögen gemacht hatte. Und auf der anderen Seite des

Tisches befand sich ein hervorragendes Verhandlungsteam, das keine Gesellschaften, sondern Länder repräsentierte: der sanfte und ausgeglichene Scheich Zaki Yamani (New York University und Harvard), der schlanke, schroffe und ironische Perser Jamshid Amouzegar (der seinen B. A. und seinen Ph. D. in Cornell gemacht hatte) sowie der überaus ernste Iraker Saadoun Hammadi (der seinen Ph. D. an der University of Wisconsin erworben hatte). Alle Vertreter des OPEC-Teams, die in Amerika die Hochschule absolviert hatten, nahmen in ihren Ländern jeweils die Position des Ölministers ein.

Die Verhandlungen dauerten 33 Tage. Die Ölgesellschaften schlugen ihr Hauptquartier in dem BP-Wolkenkratzer in London auf und schickten ständig Botschafter nach Teheran zu ihrem jeweiligen Verhandlungsteam. Während dieser nicht enden wollenden Diskussionen scheute sich die OPEC nicht, mit einer offenen Drohung zu arbeiten: Falls sie nicht bekam, was sie wollte, würde sie einfach den Ölhahn zudrehen. Dabei garantierte sie eine »konzertierte und gleichzeitige Aktion sämtlicher Mitgliederländer«.

»*Das* war eine echte Überraschung«, meinte ein britischer Beobachter. »Wir waren bisher nur daran gewöhnt, daß sich diese Burschen, insbesondere die irakischen Heißsporne und die konservativen Saudis, ständig in den Haaren lagen. Deshalb waren die westlichen Länder auf diese Form der wirtschaftlichen Erpressung überhaupt nicht vorbereitet. Wir wußten zwar, daß die Ausgaben der Perser ständig um zwanzig Prozent über ihren Einkommen lagen, so daß sie eine Einnahmesteigerung dringend benötigten, aber wir waren doch überrascht zu sehen, wie zäh sie alle geworden waren.«

Obwohl das Palaver 33 Tage lang dauerte, gingen die OPEC-Mitglieder schließlich mit einem höheren Barrelpreis daraus hervor, als sie am ersten Tag verlangt hatten. Das Ergebnis war eine Preiserhöhung um fünfzig Cent. Die Gesellschaften hofften, daß sie jetzt für fünf Jahre Ruhe hätten. Aber selbst das war fraglich; denn vor zwölf Jahren hatte der amerikanische Rechtsanwalt Frank Hendryx, der Rechtsberater von Abdullah Tarikis Ministerium gewesen war, ein Konzept aufgestellt, nach dem souveräne Regierungen das Recht zur Aufhebung kommerzieller Verträge hatten, wenn diese den legitimen Interessen ihrer Bürger zuwiderliefen. Bereits damals war den arabischen Regierungen dieses Prinzip sehr wohl bekannt.

Das Abkommen wurde am 14. Februar 1971 unterzeichnet und hätte durchaus als »St.-Valentinstag-Massaker« bezeichnet werden können. Seine Bedeutung lag allerdings nicht in der Preiserhöhung um fünfzig Cent, sondern in der Tatsache, daß die OPEC von nun an die Bedingungen diktierte.

Die Vertreter der Ölgesellschaften, die in Teheran das Gefühl gehabt hatten, als verhandelten sie »vor einem geladenen Gewehr«, mußten notgedrungen nochmals mit den Libyern verhandeln; denn in Teheran waren nur die Anrainer des Persischen Golfs vertreten. Die Libyer fanden jedoch, daß die OPEC viel zu sanft mit den Ölgesellschaften umgegangen war. Der libysche Ölminister Ezzedin El-Mabruk schürte diese Stimmung, indem er jeden Tag eine Stunde lang über die Sünden des Westens, seine Unterstützung Israels und die Jahre der Ausbeutung schimpfte. Aufgrund der beschädigten Tapline war Europa mehr denn je von Libyen abhängig. Mabruk drohte sogar damit, den Ölhahn gänzlich zuzudrehen. »Wir haben fünftausend Jahre ohne Öl gelebt und können auch weiterhin ohne es auskommen«, sagte er.

Nur den anderen OPEC-Mitgliedern war es zu verdanken, daß er nicht auf einem Preis bestand, der das *Dreifache* des in Teheran vereinbarten Preises war. Trotzdem setzte er einen höheren Preis als die Golfstaaten durch. Die Ölgesellschaften fuhren einigermaßen erleichtert nach Hause, weil sie ja immer noch die Tanker, die Raffinerien, die petrochemischen Werke und die Tankstellen besaßen.

Aber sie hatten die Kontrolle über das Öl verloren.

Vereinigt euch, und *kontrolliert*, konserviert und droht mit der Produktionsdrosselung! Es funktionierte tatsächlich! Der in Caracas lebende Perez Alfonso las die OPEC-Berichte mit großer Befriedigung.

Ich habe durchaus meine Gründe, wenn ich die Hochschulbildung der OPEC-Unterhändler extra erwähne. Das im Westen vorherrschende Bild vom Araber war ja immer noch das eines »Lumpenkerls«, der seine Kamele tränkte und kleinen Jungen nachstellte. Der Sechstage-Krieg hatte über das Fernsehen die ägyptischen Soldaten als barfüßige Männer gezeigt, die durch den Sand zurück nach Ägypten liefen. »Die Exxon war sich ziemlich sicher, daß die Araber sich niemals zusammenschließen würden«, erinnert sich ein ehemaliger Exxon-Angestellter. »Ihr Bild von den Arabern schien immer noch aus dem Film ›Lawrence von Arabien‹ zu stammen.«

Auf der anderen Seite des Verhandlungstisches befanden sich jedoch diese drei »Lumpenkerle« mit ihren Ph. D.s und anderen Hochschulabschlüssen, die sie in einer Fremdsprache, nämlich Englisch, an amerikanischen Universitäten erworben hatten. Natürlich sind Hochschuldiplome in einer zweiten Sprache nicht notwendigerweise Zeichen für großes Verhandlungsgeschick, aber in diesem Fall handelte es sich um hervorragende Unterhändler, die ihre Karten genau kannten und voll ausspielten. Ein saudiarabischer Berater sagte später dazu: »Erst als wir unsere Stärke erkannt hatten, waren wir wirklich stark.« Scheich Yamani hatte dem Exxon-Direktor George Piercy offen gesagt: »Sie wissen sehr wohl, daß Sie ein Abdrehen des Ölhahns nicht verkraften können.« Fest steht jedoch, daß der Westen ein solches in jenem Winter 1971 noch am ehesten verkraftet hätte.

Da die Atlantic Richfield Company (ARCO) an den Verhandlungen nicht teilgenommen hatte, trafen sich die ARCO-Direktoren in ihrem Konferenzzimmer in Manhattan, um von den Ereignissen am Valentinstag unterrichtet zu werden. Ein Direktor malte während des Berichts ein abstraktes Muster auf seinen Notizblock und meinte am Ende sarkastisch: »Tja, wir haben die Araber tatsächlich auf ihre eigenen Bedingungen festgenagelt.«

Die Preissteigerung des Valentinstags dämpfte jedoch nicht die Nachfrage, sondern bewirkte vielmehr, daß die Nachfrage in der ganzen Welt stieg. Hinter dem »unsichtbaren Deich« betrug der Preis texanischen Öls dank der von der Nixon-Verwaltung auferlegten Preis- und Lohnkontrollen nach wie vor 3,45 Dollar. Die Vereinigten Staaten importierten jetzt 23 Prozent ihres Öls, wobei der größte Teil aber immer noch aus Kanada und Venezuela kam. Das Öl aus dem Nahen Osten kostete dagegen in Ras Tanura in Saudi-Arabien 2,20 Dollar, war also billiger als das Texas-Öl.

Während die Hauptsorge der Ölgesellschaften noch während der ganzen sechziger Jahre dem endlosen Ölüberschuß gegolten hatte, war dieser 1972 plötzlich zu Ende. Die Texanische Eisenbahnkommission brauchte keinen Gedanken mehr darauf zu verschwenden, wie viele Tage die Brunnen nicht pumpen durften; denn sie konnten mit der Nachfrage ohnehin kaum noch mithalten. Erdöl wurde plötzlich überall benötigt: als Benzin für Autos, als Kerosin für Düsenjäger, als Basisprodukt für Chemikalien, Unkrautvernichter, Dünger und Kunststoffe.

Richard Nixon wurde mit 49 Stimmen von 51 Staaten wiedergewählt, und da seine von George Shultz geleitete Energiebehörde die Gefahr eines arabischen Boykotts für sehr gering hielt, hatte sie vorgeschlagen, die Importrestriktionen zu liberalisieren.

Man erhält ganz interessante Einblicke, wenn man die technische Literatur zu Beginn der siebziger Jahre heute noch einmal durchsieht. Die spezialisierten Ölzeitschriften beschäftigten sich vor allen Dingen mit den alltäglichen Fragen der Konzessionen, Steuersätze und Beteiligungen. Die heraufziehende Ölknappheit scheint kaum bemerkt worden zu sein; der Ölüberschuß scheint demnach eine ganze Generation von Ölproduzenten entscheidend geprägt zu haben.

Die ersten Warnungen erscheinen ausgerechnet in der überaus trockenen Vierteljahreszeitschrift des Establishments *Foreign Affairs.* Der Ölberater Walter Levy warnte 1971 davor, daß die *Regierungen* der Verbraucherländer – und nicht etwa die *Ölgesellschaften* – die veränderte Ölmarktsituation beobachten sollten. In derselben Zeitschrift (vom April 1973) verteidigte gleichzeitig der Karrierebeamte des Innenministeriums, James Akins, der den Gesellschaften geraten hatte, sich friedlich mit Libyen zu einigen, die Position des Innenministeriums. Er prognostizierte überdies, daß der Ölverbrauch der ganzen Welt in den kommenden zwölf Jahren genauso hoch sein würde wie der Weltölverbrauch während der gesamten *vorhergehenden Geschichte.* Seiner Meinung nach konnte die Produktionseinstellung irgendeines Nahoststaates leicht eine Panik auslösen und den Ölpreis bis auf fünf Dollar pro Barrel anheben.

Akins' Kritiker hielten ihn einfach für einen Arabophilen, weil er auf einer OPEC-Sitzung geäußert hatte: »Ich glaube nicht, daß Sie Grund haben, sich für Ihren bisherigen Erfolg zu schämen«, und er riet dann den Ölproduzenten, »diesen Stahlblock (die Ölgesellschaften) nicht zu brechen, sondern allmählich zu beugen«. Nach Auffassung seiner Kritiker war dies nichts anderes als eine Aufforderung an die Araber zur Erpressung.

Der Artikel wurde offenbar in der ganzen Welt gelesen, Juan Pablo Perez Alfonso verbreitete ihn in ganz Caracas, aber die ölproduzierenden Länder brauchten wahrhaftig keinen amerikanischen Zeitungsartikel, der sie über die tatsächliche Lage aufklärte. Die Entwicklung des Ölhandelsvolumens sprach ganz einfach für sich:

1950	3,7 Millionen Barrel pro Tag
1960	9,0 Millionen Barrel pro Tag
1970	25,6 Millionen Barrel pro Tag
1973	34,2 Millionen Barrel pro Tag

Der »unsichtbare Deich« um das amerikanische Öl zeigte die ersten Risse und Erschütterungen. Dieser Schutzwall, der dazu gedacht war, das billige Auslandsöl fernzuhalten, wurde jetzt nicht etwa durch den *äußeren* Angebotsdruck erschüttert, sondern vielmehr durch die *heimische Nachfrage.* Die Importrestriktionen wurden aufgehoben, woraufhin Unmengen von Dollars sofort das Land verließen, um im Ausland um die ohnehin knappen Ölvorräte zu konkurrieren. Die Verwaltung in Washington unternahm nichts zur Kontrolle dieser Öljagd; denn sie hatte andere Probleme im Sinn: Ihr sollte nämlich der Prozeß gemacht werden. (Die Watergate-Bombe tickte bereits unüberhörbar. Anm. d. Übers.)

Der Vorsitzende der British Shell wies in einem Harvard-Seminar darauf hin, daß das Energieproblem jetzt zugleich ein politisches Problem war und daß sich die Regierungen der Verbraucherländer zusammentun sollten. Das Innenministerium in Washington hatte bereits seit längerem Gespräche mit den Europäern zu arrangieren versucht und schaffte es im Juni 1973 tatsächlich, daß die OECD (die westliche Organisation für wirtschaftliche Zusammenarbeit und Entwicklung) eine Expertengruppe bestellte, die eine Notstrategie der Ölpolitik diskutieren und im November Bericht erstatten sollte.

Es war jedoch bereits zu spät.

Die Nachfrage nach Öl übertraf selbst die extremsten Prognosen. Die unabhängigen Ölgesellschaften versuchten, den sieben großen Mineralölgesellschaften an den Ölquellen zuvorzukommen. Die japanischen Handelsgesellschaften wollten ihrerseits die unabhängigen Ölgesellschaften ausstechen, während die Aramco in Saudi-Arabien als einzige Gesellschaft noch über eine, wenn auch geringe, Überschußkapazität verfügte. Im September 1973 hatte der Marktpreis zum ersten Mal den offiziellen Preis überrundet. Die OPEC sah sehr wohl, was dies politisch bedeutete. Ihr früherer Generalsekretär Nadim Al-Pachaci sagte auf einer Konferenz: »Die Araber halten jetzt den Schlüssel für die Energie- und Währungskrise in ihren Händen. Sie werden wissen, wie sie beide als politische Waffen verwenden können.«

Anwar al-Sadat flog von Ägypten nach Saudi-Arabien und diskutierte seine Militärpläne mit König Feisal. Der Herrscher von Kuwait, Scheich Sabah Ibn Salem al-Sabah, suchte ebenfalls Feisal auf und versprach, Kairo das Kuwait-Öl in dem unvermeidlichen Kampf mit Israel als Waffe zur Verfügung zu stellen.

Im Oktober richteten die Ägypter ihre westdeutschen Hochdruck-Feuerwehrschläuche auf die Sandbefestigungen der israelischen Bar-Lev-Linie, zerstreuten im wahrsten Sinne des Wortes die Sandbefestigungen und überquerten den Suezkanal. Die Vereinigten Staaten setzten ihre Lieferungen an die Israelis trotz aller Embargo-Drohungen fort, woraufhin die OPEC in Kuwait zusammenkam und eine fünfprozentige Produktionssenkung sowie eine Preissteigerung ankündigte. Saudi-Arabien wollte seine Produktion sogar noch stärker reduzieren.

Zum ersten Mal in der Geschichte trafen sich die OPEC-Bürokraten in Abwesenheit der Vertreter der Mineralölgesellschaften. Weder die Exxon, die Mobil oder die Texaco noch die BP oder die Shell waren eingeladen worden. Es ging auch nicht um Verhandlungen, sondern die OPEC beschloß ganz einfach, daß der Ölpreis künftig 5,12 Dollar pro Barrel betragen sollte. Die Pressemitteilung wurde nur auf arabisch herausgegeben.

Zu diesem Zeitpunkt befand sich damals in Kuwait ein britischer Beobachter, der mit mir befreundet war und der sich in einem extremen Maße durch beständiges *Understatement* auszeichnete. Damals sagte er zu mir: »Ich dachte, es wäre ganz vernünftig, ein bißchen Arabischzu lernen«, dies hieß aber nichts anderes, als daß er achtzehn Monate lang in die britische Sprachschule im Libanon ging, um dort sieben Tage lang in der Woche sechzehn Stunden täglich Arabisch zu lernen. Mein britischer Freund erzählte mir später von einem arabischen Freund, der bei der OPEC war und diesen Augenblick folgendermaßen beschrieben hatte: »Wir haben den neuen Ölpreis einfach festgelegt. Es war ein merkwürdiges Gefühl, weil die Mineralölgesellschaften nicht da waren. Wir wußten, daß dies die größte Preissteigerung war, die der Ölpreis jemals erfahren hatte. Dabei müssen Sie sich vor Augen halten, daß wir mit der britischen Flotte vor unserer Tür aufgewachsen sind, daß wir in England oder Amerika zur Schule gegangen sind und von kleinen Ländern ohne Armeen und Krankenhäuser kommen. Und dann haben wir es gewagt, den Ölpreis nahezu zu verdoppeln.

Irgendwie saßen wir alle einen Augenblick lang da und warteten *unbewußt auf den Heulton der Düsenjäger über uns*, als wenn wir bestraft werden müßten. Natürlich passierte nichts dergleichen, aber ich erinnere mich noch sehr gut an diesen Augenblick. Diese Riesenländer! Jetzt werden wir nie wieder Angst vor ihnen haben.«

Mein britischer Freund sagte später noch: »Vietnam hat Amerika dann den Rest gegeben: Der große Riese wurde plötzlich von einer Armee in Turnschuhen zu Fall gebracht.«

Innerhalb weniger Wochen hatte die OPEC ihren Preis nochmals verdoppelt. Es war ausgesprochen einfach: Die Araber hatten das für die Vereinigten Staaten und die Niederlande bestimmte Öl mit einem Embargo belegt, um deren Unterstützung Israels zu bestrafen. Dies kam noch zu den Produktionseinschränkungen hinzu, die zwar nur zehn Prozent des Weltangebots ausmachten, aber bei frenetischen Käufern dennoch zu wilden Preisangeboten führten. Die iranische Ölgesellschaft hatte Öl bis zu einem Preis von siebzehn Dollar pro Barrel versteigert. Für diese Auktion hatten die japanischen Handelsgesellschaften auf ihrer Türschwelle übernachtet.

Das einige Wochen später, im Dezember 1973, in Teheran stattfindende OPEC-Treffen war wie ein Triumphmarsch in einer Oper: die großen schwarzen Limousinen, die lautlos vorfuhren und aus denen der elegante Scheich Zaki Yamani in seinem blauen maßgeschneiderten Regenmantel und der schroffe Jamshid Amouzegar ausstiegen, während die westlichen Diplomaten und Beobachter sich durch die Seitentüren hindurchstehlen mußten, um herauszufinden, wer was zu wem sagte und was geschah. Bei der Presse hatte sich das Bild ebenfalls grundlegend geändert: Während bisher nur *Platt's Oilgram* und das *Middle East Economic Survey* sowie Wanda mit ihrer *Petroleum Week* vertreten gewesen waren, zeigten plötzlich alle Interesse – CBS, BBC, *Mainichi, O Globo*. Jamshid Amouzegar teilte mit, daß der Schah eine Untersuchung über alternative Brennstoffe in Auftrag gegeben hätte, deren Ergebnis sehr überraschend gewesen wäre: »Es war für uns eine völlig neue Tatsache, daß die Kohle noch 1951 in den Vereinigten Staaten 51 Prozent aller Brennstoffe ausmachte, heute dagegen nur mehr neunzehn Prozent beträgt. Aufgrund des billigen Öls werden alternative Energiequellen vernachlässigt, und im Westen macht sich niemand Gedanken, was passieren wird, wenn das Öl erschöpft ist.« Das Embargo hatte die Schwäche des Westens bloßgelegt. Der Wirtschaftsausschuß der OPEC beschloß, den Ölpreis auf siebzehn Dollar pro Barrel anzuheben.

Scheich Yamani äußerte ernsthafte Bedenken angesichts einer so starken Preiserhöhung: »Ich hatte Angst, daß deren Auswirkungen sogar noch größeren Schaden anrichten würden als bisher, weil sie im Westen eine größere Depression verursachen konnten. Ich wußte, daß wir im Falle einer solchen Depression ebenfalls in Schwierigkeiten gerieten.« Yamani versuchte, mit König Feisal Kontakt aufzunehmen, blieb jedoch erfolglos. Wenn er den Preis niedrig gehalten hätte, wäre die OPEC vielleicht zerbrochen, Saudi-Arabien aber zugleich isoliert gewesen. Deshalb scherte Yamani nicht aus der OPEC aus, bestand jedoch auf einer geringeren Preiserhöhung, wofür er sich später einen Rüffel von Feisal einhandelte. Yamani war ausgesprochen überrascht, als der Schah eine Pressekonferenz einberief, obwohl die OPEC-Minister immer noch tagten.

Dabei verkündete der Schah, daß der Ölpreis 11,65 Dollar betragen sollte. Dieser Preis lag sogar über dem, den Yamani zuvor wohl oder übel akzeptiert hatte. Die Arroganz des Schahs rief bei den versammelten Diplomaten und Reportern große Bestürzung hervor. Der Schah verkündete von oben herab, daß der neue Ölpreis nach wie vor sehr niedrig sei und »nur ihrer Großzügigkeit und Freundlichkeit zu verdanken sei«. Was nun die westlichen Konsumenten angehe, so wäre es an der Zeit, mit Sparmaßnahmen zu beginnen: »Sämtliche Kinder jener wohlhabenden Familien, die bei jeder Mahlzeit genügend zu essen haben, die ihre eigenen Autos besitzen, die teilweise als Terroristen agieren und hier und dort Bomben werfen, werden all diese Privilegien noch einmal überdenken müssen ... und sie werden härter arbeiten müssen.«

»Wir waren äußerst erstaunt über das so große Interesse, das uns plötzlich entgegengebracht wurde«, sagte Abdul Latif al-Hamad zu mir, der ein ehemaliger Studienkollege am kalifornischen Claremont College gewesen und heute Direktor des Kuwait-Fonds war, »unser Schock war mindestens genauso groß wie der eure. Wir dachten, wir wären winzige Pygmäen, die mit Riesen zu tun hatten, und jetzt stellten wir plötzlich fest, daß die Riesen ganz normale Leute waren und daß der Felsen von Gibraltar aus Pappmaché ist. Bislang waren wir von den Ölgesellschaften vor der Welt beschützt worden; jetzt waren sie weg, und wir mußten alles selbst entscheiden. Unsere Rolle war vergleichbar mit der eines plötzlich reich gewordenen Waisenkindes.«

Die ganze Welt reagierte voller Überraschung und Bestürzung. Der stellvertretende Direktor der Nationalbank von Ungarn, Janos Fekete – ein äußerst gerissener Bankier, ein guter Kommunist und ein ziemlich humorvoller Mann –, erzählte mir Jahre später, wie er auf diese Situation reagiert hatte: »Ich ging in mein Büro und sagte zu meinen Mitarbeitern: ›*Jetzt* werden wir sehen, wie sich der mächtige Westen erhebt! Sie können sich *diesen Betrug*, einen Preis, der so hoch über den Kosten liegt, einfach nicht gefallen lassen! Das kann doch nur eine Ente sein!‹ rief ich voller Erregung.

Meine Leute waren hingegen sehr viel nüchterner und sagten zu mir: ›Janos, jetzt werden wir die ganzen Budgets noch mal neu machen müssen, wir haben ein Defizit.‹ Und ich antwortete: ›Natürlich müssen wir das! Verdammt! Weil wir ja das Öl von den Russen importieren und weil sie die OPEC-Preise zugrunde legen! Jetzt müssen wir den Russen für unser Öl viermal soviel bezahlen wie bisher!‹«

In der Dritten Welt wiederholte sich Feketes Erfahrung, wenn auch mit geringfügigen Abweichungen. In allen Ländern Asiens und Afrikas herrschte zunächst ein Gefühl der offenen Freude und des Triumphes. Es herrschte allgemeiner Aufruhr! Das würde es den blauäugigen Teufeln in den Kaltwetterländern einmal zeigen! Da hatten es die arroganten langnasigen Bastarde! Vorbei die Zeiten der imperialistischen Ausbeuter, die uns zu einer Nation von Tellerwäschern machen wollten!

Doch dann brachte irgend jemand – vielleicht ein Mann aus der Finanzwelt wie Fekete – die Leute zur Besinnung und sagte: »Wir müssen aber jetzt für das Öl den vierfachen Preis zahlen, und *wir* haben kein Öl. Woher kriegen wir das Geld?«

Die Idee für dieses Buch entstammt einer ganz ähnlichen konkreten Erfahrung. Der Benzinpreis an Howards Mobil-Tankstelle hatte sich zwar nicht vervierfacht, aber Howard konnte in jenem kalten Winter nicht sehr viel Benzin bekommen. Deswegen gab es ständig eine lange Warteschlange vor seiner Tankstelle. Howard selbst hatte ganz rot unterlaufene Augen, weil er dauernd mit verärgerten Kunden fertig werden mußte. Ich schaute zunächst einmal vorbei, um zu sehen, wie lange er geöffnet hatte, weil ich nicht zwei Stunden lang in der Autoschlange warten wollte, nur um dann ein Schild vor mir zu sehen: »Kein Benzin mehr.« Howard meinte zu mir: »Fahren Sie ruhig ans Ende der Schlange, heute können wir es schaffen.«

Die Autoschlange stand und kroch abwechselnd und kam nur unmerklich voran – und der Schnee fiel unaufhörlich vom Himmel. Ich schaffte es derweil, sämtliche Bankpost, das *Wall Street Journal*, die *New York Times* und den *Economist* zu lesen. Dennoch hatte ich immer noch eineinhalb Blocks vor mir.

Zuerst dachte ich: »Diese Autoschlange verbraucht ungeheuer

viel Benzin, nur um mehr davon zu bekommen.« Dann: »Wie werden wir die Vervierfachung des Ölpreises bezahlen? Das heißt, wir, die Vereinigten Staaten? Nun, wir könnten den Arabern ja etwas verkaufen. Irgend etwas, was wir besonders günstig anbauen, herstellen und verkaufen können. Zum Beispiel Flugzeuge, Weizen, Sojabohnen und vielleicht einige hochtechnisierte Anlagen. Die Frage ist aber, was sie kaufen wollen. Wer ist denn in der OPEC? Gabun, Ecuador und Qatar können wir sofort vergessen. Wer bleibt dann noch? Der Irak: indiskutabel, da keine Beziehungen vorhanden. Bleiben also Libyen, Kuwait, Saudi-Arabien und Persien. Libyen: weniger als zwei Millionen Leute. Kuwait: weniger als 300 000. Saudi-Arabien: sechs Millionen. Kleine Länder. Haben keine großen Fluglinien. Vielleicht kann man ein paar Boeing 727 und ein oder zwei 747 verkaufen. Das entspricht in etwa einer Ölmenge, die gerade für eine zehnminütige Autoschlange reicht. Wir haben immerhin hundertzwanzig Millionen Autos, von denen jedes einzelne mit laufendem Motor in der Autoschlange steht. Selbst wenn Libyen, Kuwait und Saudi-Arabien so viel Weizen und Sojabohnen kauften, wie sie essen könnten, würde dadurch nur die gesamte bundesweite Autoschlange um einen Block vorgerückt. Vielleicht sogar weniger, vielleicht nur um neunzig Meter. Natürlich bleibt noch der Iran ... Immerhin 33 Millionen Leute ... Vielleicht ist der Schah an Flugzeugen interessiert oder an *Waffen.* Wir könnten dem Schah Waffen verkaufen.

Aber das reicht nicht für die anderen. Nein, wir werden das Öl mit Dollars kaufen, weil die ganze Welt Dollars nimmt und ihren Handel damit abwickelt. Und die Öländer werden die Dollars nehmen, und sie können kommen und das kaufen, was sie kaufen wollen. Niemandem scheint jedoch der *Umfang* dieser Transaktionen klar zu sein. Nehmen wir einmal an, wir zahlen für die Hälfte unseres Ölbedarfs den Importpreis von zehn Dollar pro Barrel, multiplizieren mit 365 Tagen – ach du liebe Güte, in einem Jahr könnte die OPEC zusätzliche hundert Milliarden Dollar eingenommen haben, vielleicht sogar bald zweihundert Milliarden Dollar, und damit könnte sie die Hälfte oder fast die Hälfte aller Aktien der New Yorker Börse aufkaufen. Und das nur in einem

Jahr. Im nächsten Jahr stünden die hundertzwanzig Millionen Autos wieder an der Tankstelle, und die OPEC hätte *nochmals* hundert Milliarden Dollar, die sie so lange horten könnte, bis sie die gesamte New Yorker Börse kaufen könnte. Sie behält ihre Forderungen, und wir fahren mit unseren Autos herum. *Wir werden Amerika für ein Produkt verkaufen, das in der Atmosphäre verbrennt.* Wir werden zu guter Letzt eine Kolonie sein.

Nein, das darf nicht sein. Etwas anderes muß geschehen.« Ich war endlich an der Zapfsäule angelangt.

»Sie brauchen nicht auf mich zu fluchen«, sagte Howard zu mir. »Ich besitze ja nur die Tankstelle.«

Natürlich habe ich nicht auf Howard geflucht, sondern ich wollte nur herausfinden, was an diesem Gedanken, daß wir ständig Forderungen an unser Land für etwas stellten, das in der Atmosphäre verbrennt, eigentlich falsch war. Unglücklicherweise zeigte es sich viele Jahre später, nachdem sich viele Journalisten, Ökonomen, Kongreßabgeordnete, Beamte des Energieministeriums, Scheiche, Ölproduzenten und Bankiers geirrt hatten, daß der Gedanke gar nicht falsch war. Und daß er überdies nicht nur mir gekommen war.

Der Triumph des Clubs ist in der Menschheitsgeschichte praktisch ohne Parallelen. Hatte es denn je zuvor einen derartigen Vermögenstransfer gegeben? Vielleicht als die Spanier das peruanische Gold und Silber mitbrachten? Oder als die britische Kolonialmacht Indien beherrschte?

Natürlich fanden dabei bedeutende Vermögenstransfers statt, aber längst nicht so schnell. Zwischen dem Tag, an dem das merkwürdige Paar sich im Hilton am Nil traf, bis zu dem Tag, an dem die französische Planierraupe die Tapline beschädigte, lagen weniger als elf Jahre; bis zum St.-Valentinstag-Massaker waren es nicht mehr als zwei Jahre, und in weniger als weiteren drei Jahren war der Triumph vollkommen. Es war unbestritten der größte Vermögenstransfer in der Weltgeschichte, der sich überdies nur schwer in Zahlen ausdrücken läßt. Wenn man zum Beispiel sagt, daß das Öl von 1,80 Dollar auf 11,65 Dollar anstieg, dann ist dies zwar ein hoher Prozentsatz, aber es sind dennoch nicht mehr als zehn Dollar. Desgleichen ist eine Aussage wie: »Dieses Jahr werden wir neunzig Milliarden Dollar für Öl ausgeben« ebenfalls nichts weiter als eine Abstraktion, die uns relativ unberührt läßt.

Vereinigt euch, und kontrolliert, konserviert und reduziert – diese Schlagworte des merkwürdigen Paares wurden erstmals von dem pedantischen venezolanischen Anwalt gedacht, der die Texas Railroad Commission bewunderte. Der Leser wird in unserer kleinen, gerafften Geschichtsübersicht höchstwahrscheinlich einige Elemente vermissen, und zwar zum Beispiel die westlichen Regierungen. Nach herkömmlicher Version waren sie angeblich »abwesend« und hatten ihre Rolle den Ölgesellschaften abgetreten; laut Churchill führten sie dagegen bei der Liquidation dieses Weltreichs selbst den Vorsitz. Vielleicht traf das aber gar nicht zu, sondern sie waren ganz einfach schwach und zerstritten.

Nach Auffassung eines erfahrenen Mobil-Unterhändlers waren die »Franzosen viel zu antiamerikanisch, die Briten viel zu verwirrt durch ihre Schuld gegenüber Pompidou, die Italiener viel zu stark voreingenommen durch die von Mattei geerbte Abneigung gegen die ›Sieben Schwestern‹, und die Japaner hatten zuviel Angst vor der OPEC ... Die Amerikaner, Briten, Deutschen und Holländer gaben sich lieber der Hoffnung hin, daß der Hurrikan vorbeigehen würde ... Keiner von ihnen sah, daß vor allen Dingen Solidarität untereinander vonnöten war.« Für sie galt im Grunde dieselbe Maxime: Vereinigt euch, und kontrolliert, konserviert und reduziert – aber sie wurde vergessen.

Daneben gibt es noch eine relativ unkonventionelle Auffassung, nach der zumindest einige Elemente im Westen über die Ölpreissteigerung relativ froh waren. Die dieser Auffassung zugrunde liegende These lautete, daß Richard Nixon und Henry Kissinger mit dem Schah von Persien eine Vereinbarung getroffen hätten, und wurde zuerst von dem Kolumnisten Jack Enderson und dann durch die CBS-Fernsehschau »60 Minuten« entwickelt. Mitverantwortlich, wenn nicht gar hauptverantwortlich für diese These war der Beamte des Auswärtigen Dienstes, Araberfreund und Ölspezialist James Akins, der in der Zeitschrift *Foreign Affairs* einen Artikel mit dem Titel »Diesmal ist der Wolf hier« veröffentlicht hatte. Akins war Botschafter in Saudi-Arabien gewesen und 1975 von Kissinger entlassen worden.

Nixon und Kissinger unterbrachen ihre Rückreise vom Moskau-Gipfel im Jahre 1972 kurz im Iran und erkannten dabei, wie gefährlich die Situation war. Die Briten hatten sich Ende 1971 aus dem Persischen Golf zurückgezogen, und die USA waren immer noch in Vietnam engagiert. Im strategisch wichtigen Nahen Osten herrschte ein Mächtevakuum, das der Schah übernehmen konnte und für das er die Waffen bekommen sollte.

Wie sollte der Schah aber die Waffen bezahlen? Natürlich durch die Erhöhung des Ölpreises. Es war klar, daß kein amerikanischer Kongreß Waffenlieferungen an den Iran in Milliardenhöhe gebilligt hätte, während noch immer Truppen in Vietnam standen. James Akins berichtete, daß die Saudis sowohl durch die iranische Propaganda als auch durch die Aussicht auf einen hohen Ölpreis beunruhigt waren, da sie so die Stabilität des Westens gefährdet sahen, von der ihre Bankkonten und ihr Überleben abhingen.

Der damalige Schatzminister William Simon äußerte später zu dieser Ölpreis-gegen-Waffen-Idee: »Darin könnte durchaus ein Körnchen Wahrheit stecken. Wir waren zutiefst in den Krieg in Vietnam verstrickt und versuchten, uns irgendwie herauszuwinden. Wir hatten einen Präsidenten, der sich im Endstadium von Watergate arg bedrängt fühlte, und hatten keinerlei Interesse an anderen Unruheherden in irgendwelchen Teilen der Welt. Außerdem mußten wir dafür sorgen, daß unsere Alliierten stark blieben, damit die Russen unsere heimischen ebenso wie unsere Vietnam-Probleme nicht zu ihrem Vorteil ausnutzten und uns irgendwie schadeten, wie sie das auch in anderen Teilen der Welt sofort tun würden.«

Ein Stabsmitglied des Wirtschaftsbeirats äußerte sich seinerseits über Simon: »Bill ist kein Intellektueller und zugleich ein glühender Anhänger der freien Marktwirtschaft. Er dachte, ein höherer Ölpreis würde mehr Öl zutage fördern und auf diese Weise das Kartell brechen. Wir hätten das für die Ölimporte bezahlte Geld durch den Verkauf von Waffen wiederbekommen, und der Ölüberschuß wäre in unsere Banken geflossen und hätte die Zinsraten auf vier Prozent gesenkt. Bill sagt zwar: ›Wir machen alle Fehler, und Henry hat sich ganz gewaltig geirrt.‹ Aber genau dasselbe gilt für ihn.«

Kissinger und Simon setzten sich stark für die Internationale Energiebehörde ein, in der zwanzig westliche Länder vereinigt waren, weil sie hofften, gemeinsam den Verbrauch senken und auf diese Weise dem Club entgegentreten zu können. Aber ihre Bemühungen blieben relativ erfolglos.

Wenn ein vervierfachter Ölpreis der Tribut für die Bewaffnung des Schahs war, dann war dies einer der teuersten Fehler in unserer Geschichte. Der Umfang des Vermögenstransfers läßt sich nur schwer begreifen und wird durch die Arithmetik nicht konkreter. Wenn neunzig Milliarden Dollar jährlich, ausgedrückt in Orangensaft, albern klingen, wird die Zahl nicht sehr viel verständlicher, wenn sie in F-14-Bomber umgerechnet wird.

Wenn man den Ölpreis um zehn Dollar pro Barrel erhöht und diese mit der OPEC-Produktion von etwa dreißig Millionen Barrel täglich multipliziert, dann haben sich die OPEC-Einnahmen in einem Jahr um 109,5 Milliarden Dollar erhöht. Und wir wissen ja, daß die OPEC aus einer Ländergruppe mit unterschiedlich hohem Verbrauch besteht.

Begeben wir uns jetzt einmal (gedanklich) in ein Grumman-Werk auf Long Island, gehen um eine F-14 herum und betrachten uns dieses komplett ausgerüstete Gebilde mit gefärbtem Glas, weißen Seitenwänden, mit Mittelwelle und UKW, mit Flugelektronik und Radar aus der Nähe. 1974 lagen die Herstellungskosten eines flugbereiten F-14-Bombers knapp unter neun Millionen Dollar (ohne die Kosten für die Bordsprengkörper). Grumman konnte jährlich acht F-14 produzieren, wenn man die Piloten und die Abschreibungen eines Jahres hinzuzählt, kommt man auf 720 Millionen Dollar. Als nächstes gehen wir zu McDonnell Douglas in St. Louis. Noch mehr Piloten sind erforderlich; weil McDonnell Douglas mehr Flugzeuge produzieren kann als Grumman; außerdem wird mehr Geld erforderlich, weil die F-15 ein sehr schnelles Flugzeug ist, das 1974 bis zur Flugbereitschaft zwölf Millionen Dollar kostete. Das Preisschild für eine Flotte von hundert F-15 würde lauten: 1,2 Milliarden Dollar. Insgesamt haben wir also ein bißchen weniger als zwei Milliarden Dollar für Flugzeuge ausgegeben, können aber ohne weiteres aufrunden, weil wir ja auch Ersatzteile und Extraräder brauchen.

Was fehlt sonst noch? Wie wär's denn mit dem größten Brocken des Verteidigungsprogramms, einem atomgetriebenen Flugzeugträger? Der kostete 1974 zwischen 771 und 1354 Milliarden Dollar, je nach Modell und Verwendungsmöglichkeiten. Hinzu kommen einige Zerstörereskorten, eine Reihe von Raketenkreuzern und U-Booten.

Fazit: Wir haben zwar jetzt eine sehr starke Luftwaffe und eine schnittige Flotte, aber trotzdem noch um die hundert Milliarden Dollar übrig. In diesem Jahr. Einige der Flugzeuge werden länger als ein Jahr halten, und im nächsten Jahr sind dann ja wieder hundert Milliarden Dollar *übrig*.

Somit könnte der Westen der OPEC eine Luftwaffe und eine Marine bescheren und hätte trotzdem noch eine Milliarde Dollar Schulden *jährlich*.

Obwohl ich glaube, daß die Kissinger-Schah-Geschichte durchaus einen Kern Wahrheit enthält, erscheint sie mir doch zu einfach. Ich habe vorhin versucht, anhand eines historischen Rückblicks zu zeigen, wie die Zunahme der Ölnachfrage zur Entstehung des Perez-Alfonso-Clubs führte. Angesichts dieser Nachfrage und der Streitlust vieler Clubmitglieder mußte der Ölpreis zwar wohl oder übel steigen, aber längst nicht in dem erlebten Ausmaß. Es steht auch außer Frage, daß die Nixon-Verwaltung den Schah zu der Militärmacht des Nahen Ostens gemacht hat und daß der Schah nach seiner Inthronisierung nicht mehr völlig kontrollierbar war, so daß er zusammen mit den anderen OPEC-Preisfalken den Ölpreis diktieren konnte. Es gab durchaus einige Leute, die diese Ölpreissteigerung gar nicht ungern sahen, weil dadurch langfristig Alternativen zum OPEC-Öl erschlossen werden konnten. Vielleicht hatten sie aber auch andere Motive.

Die Vervierfachung des Ölpreises war gleichwohl ein Schock, den die meisten jedoch als vorübergehend betrachteten. So prognostizierte beispielsweise Milton Friedman voller Zuversicht, daß die OPEC bald zerbrechen und der Hurrikan vorbeiziehen würde. Niemand machte sich die Mühe, sich die Arithmetik einmal genauer anzuschauen.

»Die Verbraucherregierungen begnügten sich damit, ihre Hände zu ringen«, meinte der Mobil-Beobachter, «... sich untereinander zu zerstreiten ... Rette-sich-wer-kann-Initiativen gegeneinander durchzuspielen'... (sie) hatten keine Vorstellung von dem Ausmaß der Katastrophe, die sie aufgrund ihrer mangelnden Initiative und Solidarität selbst mitverursachten.«

Die westlichen Industriestaaten erlebten plötzlich die schlimmste Mischung von Inflation und Rezession.

Die höheren Ölpreise wirkten wie eine fiskalische Sperre oder eine Steuer. Sie implizierten zugleich höhere Preise für Dünger, Kunststoffe, Benzin und Heizung. Wenn die Rechnungen für Benzin, Heizung und zugleich auch für die Nahrungsmittel anstiegen, dann wurde gegebenenfalls auch der Kauf eines Autos aufgeschoben. Dadurch mußte der Automobilproduzent wiederum einige Arbeiter entlassen, welche ihrerseits wieder ihre Käufe reduzierten. Die Rezession von 1974/75 war die schlimmste seit der »Großen Depression« der dreißiger Jahre.

Gleichzeitig nahm die Inflationsrate drastisch zu. In den Vereinigten Staaten belaufen sich die direkten und indirekten Energiekosten auf etwa zehn Prozent des Haushaltseinkommens vor Steuern. Demnach bewirkte ein hundertprozentiger Anstieg der Energiekosten, für sich genommen, bereits eine zehnprozentige Inflation. Zwar war Energie nicht völlig gleichbedeutend mit Öl, und nicht alles Öl kam aus dem Nahen Osten, aber der OPEC-Ölpreis war immerhin um vierhundert Prozent gestiegen und wurde schließlich zum Weltpreis.

Außer in den Vereinigten Staaten. Der »unsichtbare Deich« war zwar zerstört worden, aber die Texas-Preise lagen jetzt *unter* dem Weltpreis. Die Regulierung der Washingtoner Regierung ließ nur eine ganz allmähliche Steigerung des texanischen Preises zu. Manche Gebiete der Vereinigten Staaten verwendeten heimisches Öl und Gas, andere wiederum importiertes Öl, und Washington versuchte, einen Preis und eine Struktur zu finden, die es erlaubten, die Kosten auf das ganze Land zu verteilen, um die Ölproduzenten nicht in den Genuß eines plötzlichen Geldsegens gelangen zu lassen.

»Sie brauchen nur hineinzugehen und es zu nehmen.«

In jenem kalten Winter 1975 schien der Westen plötzlich zu entdecken, daß die Hälfte des von ihm verwendeten Öls ihm nicht gehörte, und diese Erkenntnis führte zu einer starken Welle von *Jingoismus* bzw. Chauvinismus. (»Jingo« stammt aus einem britischen Varietélied des 19. Jahrhunderts – mit dem Text: »Wir möchten zwar nicht kämpfen, doch wehe euch [›by Jingo‹], wenn wir es tun ...«) Wenn sie uns also das Öl nicht geben wollten, dann würden wir es uns vielleicht einfach *nehmen.* »Ich behaupte ja nicht, daß es keine Umstände gibt, in denen die Vereinigten Staaten nicht Gewalt anwenden müßten«, sagte Henry Kissinger einmal unter sorgfältiger Verwendung doppelter Negative.

Die »Falken« begannen schließlich, Kriegspiele im Sandkasten zu betreiben; das Zentrum war der Persische Golf. So schrieb beispielsweise der Londoner *Economist:* »Die Hauptaktion würde vermutlich von einer Marineeinheit mit drei oder vier Flugzeugträgern durchgeführt werden ... Per Hubschrauber transportierte Seeleute würden von Angriffsschiffen ... ausgewählte Positionen im Ghawar-Ölfeld sowie die Raffinerie und den Umschlagplatz von Ras Tanura besetzen.« Der Verteidigungsanalytiker und John-Hopkins-Professor Edward Luttwak, der im *Harper's*-Magazin unter dem Pseudonym Miles Ignotus (»der unbekannte Soldat«) schrieb, wählte ebenfalls die Ras-Tanura-Raffinerie und das Ghawar-Feld aus. In seinem Artikel »Die Beschlagnahmung des arabischen Öls« schrieb er: »Der größte britische Industriekonzern, British Leyland Motors, wurde durch die Arbeit von Zehntausenden englischer Arbeiter im Laufe von mehr als siebzig Jahren errichtet. [Er könnte] heute durch eine einzige Kuwaiter Familie mit dem Wert der innerhalb von sechs Tagen gewonnenen Ölmenge aufgekauft werden. Warum sollten wir den Transfer von Grundbesitz und Industrieanlagen im Wert von Hunderten von Milliarden Dollar in die Hände von diesen neuartigen Kolonialherren dulden?«

Anschließend schrieb der »unbekannte Soldat« von den Marinesoldaten der 82. Luftwaffendivision, deren Brandbekämpfungstruppe die Flammen in den Ölbrunnen löschen sollte, sowie von einer internationalen Öl- und Hilfsorganisation, die das Öl fördern und Investitionsmittel zuteilen sollte, die den armen Ländern Geld zuweisen und »etwas Geld an die Saudis & Co. bezahlen sollte, um die wichtigsten Importe finanzieren zu können«. Und er stellte die Frage: Wenn wir dies nicht schafften, wozu waren die Streitkräfte dann gut? Warum zahlen wir dann jährlich 85 Milliarden Dollar für die Ohnmacht unseres Militärs? Die Ironie des Schicksals wollte es, daß diese Phantasie-Militäroperationspläne sich ausgerechnet gegen die Preis-»Taube« Saudi-Arabien wandten. Als einziges Land erhöhte es ständig seine Produktion, um die Nachfrage befriedigen zu können; überdies legte es seine Überschüsse sofort in westlichen Banken an und schien sich mehr Gedanken über die Stabilität des Westens zu machen als der Westen selbst.

Der Erfolg des Clubs inspirierte nicht nur zu Militärphantastereien, sondern erweckte zugleich den Wunsch zur Nachahmung. Die Uran-Produzenten hatten bereits einen fertigen Kartellplan in der Schublade, die Kupferproduzenten begannen zunächst, vorsichtig Kontakt aufzunehmen. Das am wenigsten »gentlemenhafte« Verhalten legten jedoch die Bordeaux-Weinbauern an den Tag, die in dem Conseil Interprofessionnel du Vin de Bordeaux vereinigt waren und sich jetzt zusammensetzten, um bestimmte Verhaltensregeln bei einer guten Weinernte in Bordeaux zu besprechen. Der Direktor der Vereinigung, Jean Michel Courteau, kündigte an, daß der Verband, zu dem unter anderem bekannte Namen wie Château Lafite Rothschild, Château Mouton Rothschild und Château Latour gehörten, »bestimmte Schritte zur Regulierung des Marktes und zur Stabilisierung der Preise« unternehmen würde. Die Weinbauern hatten offenbar Angst vor dem Weinüberfluß und versuchten, ebenfalls zu konservieren und zu reduzieren.

Diesen Nachahmungsversuch können wir allerdings nicht der OPEC anlasten; denn zehn ihrer dreizehn Mitglieder waren Moslem-Länder, in denen das Weintrinken offiziell verboten war.

War die OPEC tatsächlich so ein monolithisches und allmächtiges Kartell? Es hatte bereits seit zehn Jahren bestanden und keine sonderlichen Auswirkungen gezeitigt, bis schließlich nach der Schließung des Suezkanals die französische Planierraupe die

Tapline beschädigte. Erst nachdem das Angebot relativ knapp war, kamen die Organisation und der dahinterstehende Grundgedanke voll zum Tragen. Die zur Kontrolle notwendigen Produktionseinschränkungen waren nicht das Ergebnis kühler und berechnender Köpfe, die sich ihren Marktanteil erobern wollten, sondern sie entsprangen den Leidenschaften der Politik oder dem von den Arabern als Ramadan-Krieg bezeichneten Yom-Kippur-Krieg. Die Vervierfachung des Ölpreises war für die westlichen Wirtschaften ein derartiger Schock, daß die Nachfrage sofort sank und die OPEC-Produktion im April 1975 um 35 Prozent unter der Gesamtkapazität lag.

Es erscheint einigermaßen einleuchtend, warum Milton Friedman den baldigen Zusammenbruch des Kartells vorausgesagt hatte. Neben den beiden kleinen Produzenten, Ecuador und Gabun, die die Öleinnahmen dringend benötigten, gab es noch die mittelgroßen Länder, die täglich etwa zwei Millionen Barrel förderten – zum Beispiel Algerien, Indonesien, Venezuela und Nigeria –, deren Bevölkerung ständig zunahm und die alle ihre Ölvorräte erhalten wollten, aber zugleich das Geld dringend brauchten. Bestand nicht die Gefahr, daß sie sich bei sinkender Nachfrage gegenseitig die Marktanteile abjagen würden?

Dazu kam es jedoch nicht; denn Kuwait und Saudi-Arabien reduzierten ihre Produktion ziemlich drastisch. Saudi-Arabien bestritt bereits allein ein Drittel aller OPEC-Anteile. Die internationale »Texas Railroad Commission« hatte zwar ihr »Texas« gefunden, aber die Bestimmung der Produktionsmengen und der Märkte funktionierte längst nicht so reibungslos. Die Ölgesellschaften suchten sich selbst die Märkte aus und lieferten und raffinierten das Öl. »Warum sollten wir die Mineralölgesellschaften abschaffen«, sagte der Perser Jamshid Amouzegar, »wo sie doch die Märkte für uns finden und sie regulieren können? Auf diese Weise nehmen sie uns diese Arbeit ab, und wir können uns ausruhen.«

Doch selbst bei einer Überschußkapazität von 35 Prozent hielt die OPEC den Preis hoch. Außerdem hatte das OPEC-Sekretariat in Wien jetzt mehrere Wirtschaftsstudien in Auftrag gegeben. So wurden beispielsweise von Parra, Ramos & Parra in Caracas sowie von Chem Systems International in New York das OPEC-Öl und andere Energiequellen untersucht, während die Hochschule für Welthandel und das Battelle-Forschungsinstitut in Genf im Rahmen eines Vierhundert-Millionen-Mark-Vertrages das OPEC-Weltenergiemodell entwerfen sollten.

Die Empfänger der Ölmilliarden

Die Einkünfte der Öleigentümer auf der ganzen Welt waren nach dem Teheran-Beschluß um das Vierfache gestiegen und würden sich bald verzehnfacht haben. In vielen Fällen ergab sich hieraus eine dramatische Veränderung des Lebensstils.

Nehmen wir nur einmal das Beispiel des Scheichs Rashid von Dubai. Dubai ist einer der sogenannten britischen »Trucial States« des 19. Jahrhunderts, als die Briten in dieser dünn besiedelten Wüsten- und Salzsumpfgegend am Persischen Golf militärische Stützpunkte errichteten. Vor dem Ölsegen hatte Scheich Rashid sein Einkommen aus den *Dhows,* den hölzernen Segelschiffen, bezogen, die auf dem Weg zum »Wiederexport« – manche sprachen auch von Schmuggel – von Gold und Silber nach Indien seine Zollstation passierten. Vor der Entdeckung des Öls – die ersten bedeutenden Funde wurden erst 1957 gemacht – war Scheich Rashid mit dem benachbarten Dorf Deira auf der anderen Seite des kleinen Flusses verfehdet. Die im Kampf der beiden Dörfer verwendeten Waffen waren Kanonen von alten Schiffen, von denen manche bereits Hunderte von Jahren alt waren. Die Kanonen waren mit Lumpen und Kolben von gekidnappten Autos ausgestopft, und da Kanonenkugeln ausgesprochen knapp waren, hatten die kämpfenden Parteien bei einem nächtlichen Waffenstillstand nach den Abendgebeten die Möglichkeit, die Schlachtfelder nach den Kanonenkugeln abzusuchen.

Während dieser Zeit hatte Scheich Rashid eines Tages eine Einladung zum Abendessen im feindlichen Dorf angenommen und die Gastgeber durch seine Männer töten lassen. Nach bester nahöstlicher Tradition – und nach alter Richard-III.-Manier – konsolidierte er seinen Sieg, indem er die dreizehnjährige Tochter des besiegten Herrschers von Deira mit seinem Bruder verheiratete. Sana, die überaus feurige Frau des Scheichs, hatte einst die vierte

Frau ihres Mannes erschossen. Sie sagt, daß sie durch ihre Erfahrungen in der Jugend stark geworden sei und daß sie jetzt eine florierende Taxiflotte besäße. Scheich Rashid gab schließlich seine Tochter Miriam dem benachbarten Scheich von Qatar zur Frau, der ihm das Geld zum Bau einer Brücke über den Fluß lieh. Scheich Rashid galt bereits vor seinem Ölreichtum als überaus weiser Herrscher.

Dieser recht charmante Mann steht seinem Volk jederzeit zur Verfügung und ist telefonisch jederzeit in seinem Wohnzimmer, Schlafzimmer, auf seiner Yacht und in seinem Garten erreichbar. Auf seinem Schreibtisch steht ein kleines Schild mit den Worten: »Es ist gut, wichtig zu sein, aber es ist wichtig, gut zu sein.«

Er hat seinen Leuten zwei Häfen, zwei internationale Flughäfen, eine Zementfabrik und eine Aluminiumschmelzhütte errichtet.

Scheich Rashids Einkommen beträgt heute etwa eine Milliarde Dollar jährlich, und die Zeiten der Jagd nach Kanonenkugeln in Dubai sind ein für allemal vorbei. Sein Schwiegersohn, der Scheich von Qatar, produziert noch mehr Öl und ist dementsprechend noch viel reicher. Während die britische Marine noch im 19. Jahrhundert in den Persischen Golf segeln mußte, um die Straßen nach Indien zu beschützen, hat sich das Bild heute umgekehrt, und die ehemaligen Mündel des Persischen Golfs kommen heute nach London. So hat beispielsweise Scheich Rashids Botschafter, Mohammed Mahdi al-Tajir, die britische Presse zu äußerst fremdenfeindlichen Äußerungen herausgefordert, weil er innerhalb von zwei Jahren Grund- und Hausbesitz im Wert von sechzig Millionen Dollar in England kaufte: Stadthäuser, Landhäuser und die jahrhundertealten Schlösser von Herzogen. Seine einfache Erklärung war: »Araber lieben schöne Dinge.« Die britische Presse erging sich in Schauermärchen ob des neuen »mephistotelischen« Image ihrer Besucher. Der *Daily Mirror* erfand bereits Überschriften wie: »Schulmädchen verschwinden nach Rendezvouz mit Arabern«, nachdem sie im »Rolls Royce in exklusive Restaurants« entführt worden waren.

Diese Mythologie des Arabers als Mephisto beschränkte sich keineswegs auf England. In dem bekannten Film »Network« geht es zum Beispiel darum, daß die Saudis eine amerikanische Fernsehstation aufkaufen. Und die Untersuchungsbeamten, die den Kongreßabgeordneten Bestechungsgelder anboten und die Bestechungsversuche im »Abscam«-Skandal mit dem Videorecorder aufnahmen, sind offenbar als »arabische Scheiche« verkleidet aufgetreten. (Bei diesem Skandal sind sieben Kongreßabgeordnete und zahlreiche staatliche und kommunale Beamte in Pennsylvania und New Jersey von als Scheichs getarnten FBI-Agenten bestochen worden, um diesen bei der Beschaffung von Einreise- und Baugenehmigungen und von Spielcasinolizenzen behilflich zu sein. Anm. d. Übers.)

Während die britische Boulevardpresse in den »Leiden des Lieblingssklaven des Scheichs« schwelgte, profitierten die Briten insgesamt von dem neuen Ölpreis, weil sie dadurch überhaupt erst die ungeheuer hohen Kosten der Bohrtürme in dem eisigen Wasser der Nordsee finanzieren konnten. Obwohl sie zunächst noch den hohen Preis für das importierte Öl bezahlen mußten, war das Nordseeöl zu einem Barrel-Preis von 11,65 Dollar eine solide Investition, die den Engländern letztlich die Selbstversorgung und ein starkes Pfund bescherte. Die Norweger waren ebenfalls recht zufrieden, weil ihnen die andere Hälfte des Nordseefeldes gehörte.

Auch all die anderen Ölfeldbesitzer waren nicht gerade unglücklich. Mexiko konnte auf diese Weise hoffen, seine explodierende Bevölkerung in den Griff zu bekommen, Louisiana und Alaska konnten ihre Einkommensteuer senken, und unter dem Boden von Texas befanden sich zwölf Milliarden Barrel Öl, dessen Preis sich dem der OPEC so schnell annäherte, wie es Washington zuließ.

Auch die Mineralölgesellschaften waren durchaus zufrieden. Mitte der siebziger Jahre hatten sie noch ihr Unglück in ganzseitigen Anzeigen zu Markte getragen und anhand von Tabellen zu zeigen versucht, daß sie mit dem Dollar nur wenige Pfennige verdienten. Dennoch transportierten und raffinierten sie einen Großteil des OPEC-Öls und besaßen sogar sehr viel Öl außerhalb der OPEC. Sie waren immerhin die größten Kapitalgesellschaften der Welt, und ihr Bruttoumsatz stieg schon allein deshalb, weil der Preis ihres Rohstoffs einen steilen Anstieg erlebte.

Mit ihren ungeheuren Bareinnahmen kauften die Ölgesellschaften außerdem noch andere Ressourcen wie Kohle, Uran, Ölschiefer und Holz, »deren potentieller Gewinn mit dem steigenden Wert der Reserven« nach Auffassung des National Bureau of Economic Research unaufhaltsam zunahm.

Glücklich waren ebenfalls die Inhaber der Investitionsbanken, die Schuldscheine für die Pipelines verkauften, sowie die Hersteller von Bohrgeräten, von Meß- und Registrierinstrumenten und Bohrinseln. Dasselbe galt für die Waffenhersteller und -händler im Nahen Osten. Der Iran bestellte immerhin mehrere Jahre lang Waffen für neunzehn Milliarden Dollar und Saudi-Arabien für fünfzehn Milliarden Dollar. Und obwohl diese Summe nicht einmal die Hälfte des Ein-Jahres-Überschusses der OPEC ausmachte, klingelte bei den Waffenherstellern ständig das Telefon.

Glücklich waren zugleich die dreißig größten Banken der Welt. Die konservativen Saudis und Kuwaiter benötigten eine gewisse Zeit zum Nachdenken und brachten das Geld zunächst auf die Bank. Da nach ihren Vorstellungen größer zugleich auch besser war, konnten die großen Banken mit Hilfe der Petro-Dollar-Sichtguthaben ihre Position im Bankwesen deutlich verstärken. Das an sich kurzfristig angelegte Geld wurde von den Banken langfristig verliehen, was gewisse potentielle Probleme mit sich brachte.

Glücklich und zufrieden waren auch die Baufirmen, die die Milliarden-Dollar-Bauaufträge erhielten: Bechtel aus San Francisco, Fluor aus Irvine, Kalifornien, und Ralph Parsons Inc. aus Pasadena. Genau dasselbe galt für die Agenten und Kontaktleute, die diese Verträge abgeschlossen hatten. Ein extremes Beispiel ist ein Perser aus Bombay mit dem ungewöhnlichen Namen Shapoor Reporter, der den Briten beim Abschließen von Verträgen mit dem persischen Kaiserreich dermaßen hilfreich war, daß er zum Ritter geschlagen wurde und sich Sir Shapoor Reporter nennen durfte. Die Vermittlungsgebühren waren extrem hoch. Der Unterausschuß des Senats für multinationale Konzerne stellte fest, daß Lockheed dem Saudi Adnan Kashoggi 106 Millionen Dollar für seine Hilfe gezahlt hatte. Kashoggis frühere Frau sagte während der Scheidungsverhandlung, daß ihr ehemaliger Mann ein Nettovermögen von 2,4 Milliarden Dollar zusammengetragen hatte, das ihn ohne weiteres zum wohlhabendsten Mitglied seiner Studienklasse an der Stanford-Universität gemacht hätte. Seine 44-Millionen-Dollar-Yacht besaß einen Hubschrauber-Landeplatz, und in seiner Drei-Millionen-Dollar-Wohnung in Manhattans Olympic Tower prangte ein Swimmingpool. Er besaß einen koreanischen Leibwächter und einen Diener, der ihn jeden Morgen in einem Spezialstuhl rasierte, der in jedem seiner zwölf Häuser stand.

Als der texanische Ölmillionär Nelson Bunker Hunt massiv auf dem Weltsilbermarkt zu spekulieren begann, behaupteten manche Leute, daß der ehemalige texanische Gouverneur John Connally ein Treffen mit dem saudiarabischen Scheich Khaled Bin Mahfouz arrangierte, um dagegen anzuspekulieren. Der Scheich mietete daraufhin zunächst für seine vierzig Leibwächter im Washingtoner Mayflower-Hotel ein ganzes Stockwerk.

Weitaus bescheidener – weil sie sich mit siebenstelligen anstelle von neunstelligen Zahlen begnügten – waren die New Yorker, Washingtoner und Londoner Rechtsanwaltsfirmen, die manchmal zwischen Käufern und Verkäufern vermittelten und manchmal die Verträge aufsetzten. Die Großen blieben unsichtbar im Hintergrund, während Firmen wie Fred Dutton, der ursprünglich Kennedy-Berater war und dann Rechtsanwalt in Washington wurde, sowie Gerald Parsky, der Staatssekretär im Finanzministerium war und in Washington Rechtsanwalt wurde, zu den sichtbareren Rechtsvertretern gehörten. Und wer marschiert da im Intercontinental in Rijad ungeduldig auf und ab, während er auf seinen Kontaktmann wartet? Sollte dies gar Spiro Agnew sein?

Zufrieden, wenn nicht gar glücklich, waren auch die Energie- und Ölexperten – sowie die Stiftungen; denn sie hatten bald mehr als hundertzwanzig umfangreiche Studien über die Ölsituation herausgebracht, von denen nur die ersten 36 als Quelle für dieses Buch verwendet wurden.

Jedes Spiel hat Gewinner und Verlierer. Die Verlierer waren all diejenigen von uns, die nicht in irgendeiner Weise am Energiegeschäft beteiligt waren. Wir erhielten höhere Rechnungen für Bezin, für die Heizung und die Klimaanlagen. Ebenso mußten wir höhere Flugkosten und höhere Preise für die Ölderivate bezahlen sowie einen sinkenden Lebensstandard hinnehmen. Gewinner waren nicht nur die Besitzer des Öls, sondern auch all diejenigen, die mit den Ölbesitzern Geschäfte abschließen konnten. Dies waren auch keineswegs nur Amerikaner, sondern die Amerikaner waren eigentlich relativ wenig erfolgreich. Weniger als zwei Prozent der in vierzehn Nahostländern vergebenen Bauverträge gingen an amerikanische Firmen. Länder wie Brasilien und Jugoslawien, die ohnehin weit hinter Südkorea rangierten, waren immer noch weitaus erfolgreicher.

Der französische Präsident Valéry Giscard d'Estaing reiste im Triumph durch die arabischen Staaten, plädierte ständig für die Sache der Palästinenser und strich zahlreiche Fabrikaufträge ein. In den sechziger Jahren hatte Frankreich eine ganz besondere Beziehung zu Israel aufgebaut. Eine skandinavische Ausstellung auf einem Schiff dampfte in acht arabische Häfen und konnte ihre Produkte hunderttausend Besuchern zeigen.

Der Boxer Muhammed Ali stürmte ebenfalls durch Saudi-Arabien und machte Werbung für Toyota-Autos.

Es verging kaum ein Tag, ohne daß irgend jemand in den Status quo investierte.

»Mir ist, als müßte ich meine Nachkommen verleugnen«

Eine Figur in unserer Geschichte war dagegen nicht sonderlich glücklich, und zwar war dies Juan Pablo Perez Alfonso. Nachdem er aus der Regierung ausgeschieden war, zog er sich hinter die Mauern seines Besitzes in Los Choros in Caracas zurück, den er 1941 als kleine Farm gekauft hatte. Der Öl-Boom hatte inzwischen die Stadt bis hinter seine Farm expandieren lassen, aber er behielt dennoch seine strengen Gewohnheiten bei, las bis tief in die Nacht hinein und stand im Morgengrauen auf. Auf den Straßen von Caracas war er eine bekannte Figur, weil er seinen kahl werdenden Kopf völlig geschoren hatte und wie ein venezolanischer Yul Brynner oder Kojak aussah. Als seine Partei ihm die Präsidentschaftskandidatur anbot, lehnte er ab, weil Venezuela wohl kaum einen Präsidenten haben könnte, der keinen Smoking besaß und ganz einfach lebte, der keine Schleife durchschneiden konnte oder zu einer Cocktailparty gehen würde.

Er hatte die Texas Railroad Commission vor allem wegen ihrer Konservierungsmaßnahmen bewundert und sah das Ziel der OPEC darin, dem Öl seinen echten Wert zu verleihen und seine Lebensdauer zu verlängern. Außerdem sollte sie den großen Ölgesellschaften ihre Macht entwinden und den Industrienationen zeigen, wie sie ihre Ressourcen verschwendeten.

»Die OPEC-Länder müßten mit ihrem Lebensstil für den Rest der Welt mit gutem Beispiel vorangehen.« Doch die OPEC war insofern kein gutes Beispiel, als sie sich die verschwenderische Industriewelt zum Vorbild nahm. Sie selbst verbrannte das Öl nämlich in einem ungeheuren Ausmaß und entsprach damit so gar nicht dem sorgfältigen und konservativen Perez Alfonso. Deshalb machte er den Venezolanern heftige Vorwürfe.

Die Nordamerikaner saßen in ihren Autoschlangen, ihre Städte litten unter der Erdölknappheit, und sie waren dabei, ihre Lektion über das Öl als Ressource zu lernen. Doch was tat Caracas? Es ließ die ganze Nacht das Licht an! Amerikanische Autos rasten ununterbrochen die Autobahn entlang! Und wie stand es mit Venezuelas Führungsrolle in der OPEC? Sie war im Schwinden begriffen! Die Führung konnte nicht von der Anzahl der täglich hochgepumpten Ölbarrel herrühren, sondern sie mußte eine *moralische* Basis haben. Sollte die OPEC nur aus Arabern bestehen?

Die Venezolaner empfanden zwar für Perez Alfonso eine echte Zuneigung, aber es war eine Form von Zuneigung, die Amerikaner dann fühlen, wenn sie von Bostoner Damen der Oberschicht hörten, die morgens um sechs Uhr aufstanden, um Griechisch oder Hebräisch zu lernen, oder mitten im Winter von Boston nach Providence gingen, weil es ihnen guttat. Eine einfache Lebensweise und hehre Gedanken waren zwar bewundernswert, aber untypisch für Lateinamerikaner, nicht wahr? Und Perez Alfonso mit seinem kahlen Kopf und all seinen Schimpfreden über Ressourcen und Sparen und mit seinen Pfadfindershorts war doch ziemlich exzentrisch. Wie konnte man nur im Morgengrauen aufstehen – denn bei dem, was das Öl jetzt einbrachte, ging man doch gerade erst dann zu Bett. Ganz Caracas war eine Party. Die *Tropicales* tanzten ständig auf den Tischen, H. Stern und Gucci machten beste Geschäfte, überall schossen Luxusappartements mit wunderschöner

Aussicht auf das Meer aus dem Boden, Geld war überall. Ein venezolanisches Nachrichtenmagazin brachte den ernsten Kahlköpfigen als Titelbild – ohne Unterschrift, nur den Namen »Perez Alfonso« –, und jeder wußte, was er innen vorfinden würde: nüchternes Denken und Sorgen über die Zukunft. Warum sollte Venezuela nicht seinen eigenen Ralph Waldo Emerson haben? Was für eine Ironie des Schicksals, daß der Mann, der den großen Vermögenstransfer initiierte, selbst so spartanisch veranlagt war.

Perez Alfonso mochte weder den Schah noch den Scheich Yamani. »Ich habe keinen Sinn für Kaiser«, sagte er. Sie gingen mit den Ressourcen nicht sparsam um und verschwendeten deren Einnahmen. Er machte sich große Sorgen über den schnell zunehmenden Reichtum in Venezuela; denn seiner Meinung nach »zerstörte Reichtum die Werte der Leute, die nicht dafür arbeiteten«.

Und was die OPEC anging, so schien sie einzig und allein an der Maximierung ihrer Preise interessiert zu sein, sie kümmerte sich nicht darum, was mit den Einnahmen geschah, und verfolgte keine ausreichende Konservierungspolitik.

»Vielleicht bin ich der Vater der OPEC«, sagt er, »aber jetzt habe ich manchmal das Gefühl, ich müßte meine Nachkommen verleugnen.«

Juan Pablo Perez Alfonso starb 1979 an Krebs und hinterließ eine Frau mit fünf erwachsenen Kindern. Sein aufrechtes, unromanisches, streng puritanisches Gewissen war selbst in seinen letzten Anweisungen noch dominant.

Er wurde in den Vereinigten Staaten verbrannt, um in Venezuela jeden öffentlichen Ausdruck von Kummer zu vermeiden. Sein Haus sollte an eine kleine Stiftung gehen, das sogenannte »Zentrum für permanentes Lernen«. Die Leute sollten hineingehen und den Garten genießen und die Schönheiten der Natur auf sich einwirken lassen. Außerdem konnten sie von dort aus den Smog über Caracas erkennen.

Abdullah Tariki, der andere dieses merkwürdigen Paares, setzte seine Beratertätigkeit fort und erhielt von der saudiarabischen Regierung entsprechend der Großzügigkeit der Beduinen sein altes Gehalt, selbst als er im Exil lebte. Der äußerst ernste irakische Ölminister Saadoun Hammadi, der seinen Ph. D. an der University of Wisconsin gemacht hatte, wurde Außenminister seines Landes und warnte später die Vereinigten Staaten davor, Persien zu helfen. Scheich Yamanis ausgleichende Instinkte kamen ihm sehr zustatten, und er überlebte sogar seine weltweite Berühmtheit. Der Perser Jamshid Amouzegar mit seiner Cornell-Ausbildung, der das St.-Valentinstag-Massaker initiierte, floh aus Persien, als der Schah gestürzt wurde. Die derzeitige persische UN-Botschaft wußte nicht, wo er war – wahrscheinlich irgendwo in den USA. »Das Schwein versteckt sich«, sagten die Khomeini-Repräsentanten.

Die leitenden Angestellten der »Sieben Schwestern« haben entweder immer noch ihre Posten inne oder leben in begütertem Ruhestand. Howards Mobil-Tankstelle überlebte allerdings nicht, und Howard war sehr verärgert über diese Mineralölgesellschaft: Sie hatte seinen Vertrag deshalb storniert, weil er nicht genügend Benzin verkauft hatte.

Die zweite Ölkrise

Die erste Ölkrise der siebziger Jahre war von dem Militärfanatiker Oberst Al Kadhdhafi von Libyen angezettelt worden. Dieser strenggläubige Moslem, der manchmal einen Monat lang zur Meditation in die Wüste ging, erschreckte die westlichen Demokratien durch seine Unterstützung des schrecklichen Uganda-Diktators Idi Amin sowie die überall auftauchenden Terroristengruppen. Seine militante Haltung hatte ganz wesentlich zum Triumph der OPEC-Länder am St.-Valentinstag-Massaker beigetragen, an dem sie erstmals ihre Stärke erkannten und den Zusammenhalt für ihre Aktionen im arabisch-israelischen Krieg von 1973 fanden.

Die zweite Ölkrise Ende der siebziger Jahre wurde hingegen von einem religiösen Fanatiker, dem Ayatollah Ruhollah Khomeini, ausgelöst, dessen Regime die Lehren des merkwürdigen Paares wiederholte, wenngleich auch in einer nicht ganz beabsichtigten Weise.

Die OPEC-Konferenzen während der siebziger Jahre waren durch die Debatten zwischen den »Falken«, die den Ölpreis ständig erhöhen wollten, und den »Tauben« geprägt, die ihn niedrig halten wollten. Die revolutionären Militärregime Libyens und des Irak bestritten immer wieder die Führerschaft der saudiarabischen traditionellen Monarchie mit ihrem extremen Reichtum und ausgeprägten Interesse an der Stabilität des Westens.

Bis zum Sturz des Schahs gab es in bezug auf die Weltnachfrage ein bescheidenes Ölüberangebot; denn die höheren Preise hatten einen gewissen Nachfragerückgang bewirkt. Außerdem war zusätzlich Öl in Alaska und der Nordsee gefunden worden. Die OPEC-Beobachter bemerkten, daß das Kartell real wenig Geld einnahm, weil die westlichen Währungen schneller im Wert sanken, als der Ölpreis stieg.

Der Iran gehörte jedoch mit seinen sechs Millionen Barrel pro Tag zu den großen Ölproduzenten, und der beim Sturz des Schahs entstehende Produktionsausfall riß ein ganz beträchtliches Loch in das Angebot. Die fehlenden sechs Millionen Barrel täglich reichten aus, um erneut eine Ölknappheit entstehen und den Kampf um das Öl wieder aufleben zu lassen.

In den siebziger Jahren wurde der größte Teil des Weltöls anhand von langfristigen Verträgen über die sieben großen Mineralölgesellschaften verkauft. Der britische Ökonom Paul Frankel, der den Begriff des »unsichtbaren Deichs« geprägt hatte, erfand wiederum eine Metapher für die Situation der Ölgesellschaften: »Sie hatten zwar die Höhen verloren, kontrollierten aber immer noch die Ebenen.«

Die Kontrolle der Ebenen wurde jedoch durch die Revolution des Ayatollah Khomeini wesentlich beeinträchtigt. Während das politische Ziel dieser Revolution darin bestand, die traditionellen Regime Saudi-Arabiens und Kuwaits zu stören und zu belästigen, bestand eine weitere Neuerung darin, daß er nicht mit den »Sieben Schwestern« kontrahierte, sondern mit all den Ländern, die nach Teheran und auf die Spot-Märkte drängten.

Der traditionelle Spot-Markt im Ölhandel ist Rotterdam, weil im dortigen Hafen das Öl täglich direkt aus den einlaufenden Tankern bezogen werden kann. Allerdings beschränkt sich dieser »Rotterdam«-Markt nicht auf den Hafen als solchen, sondern wird über Telex in der ganzen Welt abgewickelt. Zu den größten Händlern zählen der riesige japanische Konzern Mitsubishi ebenso wie die Philipp-Brothers, die zu dem internationalen Engelhard-Konzern gehören. Dies sind nur wenige von vielen.

Der persische Produktionsausfall bewirkte eine Knappheit des Angebots. Die Israelis und die Südafrikaner konnten kein persisches Öl mehr beziehen und versuchten, überall Öl aufzutreiben. Die Italiener hatten noch Vorräte von zwei Wochen in ihren Tankern, und die Spanier und Schweden waren mindestens genauso knapp dran.

Das neue persische Regime, das keinerlei Loyalität gegenüber den alten Verträgen mit den »Sieben Schwestern« empfand, begann sofort, auf den Spot-Märkten zu verkaufen. Am Montag, den 14. Mai 1979, verkauften die Perser das Öl zum Preis von 23 Dollar pro Barrel, während der offizielle OPEC-Preis bei 13,34 Dollar lag. Am Dienstag verlangten die Perser 28 Dollar und am Donnerstag bereits 34 Dollar. Die Ironie der Situation bestand darin, daß auch die »Sieben Schwestern« kräftig mitboten; so schloß beispielsweise eine Filiale der Texaco insgeheim ein Geschäft über zwei Millionen Barrel zum Preis von 32 Dollar ab. Im Hafen der Kharg-Insel im Persischen Golf befand sich die übliche Warteschlange der Tanker, die persisches Öl transportieren wollten. Die Tanker mit langfristigen Verträgen mußten vor Anker bleiben (übrigens zahlten sie täglich 35 000 Dollar Liegegebühren), während die Tanker mit Spot-Verträgen als erste abgefertigt wurden.

Es erscheint nicht sonderlich überraschend, daß der Spot-Markt das Öl anzog wie das Licht die Fliegen. Die amerikanischen Ölgesellschaften begannen ihr in der Karibischen See raffiniertes Öl ebenfalls zum Spot-Markt zu schicken, um ihre Gewinne zu maximieren. Der dortige Preis betrug immerhin bis zu 42 Dollar pro Barrel.

Die Carter-Administration wußte, daß die Amerikaner über Autoschlangen sehr verärgert waren, und bot daher spontan eine Subvention von fünf Dollar pro Barrel an, um das karibische Öl zurückzugewinnen. Vor allem war sie darauf bedacht, das Heizöl für den nächsten Winter zu sichern, aber sie wollte zugleich die Benzinvorräte für den Sommer vor dem Zugriff der Raffinerien schützen, wenn diese aufgrund der Heizölknappheit ihre Mischung zu verändern suchten.

Die Internationale Energiebehörde hätte genausogut Boxhandschuhe oder Hockeystöcke austeilen können. Der ungarische Bankier Janos Fekete hatte sich einmal der Vorstellung hingegeben, daß der mächtige Westen jetzt seine Klauen zeigen werde. Der mächtige Westen erhob sich jetzt zwar, war aber untereinander total zerstritten. Die Deutschen – völlig auf das ausländische Öl angewiesen – meinten, die amerikanische Subvention trage nur zu weiteren Preissteigerungen bei, und vermuteten, daß den Amerikanern die Preissteigerungen gar nicht so ungelegen kämen, weil sie den amerikanischen Ölproduzenten halfen und die deutsche Industrie beeinträchtigten. Sie boten den Briten die Unterstützung bei Investitionen zur Reduktion des Nordseeöls an. Die Briten lehnten jedoch ab. Überall erhoben sie anklagende Finger, die in alle Richtungen wiesen.

Andere OPEC-Länder zogen einen Teil langfristig kontrahierten Öls ab und verkauften es auf dem Spot-Markt. Manche von ihnen erkannten jetzt die Gefahren der Situation und die Tatsache, daß die OPEC die Kontrolle verlor. Libyen und Algerien brachen schließlich die 23,50-Dollar-*Obergrenze* des Kartells. Ali Khalifa al-Sabah, der Ölminister von Kuwait, warnte davor, daß die »Preise außer Kontrolle« geraten könnten. Das OPEC-Kartell stand kurz vor der Auflösung – und zwar nicht wegen gegenseitigen Preisdumpings, sondern wegen gegenseitiger Preis*über*bietungen. Daran hatte niemand gedacht.

Im Energieministerium in Washington rechneten die Beamten Angebot und Nachfrage zusammen und stellten fest, daß es täglich einen Überschuß von einer Million Barrel geben müßte. Um so unverständlicher war, warum die Preise stiegen. »Die Spot-Preise reflektieren die Unsicherheit, aber keine Knappheit«, lautete die Erklärung eines Analytikers.

Die Welt befand sich in einem Delirium des gegenseitigen Überbietens. Die Japaner kauften zwanzig Ozeantanker und pumpten sie voll, und jeder ausrangierte Tanker von noch so dubioser Herkunft fand immer noch einen bereitwilligen Käufer. Die unabhängigen Ölgesellschaften wurden durch die »Sieben Schwestern« verdrängt und eingeengt, die ihrerseits Einschränkungen in Kauf nehmen und ihre eigenen Quellen anzapfen mußten.

Zu guter Letzt verlor dieser gegenseitige Wettlauf allein deshalb seinen Impetus, weil es einfach keine Tanker mehr gab. Die OPEC-Minister trafen sich erneut und vereinbarten eine weitere Preissteigerung. Der Spot-Markt war zwar nur für ganz kurzfristige Tageskäufe gedacht, determinierte aber dennoch den Ölpreis.

Der Leser wird sogleich erkennen, daß die Situation der zweiten Ölkrise für unsere Diskussion des Papiergeldes überaus wichtig ist. Erinnern wir uns noch einmal an Sir Thomas Gresham, nach dessen Gesetz das gute Geld durch das schlechte Geld vertrieben wird, das heißt, das gute Geld wird aus dem Kreislauf abgezogen und gespart, während das schlechte Geld ausgegeben wird. Während der zweiten Ölkrise wurde das *Öl* gespart, während *Geld* ausgegeben wurde. *Somit war Öl zum Wertaufbewahrungsmittel geworden.* Yen, DM, Dollar und Franken wurden ausgegeben, das Öl wurde aufgehoben.

Die Lektion fiel keineswegs auf fruchtlosen Boden. Das Öl war die gute Währung und das Geld die schlechte. Als die Perser ihre Produktion wieder aufnahmen, verdienten sie mit einer Tagesausbringung von drei Millionen Barrel mehr als mit ihren ursprünglichen sechs Millionen Barrel. Die Kuwaiter wollten ihre Produktion um 500 000 Barrel täglich drosseln, die Nigerianer um 200 000 Barrel und die Venezolaner um 150 000 Barrel täglich.

Das Öl ist insofern kein sehr gutes Geld, weil es nicht fein säuberlich in Bankgewölben gestapelt werden kann. Außerdem kann man auch keinen Liter Öl gegen ein Thunfisch-Sandwich oder ein Barrel Öl gegen ein Paar Schuhe tauschen. Vielleicht ließe es sich noch in sehr großen Mengen gegen eine Million Paar Schuhe eintauschen, aber der Handel wäre zumindest sehr umständlich und sperrig. Gold wurde ja zum Geld, weil es so zerstörbar und gut teilbar war, während das Öl ja zum Verbrennen gedacht ist. Interessanterweise trug die Monetarisierung des Öls mit zur Entstehung der Ära des Papiergeldes bei; denn der Zweck des Papiergeldes ist ja ebenfalls, verbrannt zu werden – wenn man einmal davon absieht, daß Papiergeld im Grunde der falsche Begriff ist, weil das Geld ja nur als elektronische Signale in einem Computer erscheint und weil elektronische Signale ja nicht verbrennen. Zumindest nicht richtig.

Sehen wir uns einmal an, was Sie für ein gutes Wertaufbewahrungsmittel halten. Zunächst können Sie eintausend Dollar nehmen und erhalten dafür zehn Prozent Zinsen. Wenn Sie die eintausend Dollar in Sterling anlegen, werden wir Ihnen vierzehn Prozent zahlen. Und für Yen, DM und Schweizer Franken werden wir Ihnen ebenfalls den jeweils angemessenen Zinssatz anweisen. Sie können aber auch die eintausend Dollar in Form von Öl anlegen und dies irgendwo aufbewahren.

Wenn Sie die Anlageform des Öls wählen, erhalten Sie weder Zinsen noch Zinseszinsen. Die Frage ist also, würden Sie lieber Geld haben oder Öl?

Die erste Ölkrise zwischen 1973 und 1974 ließ den Ölpreis von 2,69 Dollar auf 11,65 – also immerhin um das Vierfache – steigen. Die zweite Ölkrise im Anschluß an die Ankunft des Ayatollah Khomeini bewirkte in etwa eine Verdoppelung des Preises, so daß 1979 ein Barrel 28 Dollar kostete.

Der Club spielte munter das Laubfrosch-Spiel weiter, das bisher so gut funktioniert hatte: Sobald man die Produktion drosselte, war das Angebot knapp, und die reduzierten Öllieferungen führten dazu, daß die Ölverbraucher zum Spot-Markt gingen, der im Vergleich zum gesamten Weltölmarkt relativ klein war, so daß der Spot-Markt-Preis raketenartig nach oben schoß. Diesen Preis brauchte man dann nur als den wahren Wert des Öls zu betrachten, ein Treffen der Ölminister einzuberufen und den OPEC-Preis dem Spot-Markt-Preis anzugleichen. Sobald der letztere jedoch nach unten ging, brauchte man den offiziellen Preis ja nicht entsprechend anzupassen, weil es ja schließlich einen langfristigen OPEC-Preis gab. Der Spielraum für diese Preispolitik war insofern hinreichend, weil die OPEC insgesamt ja nur 22 Millionen von den täglichen dreißig Millionen Barrel benötigte, um ihre Importrechnungen zu bezahlen. Die anderen acht Millionen Barrel waren »überschüssig« und beliebig verfügbar. Obwohl die OPEC-Länder dies Spiel perfekt beherrschten, war es nicht von den OPEC-Ministern entworfen worden, sondern sie folgten einfach den politischen Ereignissen und nutzten sie weidlich aus.

Die großen Mineralölgesellschaften befinden sich in einer merkwürdigen und zwiespältigen Situation. Einerseits werden sie aufgrund der steigenden Kosten ihres Rohstoffes – in Dollar ausgedrückt – (umsatzmäßig) immer größer, und jede OPEC-Preiserhöhung macht ihr Nicht-OPEC-Öl, das sie ja nach wie vor besitzen, wertvoller. Gleichzeitig greift die OPEC immer mehr auf andere Produktionsbereiche wie Tanker, Raffinerien und Erdölprodukte über. Während die OPEC seit dem St.-Valentinstag-Massaker die Höhen kontrolliert hatte, erschließt sie sich jetzt Stück für Stück die Ebenen. So kann sie beispielsweise sagen: »Wir möchten, daß Sie Tanker für uns chartern; wir möchten, daß Sie eine Raffinerie für uns bauen; wir möchten, daß Sie unsere Raffinerieprodukte und verflüssigten Erdölgase kaufen; und wir werden Ihnen den Preis noch mitteilen.«

Während die großen Mineralölgesellschaften 1974 noch 78 Prozent des international gehandelten Öls kontrollierten, betrug ihr Anteil 1979 nur mehr 44 Prozent, und ihre Kontrolle war deutlich im Schwinden begriffen. »Wir sind nicht einmal sicher, ob wir unsere eigenen Filialen, Raffinieren und Tankstellen noch hinreichend beliefern können«, sagte ein Vizepräsident der Shell.

Wer kaufte eigentlich das Öl, das die großen Gesellschaften nicht kauften? Dies waren vor allem die westlichen Regierungen und ihre Handelsgesellschaften. Die Franzosen unterzeichneten einen Zehn-Jahres-Vertrag mit dem Irak und eilten dann sofort weiter nach Saudi-Arabien und Venezuela. Die Schweden, die Deutschen und die Japaner durchliefen genau dieselben Stationen. Als die militanten Perser die amerikanischen Geiseln in ihre Gewalt brachten, wurden alle Handelsbeziehungen zum Iran sofort von den USA abgebrochen. Statt dessen kaufte Japan das persische Öl, was von der Carter-Verwaltung als »unangemessen übereilt« kritisiert wurde. Das japanische Handels- und Industrieministerium verteidigte sich damit, daß es achtzig Prozent seines Öls für die Industrie und für seine Existenz benötigte, während die Vereinigten Staaten nur zwanzig Prozent zu industriellen Zwecken verwendeten. Zudem sei Japans Energieverbrauch relativ sparsam.

Als die anderen Industriestaaten daraufhin auf die Vereinigten Staaten blickten, fühlten sich diese relativ verunsichert. Immerhin verbrannte eins von acht in der freien Welt produzierten Öl-Barrel allein auf amerikanischen Autostraßen.

Die Amerikaner bezahlten ihr importiertes Öl einfach mit Hilfe neu gedruckter Dollars und schwächten dadurch das internationale Währungssystem. Sie besaßen keine echte Energiepolitik, da sie diese nicht durch den Kongreß durchbringen konnten. Und aufgrund der hohen amerikanischen Nachfrage konnte die OPEC den Preis mühelos weiter hinaufschrauben.

Die Amerikaner waren weniger verwundbar als der Rest der Welt, weil sie mit ihren eigenen Ölvorräten die Hälfte ihres Bedarfs decken konnten. Japan besaß keinerlei Energiequellen, und Deutschland importierte zwei Drittel seines Energieverbrauchs, darunter hundert Prozent seines Öls. Durch jeden Preisanstieg der OPEC wurden einige Amerikaner reicher – tatsächlich waren die Besitzer von US-Öl bereits um vierhundert Milliarden Dollar reicher als zu Beginn der Ölpreisspirale.

Den Amerikanern gehörten fünf der »Sieben Schwestern«: Exxon, Texaco, Gulf, Mobil und Standard of California. Über die Aramco hatten sie außerdem teilweise Zugang zum OPEC-Öl. Die Briten besaßen eine der Schwestern, nämlich die BP ganz und die Hälfte der Royal Dutch-Shell; außerdem hatten sie ihr Nordseeöl. Den Holländern gehörte die andere Hälfte der Royal Dutch-Shell und etwas Nordseegas. Auf diese Weise waren die Angelsachsen aus dem Schneider.

Der Londoner *Economist* fragte damals: »Wird der Ölhunger der Amerikaner die Welt zugrunde richten?« Und er beantwortete seine Frage folgerichtig durch eine Warnung an seine Leser, daß die amerikanische Wirtschaft ständig wuchs und die Güter der Welt aufkaufte und daß sie dazu Öl benötigte. Und da die heimische US-Ölproduktion im Sinken begriffen war, benötigten die Amerikaner eben mehr Öl aus dem Ausland.

Dennoch entstand überall das Bild von Amerika als einem sorglosen Riesen mit einem Zehn-Gallonen-Hut, der in einem Sechzehn-Zylinder-Cadillac mit hundertsechzig Stundenkilometern dahinraste und dabei immer reicher wurde.

Die internationalen Institutionen des mächtigen Westens, die OECD und ihre Internationale Energiebehörde, wurden auf diese Weise sogar noch schwächer; denn ihre Mitglieder bekamen den Eindruck, daß sie nicht genügend Macht besaßen, um mit der

Situation fertig zu werden. Die Internationale Energiebehörde erarbeitete Pläne für den Westen, um seine Importe zu reduzieren und das Ölangebot gleichmäßig zu verteilen, und die westlichen Regierungen schickten ihre Vertreter nach Paris, Genf oder Brüssel, ließen sie dort in schönen Hotels wohnen, an Konferenzen und Gesprächen teilnehmen – und taten die Diskussionsprotokolle dann in Plastikordner. Unterdessen setzten die Regierungen jedoch alles daran, um bilaterale Ölverträge abzuschließen.

Die Internationale Energiebehörde unterstellte bei ihren Treffen eine relativ flexible Verteilung des Weltöls. So sagte sie beispielsweise: »Wir wollen heute vereinbaren, daß wir hier und dort ein wenig drosseln, daß Japan ein wenig mehr und die Vereinigten Staaten ein bißchen weniger bekommen.« Woraufhin jeder Punkt im einzelnen diskutiert wurde. Nachdem jedoch täglich fünf bis sechs Millionen Barrel im Rahmen bilateraler Verträge verkauft wurden, verringerte sich diese Flexibilität deutlich, und langfristigen Verträgen waren enge Grenzen gesetzt. Solange die »Sieben Schwestern« noch die Welt im Griff gehabt hatten, konnten sie das Öl zuteilen – aber diese Zeiten waren ein für allemal vorbei.

Da der Westen nunmehr geteilt war, blieben den Mitgliedern des Clubs folgende Möglichkeiten:

Sie konnten festlegen, wieviel Öl sie ihren früheren Herren, den »Sieben Schwestern«, zugestehen wollten.

Sie konnten beschließen, inwieweit sie im Bereich der Raffinerie und des Absatzes mit den »Sieben Schwestern« konkurrieren wollten – und ob sie dies überhaupt tun wollten.

Sie konnten um technische Hilfe, Finanzierungsunterstützungen und diverse andere Hilfsmaßnahmen bitten.

Sie konnten jeden Vertrag, der ihnen nicht gefiel, zerreißen, selbst wenn dieser erst einen Monat alt war und auf zehn Jahre abgeschlossen war, mit der einfachen Begründung, daß er den Bedürfnissen eines souveränen Volkes nicht mehr genügte.

Sie konnten *rückwirkend* die Vertragsbedingungen ändern, indem sie beispielsweise sagten: »Wir haben beschlossen, daß Sie uns für 1977 eine weitere Milliarde Dollar schulden.« Und niemand konnte dagegen Einspruch erheben.

Sie konnten bestimmen, in welchem Ausmaß nach neuem Öl

geforscht werden sollte – und es gibt eine Reihe von Orten, an denen niemand ein sonderliches Interesse an der Ölforschung besitzt, weil das augenblickliche Spiel ausgesprochen günstig verläuft. Außerdem konnten sie sagen: »Der Ölpreis wird um die Inflationsrate plus *einen bestimmten Betrag* steigen, weil wir für unser Gut einen echten Ertrag erzielen wollen.«

Des weiteren konnten sie die richtigen Meinungen außerhalb des Ölhandels auch besonders belohnen. So zum Beispiel, wenn es um Fragen ging wie: »Was halten Sie von Atomkraft? Was halten Sie von der gegenwärtigen Situation im Nahen Osten? Was denken Sie von Jasir Arafat und der Palästinensischen Befreiungsorganisation (PLO)?«

Die Frage, ob sich die OPEC halten kann, haben die Ökonomen bisher eindeutig verneint, weil Kartelle ihres Erachtens nicht überleben können und weil es doch genau so in diesem oder jenem Buch steht. Aber die Ökonomen kannten nur Zahlen und waren weder mit dem *asibaya*, dem arabischen Gemeinschaftssinn, noch mit dem Muskelspiel der Dritten Welt vertraut. Auch unsere Frage, wie hoch der Preis noch steigen wird, läßt sich schwer beantworten. Vor zehn Jahren noch hätte kein einziger Ökonom eine zehnfache Preiserhöhung vorhergesehen. Die OPEC ist ein Club und kein reines Kartell, sie ist nicht ganz so gut organisiert wie die Texas Railroad Commission, sondern ähnelt manchmal mehr einem Haufen von Freibeutern des 18. Jahrhunderts, die auf die herannahenden schwer beladenen spanischen Galionen warten. Sie hat 1975 immerhin eine 35prozentige Nachfragesenkung verkraftet, sie hat auf diversen Treffen mitternächtliche Dispute und Streitereien unter ihren Mitgliedern überlebt, und sie hat sogar einen echten Krieg zwischen zwei ihrer Hauptproduzenten überdauert. Trotz aller Querelen hat sie bislang besser zusammengehalten als der mächtige Westen. Und sie wird so lange überdauern, bis die Ölverbraucher unabhängig von ihrer Energiequelle werden und den diplomatischen Zusammenhalt und die Fähigkeiten entwikkeln, die für Großmächte angemessen sind.

Im nächsten Kapitel werden wir sehen, ob wir von einer solchen Unabhängigkeit noch weit entfernt sind – und was wir tun könnten, falls dies so wäre. In der Zwischenzeit wird der Preis sich nicht nur entsprechend der Nachfrage entwickeln; denn die Weltrealität ist viel verworrener als die Welt der Ökonomen. Der Preis wird genauso stark steigen, wie die OPEC ihn anheben will, und ist überdies nicht nur von der wirtschaftlichen Nachfrage, sondern zugleich von der politischen Situation abhängig. Der gegenwärtige Generalsekretär der OPEC hält nach Durchsicht aller Zahlen einen Preis von sechzig Dollar für gerecht und angemessen, und seine Schätzung ist sicherlich mindestens genauso richtig oder falsch wie die jedes Ökonomen.

Die OPEC erweckt jetzt den Eindruck eines ziemlich monolithischen Gebildes. Aber in ihr sind genau wie bei den »Sieben Schwestern« letztlich Menschen vereint.

Der Ölminister Abdul Aziz fährt mit seinem Auto in sein Büro. Vielleicht wird er auch gefahren, weil die Straßen so überfüllt sind und weil er dann gleichzeitig lesen kann. Er gehört mit zur gebildeten Elite seines Landes und hat manchmal genau dieselben Gedanken, die einer dieser Minister tatsächlich geäußert hat: »Meine Mutter starb an Typhus, weil es damals keinen Arzt in der Stadt gab. Sie war erst 28. Ich habe fast mein Augenlicht verloren, weil es keinen Augenarzt gab. In unserem Haus gab es viele Skorpione, von denen ich mehr als einmal gestochen wurde. Die Säuglingssterblichkeit betrug sechzig bis siebzig Prozent, deshalb hatte eine Familie sechs oder sieben Kinder, um schließlich eins von ihnen wirklich zu behalten. Außerdem hatten wir keinen Strom. Solange Sie sich diese Sehnsucht unseres Volkes nach einem schöneren Leben nicht vorstellen können, können Sie nicht verstehen, was hier geschieht.«

Wenn er dann in sein Büro kommt, sagt sein männlicher Sekretär zu ihm: »Herr Ichiban aus Japan, Herr Lundquist aus Schweden, Herr Costanzo aus Brasilien und Herr Münchhausen aus Deutschland warten bereits auf Sie.«

Abdul Aziz schaut daraufhin in sein äußeres Büro, wo alle genannten Herren mit ihren schwarzen Dokumententaschen sitzen und sich gegenseitig nervös und verstohlen betrachten. Sie sind alle sehr gut angezogen und gepflegt. Abdul Aziz weiß, daß alle sagen werden: »Ich habe gerade von den neuen israelischen Siedlungen auf dem Westufer gelesen und finde es einfach schrecklich.« Dann werden all diese gepflegten und adrett gekleideten Vertreter des Westens – einzeln nacheinander, während die anderen im Warteraum sitzen – ihre Aktentasche öffnen und ein Angebot machen. Abdul Aziz ist bereits eine Stunde zu spät gekommen, weil die Zeit im Nahen Osten eine andere Rolle spielt. Das macht aber nichts; Abdul Aziz hat es nicht ungern, die Leute aus dem Westen warten zu lassen. Er weiß, daß all diesen Einkäufern eingebleut worden ist: »Sichern Sie sich das Öl jetzt, wir wollen keine Autoschlangen haben, und wir müssen unsere Industrie in Gang halten, rein politisch können wir uns keinen kalten Winter leisten.« Abdul Aziz schaut aus dem Fenster und genießt diesen Augenblick von ganzem Herzen. Vor zwanzig Jahren hatten die »Sieben Schwestern« noch seinem Land vorgeschrieben, wieviel Öl es produzieren konnte.

»Erst vor zwanzig Jahren!« denkt er. Was ist alles in zwanzig Jahren geschehen!

Kapitel 8

Warum der Begriff »Energiekrise« unzutreffend ist – und warum sie für uns eine finanzielle Bedrohung darstellt

Der Club triumphierte. Ihm war der größte Vermögenstransfer in der Weltgeschichte gelungen, weil er zufällig auf den größten Vorräten an flüssigen Brennstoffen saß, als die Nachfrage dafür stieg. Dann benutzte er die verschiedenen politischen Krisensituationen, insbesondere die im Nahen Osten, um die Preise zu erhöhen und das Produzentenkartell an die Stelle der »Sieben Schwestern« zu setzen. Die Frage ist nun, ob die unter den Produzentenländern üblichen Querelen zu einem andersartigen Ergebnis geführt hätten, wenn Perez Alfonso nicht mit Abdullan Tariki zusammengetroffen wäre. Das ist jedoch reine Spekulation.

Die Öffentlichkeit machte die erste Bekanntschaft mit der »Energiekrise« in Form der Autoschlangen von 1973/74, als einige Clubmitglieder die Produktion drosselten und bestimmte Zielorte mit einem Embargo belegten. Dadurch wurde unsere Abhängigkeit mehr als deutlich. Die eigentliche mit der Kontrolle des Clubs verbundene Gefahr ist jedoch nicht die Unbequemlichkeit langer Autoschlangen, sondern vielmehr die Tatsache, daß wir ständig Schuldscheine für ein Produkt ausgeben, das in der Atmosphäre verbrennt, und daß wir in der Vorstellung leben, unendlich lange so weitermachen zu können. Die dafür ausgegebenen Dollars sind zahlenmäßig zu groß, um sich in Orangensaft oder F-14-Bombern ausdrücken zu lassen. Für das nächste Jahrzehnt besteht die Gefahr der »Energiekrise« in einer Finanzkrise: in dem Zusammenbruch des Handels- und des Banksystems sowie einer extremen Depression.

Konzentrieren wir uns noch ein wenig auf die »Energiekrise«.

Das Argument, daß der *Planet* bald am Ende seiner Ressourcen angelangt ist, können wir zunächst damit abtun, daß diese allumfassende ökologische These, die durch die Veröffentlichung der im Computermodell des Club of Rome enthaltenen Vorhersagen Gegenstand hitziger Debatten wurde, allerdings wegen des langfristigen Zeithorizonts erst im nächsten Jahrhundert akut wird. Deshalb wollen wir uns hier darauf einigen, daß die Gesamtressourcen des Planeten langfristig natürlich mitberücksichtigt werden müssen.

Der Begriff »Energiekrise« verursacht bei vielen Leuten einen merkwürdigen Gesichtsausdruck, in dem sich der Zweifel, ob es eine solche überhaupt gibt, niederschlägt. Ich glaube, das Problem besteht darin, daß wir der Situation eine falsche Bezeichnung verliehen haben. Eine »Krise« ist immer ein Wendepunkt, eine Situation der Instabilität, die zu entscheidenden Veränderungen führt. Sobald sie jedoch länger anhält, verlieren wir allmählich die Geduld. Außerdem besitzen wir immerhin noch genügend *potentielle* Energie. Wenn die Vereinigten Staaten Kohle für die Dauer von vierhundert Jahren besitzen, dann ist das ein ungeheures Energiepotential. Warum reden dann alle von der Krise? Und gibt es überhaupt eine echte Krise?

Es gibt sie. Tatsache ist, daß wir eine Knappheit an flüssigen Brennstoffen bzw. eine Ölkrise erleben, die zu einer möglichen Finanzkrise führen könnte. Wir sind voll und ganz auf die Verwendung von Öl eingerichtet und verbrauchen mehr Öl, als wir produzieren; deshalb müssen wir das Öl des Clubs einkaufen und schicken ihm dafür mehr als eine Milliarde Dollar wöchentlich. Wir tun dies in der Hoffnung, daß der Club auch weiterhin unsere Dollars nimmt. Dabei ist der Club imstande, uns den Ölhahn abzudrehen und seinen Preis zu erhöhen. Um unsere Abhängigkeit vom Club zu verringern, brauchen wir Zeit, Geld und den politischen Willen. Wir sind nicht darauf eingerichtet, unsere Abhängigkeit durch die Verwendung von mehr Kohle zu verringern, und besitzen derzeit auch keine anderen Alternativen.

Sehen wir uns einmal zwei ganz einfache Tabellen an. Die linke gibt das im internationalen Handel verbrauchte Öl an, während die rechte die Kohleproduktion (in Tonnen) enthält. Beide Tabellen machen deutlich, daß die Welt einen Großteil der Kohle durch Öl ersetzt hat. Der Ölverbrauch beträgt heute das Zehnfache, während der Kohleverbrauch sich nur verdoppelt hat, und dies angesichts einer dramatischen Vermehrung der Weltbevölkerung und der Weltindustrie.

Tabelle A		**Tabelle B**	
Öl (in Millionen Barrel pro Tag)		Kohle (in Millionen Tonnen)	
1950	3,7	1950	1 580
1960	9,0	1960	2 191
1970	25,6	1970	2 397
1973	34,2	1973	2 483
1979	35,4	1979	2 932

Die Kohle könnte natürlich unsere Abhängigkeit vom Importöl verringern, und da so viel davon vorhanden ist, könnte sie sogar exportiert werden und damit ein Teil der Dollarforderungen zurückgewonnen werden. Die Vereinigten Staaten besitzen Kohle für drei- bis fünfhundert Jahre, je nachdem, welche Schätzungen man zugrunde legt. Die Welt besitzt insgesamt Kohle für zweihundert Jahre. Die von Carroll Wilson am MIT herausgegebene »World Coal Study« verlangt für das Jahr 2000 eine Verdreifachung des Kohleverbrauchs.

Wir wissen sehr wohl, warum die Welt von Kohle auf Öl umgestiegen ist. Kohle ist sperrig und ineffizient, schwer abzubauen, erzeugt beim Verbrennen gefährliche Abgase und kann sogar durch seine Kohlendioxyde die Atmosphäre beeinflussen. Seine Abgase können den »sauren Regen« verstärken, der äußerst gefährlich für die Vegetation und Süßwasserfische ist. Um vermehrt Kohle verwenden zu können, müssen wir zunächst die damit verbundenen Umweltprobleme lösen.

Die amerikanische Kohle-Industrie arbeitet weit unter ihrer laufenden Kapazität und zählt immerhin zwanzigtausend arbeitslose Kumpel. Die erste und einfachste Verwendung der Kohle ist die Stromerzeugung, aber die dazu erforderliche Umstellung oder das Umdenken vollzieht sich aus vornehmlich »politischen« Gründen überaus langsam.

Wir verfügen heute noch nicht über die Infrastruktur, die für eine auf Kohle basierende Wirtschaft notwendig ist und unsere Abhängigkeit vom Öl reduzieren könnte. Denn dazu benötigen wir viele neue Bergleute und neue Minen. Wir wollen jedoch nicht die Landschaft ruinieren oder die Kumpel verletzen, und wir müßten Tausende neuer Kumpel ausbilden.

Da wir die Kohle über lange Strecken transportieren müssen, brauchen wir Sonderzüge, nämlich jene zwei Kilometer langen Züge mit hundert Güterwagen, welche die sperrige Kohle transportieren können. Dies setzt wiederum einen Umbau des Schienensystems voraus und bringt überdies politische Probleme, weil viele Städte keine kilometerlangen Züge mitten durch ihre Stadt donnern lassen wollen.

Obwohl wir einerseits genügend Käufer für unsere Kohle finden würden, wenn wir sie exportieren wollten, benötigen wir dazu andererseits Kohlehäfen; denn an der Westküste gibt es überhaupt keinen solchen Hafen. Auch die Häfen unserer anderen Küsten sind relativ zu klein, und unser großer Kohlehafen in Virginia, Hampstone Roads, hat sich rückentwickelt. Ferner benötigen wir eine Flotte von Kohletransportschiffen, eine neue Generation von Schiffen, von denen vielleicht zwanzig Jahre lang fünfzig jährlich gebaut werden müssen. Sie brauchen nur einmal an die riesigen Tankerflotten zu denken, diese Hunderte von Tankern in der ganzen Welt, die sich derzeit auf See befinden. Zum Kohletransport brauchen wir eine ganz ähnliche Kohleflotte.

Außerdem brauchen wir das Geld, um in die Bergwerke, Bergarbeiter, die Pipelines, die Schienensysteme, die Kohlehäfen und die Schiffe zu investieren. Ferner die Konstruktionsfähigkeiten, um all dies zu erreichen, sowie hinreichend Zeit zur Vollendung dieser immensen Aufgabe.

Jetzt kommen wir allmählich zu dem wichtigsten Punkt überhaupt, nämlich dem Gefühl eines nationalen Zweckes, zu einer für alle relevanten Zielsetzung, weil sich sonst die natürlichen Konflikte ins Gehege kommen und gar nichts getan wird.

So könnten beispielsweise die Kohlestädte in Montana und Wyoming sagen: »Wir finden unsere Landschaft schön, so wie sie jetzt ist; was kümmert uns, wieviel die Commonwealth Edison, die Detroit Edison, die Consolidated Edison und der New Jersey Public Service an Treibstoff benötigen?« Und die am Schienennetz liegenden Städte könnten sagen: »Nicht durch unsere Stadt, bitte.« Die Umweltschützer können vor Gericht gehen, um eine einstweilige Verfügung und eine fünfjährige Studie bewilligt zu bekommen – und so fort. Eine dieser Gruppen nennt ihre Taktik ganz freimütig »Analysenparalyse«.

Wenn wir das Geld haben, um dem Club sein Öl zu bezahlen – und dies sind derzeit immerhin achtzig Milliarden Dollar jährlich –, dann haben wir auch das Geld für die Bergwerke, Bergarbeiter, die Pipelines, das Schienennetz, die Kohlehäfen und die Schiffe, obwohl während der Konstruktionszeit natürlich ungeheuer hohe Ausgaben anfallen. Andererseits verschwenden wir derzeit unsere Konstruktionsfähigkeiten, um für den Club in seinen eigenen Ländern ganze petrochemische Industriestädte zu errichten. Insofern ist all das sowohl vom finanziellen als auch vom technischen Standpunkt aus sehr wohl machbar. Deshalb sollten wir es auch in Angriff nehmen.

Wer will anfangen, indem er irgend etwas aufgibt?

Kohle wird heute hier sein, aber nicht morgen.

Außerdem gibt es ja noch die Kernenergie. Einer meiner Nachbarn arbeitet als Physiker in einem großen Labor mit einem neunstelligen Budget und befaßt sich ausgiebig mit der Kernfusion, die einen Großteil unserer Energieprobleme lösen würde. Er ist bereits bis zu siebzig Millionen Grad Fahrenheit gelangt und braucht es nur noch bis zu hundert Millionen Grad zu schaffen, damit der Prozeß vielleicht funktioniert. Auf meine Frage, wann er die letzten dreißig Millionen Grad erreichen würde, antwortet er: »Die letzten dreißig Millionen Grad sind am schwersten. Vielleicht dauern sie noch fünfzehn Jahre.«

Die Amerikaner besitzen heute 74 Atomkraftwerke, die Gegenstand heißer Diskussionen sind. New England, der obere Teil des mittleren Westens und die südlichen Atlantikstaaten gewinnen bereits ein Drittel ihres Stroms aus Kernenergie, und dieser Anteil wird im Laufe der Zeit noch steigen. Das Problem des Atommülls hat jedoch die Expansion der Kernenergie bereits vor dem Unfall auf dem »Three Mile Island« bzw. in Harrisburg stark beeinträchtigt. Dieser Ort oder Schauplatz hat inzwischen weltweite Bedeutung erlangt. In einer Energiestudie der Harvard Business School heißt es: »Es gibt in den Vereinigten Staaten zumindest für den Rest des 20. Jahrhunderts keine sinnvolle Möglichkeit eines nennenswerten Beitrags der Kernenergie.« Die politischen Implikationen der Kohle sind im Vergleich zu den durch die Atomkraft freigesetzten Emotionen geradezu lächerlich harmlos.

Übrigens waren die Franzosen beim Bau von Atomkraftwerken überaus emsig. Und sie reagierten ziemlich wütend, als ein unabhängiger Berater einer der »Sieben Schwestern« innerhalb der nächsten zehn Jahre einen Atomunfall für »wahrscheinlich« hielt und den Ort dieses Unfalls in Frankreich vermutete, weil die Franzosen ihr Programm so schnell ausführten. Die bissige Antwort der Franzosen darauf lautete: »Wir bauen zwar sehr viele Atomkraftwerke, aber wir besetzen sie mit den bestqualifizierten Leuten, während Sie Werkstattmechaniker beschäftigen.« Dieser Ausspruch bewirkte, daß einige Leute hier in Amerika, soweit sie davon erfuhren, ziemlich zornig auf die Franzosen wurden.

Fest steht jedoch, daß wir selbst unsere derzeitige Atomenergie innerhalb der nächsten fünf Jahre verlieren werden, wenn wir nicht die bereits vorhandenen Probleme des Atommülls lösen können.

Insofern wollen wir hier, völlig unparteiisch, nur sagen, daß wir innerhalb der nächsten zehn Jahre von der Kernenergie keine zusätzliche Hilfe und keinen signifikanten zusätzlichen Beitrag erwarten können.

Bleibt noch die Sonnenenergie. Alle lieben die Sonnenenergie, weil sie so natürlich und gesund klingt; außerdem die Treib- und Brennstoffe aus der Biomasse: aus Pflanzen, Holz und Abfall. Und natürlich die Windmühlen. Ferner schwirren Begriffe wie fotogalvanische Zellen, Solarzellen, Sonnenwärmeenergie herum. Die Leute, die den »Internationalen Sonnentag« organisiert haben, sagen, daß wir bis zum Jahre 2000 vierzig Prozent unserer Energie durch die Solartechnik gewinnen könnten. Die Zeitschrift *World Oil* meint dagegen: »Sie kann nicht einmal den Effekt eines Mückenstichs auf dem Rüssel eines Elefanten haben.«

Die Sonnenenergie ist eine *erneuerbare* Energie. Und wir sollten das »ursprüngliche« Amerika nicht unterschätzen. Manche Formen der Solarenergie sind heute bereits machbar. Nehmen wir einmal an, sämtliche Vorschläge von Professor Modesto A. Maidique von der Harvard Business School würden akzeptiert und der Anteil der Sonnenenergie betrüge im Jahr 2000 nach seiner optimistischen Prognose fünf bis fünfzehn Prozent unserer Energie. Die Solartechnik ist sicherlich nicht ohne Bedeutung, und wir sollten bereits heute mit ihr beginnen; aber nennenswerte Auswirkungen wären erst in den neunziger Jahren spürbar. Dazu benötigen wir allerdings noch wesentlich mehr Technologie, und bislang kann sich offenbar noch niemand ein sonnengetriebenes Auto vorstellen. Fazit: Mit der Sonnenenergie können wir im kommenden Jahrzehnt noch nicht rechnen, und selbst dann werden wir kein »solares« Amerika haben.

Und nun zum Thema Energieersparnis: Viele Leute verstehen darunter eine Gruppe müsliessender Natur- und Umweltschützer, die allen empfehlen, Fahrrad zu fahren oder zu Fuß zu gehen. Die Energieersparnis ist vor allem der Liebling derjenigen, die gern mit Zahlen spielen und deren Zahlen letztlich immer irgendwie stimmen. Natürlich kann man den Energieverbrauch um ein Drittel oder vielleicht noch mehr reduzieren und in etwa denselben Lebensstil beibehalten. Man braucht im Winter den Thermostat nur um acht Grad zu senken und spart bereits Energie in Höhe des indonesischen Produktionswertes. Wenn man die Reifen richtig aufpumpt, den Motor richtig einstellt und die Geschwindigkeitsbegrenzungen einhält, werden Einsparungen erzielt, die bereits dem Verbrauch eines kleinen Scheichtums entsprechen, das größer ist als Bahrain, aber nicht ganz so groß wie Abu Dhabi. Wenn Sie darüber hinaus alle Vorhänge zuziehen, haben Sie bereits Energiemengen eines weiteren kleinen Scheichtums erspart. Die erste Phase der Energieersparnis besteht aus bloßen Einschränkungen unsererseits.

Sobald wir den Kilometerverbrauch der Autos halbieren, schlägt sich dies ganz beträchtlich nieder. Anstelle eines Barrels von achtzehn verbrennen wir dann nur mehr ein Barrel von sechzehn und erzielen damit Einsparungen, die der Ölkapazität des Iran oder des Irak entsprechen. Bei der zweiten Phase der Energieersparnis geht es darum, neue Maschinen zu schaffen, die – wie zum Beispiel kleine Autos – weniger Energie verbrauchen.

Allerdings dauert es eine Weile, um die riesige Masse an Personenkraftwagen durch neue Modelle zu ersetzen, selbst wenn man für den Austausch von »benzinfressenden« Wagen eine bundesweite Prämie zahlte. Wir könnten der Wirtschaft auch die Idee schmackhaft machen, daß die Männer im Sommer keine Krawatten und nur mehr kurzärmelige Hemden tragen sollen, aber dies schlägt sich energiemäßig nur dann nieder, wenn man die Fenster öffnen und die Klimaanlage ausschalten kann. Es wird eine Weile dauern, bis wir neue Gebäude entworfen und gebaut haben, weil es nur schwer möglich ist, die Leute mittels finanzieller Anreize zum »Abriß« ihres alten Hauses anzuregen.

Es gibt sowohl gute als auch schlechte Aspekte. Der gute ist, daß die Energieersparnis bereits in vollem Gang ist. Die Industrie wird neue Anlagen kaufen, wenn diese kostensenkend wirken. So verdienen Robertshaw, Honeywell und IBM bereits gutes Geld mit der Produktion von Instrumenten und Computern, die Temperaturen und Prozesse in energiesparender Weise kontrollieren – und zwar wird genügend Energie gespart, um zugleich die Kosten der Kontrollen zu kompensieren. Und General Motors, das durch die japanischen Importe schwere Einbußen erlitt, wird 1985 eine Flotte von Autos auf dem Markt haben, die nur mehr acht Liter pro hundert Kilometer verbrauchen. Die Importwagen bieten dies ohnehin schon, deshalb ist ja der Verkauf der normalen amerikanischen Wagen bereits von vierzig Prozent auf vier Prozent des Gesamtumsatzes zurückgegangen.

Ein ganz besonders positiver Aspekt wird uns jedoch von dem Verhältnis beschert, das bereits dabei war, auseinanderzufallen. Für manche Leute war »Energieersparnis« gleichbedeutend mit »Nullwachstum«, weil für viele die – ziemlich vereinfachte – Rechnung gültig war, daß man für eine Wachstumseinheit eine Einheit Energie benötigte. (Die weniger einfache Ausdrucksweise für diesen Tatbestand lautete, daß der BSP-Energiekoeffizient unelastisch war.) Da der Energieverbrauch jedoch stärker gesunken ist als das nationale Wachstum, entfällt damit auch in zunehmendem Maße das Wachstum-Nullwachstum-Argument.

Soweit die positiven Aspekte. Die negative Seite besteht darin, daß der leichte Teil immer zuerst getan wird und daß die Industriegewinne von jetzt an dementsprechend langsamer wachsen werden. Fahrgewohnheiten, der Austausch der Autoflotte sowie die Errichtung neuer Gebäude brauchen alle Zeit. Am schlimmsten ist jedoch die Tatsache, die von einem Regierungsbeamten festgestellt wurde, daß »es keine organisierte Energiesparindustrie gibt«. Die Ölindustrie kann unser Land mit ihren ganzseitigen Anzeigen überhäufen und die Korridore des Kongresses belauern. Außerdem befindet sich ein Großteil der Kohle-Industrie in den Händen der Ölindustrie. Es gibt zwar eine gewisse Lobby für die Energieersparnis, aber sie hat nicht die wunderbaren und klaren Argumente der Ölindustrie.

Jetzt kommen wir zu einer Sache, die mich immer wieder aufs neue erstaunt: Im Jahre 1980 – also drei Jahre, nachdem Präsident Carter das »moralische Äquivalent des Krieges« deklariert hatte, sieben Jahre nach dem arabischen Öl-Embargo und acht Jahre nach dem St.-Valentinstag-Massaker – glaubte die Hälfte des amerikanischen Volkes immer noch nicht daran, daß es tatsächlich eine Energiekrise gab. Sieben von zehn Amerikanern dachten, daß die Benzinknappheit ganz bewußt von den Ölgesellschaften hervorgerufen worden war.

Und nach Aussagen einer Gallup-Umfrage wußten fast vier von zehn Amerikanern nicht, daß wir Öl importieren müssen.

Die Umfrage der Herren Gallup und Yankelovich, die wir für einen Zeitraum von zehn Jahren durchgesehen haben, enthüllen einen nahezu ununterbrochenen Widerstand gegenüber einer realistischen Wahrnehmung der Situation. Gibt es eine Krise? Nein. Wer verursacht die Probleme? Die Ölgesellschaften und die Regierung. OPEC? Im Jahre 1979 war dreizehn Prozent der Befragten das Akronym OPEC geläufig. Das waren zumindest sechs Prozent mehr als 1974.

Der Erfolg der Energiesparpolitik wird nicht sehr groß sein, wenn die Mehrheit der Amerikaner nach wie vor glaubt, die ganze Angelegenheit sei eine Verschwörung der Mineralölgesellschaften.

Warum schenkt das amerikanische Volk der Wahrheit keinen

Glauben? Ich weiß es nicht. Der Mitautor des Harvard-Business-School-Energieberichts, Daniel Yergin, macht ein Versagen der Medien hinsichtlich einer besseren Information der Leute dafür verantwortlich und belegt dies mit dem Beispiel eines Redakteurs, der einen hervorragenden Artikel deshalb verwarf, weil die Leser ihn vielleicht nicht verkraften könnten und ihn möglicherweise als langweilig empfanden. Das stimmt sicherlich, aber »Leser« sind ohnehin bereits eine begrenzte Auswahl, denn die meisten Amerikaner erhalten ihre Informationen vom Fernsehen. Die Energie ist ein komplizierter und abstrakter Gegenstand und kann natürlich nicht mit dem sofortigen Replay beim Sport oder mit dem Videoband konkurrieren. Außerdem besitzt sie bei weitem nicht die Faszination sexueller Enthüllungen oder von Revolutionen.

Laut Gallup glauben heute sechzig Prozent aller Amerikaner mit College-Bildung, daß es ein Energieproblem gibt, und die Hälfte von ihnen hat ihr Verhalten aufgrund der gestiegenen Energiekosten verändert.

Falls Sie also bis hierher mitgelesen haben, brauchen Sie sich nicht ganz einsam zu fühlen, *aber Sie haben immerhin schon mehr über Energie gelesen*, als die meisten Ihrer Mitbürger jemals lesen werden.

Sobald die einzelnen Experten die Weltenergie untersuchen, kommen sie immer wieder auf den amerikanischen Verbrauch zurück. Während wir sagen: »Die Vereinigten Staaten sind das Saudi-Arabien der Kohle«, sagen sie im Ausland: »Die Vereinigten Staaten sind das Saudi-Arabien *des Verbrauchs*.« Scheich Yamani und Johannes Witteveen schlagen vor: »Wie wär's mit einem autofreien Sonntag? Oder mit Benzinrationierung?« Dies sind Lösungen à la Hamilton, das heißt, sie unterstellen eine Führungselite, die rationale Lösungen und die Erhaltung der Währung anstrebt.

Das amerikanische Volk braucht keinerlei Schuldgefühle wegen seines vergangenen Energieverbrauchs zu empfinden, ihm wurde ja während der Ära des unendlichen Überschusses ein solcher überall nahegelegt. Schuld verhindert manchmal, ein Problem klar zu erkennen. Deshalb brauchen die Amerikaner sich nicht schuldig zu fühlen, *falls* sie sich des Problems bewußt werden. Ich habe das subjektive und von keinen Gallup-Umfragen bestätigte Gefühl, daß die Leute in der Vergangenheit zu sehr viel mehr Veränderungen bereit waren, als die politische Führung überhaupt von ihnen verlangt hat. Der amerikanische Energieverbrauch läßt sich ohne ernsthafte Einschränkung des Lebensstils modifizieren – aber jedes Jahr, das ohne konkrete Veränderungen vorbeigeht, wird sich in der Zukunft in Dollar-Engpässen und im Lebensstil künftiger Jahre niederschlagen.

Wir haben soeben die verschiedenen Alternativenergien zum Öl wie Kohle, Atom-, Solarenergie und Drosselung des Verbrauchs diskutiert. Wir hätten genausogut noch das Erdgas (Naturgas), den sogenannten »König der Kohlenwasserstoffe«, erwähnen können. Das Erdgas ist ein sehr effizienter Brennstoff, aber die meisten Energiestudien halten die Reserven der Vereinigten Staaten für mindestens genauso beschränkt wie das Öl. Erst vor kurzem haben die Forscher nach diesem Gas gesucht, während es bis dahin immer nur ein Nebenprodukt der Ölförderung gewesen war. Manche Experten sind der Auffassung, daß die Gasvorräte unterschätzt worden sind, weil es auch noch produktionsmäßig sehr viel teurere Gassorten gibt: das tiefgebohrte Gas, das tiefer als viertausend Meter liegt, sowie Gas in dichtem Sandstein und das Schiefergas. Dazu bedarf es jedoch wieder Investitionen und Zeit, und das letztliche Ergebnis ist keineswegs sicher.

Wir brauchen uns nur zu erinnern, daß die meisten Leute, die Entscheidungen über Geldausgaben im Energiebereich treffen müssen, mit dem »unendlichen Überschuß« aufwuchsen. Sie schauen jetzt voller Verwunderung auf den OPEC-Preis von dreißig Dollar und fragen sich, ob nicht vielleicht irgend jemand irgendwo ein riesiges Feld findet, das den Preis zusammenbrechen läßt. Und sie denken: wenn wir *wüßten*, daß das Öl bis zu fünfzig Dollar pro Barrel steigt und so teuer bleiben wird, könnten wir Geld in Kohle, Schweröl, Schiefer- und tiefgebohrtes Gas investieren. Doch was passiert, wenn der Ölpreis sinkt, nachdem wir das Geld ausgegeben haben? Dann kehren alle wieder zum Öl zurück, und wir sind ruiniert und ohne Arbeit. Die kleinen Kohlefirmen, die Mitte der siebziger Jahre Bergwerke erschlossen, haben bereits Schwierigkeiten.

Wir benötigen Zeit und Geld – sowie Technologie und die entsprechenden Fähigkeiten –, um echte Alternativen zum Öl zu schaffen, und diese Entscheidungen müssen von *Leuten* getroffen werden. Die Ergebnisse werden etwa zehn Jahre lang auf sich warten lassen, und die *Leute* werden in zwei oder vier Jahren gewählt bzw. wiedergewählt. Und falls es sich um Geschäftsleute handelt, sind sie vielleicht bereits im Ruhestand, oder ihre Nachfolger sind im Amt, bevor überhaupt sichtbare Ergebnisse erzielt werden.

Es gibt eine Frage, die heute genau dieselben Leidenschaften erweckt wie die theologischen Debatten, die Martin Luther im 16. Jahrhundert in Marburg oder Leipzig führte, denn die Männer der Ölindustrie argumentieren mindestens genauso leidenschaftlich wie ihre Gegner. Diese Frage lautet: »Wenn man den Preis erhöht, wird dadurch mehr Öl aus dem Boden gewonnen?«

Antwort: »Nur, wenn tatsächlich Öl da ist.«

Der Ölpreis könnte bis zu fünfhundert Dollar pro Barrel steigen und hätte dennoch keinerlei Auswirkungen, wenn Sie in der Park Avenue, in der Peachtree Street oder im Lake Shore Drive nach Öl bohren würden.

Natürlich gibt es bestimmte Mengen Öl, die zum Preis von drei Dollar brach liegenbleiben, zum Preis von dreißig Dollar pro Barrel dagegen interessant werden; denn nun lohnt es sich ganz einfach, auf verlassene Brunnen zurückzugreifen, sie mit Dampf oder Wasser zu füllen und die Ölrückstände hochzupumpen. Außerdem lohnt es sich bei diesem Preis, in neuen und schwierigen Orten nach Öl zu bohren. So scheint beispielsweise der Overthrust Belt mit seinen Zickzack-Windungen ein sehr vielversprechendes Gelände zu sein.

Innerhalb der Vereinigten Staaten sagen die im Ölgeschäft tätigen Männer jedoch: »Das leichte Öl ist bereits gefunden worden.« Das ganze Land ist karthographisch erfaßt, durchforscht und durchlöchert worden. Mehr als zwei Millionen Löcher sind in die Oberfläche gebohrt worden. Wir haben zahlreiche alte Ölfelder und Brunnen, die nach einer Weile nicht mehr fließen, sondern nur mehr tröpfeln. Unterdessen hält der Ölverbrauch jedoch munter an. Der Durchschnittsbrunnen der Vereinigten Staaten erbringt täglich siebzehn Barrel, in Venezuela 186 Barrel und in Saudi-Arabien 12 405 Barrel.

Seit der ersten Ölkrise hat sich der Texas-Preis des »neuen Öls« vervierfacht, während das »alte Öl« sich verdoppeln dürfte und schließlich bis auf den Marktpreis steigen wird. Bei einem Ölpreis von dreißig Dollar pro Barrel werden die unabhängigen Ölproduzenten erneut mit großem Enthusiasmus an ihre Arbeit gehen, und die Zuliefergesellschaften für die Ölfelder machen wieder blühende Geschäfte. Dennoch ist die US-Produktion im Abnehmen begriffen.

Wenn wir Nordalaska ausklammern, haben unsere Ölreserven seit 1966 jedes Jahr beständig abgenommen, wie die Schätzungen der vergangenen und der künftigen Produktion von der Petroleum Industry Research Foundation zeigen:

1973 9,0 Millionen Barrel täglich
1979 7,2 Millionen Barrel täglich

1985 6,2 Millionen Barrel täglich
1990 5,9 Millionen Barrel täglich

Diese Zahlen basieren auf der Annahme, daß die Ölindustrie genau den von ihr gewünschten Preis erzielt. Außerdem unterstellen sie höhere Weltpreise, eine Aufhebung der amerikanischen Ölpreiskontrolle sowie amerikanische Funde von *2,3 bis 2,4 Milliarden* Barrel jährlich (ohne Alaska), was die jüngsten Funde bei weitem übersteigen würde.

Die Ölproduktion in Alaska wird nach Erreichen eines Höhepunktes ebenfalls absinken. Daneben gibt es in der Arktis noch andere Gebiete – wie zum Beispiel die Beaufort Sea –, die bislang unerforscht sind und wo möglicherweise Öl gefunden werden kann, wenn die Kämpfe zwischen den Ölgesellschaften und dem Gesetzgeber beigelegt sind. Das sollte so schnell wie möglich geschehen. Die Alaska-Pipeline wurde jahrelang verzögert, obwohl selbst ein Naturliebhaber wie John McPhee, der diesen Staat über alles liebt, die Größe und Auswirkung dieser Pipeline mit denen eines Fadens verglich, der sich durch die Insel zieht. Natürlich ist Öl auf bundesstaatlichem Boden immer ein kontroverses Thema, aber die amerikanische Produktion wird selbst bei Ausnützung dieser und zusätzlicher Gebiete von Alaska dennoch sinken. Es gibt keinen einzigen Experten, der eine Steigerung für realistisch hält. Allerdings liegen die Schätzungen der Senkungsrate ziemlich weit auseinander – die pessimistischste Schätzung prognostiziert für 1990 eine tägliche Förderleistung von vier Millionen Barrel.

Unser Ölverbrauch ist zwar mit zunehmendem Preis gesunken, aber die erwartete Produktionsabnahme wird die Versorgungslükke während des nächsten Jahrzehnts aufrechterhalten. Ich gebe im folgenden einen Ausschnitt eines Gesprächs mit dem damaligen stellvertretenden Minister des Energieministeriums, John O'Leary, wieder. Ich hatte ihn gefragt, ob ein freier Marktpreis nicht das Ölangebot wesentlich erhöhen würde und ob es in der Welt irgendwelche Nicht-OPEC-Gebiete gebe, die uns beliefern würden.

»William Simon meint«, sagte ich zu ihm, »wenn man einfach den Preis völlig frei ließe, würde sich der Markt schon seiner annehmen. Genau dasselbe sagen auch die Ölgesellschaften.«

»Tja, das stimmt wohl auch.«

»Simon ist der Auffassung, daß wir kein Energieministerium benötigen, daß es nur im Wege sei.«

»Das ist eine agrarwirtschaftlich geprägte Auffassung, das heißt, sie stammt aus dem Bereich der Agrarökonomie; denn die Landwirtschaft denkt nur von einer Ernte bis zur anderen. Wir haben es jedoch mit einer erschöpflichen Ressource zu tun, deshalb müssen wir planen.«

Zum Zeitpunkt unseres Gesprächs gab es vorübergehende winzige Überschüsse.

»Das North-Slope-Öl stapelt sich derzeit in Kalifornien«, sagte ich. »Und die Tankermannschaften spielen im Hafen Backgammon.«

O'Leary antwortete darauf: »Dieser Überschuß ist nicht mehr als ein Schluckauf, fünfzigtausend Barrel, die an einem schönen Sommertag verfahren werden. Deshalb wird er sehr schnell verschwunden sein. Die Dimensionen haben sich ziemlich verändert und dementsprechend auch die Größe der ›Goldgruben‹. Als unsere Wirtschaft täglich eine Million Barrel verbrauchte, konnte der Streik eines texanischen Feldes mit einer Tagesausbringung von hundertausend Barrel die gesamte Industrie erschüttern, und der Ölpreis konnte bis zu zwanzig Cent pro Barrel sinken. Jetzt haben wir jedoch eine Wirtschaft, die täglich siebzehn Millionen Barrel verbraucht, und es gibt keine hinreichend großen Ölfunde mehr, durch die sie erschüttert werden könnte. Der einzige wirklich große Fund auf diesem Kontinent in hundertundzwanzig Jahren war der North Slope.«

»Und was ist mit Mexiko?« fragte ich. »Mexiko hat soeben äußerst erfolgreiche Bohrungen gemacht. Und der Präsident von Mexiko meint sogar, daß er mehr Öl als Saudi-Arabien haben werde.«

»Natürlich schließen wir Mexiko mit ein. Wir haben Mexiko für 1985 mit zweieinhalb Millionen Barrel täglich eingeplant. Werden es mehr sein? Sie dürfen nicht die Anlaufphasen und die Investitionen vergessen. Wenn sie das Geld für soziale Zwecke ausgeben, werden sie es vermutlich nicht ganz reinvestieren.« Auf der von Wanda und mir geleiteten Konferenz brachte ich ebenfalls das Thema Mexiko auf den Tisch. Die Vertreter der Finanzwelt am Tisch kritzelten vor sich hin, der Exxon-Ökonom machte sich Notizen, und der Mobil-Mann zählte ein paar Zahlen zusammen.

»Ich bin gerade aus Mexiko zurückgekommen«, sagte der jüngste meiner Ölleute. »Es wird phantastisch sein. Absolut überdimensionale Strukturen. Ein zweites Saudi-Arabien.«

Der Mobil-Mann setzte wieder seine Brille auf und überflog noch mal seine Zahlen.

»Inoffiziell«, sagte er dann. »O. k., inoffiziell? Ich werde Ihnen für 1985 weitere dreieinhalb Millionen Barrel täglich von *sämtlichen* Nicht-OPEC-Ländern geben. Das meiste wird davon in Entwicklungsländer gehen. Korea und Brasilien kaufen ja ebenfalls Öl. Selbst bei konstanter US-Nachfrage wird die *Welt*nachfrage von 51 Millionen auf 66 Millionen Barrel täglich steigen. Und die Weltnachfrage wird mühelos dreieinhalb Millionen Barrel täglich verkraften. Sie können zwar mehr Öl *finden,* aber das heißt nicht, daß diejenigen Länder, die das Öl besitzen, es auch fördern und *verkaufen.«*

Ende 1977 war Scheich Yamani in Caracas bei einem OPEC-

Treffen der Anführer der »Tauben«, die für die Beibehaltung des Preises plädierten. Er warnte gleichzeitig davor, daß die Nachfrage wachsen und die Preise sich in einem Jahrzehnt verdoppeln würden. Er irrte jedoch; denn sie hatten sich bereits nach zwei Jahren verdoppelt.

»In dieser Situation gibt es nur zwei wirklich wichtige Fragen«, meinte John O'Leary aus dem Energieministerium. »Die eine lautet: Wie wird sich die Nachfrage entwickeln?«

Jede Rezession bewirkt eine Senkung der Nachfrage. Die Autofirmen, die stillgelegt werden, brauchen keine Energie mehr; entlassene Arbeitnehmer fahren und fliegen weniger als voll berufstätige und diejenigen, die Überstunden leisten. Deshalb erleben wir vorübergehende Überschußsituationen, die von den Zeitungen häufig lautstark diskutiert werden und den Leuten das Gefühl vermitteln, das Problem sei beseitigt oder war ohnehin durch das Komplott einer Ölgesellschaft bedingt. Wir wollen aber nicht in einem Zustand permanenter Rezession leben.

»Die andere Frage lautet: Was werden die Saudis tun? Weil alles, was die Saudis tun, das Angebot bestimmt. Nordseeöl, North Slope, Mexiko – ist ja alles gut und schön, aber die Grenzen sind hier genau wie bei den Kapazitäten der meisten großen Felder bereits absehbar. Nur die Saudis haben die Kapazität, um uns ein Jahrzehnt lang zu versorgen. Sie sind das einzige Land mit wirklich großen Reserven.«

Damit wären wir wieder beim Club. Alle Regeln, die wir über Kartelle gelernt hatten, implizierten, daß sie früher oder später zerbrechen, weil die Mitglieder zu streiten anfangen und sich gegenseitig unterbieten, um einen größeren Marktanteil zu erringen. Und die Mitglieder unseres Clubs streiten nicht gerade wenig. Der Iran und der Irak begannen sogar einen Krieg, bei dem sie gegenseitig ihre Ölanlagen bombardierten. Indes gab sich keines der Clubmitglieder geschlagen, und die anderen Mitglieder stellten in aller Ruhe fest, daß dieser Krieg am Persischen Golf aufgrund der beschädigten Ölproduktionsstätten den Ölpreis sicherlich steigen lassen würde.

Es ist sicher eine äußerst ungewöhnliche Situation in der Menschheitsgeschichte, diese so offensichtliche Abhängigkeit der führenden Industriemächte der Welt von einer Handvoll Familien.

Auf der einen Seite des Persischen Golfs befinden sich Persien und der Irak, die beide antiwestlich eingestellt sind und miteinander Krieg führen. Sobald sich beide Länder gegenseitig angreifen, verkünden die staatlichen Radiosender in beiden Ländern jeweils den *jihad*, den »Heiligen Krieg«, und klagen den Feind an, mit den rassistischen, zionistischen und imperialistischen Amerikanern gemeinsame Sache zu machen. Jeder, der die Notwendigkeit einer Energieabhängigkeit in irgendeiner Weise bezweifelt, sollte die vom BBC aufgenommenen Transkripte der Radiosendungen in Bagdad und Teheran anhören.

Auf der anderen Seite des Persischen Golfs befinden sich die sogenannten konservativen Staaten, die Familienbesitze: die al-Salim al-Sabahs von Kuwait, die Rashids von Dubai, die Zayed-bin-Sultan-al-Nahyans von Abu Dhabi und die alles überragenden Saudis, die Arabien nach sich selbst benannt haben. Wer sind diese Leute, von denen wir jetzt so gefährlich abhängig geworden sind?

Kapitel 9

Die Saudi-Verbindung: das Königreich und die Macht

Ich kenne nur einen einzigen Ort, der ehrfürchtig als »das Königreich« bezeichnet wird und der sich weder auf das Himmelreich noch auf das schwedische, nepalesische oder irgendein anderes Königshaus bezieht. Die Araber und Araberfreunde nennen Saudi-Arabien einfach »das Königreich«.

Erinnern wir uns noch einmal daran, daß es nach Auffassung des Energieministeriums nur zwei wichtige Fragen gibt: Wie wird sich die Nachfrage entwickeln? Und was werden die Saudis tun? Denn nur sie haben wirklich große Ölvorräte.

Falls die Saudis im Falle steigender Nachfrage ihre Reserven angreifen, dann tragen sie dazu bei, den Preis niedrig zu halten. Falls sie dies nicht tun, wird der Preis noch stärker steigen und auf diese Weise die Inflation anheizen. Außerdem würde einer Rezession Vorschub geleistet, weil der Teil des Einkommens, der sonst für andere Produkte und Dienstleistungen verwendet würde, bei steigenden Preisen für das Öl ausgegeben wird, so daß die Hersteller und Anbieter der anderen Produkte und Dienstleistungen teilweise ihre Unternehmen aufgeben müssen. Insofern können die Entscheidungen des Königreichs ganz wesentlich das Niveau der industriellen Aktivität des Westens mitbeeinflussen und mitbestimmen, ob die Kommunisten in Frankreich und Italien Stimmengewinne erzielen, wie stark die Inflation ist und was mit dem Zins, den Wertpapiermärkten und dem Wohnungsbaumarkt passiert – eine erstaunliche Einflußnahme für ein so kleines Land.

Der in Öleinheiten ausgedrückte Anteil des Königreichs an der OPEC beträgt für sich genommen etwa ein Drittel, zusammen mit seinen Nachbarn und Verwandten entlang der Golfküste etwa die Hälfte. Im Gegensatz zu der anderen Hälfte der OPEC – zum Beispiel Venezuela, Algerien und Indonesien – verdient die saudiarabische Hälfte mit dem Öl mehr, als sie zum Leben braucht. Deswegen sind ihre Entscheidungen nicht ökonomisch, sondern vielmehr politisch determiniert, und sie werden die Wirtschaft der achtziger Jahre ziemlich stark beeinflussen.

Das Königreich ist in etwa so groß wie Amerika östlich des Mississippi-Flusses. Eine Ecke davon, die südwestliche Provinz Asi, besitzt einige grüne Täler, und der Südwesten der arabischen Halbinsel, der Jemen, war zur Zeit der Römer das »Arabia Felix«. Der Gebirgszug Jebel al-Hijaz verhindert, daß die Feuchtigkeit gen Osten wandert, und hat dadurch die Entstehung einer der größten Wüsten der Welt ermöglicht. Die Wüste ist so unermeßlich groß, daß der südöstliche Teil des Königreichs als Ar Rub al-Khali, als »leeres Viertel«, bezeichnet wird. Das saudische Reich besitzt keinen einzigen Fluß, und im Sommer sind Temperaturen von rund fünfzig Grad Celsius sowie keinerlei Regenfälle durchaus an der Tagesordnung. Aufgrund des rauhen Klimas blieb die Bevölkerung relativ klein und beträgt heute etwa sieben Millionen; die genauen Zahlen kennt niemand.

Als die Standard Oil Company of California oder Socal, 1928 weder in Mexiko, Ecuador und den Philippinen noch in Alaska Öl gefunden hatte, kaufte sie als letzte Rettung auf der Insel Bahrain, knapp vierzig Kilometer von der saudiarabischen Küste entfernt, eine Konzession und fand etwas Öl. Anschließend suchte ein Vertreter der Socal den dort ansässigen Ford-Händler und früheren britischen Geheimagenten, Harry St. John Philby, auf, der mit dem saudischen Finanzminister, Scheich Abdullah Sulaiman, befreundet war. Philby brauchte Geld für die Ausbildung seiner Kinder, von denen der eine, Kim, im Zweiten Weltkrieg ein berühmter Doppelagent werden sollte. So erhielt die Socal für den Preis von 35 000 Goldsovereigns (dies ist die alte britische Zwanzig-Shilling-Münze, Anm. d. Übers.) die Konzession für Saudi-Arabien. Scheich Abdullah Sulaiman zählte die Münzen höchstpersönlich.

1937 stieß die Socal-Bohrinsel Nr. 7 in 1 420 Meter Tiefe erstmals auf Öl. Der erste Tanker wurde 1939 beladen. Die Bohrinsel Nr. 7 existiert heute immer noch. Da die Socal keinen direkten Markt für ihr Öl besaß, verkaufte sie einen halben Anteil an die Texaco und erhielt als Gegenwert einen erhöhten Anteil am Kartellmarkt. Die Socal und die Texaco erschlossen sich dann zusammen mit der Exxon und der Mobil einen noch größeren Marktanteil und bildeten zu guter Letzt als »gute Schwestern« die Aramco, die Arabian American Oil Company. Innerhalb der nächsten dreißig Jahre fand die Aramco in Saudi-Arabien Rohölreserven in Höhe von mehr als hundertachtzig Milliarden Barrel, das war ein Viertel der gesamten Ölreserven unseres Planeten.

Niemand weiß jedoch, wieviel Öl tatsächlich in dem Königreich gefunden werden wird.

Es gibt nur wenige Orte auf dieser Erde, die sich so schnell verändert haben wie Saudi-Arabien. Während es in den dreißiger Jahren bereits einen Zug von Tel Aviv nach Kairo gab und Kairo selbst bereits eine relativ zivilisierte Stadt war, lebten die Saudis damals noch fast wie in biblischen Zeiten. Etwa ein Viertel der Bevölkerung war Nomaden, die Hälfte war Kleinbauern oder Hirten, halbnomadische Stämme und Dorfhandwerker, und ein Viertel lebte in kleinen Städten. Der Reisende, der im Zug von Tel Aviv nach Kairo gefahren war, mußte in Saudi-Arabien wohl oder übel auf einem Kamel weiterreiten. Die von Lehmmauern umgebenen, aus Ziegelsteinen errichteten Städte schlossen ihre Tore bei Sonnenuntergang und wurden bei Einfall der Dunkelheit verbarrikadiert. Falls man während der Reise einen Fremden traf, mußte man nach irgendeinem zuvor vereinbarten Signal Ausschau halten – dies konnte zum Beispiel das Schwenken einer Kopfbedeckung oder das Werfen von Sand sein. Falls man es nicht sah, galoppierte man besser davon. Räuber und räuberische Stämme machten Reisen überaus gefährlich.

König Abdul Aziz ibn-Saud, der Saudi-Arabien vereinigt hat, wuchs im Exil in Kuwait mit der strengen und puritanischen Form des Islam auf, die von den Doktrinen eines Reformers des 18. Jahrhunderts, Mohammed ibn-Abd al-Wahab, stammten. Ibn-Saud war fast 1,90 Meter groß, er liebte den Wüstensport und die Wüstenkämpfe. Im Jahre 1901, im Alter von 21 Jahren, nahm er zusammen mit nur vierzig Mann dem rivalisierenden Rashid-Stamm die saudische Stadt Rijad wieder ab. Im Namen des Wahhabismus eroberte er in zahlreichen Kämpfen allmählich das Land zurück und gab ihm 1932 den Namen Saudi-Arabien. Dabei mußte er die ihm treu ergebenen Stämme wiederholt davon abhalten, heilige Kriege anzuzetteln und den Krieg als Sport zu betreiben. Außerdem mußte er entscheiden, ob er die ersten Eindringlinge des 20. Jahrhunderts, Radio, Fernsprecher und Autos, zulassen sollte. Ibn-Sauds Eroberungen der heiligen Städte Mekka und Medina alarmierten schließlich die islamische Welt außerhalb Arabiens, die befürchteten, daß der Wahhabismus diese traditionellen Lehrstätten grundlegend verändern könnte. Aber Ibn-Saud tat sein Bestes, um die ihn aufsuchenden verstörten Delegationen zu beruhigen, und machte Mekka zu einem sicheren Pilgerort.

Vor der Entdeckung des Öls lebte Saudi-Arabien von Ziegen, Datteln und Pilgern, von denen immerhin eine Million jährlich registriert wurden. Da Mekka der Geburtsort des Propheten ist, nimmt Saudi-Arabien seine Rolle als Hüter des heiligen Ortes überaus ernst. Aufgrund seines strengen Wahhabismus hält es sich zugleich für den Hüter des Glaubens.

Das Leben hat sich jedoch inzwischen verändert. Vor zwanzig Jahren schrieb noch der Schweizer Steward von König Abdul Aziz, daß ihm in der Palastküche mehrere Eunuchen behilflich wären. Und damals konnten Sklavenhändler gelegentlich noch ihre Geschäfte mit Afrika durchführen; die Sklaverei wurde erst 1962 offiziell verboten. 1962 gab es noch keine öffentlichen Schulen für Frauen, und als die ersten Frauen in getrennten Schulen zugelassen wurden, mußte die Nationalgarde herbeigerufen werden, um die Schule vor zornigen Vätern zu schützen. Trotz des relativ üppig fließenden Ölstroms war das saudische Finanzministerium vor zwanzig Jahren praktisch bankrott; insofern wird auch Abdullah Tarikis Verärgerung über die Preissenkungen der Ölgesellschaften verständlich.

Für ein großes Industrieunternehmen war die Aramco eigentlich relativ fortschrittlich und aufgeschlossen. Sie produzierte ihr Öl, hielt sich sonst aber zurück. Andererseits ermöglichte sie vielen

Saudis eine Ausbildung in den Vereinigten Staaten, insbesondere in jenen westlichen und südlichen Universitäten, in denen die Aramco-Führungskräfte studiert hatten. Außerhalb ihres Arbeitsplatzes blieben die Aramco-Arbeitnehmer weitgehend in ihrem Wohngelände, dem sogenannten Dhahran-Viertel. Dieses Wohnviertel scheint nicht nur mit Saudi-Arabien unvereinbar zu sein, es entspricht noch nicht einmal dem zeitgenössischen Amerika. Es ist mehr wie das Amerika der *Saturday Evening Post* oder wie ein militärischer Stützpunkt, wo der grüne Rasen mit Wasser gesprengt wird und dessen Häuser sehr stark Offiziersquartieren ähneln. In Saudi-Arabien dürfen Frauen nur im Aramco-Gelände Auto fahren und brauchen sich außerdem nicht ganz so korrekt zu kleiden wie außerhalb des Geländes, denn dort müssen lange Rökke und langärmelige Kleidungsstücke getragen werden, wie es die Sitte der Wahhabiten verlangt.

Aus alten Filmen wie »Boom Town« und »Giganten« stellen wir uns das Öldrama meist als plötzlich in den Himmel hinaufschießende Fontänen oder wie schwarze Geysire vor, die zum Symbol der Öltürme geworden sind. Wenn man jedoch von Dhahran mit einem Propellerflugzeug startet, um das größte Ölfeld der Welt zu besichtigen, gibt es nur wenig zu sehen. Die Sonne spiegelt sich im Wasser von Ras Tanura, wo die Tanker nebeneinander aufgereiht liegen. Und dann kann man die Meeresenge von Hormuz sehen, durch die die Tanker hindurchfahren und auf deren anderer Seite Persien angrenzt. Sonst sind nur kilometerlange Flächen hellbraunen Sandes, ein Sandsee auf einem Ölsee zu sehen – sowie gelegentlich Baracken von Bauarbeitern, meistens disziplinierte Scharen von Koreanern. Eine schwarze Linie schlängelt sich durch die Wüste, eine Pipeline – und damit hat sich's: Dies ist das Ghawar-Feld, das genügend Öl enthält, um die Russen an den Golf zu bringen, um die Banken erzittern zu lassen und die Geschichte der Welt zu verändern.

Keine Bohrtürme, keine Symbole, alles äußerst ruhig. Eine einsame schwarze Pumpstation. Ein heller brennender Fleck, an dem Gas abgefackelt wird. Das Öl ist so leicht zu haben, sagen die Ölmänner, man kann es mit einem Teelöffel ausgraben. Es besitzt durch seine geologische Formation so viel Druck, daß man es nicht einmal herauszupumpen braucht. In Kuwait läuft es hügelabwärts direkt in die Tanker. Es kostet die Saudis fünfzehn Cent pro Barrel, um es vom Boden in den Tanker zu füllen. Sechzig Prozent dieses Öls durchlaufen nur acht Pumpstationen. Der Gedanke, daß die finanzielle Stabilität des Westens auf acht Pumpstationen beruht, ist nicht gerade sehr beruhigend.

In Saudi-Arabien kamen einige für den Westen glückliche Umstände zusammen. Da die Wahhabiten, die das Königreich beherrschen, den Kommunismus fanatisch ablehnen, wandten sie sich dem Westen zu. Da die Aramco überdies relativ aufgeschlossen und zurückhaltend war, erzeugte sie keinen Unwillen, als sich die Zeiten und die Einstellung änderten. Und da die Vereinigten Staaten – im Gegensatz zu den Franzosen in Algerien – niemals in die saudische Gesellschaft eingegriffen haben, konnte sich eben eine »besondere Beziehung« entwickeln.

Dennoch können wir diese Faktoren nicht als selbstverständlich hinnehmen. Libyens Al Kadhdhafi ist ein asketischer Moslem, und nachdem er einen religiösen König abgesetzt hatte, rief er die Russen. Die Anwesenheit der Sowjets im muselmanischen Irak ist offiziell verkündet worden, und der persische Fundamentalismus des Ayatollah Khomeini hat uns sehr viel Unbehagen bereitet.

Was werden die Saudis tun?

Jeder Moslem sollte mindestens einmal, wenn möglich mehrmals in seinem Leben die Reise nach Mekka, dem Geburtsort des Propheten, machen. Sobald er diese Pilgerfahrt, die *hajj*, hinter sich hat, kann er sich selbst als *hajji* bezeichnen.

In den vergangenen Jahren haben die offiziellen Vertreter der US-*Treasury* ihre ganz spezielle Version des *hajj* unternommen. Allerdings weder aus materiellem noch geistigem Interesse, und der Zielort war nicht Mekka, sondern Rijad, die Hauptstadt Saudi-Arabiens. Der amerikanische *hajj* findet gewöhnlich im Herbst statt. Dabei werden vor allem den saudiarabischen Devisenreserven, den saudischen Bankkonten und den finanziellen Überschüssen gebührend Respekt gezollt. Außerdem werden eindringliche Bitten ausgesprochen, den Ölpreis niedrig zu halten. Ich war Ende 1977 mit dem damaligen Finanzminister W. Michael Blumenthal, dem stellvertretenden Finanzminister Anthony Solomon und dem

Staatssekretär C. Fred Bergsten selbst auf einer derartigen *hajj*. Wir flogen mit einem Flugzeug der Luftwaffe, das mit Xerox-Geräten und IBM-Selectric ausgestattet war.

Die *hajjis* sprachen bei Sadat, bei den Israelis, beim Schah und bei den Kuwaitern vor. Der Finanzminister von Kuwait, Abdul Rahman Salim al-Ateeqy, der während der Verhandlungen vor dem St.-Valentinstag-Massaker von Billy Fraser immer als »Groucho Marx« bezeichnet wurde, steht im Ruf, ein äußerst zäher Verhandlungspartner zu sein. »Die Ölgesellschaften haben unser Öl zu einem Dollar pro Barrel genommen«, sagte er, »BP und Socal haben einfach zu uns gesagt: ›Ihr könnt täglich eine Million Barrel herauspumpen; genausoviel werden wir verkaufen.‹ Diese Macht ist inzwischen verschwunden. Wir versuchen, der Welt durch die Produktion von mehr Öl zu helfen, und wir denken auch an den sinkenden Dollar. Denn zum Investieren gibt es keine Alternative zu den USA.«

Der Finanzminister spielte mit seiner *misbaha*, seiner »Sorgenkette« (die im Orient von vielen Männern zum Spielen und Verbergen von Nervosität etc. benutzt wird, Anm. d. Übers.). »Wir produzieren nicht bei voller Kapazität, aber Öl im Boden ist besser als Papiergeld. Wir sind schließlich nicht die Retter der westlichen Wirtschaften. Was gehen uns die Gewerkschaften in Großbritannien oder die Probleme in Italien an? Wir werden aber mit Sicherheit gute Handelspartner sein. Noch eins: Um die Stabilität im Nahen Osten zu erreichen, muß es eine Vereinbarung mit den Palästinensern geben, damit sie einen Staat erhalten. Wenn ich es zum Beispiel mit einem schlechten Palästinenser zu tun hätte, wohin könnte ich ihn verbannen?«

Das Pro-Kopf-Einkommen in Kuwait beträgt 13 500 Dollar, das der Vereinigten Staaten 6 339 Dollar. Die Zahl der in Kuwait arbeitenden Palästinenser ist genausogroß wie die Zahl der Einwohner.

Abdul Aziz al-Qurashi ist Gouverneur der saudiarabischen Währungsbehörde. Er besitzt eine große persönliche Ausstrahlung und eine volle tiefe Stimme mit britischem Akzent. Wir sprachen in Rijad mit ihm und mit dem Finanzminister, Muhammad Ali Aba al-Khayl. Beide trugen die gewohnten gestärkten weißen Gewänder, die sogenannten *thaubs,* und die *Kaffiyeh*-Kopfbedeckungen sowie kurze Socken und Slipper.

Wir fragten, was die Saudis wollten.

»Frieden. Stabilität. Technologie zur Entwicklung des Landes. Wir werden in der Landwirtschaft niemals autark sein und werden immer Reis, Zucker und Weizen importieren müssen.«

Gouverneur al-Qurashi lächelt. »Und Kamele.«

»Sie importieren Kamele?« Der Gouverneur genießt die Situation ganz offensichtlich. Warum denn Kamele?

»Wir essen sie.«

Gouverneur al-Qurashi hat an der University of Southern California studiert und sein Diplom gemacht. Er grinst über das ganze Gesicht, diese Szene scheint ihm keineswegs neu zu sein.

Minister Aba al-Khayl besteht darauf, daß die Saudis das Ölgeld ausgeben, weil sie einen ehrgeizigen Entwicklungsplan ausgearbeitet haben. Sie werden ihren Beitrag zum Internationalen Währungsfonds sowie zu den afrikanischen und asiatischen Entwicklungsbanken erhöhen. Und dann kommt das Thema, das wir im ganzen Nahen Osten, sogar in Israel, überall gehört haben.

»Wir brauchen ja nur jeden Tag drei Millionen Barrel herauszupumpen. Das reicht für uns. *Alles, was darüber hinausgeht, ist ein Geschenk.«*

1980 produzierten die Saudis neun Millionen Barrel täglich – ihr Bedarf betrug vielleicht vier oder fünf Millionen Barrel. Fünf Millionen Barrel täglich macht 55 Milliarden Dollar jährlich.

Nach Aussagen von Minister Aba al-Khayl würden die Saudis lieber ihr Öl behalten, als es gegen Papiergeld einzutauschen.

In der »Goldrausch«-Atmosphäre der Hauptstadt Rijad fehlt allerdings etwas: nämlich der Anblick von Frauen. Man sieht nur wenige Beduinen-Frauen in den Straßen, die sich wie Nonnen bewegen und bis auf ihre kohlegeschwärzten Augen verschleiert sind. In den Büros sind alle Angestellten Männer, die Frauen sind zu Hause und kümmern sich um Familie und Haushalt.

Rijad gleicht einem Wald aus Baukränen und besitzt fast genauso viele Trümmerfelder wie Berlin im Jahre 1946. »Komisch, hier war gestern noch eine Straße«, sagt ein Botschafterfreund zu mir, als er um eine Ecke geht und plötzlich vor einem Trümmerhaufen und einigen Baukränen steht. Einen halben Block weiter sagt er überrascht: »Und diese Straße war gestern noch gar nicht da.« Abgesehen von der Altstadt, ist Rijad von dem Stadtplaner Constantinos Doxiadis entwickelt worden. Hier gibt es nun sechsspurige Straßen mit Bogenlampen. Texanische Architekten haben die Regierungsgebäude in einem Stil errichtet, der eine Mischung aus zeitgenössisch und klassisch Arabischem ist. Verbeulte und zerstörte Autos gehören mit zum Straßenbild; denn sie nehmen schneller zu als die Abschleppwagen. Die Erklärung für die Tatsache, daß »wir die schlimmsten Autofahrer in der Welt haben«, lautet folgendermaßen: »Sie brauchen nur einen Jungen zu nehmen, der bis jetzt Ziegen gehütet hat, ihm das Fahren beizubringen, ihn hinter das Steuer zu setzen, und das Gaspedal wird voll durchgedrückt.«

Während die Vertreter des Finanzministeriums abreisten, blieb ich noch und sprach mit jungen saudischen Technokraten. Für sie waren die privaten Zehn-Personen-Geschäftsflugzeuge wie die Hawker-Siddeleys und Gulfstreams, die sie benutzen konnten, völlig selbstverständlich. Auf den Straßen konnten wir neue Datsun-Lieferwagen sehen, die hinten mit Kamelen beladen waren. Wie durchquert das Kamel die Wüste? Auf dem Datsun. Das Kamel-auf-dem-Datsun-Thema existierte in verschiedenen Variationen. Ein stellvertretender Minister kaufte ein Haus in Rijad; als sein Vater zu Besuch kam, schlug er sein Zelt auf dem Vorderrasen auf und verweigerte die Einladung seines Sohnes, das Ziegelhaus mit ihm zu teilen. Mein Gastgeber war Angehöriger einer amerikanischen Kapitalgesellschaft. Er besaß ein hübsches, neu möbliertes Haus mit fünf Schlafzimmern auf einem dreitausend Quadratmeter großen Grundstück. Für dies recht nette, aber keineswegs außergewöhnliche Haus zahlte er im Jahr hunderttausend Dollar Miete – wohlgemerkt, dies war die Miete und nicht etwa der Kaufpreis. Mir wurde gesagt: »Die haben zuviel bezahlt. Die Miete für das Haus hätte nur siebzigtausend Dollar jährlich betragen dürfen.«

In Saudi-Arabien war die Miete gestaffelt. Die Technokraten waren zwar jung, aber sie waren für Milliarden von Dollars verantwortlich. Sie bildeten die Brücke zwischen dem Wüstenkönigreich und dem Houston des Nahen Ostens. Es war fast so, als ob einige jüngere Standford- und Harvard-Absolventen das Pentagon und das Ministerium für Gesundheit, Erziehung und Wohlfahrt übernommen hätten. Ein Technokrat war aus irgendeinem Grunde in Cape Girardeau, Missouri, an der Southeast Missouri State University gelandet. Und er liebte diesen Ort, weil er auf diese Weise das echte Amerika gesehen hatte.

Die meisten Saudis gehen nach Texas und Kalifornien, wohin die Aramco ja auch ihre Cousins und älteren Brüder schickte. Jetzt kennen sie den Weg und mögen das Klima. Ich konnte gar nicht glauben, daß sie leidenschaftliche Fußballanhänger waren. Die Video-Kassetten der Spiele vom letzten Samstag werden von Hand zu Hand weitergegeben. Die wahren Enthusiasten wollen das Ergebnis auf keinen Fall im voraus wissen.

Ist das Interesse am Fußball wirklich echt, oder ist es Bestandteil des saudiarabischen Versuchs, dem Gast zu gefallen? »Es ist völlig echt«, antwortete ein Araberkenner der Botschaft. »Sie sind tatsächlich von der Bewegung, dem Spektakel und den dramatischen Geschehnissen beim Fußball fasziniert. Die früher betriebenen Sportarten waren die Falkenjagd und das Kamelrennen.«

Als der Strom der Petro-Dollars begann, verfügte die Verwaltung bei weitem nicht über die erforderlichen qualifizierten Kräfte. Die Konsequenz war die Ausbildung und die heutige Existenz äußerst zahlreicher junger Araber mit US-Bildung, die Milliardenbeträge verwalten.

»Wir müssen noch viel lernen, aber bislang geht es ganz gut, weil wir uns alle untereinander kennen. Ich ging zum Beispiel zur USC (University of Southern California), und ich glaube, daß die USC wahrscheinlich für Saudis die populärste Hochschule ist. Und wenn ich etwas in der Planungsabteilung erledigt haben möchte, dann wende ich mich dort an einen Burschen, den ich von der USC her kenne; im Finanzministerium ist ein ehemaliger Zimmerkollege von der USC, den ich außerdem von der Ohio State kenne, weil er mit der Zimmerkollegin meiner Schwester verheiratet ist. Wissen Sie, daß das saudiarabische Kabinett mehr in den USA ausgebildete Ph. D.s hat als das US-Kabinett?«

Der Sprecher ist stellvertretender Minister. Sein Büro ist mit

Knoll-Möbeln, mit rostfreiem Stahl und Leder ausgestattet und sieht aus, als wäre es erst vor kurzem ausgepackt worden. Genau dasselbe gilt für das ganze Gebäude mit seinen belgischen Fahrstühlen und seinem feucht riechenden Zement. Vielleicht trifft diese Vermutung auch zu; denn ein führender saudischer Unternehmer plant gerade die Errichtung vorfabrizierter und vollständig möblierter Hotelzimmer in Texas, um diese dann nach Saudi-Arabien zu fliegen und dort in Hotels einzubauen.

Dann kommt noch ein stellvertretender Minister herein, ebenfalls im weiß gestärkten *Thaub* mit Manschettenknöpfen in den Ärmeln und in Slippern. Sie sprechen zuerst Arabisch und schalten dann um auf Englisch.

»Gegen wen spielen Sie am Samstag?«

»Texas.«

»Texas wird Sie fertigmachen. Wir werden Erster sein.«

»Keine Chance. Sie müssen immer noch gegen Notre Dame spielen. Wir werden den Ersten machen.«

Sie fragen mich nach meiner Meinung, was aber völlig umsonst ist; denn sie sind über die Bowls-Konkurrenten sehr viel besser informiert als ich. Außerdem wissen sie gut über Senatoren Bescheid – insbesondere über Senatoren, die sich mit Israel und dem Nahen Osten befassen. Da hört es sich etwas bescheidener an: »Wir müssen unbedingt ein Abkommen treffen, wir müssen Israel anerkennen, sie müssen doch einen Plan für die Palästinenser haben. Wenn die Israelis sich einigen können, werden sie nicht nur Frieden im Nahen Osten haben, sondern sie werden auch viel Geld verdienen. Denn sie sind äußerst begabt in der Landwirtschaft, in der Medizin und im Bankwesen.«

War es möglich, daß irgend jemand sein College genauso innig liebte, wie dies die saudischen Technokraten zu tun schienen? Ich kann mir vorstellen, daß jemand, der aus einer saudiarabischen Großfamilie kommt, bei der der Vater und die Onkels das Sagen haben, während die Mutter, Tanten und Cousinen nach heiratsfähigen Mädchen Ausschau halten, bei seiner Landung in Amerika einen echten Kulturschock erleiden muß. (Und wenn derselbe zufällig im Februar am John-F.-Kennedy-Flughafen in einem Schneesturm landet und bei dem Wettlauf auf die Taxis ständig der

Verlierer ist, wie es einem meiner Freunde erging, dann wird er sicherlich nur den einen Wunsch haben, sofort wieder umzukehren und nach Hause zu fliegen.) Die amerikanische Universitätsszene muß ihnen von geradezu berauschender Freiheit und wilder Vielfalt erscheinen – ein Eindruck, der nicht zuletzt durch die Frauen mit ihren nackten Beinen und Gesichtern verstärkt werden muß. Und wenn dieser Betreffende dann hart arbeitet und mit seinem Diplom nach Saudi-Arabien zurückkehrt, um dort zu heiraten und seinen langen Arbeitstag in einem Ministerium zu verbringen, dann erscheinen die »aufregenden College-Jahre mit all ihren Vergnügungen« vielleicht so verlockend, daß man vielleicht ein klein wenig von dieser Erfahrung bewahren möchte. Und dieser Wunsch geht mit als ein Faktor in die Kalkulation der Importe und Exporte, der Defizite und Überschüsse und des Ölpreises ein.

Der ehemalige Präsident der University of Southern California, John Hubbard, stellte einmal bei einer Nahost-Reise fest, daß vier Kabinettsminister und vierzehn stellvertretende Minister ehemalige USC-Schüler waren, zu denen sich noch einige der wohlhabendsten Geschäftsleute hinzugesellten. Bei einer Einladung zu einem Bankett, bei dem es Lamm und Pilaf gab, brachte er Filme mit, auf denen die Höhepunkte der letzten USC-Jahrgänge festgehalten waren. Eins war ein USC-Notre-Dame-Spiel, in dem die USC bei der Halbzeit mit 24 : 6 zurücklag. Die bärtige und mit einer Kopfbedeckung versehene Zuhörerschaft stöhnte auf. In der zweiten Hälfte holten die USC-Trojaner dann mit 49 Punkten auf und gewannen schließlich, was von der Zuhörerschaft durch eifrigen Beifall belohnt wurde. Als das Licht wieder anging, verkündigte der Gastgeber des Treffens ehemaliger Studenten im Siegesrausch: »Meine Herren, Allah ist ein Trojaner.«

Die Verbindung zu den Saudis sollte Hubbard später in ernste Verlegenheit bringen. J. Robert Fluor, der Erbauer eines Fünf-Milliarden-Dollar-Gassammelsystems und Präsident des USC-Treuhänderrates, versuchte, bei der USC ein Zentrum für Nahost-Studien im Wert von 22 Millionen Dollar einzurichten, das der ehemalige Aramco-Vizepräsident leiten und das von allen Firmen finanziert werden sollte, die mit Saudi-Arabien geschäftlich zu tun hatten. Der autonome Charakter des vorgeschlagenen Zentrums und die relativ undiplomatische Art, in der Fluor das Geld zu beschaffen versuchte, ließ die USC-Fakultät rebellieren und führte in Südkalifornien zu einem Skandal. Dennoch waren es nicht die Saudis selbst, sondern die Handelspartner der Saudis, die den Skandal hervorgerufen hatten.

Princeton hatte zwar nur ganz wenige Saudis unter seinen Studenten gehabt, aber unter ihnen immerhin den stattlichen Außenminister Prinz Saud al-Faisal. Princeton besaß jedoch genügend Feingefühl, um seine Saudi-Verbindungen mit aller Vorsicht zu handhaben, und machte deshalb von den fünf Millionen Dollar der Saudis, die zur Unterstützung der Universität von Rijad dienten, überhaupt kein Aufheben.

Geld allein ist indes nicht der dominierende Faktor. »Jeder kann einen Staatskredit für ein Haus bekommen, und jeder Taxifahrer kann investieren«, sagte der junge Unternehmer Prinz Muhammad ibn-Faisal. »Aber wie steht es mit dem Innenleben?« Die Technokraten beherrschten vielleicht das Umgangsamerikanisch, aber in Rijad gibt es immer noch Patrouillen der religiösen Polizei, die täglich zum fünfmaligen Gebet zwingen und mit ihren Stöcken gegen die Fensterläden der Ladenbesitzer schlagen, die ihre Geschäfte noch nicht rechtzeitig zum Gebet geschlossen haben. Dieselben Stöcke können auch die Beine von unziemlich gekleideten Frauen treffen. Das für das Wachstum erforderliche Arbeitskräftepotential ist zu knapp, deshalb gibt es bereits zwei Millionen Ausländer, Jemeniten, Pakistani und Belutschen. Auf der anderen Seite des Golfs befindet sich das ernüchternde Beispiel Persiens, dessen Industrialisierung und Wachstum gute Fortschritte machte, bis der Ayatollah Khomeini die Macht übernahm und die Bevölkerung an ihr Innenleben erinnerte.

Die Technokraten üben eine rein beratende Rolle aus und mischen sich nicht in die Führung ein. Die Führung obliegt dem König, der Königsfamilie, dem Koran und einem Sammelsurium von kulturellen Traditionen und Vorstellungen. Wir sehen nur die Seite, die die Saudis uns präsentieren, und es ist äußerst schwierig, die wirtschaftliche Zukunft anhand der gegenwärtigen Bedingungen vorherzusagen.

Die Saudis, die ein weites Gebiet mit einer kleinen Bevölkerung und einem großen Schatz beherrschen, schätzen nichts so sehr wie Stabilität. Die von ihnen vergebenen Schecks gehen sowohl an radikale als auch konservative Mitglieder der arabischen Welt. In ihrer unmittelbaren Umgebung sehen sie auf der anderen Seite des Roten Meeres in Äthiopien eine marxistisch orientierte Clique von Feldwebeln; während sich auf der anderen südlichen Grenze die Volksrepublik des Jemen befindet, der die allgegenwärtigen Kubaner mit Rat und Tat zur Seite stehen. Die Russen sind in Afghanistan, und auf der anderen Seite des Persischen Golfs führen die radikalen Iraker mit den verwirrten Iranern Krieg. Es kann nie schaden, mächtige Freunde zu haben.

Was werden die Saudis tun? Scheich Yamani verglich die Beziehung der Saudis mit dem Westen einmal mit einer katholischen Ehe: Trotz aller Mißstimmigkeiten war sie grundsätzlich unauflösbar. In einem anderen Vergleich sprach er von einer sich schnell wandelnden Gesellschaft und einem stark beschleunigenden Auto. Ein gut konzipiertes Auto würde vielleicht bei hundertsechzig Stundenkilometern in Schwingungen geraten und bei einer bestimmten darüberliegenden Geschwindigkeit sogar zerbrechen. Die Beobachter des Königreiches an amerikanischen Universitäten begannen schließlich Seminare über die Streßfaktoren in der saudischen Gesellschaft abzuhalten.

Der Fluch des Midas

Mit seinem Bild von einem Auto, das bei mehr als hundertsechzig Stundenkilometern in Schwingungen gerät, meinte Scheich Yamani die Auswirkungen des Reichtums auf die saudische Gesellschaft. Die Saudis sind heute mit einem der merkwürdigsten Probleme konfrontiert, dem sich je ein Volk gegenüber gesehen hat: Sie haben zuviel Geld. König Midas wünschte seinerzeit, daß alles, was er mit den Fingern berührte, zu Gold würde, und als der Wunsch erfüllt wurde, verhungerte er fast, weil er kein Gold essen konnte. Wenn die Saudis täglich zehn Millionen Barrel (zum Preis von dreißig Dollar) fördern, dann übersteigen ihre Jahreseinnahmen von hundertzehn Milliarden Dollar auf jeden Fall ihren Bedarf. Wenn sie das Geld ausgeben, dann setzen diese übersteigerten Ausgaben die Gesellschaft einer ungeheuren Belastungsprobe aus. Dennoch können sie dem Midas-Fluch nur schwer entgehen; denn wenn sie ihre Produktion auf fünf Millionen Barrel täglich reduzieren, erzeugen sie sogleich eine spürbare Knappheit. Dadurch würde der Spot-Preis steigen, die OPEC-Minister würden sogleich einen neuen Basis-Preis verkünden, und die Saudis würden in kürzester Zeit für ihre reduzierte Produktion genausoviel Geld bekommen wie für ihre ursprüngliche Fördermenge. Wie sie es also drehen und wenden – die Saudis können ihrem Geld nicht entrinnen und werden dadurch sowohl innen- als auch außenpolitisch zu einer begehrlichen Zielscheibe. Je mehr Geld sie haben, um so unsicherer werden sie sich fühlen. Deshalb müssen sie vorsichtig sein.

Die Saudis sind bisher sehr entgegenkommend gewesen. Als die Ölproduktion des Iran 1979 durch die Persische Revolution drastisch reduziert wurde, haben sie sofort ihre Produktion erhöht. Und dies, obwohl sich ihre jungen Technokraten der hohen Produktionsrate mit der Begründung widersetzten, daß die saudische Gesellschaft das Geld nicht absorbieren könnte, daß so viel Geld gefährlich wäre und daß die saudische Förderung in erster Linie den Bedürfnissen des Landes angepaßt werden müßte. Die Ölpolitik wurde jedoch weniger von ökonomischen als von politischen Faktoren determiniert; denn die Saudis wollten ihre dominierende Rolle in der OPEC beibehalten und dem Westen ihre Bedeutung klar vor Augen führen. Als die Iraner und Iraker 1980 ihre Ölproduktionsstätten gegenseitig bombardierten, sprangen die Saudis wiederum ein, indem sie die Produktionsrate auf zehn Millionen Barrel täglich erhöhten.

Mitte der siebziger Jahre hofften amerikanische Politiker, daß die Saudis ihre Tageskapazität auf sechzehn oder gar achtzehn Millionen Barrel täglich anheben und uns auf diese Weise über die achtziger Jahre hinwegretten würden, bis neue Energietechnologien herangereift wären. Dann stellte man jedoch fest, daß die Saudis die für eine solche Expansion erforderlichen Anlagen nicht schnell genug in Auftrag gaben. Und ohne die entsprechende technische Kapazität konnten sie nicht auf diplomatischem Wege zur

Lieferung der entsprechenden Mengen angehalten werden. Der amerikanische Bundesrechnungshof präsentierte dann für 1982 mit vierzehn Millionen Barrel eine etwas bescheidenere Prognose. Doch auch diese vierzehn Millionen Barrel stehen derzeit nicht zur Diskussion – die Saudis sind zwar nach wie vor gefällig, aber sie lassen sich nicht von außen beeinflussen.

Selbst einer so »besonderen Beziehung« wie der zwischen den Saudis und den Vereinigten Staaten sind eben Grenzen gesetzt. Während des Yom-Kippur-Krieges im Jahre 1973 belegten die Saudis die Aramco-Transporte für die US-Marine sowie für die Vereinigten Staaten mit einem Embargo, und das Pentagon mußte sich an die British Petroleum wenden, um sich die für die sechste Flotte benötigten Treibstoffe zu besorgen. Später versuchten die Saudis dann, gegenüber den Amerikanern etwas mehr Distanz zu wahren. Dies schlug sich unter anderem darin nieder, daß hochrangige Saudi-Delegationen Staatsbesuche in Frankreich und Deutschland machten und dabei durchblicken ließen, daß sie ziemlich unzufrieden waren. Sie hatten auf amerikanischen Rat hin neunzehn Milliarden Dollar für Waffen ausgegeben und konnten nicht sehr viel dafür vorzeigen. Ein von den Amerikanern geschulter Saudi meinte gar, die Amerikaner würden ihre kleine Armee so ausbilden, als müßte sie in den Ebenen Westeuropas kämpfen. Die Saudis verfolgten die Debatten über die US-Rapid Deployment Force sehr genau, da diese den Zweck hatten, sie zu beruhigen. Und sie konnten die Generäle sehr wörtlich zitieren, die behauptet hatten, daß die Rapid Deployment Force kein Ziel sehr schnell erreichen und dort keine dreißig Tage überdauern konnte. Außerdem konnten sie Generäle zitieren, nach deren Aussagen die Truppen der US-Armee zahlenmäßig zu gering, schlecht ausgerüstet, halbe Analphabeten und ziemlich kampfuntüchtig wären. Die Saudis beklagten sich überdies, daß die schlechten Beziehungen zwischen den Israelis und Palästinensern sie den radikalen propalästinensischen Regimen aussetzten, und sagten, daß sie es sich nicht leisten könnten, in der arabischen Welt mit den Vereinigten Staaten identifiziert zu werden. Sie wollten vor allem deswegen keine militärische Anwesenheit der Amerikaner in Saudi-Arabien, weil sie dadurch zu verletzlich würden; und sie drückten ihr Bedauern darüber aus, daß die Amerikaner noch nicht imstande gewesen wären, ihre eigenen in der Botschaft in Teheran gefangenen Bürger zu befreien. Zu guter Letzt waren sie ziemlich verärgert über die Lecks in dem amerikanischen Nachrichtendienst, aus denen ständig besorgte Äußerungen bezüglich des Überlebens des saudischen Königreiches an die Öffentlichkeit gelangten.

Als jedoch die Iraker und die Iraner ihren Krieg begannen, waren die Saudis froh, wenigstens einige AWACS-(Airborne-Warning-and-Control-System-)Radarflugzeuge zu besitzen. Der ehemalige Berater des Königreichs, Thomas McHale, fragte bei einem Abendessen mit Prinz Saud al-Faisal, dem Außenminister mit Princeton-Abschluß, ob die Saudis sich von den Amerikanern abwenden würden, nachdem sowohl die Deutschen als auch die Franzosen und Japaner sich um ihre Gunst bemüht hatten. Saud al-Faisal kniff einen Moment lang seine Augen zusammen und sah dabei aus wie sein falkenähnlicher Wüstengroßvater.

Dann frage er: »Wie viele Schiffe besitzt die japanische Marine?«

Trotz der Verbindung nach Kalifornien, trotz der unzähligen Besuche von Bankiers und Vizepräsidenten von Baufirmen ist nur schwer zu erfahren, was tatsächlich im Königreich vor sich geht. In einer Gesellschaft ohne Parlament und Presse wird nur die von dem König gewünschte Information durchgelassen. Bisher hat nur ein Fernsehteam dort filmen können, und nur wenige Journalisten sind zugelassen worden. Beobachter des Kreml können zumindest sehen, wer bei der Mai-Parade neben wem steht, und haben gelernt, in der *Prawda* und *Iswestija* zwischen den Zeilen zu lesen. Genau dasselbe müssen die Beobachter des saudischen Königreichs noch lernen.

Nach der ersten Ölkrise, als die zentrale Bedeutung Saudi-Arabiens offensichtlich wurde, traf sich in unregelmäßigen Abständen eine Gruppe von sehr unterschiedlichen Beobachtern des Königreichs: einige Ölvertreter, zwei vagabundierende Briten, einige aktive und einige ehemalige Karrierebeamte des Auswärtigen Amtes sowie einige Professoren, die Arabisten waren. (Ich gehörte mit zu denen, die nicht Arabisch sprachen, und stellte fest, daß die Beobachter immer dann auf Arabisch umschalteten, wenn die Rechnung kam und es um die Entscheidung ging, wer sie bezahlen sollte. Unter solchen Umständen beginnt man automatisch etwas Arabisch zu lernen, aber natürlich mit sehr begrenzten Anwendungsmöglichkeiten.) Die Beobachter des Königreichs lernen auf genau dieselbe Weise wie in jenen Zeiten, als die Welt zum größten Teil aus Königreichen bestand: aus eigenen gelegentlichen Reisen, von Reisenden, von Hofgerüchten und aus sämtlichen Informationen, die die herumreisenden Prinzen des Reiches von sich geben. Es gibt wohl kaum eine Periode in unserer Geschichte, in der wir so stark von einem einzigen Land abhängig waren, zumal von einem Land, das so wenig mit der westlichen und protestantisch geprägten Tradition zu tun hatte. Ganz allmählich wurde nicht nur die Frage: »Was werden die Saudis tun?« relevant, sondern entscheidend wurde auch die Frage: »Werden die Saudis überleben?«

Die Beobachter des Königreichs haben einen gemeinsamen Alptraum: Sämtliche Bankiers sind sich darin einig, daß die Welt keine dritte Ölkrise überleben kann, wobei sie mit der »Welt« das gegenwärtige Finanzsystem meinen. Während der zweiten Ölkrise gewannen die Militanten im Iran die Oberhand, die dortige Ölproduktion sank praktisch auf Null und war nach ihrer Wiederaufnahme um drei Millionen Barrel täglich reduziert worden. Das Bild der mit ihren Fäusten auf die Kamera zeigenden militanten Perser im Fernsehen sah nicht gerade vertrauenerweckend aus. Nachdem die Perser ihre Produktion gedrosselt hatten, erhöhten die Saudis zwar die ihre um eine Million Barrel täglich, aber der Kampf um das Öl war so ausgeprägt, daß sich der Ölpreis dennoch verdoppelte. Jetzt besitzt allein Saudi-Arabien noch nennenswerte Ölreserven, während die seiner unmittelbaren Golf-Nachbarn kaum ins Gewicht fallen.

Dieser Alptraum besteht nicht darin, daß die russischen Panzer aus Afghanistan hinaus und hinunter zum Golf rollen, sondern man könnte ihn vielleicht als »bösen Pöbel in Rijad« bezeichnen, der genau dasselbe tut, was am Golf geschehen ist: Er verbrennt die US-Flagge und vielleicht den britischen *Union Jack*, droht mit der Faust vor den Fernsehkameras, singt antiimperialistische Slogans, hat einen Führer, der vielleicht Priester oder aber Oberst, vielleicht aber auch ein religiöser Oberst wie Al Kadhdhafi ist und der sagt: »Wir stecken bis über beide Ohren im westlichen Sumpf und in der westlichen Korruption; schaut sie euch an, sie haben ja keine Familienehre, und all ihre Frauen sind leichtfertig, denn Satan hat sie berührt! Wir wollen uns nicht verführen und von ihren Versprechungen in die Irre leiten lassen! Weg mit der zerstörerischen Korruption! Kehren wir zurück zur Gelassenheit, zum Edlen und Reinen; zurück zu dem Wort Gottes! Zurück zu Gott!«

Selbst wenn die Amerikaner hinausgeworfen, die Massen die Straßen besetzen und die äußeren Zeichen des Westens zerstören würden, bestünde dann für sie nicht immer noch das Problem, ihr Öl zu verkaufen?

Nein. Und bestimmt nicht neun Millionen Barrel täglich; denn sie haben bis dahin vielleicht hundert Billiarden Dollar auf ihrem Bankkonto. Vor dem Öl lebten sie von Datteln und Pilgern, und die Pilger kommen ja immer noch. Es ist ziemlich unwahrscheinlich, daß sie auf eine Pilgersteuer angewiesen wären. Die Perser verdienten mit ihren drei Millionen Barrel täglich mehr als mit sechs Millionen, weil sich der Preis aufgrund der Produktionsdrosselung verdoppelt hatte. Als die Perser ihr Angebot reduzierten, sprangen die Saudis sofort ein. Aber die Saudis machen fast ein Drittel der OPEC aus, und es gibt niemanden, der sie ersetzen könnte. Deswegen konnten wir zwar die zweite Ölkrise überleben, könnten dies aber nicht bei der dritten. Wenn der »böse Pöbel« im Irak uns das Öl schließlich zu hundert Dollar pro Barrel verkauft, wird das Benzin zu einem Preis von sechs Dollar pro Gallone rationiert, ein Drittel aller Flüge wird storniert, bei den Banken werden sich kilometerlange Warteschlagen bilden, die Chase Manhatten wird ins Bodenlose versinken, und der Aktienmarkt wird um sechzig Punkte täglich fallen – der anfänglichen allgemeinen Unannehmlichkeit wird eine echte Depression folgen.

Deswegen telefonieren die Beobachter des Königreichs regelmäßig und treffen sich zum Essen. Paul kommt zum Beispiel aus Saudi-Arabien und hat sowohl gute als auch schlechte Nachrichten. Selbst die trivialsten Informationen werden mit Interesse angehört.

Eine gute Nachricht ist zum Beispiel: Das Telefon funktioniert. Und sehr bald wird es auch Video-Schirme, saudische Telefonisten und sogar die Hilfe einer Telefonvermittlung geben. Ein Sieben-Milliarden-Dollar-Telefonsystem läßt sich natürlich mit viel Geld einrichten. Die Einrichtung einer Fernsprechvermittlung ist in einem Land, das keine Straßennamen, keine Hausnummern und keine Stadtplanung besitzt, nicht gerade einfach. Da es sich um eine Stammesgesellschaft handelt, telefonieren alle Leute ausgesprochen gern. Nachdem der Telefonkontrakt den Holländern und Schweden zugeteilt worden war, reagierte das amerikanische Konsortium ausgesprochen verärgert. Gerüchten zufolge hatten die Amerikaner angeblich das niedrigste Angebot gehabt, aber den falschen Prinzen als Agenten. Angeblich betrugen allein die Provisionen, die zur Erfüllung des Vertrages vergeben wurden, mehrere hundert Millionen Dollar. Dies ist jedoch längst vergessen.

Eine gute Neuigkeit: Der neue Flughafen von Jidda, der größer ist als Heathrow und größer als O'Hare, funktioniert offenbar. Als ich Paul in Saudi-Arabien besuchte, zeigte er mir den alten Jidda-Flughafen, bei dem nur eine Tür funktionierte. So ergab es sich, daß auf der einen Seite die hinausdrängenden Passagiere durch diese einzige Tür gehen wollten, während auf der anderen Seite ihrerseits eine Menschenmenge, zu der wir ebenfalls gehörten, durch dieselbe Tür in das Gebäude zu gelangen versuchte. Da Paul eine hünenhafte Figur besitzt, stellten sich alle hinter ihm auf und schoben ihn, woraufhin ihm nichts anderes übrig blieb, als sich im direkten Angriff einen Weg zu bahnen. Wir alle folgten ihm, indem wir über die teils auf dem Boden hingestreckten »Opponenten« stiegen, die verängstigt ihre Koffer, ihre Zicklein und Orangensäcke umklammerten. Es ist sicher kein wahres Vergnügen, als Vorspiel eines Fluges ein paar Leute niederzutrampeln. Aber diese Zeiten sind ein für allemal vorbei. Da können sämtliche *hajjis* kommen, da können O'Hare und Heathrow noch so verdrossen sein – mit Geld läßt sich alles kaufen.

Wiederum eine gute Nachricht: Der ehemalige stellvertretende Finanzminister Mansour al-Turki ist das neue Oberhaupt der Universität von Rijad. Mansour ist ein stämmiger Mann, dessen *Thaub* beim Gehen wie eine Sutane schwankt, so daß er einem italienischen Bischof ähnelt. Man braucht diesem netten, ironischen, sehr smarten und eifrigen Arbeiter nur fünf Milliarden Dollar in die Hand zu geben, und er wird nach einiger Zeit eine Superuniversität daraus gemacht haben. Fünf Milliarden Dollar sind eine hübsche Summe für ein Budget. Er braucht nur ein bißchen Zeit.

Noch eine gute Nachricht: »Die Saudis glauben, daß der Präsident sie hintergeht, weil wir ihnen versprochen haben, die Autonomie der Palästinenser auf dem Westufer voranzutreiben, und statt dessen bauen die Israelis ständig neue Siedlungen.«

Weitere Neuigkeiten: die unnachgiebige Strenge des Islam, die keine Hundenahrung mehr auf dem Markt zuließ, weil Hunde unsaubere Tiere waren. Außerdem wurde das Auffüllen der Hotel-Swimmingpools untersagt, weil das Risiko gemeinschaftlichen Badens von Männern und Frauen zu groß war. Und Frauen durften deshalb nicht arbeiten, weil sie dabei zu leicht Männern begegnen konnten.

Schlechte Nachrichten waren dagegen: »Die Geschehnisse auf der anderen Seite des Golfes haben unmittelbare Konsequenzen. Die Radioansprachen Khomeinis werden aufgenommen und die Kassetten herumgereicht. Die Schiiten in der östlichen Provinz bereiten der königlichen Familie sehr viel Ärger; sie haben das Gefühl, sie würden von den Semiten als zweitklassige Bürger behandelt.« Das Öl befindet sich ausgerechnet in der östlichen Provinz. Die Saudis sind Sunniten, während die in Persien an die Macht gekommenen Moslems Schiiten sind.

»Die Khomeini-Kassetten gelangen auch in die Hände der ausländischen Arbeiter im Königreich – meistens Jemeniten, aber auch Belutschen und Pakistani. Da sie meistens Araber und immer Moslems sind, meinen sie, einen Anspruch auf das Vermögen zu haben; sie wollen also nicht nur die Gastrolle spielen, sondern erwarten eine echte Beteiligung. Die wirklich schlechte Nachricht ist jedoch die Moschee.«

Wenn man einem Beobachter des Königreichs gegenüber von der »Moschee« spricht, meint man nicht nur die große Moschee in Mekka, also den heiligsten Platz des Islam, sondern zugleich die Besetzung der Moschee im Herbst 1979 durch eine als »religiöse Fanatiker« beschriebene Gruppe.

Paul erklärte uns: »Ich habe gehört, daß sie keineswegs nur religiöse Narren waren, sondern daß sie tatsächlich einen Anschlag versuchen wollten, weil sie etwas Unterstützung in der Armee besaßen. Die Saudis haben drei Wochen gebraucht, um sie zu beseitigen, und mußten zu diesem Zweck französische Sicherheitstruppen zu Hilfe rufen; zumindest habe ich das gehört. [Ein französischer Beobachter meint, die Franzosen haben weniger als ein Dutzend Spezialisten aus einer Antiterroristenkampftruppe als Berater zur Verfügung gestellt.] Außerdem habe ich gehört, daß die Korruption in den Spitzenpositionen das Volk zu verärgern beginnt. Die königliche Familie verteilt übermäßig Geschenke, aber sie nehmen sich selbst so viel dafür, daß sie in einer solchen Umgebung sehr anfällig werden.«

Einer der mindestens 1 400 saudischen Prinzen sprach einmal mit einer Gruppe, in der sich neben unseren Beobachtern noch andere Leute befanden. »Wie wissen wir, daß Sie, die königliche Familie, in fünf oder zehn Jahren immer noch existieren?« wurde er gefragt. »Wir hatten auch gedacht, daß der Schah in Persien fest im Sattel saß.« Prinz Bindar ibn Sultan meinte darauf: »Wir sind keine Perser. Der Schah war ein Aufsteiger, der Sohn eines Heeresoberst, der sich nach einem Militärputsch selbst zum Herrscher ernannte. Unsere Familie hat das Königreich seit Jahren beherrscht, und wir bilden eine Einheit mit unserem Volk.«

Die Beobachter glaubten dies ohne weiteres; denn die königliche Familie besaß etwa fünftausend Mitglieder und erstreckte sich auf sämtliche Bereiche der Gesellschaft. Es gab kein Parlament oder keinen Kongreß, aber statt dessen die Institution des *majlis*, die besagte, daß jeder, der eine Beschwerde oder ein Problem hatte, zum König gehen und eine Audienz bekommen konnte, falls nicht mit dem König, so zumindest mit einem Prinzen oder Scheich; auf diese Weise konnte sich jeder als Teil der Gesellschaft sehen und hatte das Gefühl, mit den Machtinhabern in Verbindung zu stehen. Die Gesetze des Islam hatten absolute Priorität, und der König war das Oberhaupt.

»Es funktioniert noch immer«, sagte Paul, »nur wenn es um Geschäfte in einer Größenordnung von Hunderten von Millionen Dollar geht, funktioniert es nicht ganz so gut.«

In dem Reiterclub in Rijad wird das grelle Licht der Wüstensonne durch Rauchglas gefiltert und in eisblaues Licht verwandelt, das auf luxuriöse Ledersofas und äußerst wertvolle Teppiche fällt. In dem Zehn-Millionen-Dollar-Clubhaus gibt es Swimmingpools, Squash-Anlagen, Musikzimmer und Konferenzräume, die für Dreihundert-Millionen-Dollar-Geschäfte geeignet wären. Der Club besitzt nur 183 Mitglieder, die alle entweder zur Königsfamilie gehören oder Großkapitalisten sind und sich mit kleinen Geschäften nicht abgeben.

Das Büro von Amir Abbas Hoveyda in Teheran war genauso luxuriös mit seinen wandhohen Bücherregalen, seinen französischen antiken Möbeln aus dem 18. Jahrhundert und den phantastischen Teppichen. Ich hatte mit dem eleganten und kultivierten Mann im maßgeschneiderten britischen Anzug, der ehemals Premierminister und Hofminister gewesen war, eine private Unterhaltung, in deren Verlauf er mich über die Energiesparpolitik unterrichtete. »Der Ölpreis wird deshalb steigen, weil die Energieersparnis des Westens versagen wird«, sagte er, »das Problem ist letztlich mangelnde *Führung und Disziplin.«* Wir sprachen nicht nur über das Öl, sondern zugleich über Bücher und Filme. Hoveydas Bruder war ein angesehener Filmkritiker in Paris gewesen, bevor er UN-Botschafter für sein Land geworden war. Hoveyda gehörte mit zur Regierung des Schahs, da er jedoch nie wegen der Exzesse des Herrschers angeklagt worden war, verließ er den Iran nicht, obwohl er es hätte tun können.

Etwas später sah ich das Bild dieses eleganten Herrn auf der Titelseite der *New York Times.* Er sah müde und abgespannt aus und wurde direkt nach der Aufnahme dieses Fotos im Gefängnishof an die Wand gestellt und erschossen.

Wir können zwar damit rechnen, daß die Saudis auch weiterhin gefällig sind, aber wir können nicht erwarten, daß sie uns über die achtziger Jahre hinwegbringen, ohne daß von unserer Seite ernsthafte Anstrengungen unternommen werden. Sie wissen sehr wohl, daß dreizehn der gegenwärtigen Herrscher der arabischen Staaten ihre Vorfahren durch Gewalt abgesetzt haben; daß der Umfang der Öleinnahmen das Geld der Welt verändert und das Haus der Saudis zur reichsten Familie in der Welt, aber auch zugleich zur verletzlichsten gemacht hat. Ihre Sitten sind nicht die unseren, aber angesichts der oben skizzierten Extremsituationen können wir nur in glühendem Glauben sagen: »Möge Gott euch ein langes Leben bescheren.«

Ich fragte einen unserer britischen Beobachter, wie er die Chancen für eine dritte Ölkrise und für ein Überleben der Saudis im kommenden Jahrzehnt einschätzte. Er zog ein paarmal an seiner Pfeife und fragte mich, ob ich ihn für einen Londoner Buchmacher hielte. Dann, nach weiteren Pfeifenzügen meinte er plötzlich genau wie ein Buchmacher: »Sechs zu fünf, zu knapp, um Vorhersagen zu treffen.«

Kapitel 10

Das Recycling der Petro-Dollars hat seine Tücken

Ist es nicht ungerecht, daß wir zuerst über die reichste Familie der Welt, die Saudis, besorgt sein müssen, weil uns möglicherweise noch Schlimmeres blühen könnte, und daß ich Ihnen jetzt andererseits sagen muß, daß unsere Sorge auch den Rockefellers zu gelten hat. Sie werden dagegen einwenden, daß die Saudis und die Rockefellers sich ohnehin immer ein hübsches Haus, ein feines Abendessen, eine gute Ausbildung sowie Reisen und die vielen anderen Annehmlichkeiten des Lebens leisten können werden – und damit haben Sie natürlich recht. Dennoch kommen wir nicht umhin, uns auch ein klein wenig um David Rockefeller und seine Chase-Manhattan-Bank zu sorgen.

Die Chase-Manhattan-Bank hat in diesem Fall einen rein symbolischen Wert, denn im Grunde geht es hier um alle Banken. Sie ist insofern ein gutes Beispiel, als sie ein großer internationaler Kreditgeber ist und 1979 fast die Hälfte ihrer Gewinne im Ausland erwirtschaftete. Letztendlich sprechen wir hier nochmals über das Überleben des Systems, betrachten es diesmal allerdings aus einem anderen Blickwinkel. Es ist noch nicht allzu lange her, als das System noch auf der Suche nach einer Leitwährung war, der sie voll vertrauen konnte.

Das von uns behandelte Problem wird als »Recycling des Petro-Dollars« bezeichnet. Die Verbindung zwischen den Saudis und den Rockefellers beruht auf der Tatsache, daß die Saudi-Familie ihr Geld in der Bank der Rockefeller-Familie anlegte und daß die letztere dies Geld in der ganzen Welt verlieh und manchmal auch an die Leute bzw. Länder, die jetzt mehr Geld benötigen, um den neuen Ölpreis für die Saudi-Familie aufbringen zu können. Gertrude Stein hat einmal gesagt, daß Geld immer gleich Geld sei, nur daß es sich jeweils um andere Taschen handelte.

Wenn die Ölverbraucher den Ölproduzenten genügend Güter verkaufen könnten, wäre ihr Handel ausgeglichen. Könnten die Kenianer den Preis ihres Kaffees hinreichend erhöhen, um die Preissteigerungen für Benzin und Kunstdünger zu kompensieren, und würden die Saudis genügend Kaffee zu dem höheren Preis trinken, dann gäbe es keinerlei Probleme. Leider gibt es jedoch nicht genügend Saudis, die zu jedem beliebigen Preis so viel Kaffee trinken. Wie wir bereits gesehen haben, können die Ölproduzenten, die gewöhnlich zu den »Niedrigverbrauchern« gehören, nicht genügend Güter kaufen, um die von ihnen plötzlich verdienten Petro-Dollars auszugeben.

Die reiche Saudi-Familie legt also ihr Geld auf die Rockefeller-Familienbank. Da die Kenianer das Benzin zum neuen Preis nicht bezahlen können, wenden sie sich eines Kredites wegen an eine Bank und schulden den Rockefellers das Geld, das diese für die Saudis aufbewahren. Es wäre natürlich einfacher, wenn die Kenianer direkte Schuldner der Saudis wären, aber so funktioniert es nun mal eben nicht. Die Bank vertraut darauf, daß die Kenianer ihren Benzinverbrauch zurückschrauben und ihre Einnahmen entsprechend erhöhen werden, um das Darlehen abzuzahlen, so daß sich der Kreislauf des Petro-Dollars zu guter Letzt schließt.

Das Problem besteht nun darin, daß sich die Banken in der Mitte befinden und daß der *Umfang* der Öltransfers so immens angewachsen ist. Erinnern wir uns noch einmal daran, daß die OPEC 1975 die gesamte New York Times Company für den Gewinn von eineinhalb Stunden Ölproduktion hätte kaufen können. Für genau dieselbe Produktionszeit hätte sie außerdem die Washington Post Company zusammen mit der *Newsweek* und all ihren Fernsehstationen erwerben können. Ferner hätte sie sämtliche amerikanischen Medien – ABC, CBS, die *Los Angeles Times* – in einer Woche und sämtliche Aktien der Londoner Börse in acht Monaten kaufen können, um es einmal rein arithmetisch auszudrücken. Es bedarf schon eines Riesenklotzes, um ein derartiges System zu erschüttern.

Sobald der Ölpreis steigt, erzeugt er auf verschiedenerlei Weise Geld. Wir werden sogleich noch darauf zurückkommen. Das Ölgeld, das nicht ausgegeben wird, geht in die Banken, wird von diesen verliehen, und geliehenes Geld ist im Grunde genausogut wie verdientes Geld, um mehr Öl zu ersteigern. Angesichts der gestiegenen Geldmenge sagt sich der Club nun: »He, wir haben ja Inflation und müssen deshalb den Ölpreis wieder anheben, um gleichzuziehen.« Auf diese Weise schaukelt sich das System immer weiter hinauf.

Öl wird zu einer Art Quasi-Währung, so daß sogar die Saudis und Rockefellers beginnen, sich um das System zu sorgen. David Rockefeller verwendete in einer Rede sogar eine Metapher aus dem Seewetterbericht, als er »tückische wirtschaftliche Gewässer und orkanartige finanzielle Winde« vorhersagte, die »stark genug sind, um selbst erfolgreiche Länder zu Fall zu bringen«.

Bankiers in Nadelstreifen treffen sich besorgniserregt in geheimen Sitzungen. Kann das System die Petro-Dollars verkraften? Und wenn nicht, wird es eine Große Depression wie die der dreißiger Jahre geben? Welche Möglichkeit besteht, um den Prozeß zu verlangsamen? Würde die Welt ein langsameres Wachstum – oder gar eine Dauerrezession – akzeptieren, um das System zu retten? Was für Alternativen gibt es? Immer mehr Inflation? Zuerst das Eine-Million-Dollar-Haus und dann eines Tages den Millionen-Dollar-Hamburger?

Öl erzeugt Geld

Normalerweise müßte Öl eigentlich ein Gut wie jedes andere sein. Durch den gegenwärtigen Umfang der Öltransferzahlungen, die durch die Banken geschleust werden, wird jedoch immer mehr Geld geschaffen.

Ein höherer Ölpreis bedeutet für ein Ölverbraucherland den Abfluß von mehr Geld und damit zugleich weniger Geld für Autos, Äpfel und Benzin. Weniger Geld ist wiederum gleichbedeutend mit weniger Wirtschaftsaktivität, und diese führt schließlich zur Rezession und zur Arbeitslosigkeit. Die Ölpreiserhöhung wirkt also wie eine Steuer *deflationär.* Ausgeglichen ist die Situation insofern noch, als das aus dem ölverbrauchenden Land abgeflossene Geld nunmehr dem Ölproduzenten zur Verfügung steht.

In unserer gegenwärtigen Situation besteht bei den Ölverbraucherländern die starke Neigung, ständig ein bißchen mehr Geld zu drucken, um den Schmerz der Rezession ein wenig zu lindern. Das hat allerdings nichts mit Ökonomie oder dem Bankwesen zu tun, sondern ist reine Politik. Um Sachwerte gegen das Öl einzutauschen, muß zunächst sehr hart gearbeitet werden. Obgleich der Vertreter der Zentralbank eher zu einem harten Kurs neigt, wird sich dieser nur schwer durchhalten lassen, weil der Premierminister bereits von den Gewerkschaften hart attackiert wird und das Parlament nicht mitzieht.

Nun hat aber der Ölproduzent immer noch das viele Geld von seinen Ölexporten und bringt es, da er es nicht braucht, zur Bank. Nehmen wir einmal spaßeshalber und um ein wenig Abstand von dem OPEC-Gigantentum zu gewinnen an, die Bank besäße ein Sichtguthaben in Höhe von hundert Dollar, von denen sie laut Bestimmungen der Notenbank zehn Prozent als Mindestreserve halten muß. Daraufhin erscheinen Sie als Kunde und leihen sich neunzig Dollar, die Ihrem Girokonto gutgeschrieben werden. Von diesem Guthaben leiht sich wiederum Ihr Cousin Charley 81 Dollar, weil jedesmal die besagten zehn Prozent als Mindestreserve abgezogen werden müssen. Ihr Cousin Charley legt sein Darlehen wiederum auf *sein* Girokonto, und die Bank kann davon ihrerseits 72,90 Dollar dem nächsten Kreditnehmer leihen. An diesem Beispiel zeigt sich sehr deutlich die Funktionsweise des Multiplikators, der ziemlich lange wirksam bleibt. Wenn die Federal Reserve den Banken mehr Geld zuführen möchte, senkt sie den Mindestreservesatz, so daß Sie statt neunzig Dollar 95 Dollar und Ihr Cousin anstelle von 81 Dollar 85,50 Dollar leihen können. Falls die Notenbank umgekehrt die Geldmenge reduzieren will, braucht sie nur den Mindestreservesatz zu erhöhen.

Nun stellen wir uns die Frage: Wie groß ist der Multiplikator im Euro-Land? Theoretisch ist er unendlich groß. Die Rockefeller-Bank bekommt im Euro-Land ein OPEC-Sichtguthaben in Höhe von hundert Dollar und kann den gesamten Betrag weiterverleihen. Und wenn Sie die hundert Dollar bei der Deutschen Bank in Luxemburg deponieren, kann diese ebenfalls die gesamten hundert Dollar an Ihren Cousin Charley verleihen, der diese dann zur Banco d'Espagna trägt – und so fort, so daß die ursprünglichen hundert OPEC-Dollar eine ganz beträchtliche Strecke zurücklegen.

In der Praxis sorgt die Vorsicht der Banken jedoch dafür, daß dieser Strom nicht ungehindert fließt. Außerdem werden einige der Sichtguthaben wieder in die dem Mindestreservesystem angehörenden Banken der normalen Welt zurückfließen und dort auf die übliche Weise reduziert werden. Niemand weiß jedoch ganz genau, was sich tatsächlich abspielt, weil es kein allgemein gültiges Berichterstattungssystem im Euro-Land gibt.

Falls Ihnen dies alles sehr verwirrend vorkommt, trösten Sie sich damit, daß es den Bankiers ganz genauso geht – denken Sie nur an David Rockefeller, der von tückischen Gewässern sprach.

Bankiers vermeiden gewöhnlich düstere Prognosen, weil auf diese Weise Leute verschreckt werden und ihre Sichtguthaben aus der Bank nehmen könnten. Sie fühlen sich derzeit ganz besonders unwohl, weil sie der Meinung waren, sie hätten alles bestens organisiert.

Der entscheidende Punkt bei dem Spiel »Was kann die OPEC alles kaufen?« ist jedoch nicht, daß sie die CBS kaufen wollte, sondern vielmehr die Tatsache, daß mindestens ein OPEC-Land mit einem einzigen Federstrich dank seines externen Kapitals und seiner Fähigkeit, ausländische Devisen zu halten, die wichtigsten Industrienationen überrundet hatte.

Die sparsamen und hart arbeitenden Westdeutschen waren tagtäglich ins Büro und in die Fabrik gegangen, hatten gehämmert, gelötet und genietet, sie hatten die Welt mit ihrem Volkswagen-Käfer, ihren Maschinen und ihren Chemikalien überschwemmt und auf diese Weise bis 1975 einen Überschuß von vierzig Milliarden Dollar erwirtschaftet.

Und die Japaner mit ihrer Bienenkorb-Kooperation waren frühmorgens unter Absingen des Firmenliedes »Heil Dir, oh Matsushita« in die Fabrik gegangen, sie hatten ihre Gruppen-Freiübungen gemacht, sie hatten gehämmert und waren herumgeeilt, hatten die Welt mit Fernsehgeräten, Stereoanlagen, Kameras und kleinen

Autos überschwemmt und waren nach Jahren harter Arbeit auf dem besten Wege zu Außenhandelsüberschüssen in Milliardenhöhe.

Demgegenüber hatten die Vereinigten Staaten, England und Italien keine derartigen Überschüsse (obwohl die USA aus der Blütezeit des Dollars als Leitwährung noch hohe langfristige Investitionen besaßen).

Und jetzt kam plötzlich ein Land – eine Familie – mit einem Außenhandelsüberschuß von sechzig Milliarden Dollar daher! Ohne auch nur ein bißchen dafür gearbeitet zu haben!

Dies war insofern unbewußt verwirrend, weil die protestantische Ethik und die Idee des Kapitalismus nach Aussagen von Max Weber seit dem 16. Jahrhundert vermischt worden waren und seither in kausaler Beziehung zueinander stehen. Demnach ist Erfolg ein Indiz dafür, daß man sich in einem Zustand der Gnade befindet, und Arbeit ist ehrenhaft, weil sie zu Erfolg führt. Robert Bellah schrieb in seinem Buch »Tokugawa-Religion«, daß selbst die Japaner dieselbe protestantische Denkweise besaßen. Wenn Sie jeden Tag bis Mitternacht gearbeitet haben und jetzt endlich den Triumph einer Erhöhung des Jahresgehalts um zweitausend Dollar erlebt haben, und der Bursche um die Ecke erbt plötzlich mir nichts, dir nichts eine Milliarde Dollar, dann werden sich bei Ihnen höchstwahrscheinlich gewisse metaphysische Zweifel über die Belohnungen der Arbeit einschleichen.

Im Anschluß an die erste Ölkrise waren die Vertreter der Finanzwelt ausgesprochen verängstigt, während sich die Ökonomen einer begierigen Zuhörerschaft erfreuten. Jeder wollte wissen: Wieviel Geld wird die OPEC haben, und was wird mit der Welt geschehen? Deshalb stellten die Ökonomen geschwind ihre Gleichungen zusammen, steckten sie in die Computer und warteten mit folgenden Zahlen auf:

Die Stabsökonomen der OECD sagten, daß die OPEC 1980 740 Millionen Dollar besäße.

Der Stab der Weltbank meinte, die OPEC würde 1980 über 654 Milliarden Dollar und 1985 über 1,2 Billionen Dollar verfügen.

Die Morgan-Bank vertrat jedoch mit ihrer Prognose von 250 Milliarden Dollar für 1978 eine eher konservative Haltung.

Alle, die die Funktionsweise des Gesamtprozesses kannten, verfielen in eine Art stillschweigende Panik, weil sie wußten, daß diese Zahlen das System zusammenbrechen lassen würden, und das hieß geschlossene Türen, Warteschlangen um den ganzen Block, Bankferien und Äpfelverkauf an den Straßenecken. Die Banken würden auf dieser Geldflut hinweggeschwemmt. Sie würden allen Ländern ohne Öl Geld leihen, obwohl diese nicht imstande wären, die Darlehen zurückzuzahlen, so daß die Banken mit den nicht zurückgezahlten Krediten zahlungsunfähig würden, bis schließlich das System eines Tages völlig auseinanderbräche. Die Apokalypse erschien unaufhaltsam.

Das Problem bei dieser ökonomischen Vorhersage war, daß die Mathematik zwar sehr elegant war, die Realität dagegen nicht. Keine der Prognosen war auch nur annähernd richtig, da die Ökonomen einen entscheidenden Punkt übersehen hatten.

Ein Weihnachtsmorgen in Arabien

Direkt nach der ersten Ölkrise besuchte mich ein junger Saudi, den wir Abdul Latif III. nannten, um ihn von dem Direktor des Kuwait-Fonds, Abdul Latif al-Hamad, und von Amad Abdul Latif von der saudiarabischen Währungsbehörde zu unterscheiden. Er trug keine weiße typische Kopfbedeckung und hatte im Gegensatz zu den Arabern aus den Karikaturen weder einen Bart noch eine Sonnenbrille. Statt dessen trug er einen maßgeschneiderten Siebenhundert-Dollar-Nadelstreifenanzug von Dunhill Tailors aus der 57. Straße in New York, und zwar das Modell mit den Ärmelknöpfen, die sich tatsächlich zuknöpfen lassen und die von den Vertretern der Weltbanken bevorzugt werden, so daß er eher einem eleganten Italiener ähnelte. Er war in einem Anlageberatungskurs an der Harvard Business School gewesen, wo ich vor mehreren Jahren Vorlesungen gehalten hatte, und besuchte mich, weil seine Familie auf der Suche nach einer Bank war.

Abdul Latif III. war weder ein Prinz noch ein Scheich, sondern der Abkömmling einer Handelsfamilie, die wohlhabend genug war, um ihn in den USA zur Schule zu schicken. »Mein Großvater zog noch mit seinen schwerbeladenen Kamelen umher, genau wie noch im letzten Jahrhundert in den Vereinigten Staaten die Hausierer, die in einem kleinen Pferdewagen von Farm zu Farm fuhren. Mein Vater eröffnete dann ein Geschäft, genau wie dies die Söhne der früheren Hausierer taten. Und jetzt sind wir im Bankwesen und im Baugeschäft tätig und besitzen Beteiligungen bei General Electric, Siemens und Philips.

Sie müssen bedenken, daß der Staat das Öl besitzt, aber nicht die Bürger. Deshalb sehen wir die Öleinnahmen erst dann, wenn die Regierung sie ausgibt. Dies tut sie jedoch nicht. Ich habe einen Freund an der amerikanischen Botschaft, nach dessen Aussagen es überall so aussieht wie um elf Uhr morgens am ersten Weihnachtsfeiertag; überall wimmelt es von Einwickelpapier. Die Häfen sind für neunzig Tage ausgebucht, und es kostet fünf Riyal, um einen Sack Zement mit dem Hubschrauber von einem Schiff zu transportieren, während der Zement selbst nur sieben Riyal kostet. Die Lebenshaltungskosten steigen ständig. Wir mußten sogar Sand importieren, weil wir nicht den richtigen Sand zum Bauen hatten.

Das erste, was wir nach der Aufhebung des Embargos bemerkten, war die Ankunft all dieser Abenteurer, die sich überall aufhielten, überall schliefen und die Araber für so ignorant und so reich hielten, daß sie alles kaufen würden. Das ist allerdings vorbei. Als zweites stellten wir fest, daß viel Geld da war. Einige der alten Handelsfirmen, fünfzig und siebzig Jahre alt, wären in den sechziger Jahren froh gewesen, wenn sie hunderttausend Riyal (etwa 28 000 Dollar) auf der Bank gehabt hätten. Heute haben sie sehr viel mehr als das.

Das Geld wurde zuerst sichtbar auf dem Immobilienmarkt. Sobald jemand Land für fünfhundert Riyal kaufte, wurden ihm am nächsten Tag bereits zweitausend und in der nächsten Woche sogar zehntausend dafür geboten. Drei Monate später konnte er teilweise sogar hunderttausend Riyal bekommen. Immer wenn sich mein Vater, meine Onkel und meine Cousins trafen, sprachen sie über nichts anderes als über Grundbesitz. Und mein Onkel sagte dann: ›Hunderttausend Riyal für diesen Fleck? Völlig verrückt!‹ «

»Sie wollen also eine Bank«, sagte ich zu ihm. »Sie könnten die Bank of America mit den Einnahmen von einer Woche kaufen, das heißt, Sie könnten die Hälfte der 69 Millionen Aktien kaufen, die derzeit auf dem Markt für 1,2 Milliarden Dollar verkauft werden.« Natürlich war dies ein Scherz, die Rechnung aber korrekt.

»Wir hatten eher an eine kleine, freundliche Bank gedacht«, meinte Abdul Latif III.

Mir fiel plötzlich ein, daß die Araber ihr Überschußproblem allein durch die richtige Auswahl der Gesellschaften lösen konnten. Sie brauchten nur die Penn Central, Lockheed, Chrysler und das US-Post Office zu kaufen, und all ihre Recycling-Probleme wären beseitigt.

Abdul Latif III. fuhr, ohne eine Bank gekauft zu haben, nach Hause. Seine Familie gründete schließlich eine Bank in Bahrain, die sich in Europa an mehreren Konsortien beteiligte. Als wir uns das nächste Mal trafen, hatte er ein wenig zugenommen und viel von seinem liebenswürdigen Wesen verloren, das er als Student besessen hatte. Sein Halbbruder Mahmoud verhandelte gerade in Deutschland über ein Industriegeschäft; sein Halbbruder Gamal war in London; das Geschäft expandierte so schnell, daß allmählich die fähigen Familienmitglieder knapp wurden, zumal sie bereits bis auf die entferntesten Cousins zurückgegriffen hatten. Die Familie war immer noch auf der Suche nach einer amerikanischen Bank. Obgleich Mahmoud, Hassan und Abdul Latif III. alle den Gruß *Im'shallah* (so Gott will) verwendeten, arbeiteten sie so hart, als ob die Arbeit ihnen einen kleinen Abglanz des Zustandes der Gnade vermitteln könnte.

Die von Abdul Latifs Familie in Bahrain gegründete Bank war keineswegs die einzige. Auf der einstmals friedlich schläfrigen Insel gab es jetzt hundertzwanzig Banken, darunter alle großen Namen wie Bank of America, Bank of Tokyo, Citicorp und Barclay's sowie David Rockefellers Chase Manhattan. Darüber hinaus gab es noch die neuen arabischen Banken, von denen einige, wie zum Beispiel die Arab Banking Corporation mit einem Kapital von einer Milliarde Dollar, wahrhaftig als Großbanken zu bezeichnen waren. Einige der arabischen Banken ließen sich auch in Europa nieder; davon allein 32 in Paris.

Sämtliche dieser Banken hatten dasselbe Ziel: Sie waren hinter den Petro-Dollar-Guthaben her.

Was hatten nun die Ökonomen übersehen? Antwort: Sie wußten nicht, daß es irgend jemandem einfallen würde, *Sand* nach Saudi-Arabien zu importieren. Abdul Latifs III. Familie hatte ihre Gebäude in Jidda halb hochgezogen und plötzlich keinen Zement mehr. Der Zement befand sich so weit draußen in dem vollgestopften Hafen, daß es fünf Riyal kostete, um einen Sieben-Riyal-Sack Zement zu transportieren. Dieser Prozeß wurde im ganzen Nahen Osten wiederholt, bis der erste Ansturm vorbei und das Leben besser organisiert war. Die OPEC gab genügend Geld aus, um sämtliche Prognosen zu sprengen. Und da der höhere Ölpreis bedingte, daß im Westen für alles andere weniger Geld verfügbar war, entstand eine starke Rezession, das heißt, einige Industriezweige mußten ihre Produktion drosseln, Arbeiter entlassen und verbrauchten weniger Öl. Deshalb erreichte der OPEC-Überschuß doch nicht die Eine-Billion-Dollar-Grenze, das System funktionierte noch, und der Zusammenbruch blieb aus.

Doch selbst bei einem Preis von zwölf Riyal pro Sack Zement hatte die OPEC immer noch sehr viel Geld in der Bank, und die Bankiers wurden von zwei Ängsten geplagt. Die eine war irrational, obwohl sie nicht als solche erschien, während die andere ziemlich real war.

Die irrationale Angst sah folgendermaßen aus: Schaut euch diese gen Himmel wachsenden arabischen Guthaben an, wir nehmen sie und verleihen sie für zehn Jahre an die Türkei oder an Brasilien, aber das Geld ist ja hier nur dreißig Tage lang festgelegt. Was passiert, wenn die Araber das Geld am Ersten des Monats abziehen?

Ein Bankier kann nur dann einen Kredit vergeben, wenn er ein Guthaben besitzt. Eine solche Aussage erscheint relativ albern, aber wenn drei von zehn Amerikanern mit College-Ausbildung nicht wissen, daß wir Öl importieren müssen, dann kann ich mir auch eine solche Aussage leisten. Die Banken verleihen nie ihr eigenes Geld, sondern nur das, was jemand anders ihnen überlassen hat.

Wenn Sie gerade einer Truppe von lustigen Brasilianern auf Wiedersehen gesagt haben, denen Sie ein schönes Abendessen bezahlt, einen großen Kredit gegeben und von denen Sie Ihrerseits eine hohe Gebühr kassiert haben, müssen Sie das Geld von irgend jemand anders als Guthaben bekommen haben, um dies Darlehen geben zu können. Wenn sämtliche Ihrer Kunden ihr Geld aus Ihrer Bank herausnehmen und Sie keine anderen mehr anwerben können, dann wird Ihre Bank sozusagen »gestürmt«, und Sie können das Schild »geschlossen« an Ihre Türe hängen.

Wenn die Araber ihr Geld aus Ihrer Bank abziehen und Sie immer noch das brasilianische Darlehen in Ihren Büchern stehen haben, sollten Sie möglichst schnell versuchen, sich neue Sichteinlagen zu beschaffen. Wenn Sie jedoch ein Mitglied des Systems mit gutem Ruf sind, können Sie dies arabische Geld sogleich wieder zurückbekommen. Die Araber haben es nämlich irgendwohin nach England oder in die Schweiz gebracht, und Sie können dort anrufen und es von einer anderen Bank wieder ausleihen. Natürlich müssen Sie dafür bezahlen, und natürlich wird es nicht genau dasselbe Geld sein, aber Sie wollen ja nur Ihr brasilianisches Darlehen decken.

Zu Beginn ihres Ölreichtums wollten die Golfscheichs noch mit Gold- und Silbermünzen bezahlt werden, um diese unter ihre Betten legen zu können. Das war alles. Heute legen sie ihr Geld auf die Bank oder gründen selbst eine Bank.

Deshalb muß das Geld im System bleiben, so daß eine Bank mit hoher Kreditwürdigkeit die abgezogenen Guthaben erneut ausleihen kann. Falls die Bank keinen Ruf der Kreditwürdigkeit besitzt, werden ihre Telefonanrufe unbeantwortet bleiben. In diesem Fall werden die Bankbehörden wie die US-Federal Reserve, die Bundesbank oder die Bank of England sich dieser Bank ganz besonders intensiv widmen, und die anderen Banken werden ihr ebenfalls Beistand leisten. Solange nur eine Bank Schwierigkeiten hat, ist das System durchaus funktionsfähig, sobald dies jedoch bei mehreren Banken gleichzeitig der Fall ist, sind die Beistandsmöglichkeiten nicht ausreichend, und das Übel könnte leicht zu einer Epidemie oder Plage werden.

Die rationale Angst lautet dagegen: Vielleicht kann das System all dies Geld gar nicht verkraften. Was passiert, wenn so viel Geld hineinfließt, daß sich keine sicheren Anlagemöglichkeiten mehr finden?

Der Kreditnehmer muß unbedingt imstande sein, das Geld zurückzuzahlen. Wenn die Kenianer ihre Ölrechnung mit Krediten bezahlen, unterstellen wir, daß sie ihre Gürtel enger schnallen und etwas mehr Kaffee und Sisal verkaufen werden, weil man ja nicht einfach Geld leihen kann, um es dann am Sonntag durch ausgedehnte Spazierfahrten zu verpulvern.

Der größte Teil des OPEC-Geldes befand sich bei der saudiarabischen Währungsbehörde, dessen Leiter der sympathische Abdul Aziz al-Qurashi war, der zusammen mit seinem amerikanischen Berater, David Mulford, unter Anleitung des Königshauses eine Politik der Vorsicht ausarbeitete. Danach legten sie Geld für Entwicklungspläne auf die Seite, kauften US-Staatsobligationen und Bundesbank-Schuldscheine, erstellten dann eine Liste der größten Banken in der ganzen Welt und begannen an der Spitze, indem sie ihr Geld bei den fünf größten amerikanischen, den drei größten Schweizer und deutschen sowie den zwei größten britischen Banken anlegten, um sich dann der nächstgrößeren Kategorie von Banken zuzuwenden.

Die Banken bildeten Konsortien – nach dem Motto: Du beteiligst dich an meinem Geschäft, und ich beteilige mich an deinem –, um das verfügbare Geld auszuleihen.

Dies Phänomen wurde von einer Gruppe von Ökonomen unter Leitung des ehemaligen Vorsitzenden des Wirtschaftsbeirats, Paul McCracken, eingehend untersucht. Dabei wurde festgestellt, daß die »Privatbanken der OECD, also der westlichen Länder, für die überschüssigen OPEC-Mittel als eine Art Umschlagplatz dienten«. Die Brasilianer, Koreaner und Kenianer besaßen keinerlei Öl und mußten ständig höhere Ölrechnungen bezahlen, aber sie blieben trotzdem im Geschäft, weil die Privatbanken ihnen das für die Ölproduzenten benötigte Geld liehen.

Der zentrale Umschlagplatz waren die Euro-Land-Banken, die ja groß genug waren, um für konservative Anleger attraktiv zu sein. So besitzt die größte Bank der Bundesrepublik Deutschland, die Deutsche Bank, mit ihren Zentralen in Frankfurt und Düsseldorf, immerhin noch 1 370 andere Niederlassungen (Konzern) und weist eine Bilanzsumme (Konzern) von insgesamt 192 Milliarden DM auf. Die Geldanleger fanden Euro-Land insofern attraktiv, als dort weder politische Aspekte hineinspielten noch neugierige Fragen über die Herkunft des Geldes gestellt wurden und überdies günstigere Zinssätze herrschten.

Außerdem waren die Konditionen im Euro-Land insgesamt günstiger und einfacher. So mußte Peru, wenn es sich an David Rockefellers Chase Manhattan in New York wandte, gleichzeitig damit rechnen, daß sich der Währungskommissar einschaltete und die Chase-Bank zur Einhaltung der strikten Auflagen zwang. Und wenn sich die Peruaner an eine internationale Behörde wie den Internationalen Währungsfonds wandten, konnte es durchaus passieren, daß ihnen ein eiskalter Bankier politische Ratschläge erteilte und ihnen zum Beispiel Steuererhöhungen und Importsenkungen nahelegte.

All dies war im Euro-Land nicht möglich; hier lag es ausschließlich bei den Banken, ihr Risiko selbst einzuschätzen und zu tragen.

Einige Leute sind der Auffassung, daß die Banken ein so großes Interesse an diesen Geschäften hatten, daß sie äußerst riskante Darlehen vergaben und das ganze System gefährdeten. Wilfried Guth von der Deutschen Bank sprach dies kürzlich öffentlich aus: »Die Diskrepanz zwischen der Wissensfülle über die Makroökonomie internationaler Kreditpolitik und den knappen Informationen über die Erfahrungen einzelner Banken wird von einem interessanten Phänomen begleitet, das Sigmund Freud vermutlich entzückt hätte. Prominente Bankiers haben seit längerem ihr Unbehagen angesichts der unguten Situation auf den Euro-Märkten geäußert, obwohl ihre Banken unterdessen weiterhin sehr aktiv auf genau diesen Märkten operieren.«

Das heißt mit anderen Worten, daß die Banken schwerste Bedenken gegenüber ungesunden Krediten äußerten und sich gegenseitig zu einer Drosselung der Kreditvergabe anhielten, um selbst genau das Gegenteil zu tun. Jeder handelte letztlich nach dem Motto: »Laßt uns die Kredite drosseln – aber zuerst die andern.« Falls sich die Deutschen und Amerikaner aus irgendeinem Grunde zurückhielten, gäbe es sicherlich sofort eine eifrige spanische, italienische oder japanische Bank, um in die Bresche zu springen.

Hieraus ergab sich ein Problem: Gewöhnlich wird angenommen, daß unvorsichtige Banken vom Markt selbst bestraft werden, indem sie aus dem Markt gedrängt werden. In diesem Fall waren die Banken jedoch so interdependent, daß eine unvorsichtige Bank das gesamte System kollabieren lassen konnte. Ich möchte Sie hier kurz mit den elementarsten Vorgängen dieses Mechanismus vertraut machen. Es leuchtet ein, daß, wenn Bank A der Bank B hundert Dollar schuldet und Bank B wiederum Bank C 110 Dollar schuldig ist, welche ihrerseits bei Bank D mit 120 Dollar in der Kreide steht, die Musik natürlich weitergehen muß. Und zwar nicht nur die Musik, sondern auch das Tempo. Die Umschlaggeschwindigkeit spielt ebenfalls eine wichtige Rolle auf dem Geldmarkt, das heißt, im Falle einer Verlangsamung muß diese in irgendeiner Weise kontrolliert werden, oder eine dieser Banken wird nicht rechtzeitig bezahlt und löst sofort eine Beschwerdekette bei den anderen Banken aus.

Die Zentralbanken der westlichen Länder haben sich in der Schweiz zusammengesetzt und – in Anlehnung an die frühen Tage der protestantischen Ethik – das sogenannte Baseler Konkordat vereinbart. Das Baseler Konkordat ist sozusagen eine freiwillige Feuerwehrabteilung. Die Notenbankiers haben ausdrücklich darauf hingewiesen, daß sie leichtsinnige Banken nicht durch Kautionen entlasten werden, sondern daß ihr Ziel die Erhaltung des Systems ist. Wilfried Guth von der Deutschen Bank erläuterte hierzu: »Der Hauptzweck besteht darin, das Feuer so schnell wie möglich zu löschen, bevor die Hitze oder eine Explosion die gesamte Umgebung gefährdet.«

Bei der Gründung einer Bank muß man zunächst über ein gewisses Grundkapital verfügen, dann erhält man Guthaben von den Kunden, die man schließlich weiterverleihen kann. In einer guten Bank wird das Verhältnis dieser drei Größen vorsichtig auskalkuliert. Wenn es sich um eine kleine Landbank mit einem Kapital von hunderttausend Dollar handelt, wäre es zum Beispiel sehr unvernünftig, Brasilien einen Kredit von fünfzig Millionen Dollar zu gewähren. Entscheidend ist also eine vorsichtig ausbalancierte Beziehung zwischen dem Kapital und dem Vermögen bzw. den vergebenen Krediten sowie den Krediten und den Sichtguthaben. In den westlichen Ländern haben die staatlichen Finanzbehörden eine genaue Definition einer solchen vorsichtigen Politik entwikkelt.

Natürlich gibt es im Euro-Land auch ganz ähnliche Probleme. Aufgrund des äußerst harten Wettbewerbs begannen viele Banken die Relation zwischen ihrem eigenen Kapital bzw. dem Geld ihrer Aktionäre und dem Kreditvolumen immer mehr zu unterhöhlen. Die Härte dieses Wettbewerbs läßt sich sofort an der Kreditknappheit erkennen, die auf die zweite Ölkrise folgte. In diesem Zusammenhang müssen wir den Begriff des internationalen Bankausleihzinses einführen, den sogenannten LIBOR (London Interbank Offered Rate), der der amerikanischen *prime rate* entspricht. In den Vereinigten Staaten kann General Motors als erstklassiger Kreditnehmer beispielsweise zu der *prime rate* Geld aufnehmen, während eine kleine Gesellschaft zwei oder drei Prozentpunkte mehr zahlen muß. Diese Extrapunkte sind für die Bank eine Absicherung gegen das erhöhte Risiko. Nach der ersten Ölkrise zahlten die Industrieländer eineinviertel Prozent über LIBOR, während die neueren Entwicklungsländer zweieinhalb Prozent darüber lagen. Dadurch erhielten die Banken einen gewissen Spielraum. Da viele Banken eifrig bemüht waren, in diesem Geschäft mitzumischen, und sich durch gegenseitiges Überbieten der Konditionen heftig bekämpften, zahlten die Industrieländer nach der zweiten Ölkrise nur mehr 0,5 Prozent und die Entwicklungsländer nur mehr 0,68 Prozent über LIBOR.

Der Euro-Markt rettete die Welt ganz wesentlich über die erste Ölkrise hinweg, da er die überschüssigen OPEC-Gelder absorbierte und weiterverlieh. Genau dasselbe vollzog und vollzieht sich während der zweiten Ölkrise.

Sobald Zaire oder die Türkei Probleme mit der Tilgung ihrer Darlehen hatten, setzten sich die Banken mit ihnen zusammen und boten ihnen eine Verlängerung der Tilgungsfrist an; dies ist die sogenannte »Umschuldung«. Für die Bank ändert sich dadurch im wesentlichen nichts, da sie ihre Kreditgebühr bereits zu Beginn erhalten hat und weiterhin Zinsen erhält, während der Kreditnehmer die Rückzahlung des Darlehens auf einen späteren Zeitraum verteilen kann.

Fassen wir noch einmal zusammen, was passiert ist. Zuerst erhielten die Banken die OPEC-Überschüsse und verliehen sie weiter. Die wirtschaftliche Aktivität nahm aufgrund der Rezession ab, so daß man bei Gleichbleiben aller anderen Faktoren eine *Deflation*, aber keine *Inflation* erwartet hätte. Da die Deflation ein unangenehmes Phänomen ist, lockerten die Zentralbanken ein wenig die Kreditschrauben, so daß das viele Geld von den Banken ausgeliehen werden konnte. Da die Banken durch ihre Kreditvergabe neues Geld schaffen, war selbst trotz der Rezession genügend Geld vorhanden.

Der ständig steigende Ölpreis machte das Öl allmählich zu einer Quasi-Währung: Mehr Öl bedeutete mehr Bankguthaben und damit mehr Geld.

Die Banken trugen überdies zu der Vermehrung der Geldmenge bei, da sie weit mehr Darlehen vergaben, als es ihr Kapital eigentlich zuließ. Nehmen wir einmal an, daß das Verhältnis zwischen Darlehen und Eigenkapital fünf zu eins beträgt und damit genau den konservativen Maßstäben entspricht. Außerdem soll das Verhältnis von Guthaben und Krediten genau die Vorstellungen erfüllen, die nach Auffassung unserer Großväter angemessen waren. Was tun wir aber, wenn jetzt einige neue Kreditnehmer auftauchen? Sagen wir nein? Wir können ja mit diesen Darlehen mehr Geld verdienen, und wenn wir es nicht tun, werden diese geschäftstüchtigen japanischen Banken an unsere Stelle treten und eine Beziehung zu dem Kreditnehmer aufbauen, so daß wir Schwierigkeiten hätten, diesen zu irgendeinem späteren Zeitpunkt wieder für uns als Kunden zu gewinnen. Deshalb geben wir also das Darlehen, und unser Verhältnis steigt auf zehn zu eins. Die japanischen Banken sind aber inzwischen auch nicht müde, so daß ihr Verhältnis auf zwanzig zu eins steigt. Auf diese Weise erhöhen die Banken bei gleichbleibender Kapitalbasis fortwährend das in Umlauf befindliche Geld.

Demnach bewirken all diese Faktoren eine Zunahme der Geldmenge: Da ist zuerst eine gewisse inflationäre Neigung der Verbraucherländer, um die depressiven Effekte der höheren Ölpreise zu kompensieren, der zweite Faktor ist die Kreditvergabe im Euro-Land, wo aufgrund der fehlenden offiziellen Mindestreserven ein größerer Teil der Guthaben verliehen werden kann, während der dritte Faktor die Kreditvergabe der Banken ist, die ihr Verhältnis der Kredite zum Eigenkapital ständig erhöhen.

Da die OPEC-Länder zuerst die größten Banken auswählten, konnten diese ihren Marktanteil entsprechend erhöhen, während die anderen Banken ziemlich kämpfen mußten, um konkurrieren zu können, und diese Konkurrenz veranlaßte Kreditgeber unwillkürlich zu einer riskanteren Darlehenspolitik.

Die Zahlen belegen nur zu deutlich, daß die Banken das Geld ausspuckten wie ein Dukatenesel. So wuchs der Euro-Markt in einem einzigen Jahr, 1978, um zweihundert Milliarden Dollar, wovon allein die nach wie vor geldhungrigen Brasilianer 52 Milliarden für sich beanspruchten. Ein brasilianischer Bankier sagte einmal: »Wenn man genügend Geld schuldet, dann können sie es sich nicht mehr leisten, einen bankrott gehen zu lassen.« Die Banken stellten eine Liste mit den Namen aller Länder auf, die möglicherweise in Zahlungsschwierigkeiten geraten könnten, und kamen dabei auf siebzehn Länder: Brasilien, die Philippinen, Korea, Türkei, Thailand, Polen, Pakistan, Nicaragua, Panama, Ägypten, Jamaica, Äthiopien, Kenia, Marokko, Jugoslawien, Sudan und Zaire. All diese Länder sind gute Kunden der Vereinigten Staaten und Westeuropas. Sobald die Konjunktur jedoch nachläßt, werden einige Leute arbeitslos. Dies ist die derzeitige Liste, die aber durchaus noch länger werden kann, da die Entwicklungsländer enorm viel Geld benötigen, um zu expandieren. Entscheidend ist jedoch, daß die *Hälfte* aller neuen Darlehen allein zur Tilgung der alten Kredite dient. Natürlich können die Entwicklungsländer nicht unbegrenzt lange Kredite aufnehmen, nur um ihr Öl und die alten Darlehen zu bezahlen, oder aber ihre Kredite werden niemals zurückbezahlt.

Fest steht auch, daß die kreditnehmenden Länder gar nicht so unglücklich über die Inflation sind, da sie ihre Schulden auf diese Weise mit billigeren Dollars zurückzahlen können.

Genau dies ist der Kreislauf: Öl, Banken, Kredite, Inflation, neuer Ölpreis, Banken, Kredite, Inflation.

Gibt es eine Möglichkeit, um das Rad anzuhalten, ohne das Getriebe zu zerstören?

So unangenehm die Inflation auch gewesen sein mag, die tatsächlichen Konsequenzen der zweiten Ölkrise von 1979 haben wir trotzdem noch gar nicht richtig zu spüren bekommen, weil es eine Weile dauert, bis sich die zusätzlichen Kredite in dem System niederschlagen. Nach Ansicht des Internationalen Währungsfonds dauert es ein Jahr, bevor die erhöhten Währungsreserven eine Erhöhung der Geldmenge bewirken, und es dauert etwa dreißig Monate, bevor diese Erhöhungen der Weltreserven eine Weltinflation verursachen.

Demnach werden wir die Auswirkungen der zweiten Ölkrise 1982/83 erst richtig verspüren, und die schockierten Ölproduzenten werden dann sagen: »Schaut euch diese Inflation an«, und diese wird dann Grund genug für sie sein, um den Ölpreis nochmals zu erhöhen. Dreißig Monate danach werden wir dann wiederum einen Inflationshöhepunkt erleben etc. pp.

Keynes schrieb seinerzeit über Bankiers, daß sie »durch lebenslange Praxis zu den romantischsten und unrealistischsten aller Menschen geworden wären. Es ist für sie so selbstverständlich, daß ihre Position nicht in Frage gestellt werden kann, daß sie selbst diese erst dann in Frage stellen, wenn es zu spät ist. Sie empfinden zwar als ehrenwerte Bürger angesichts der Gefahren dieser bösen Welt, in der sie leben, angemessene Verärgerung – während diese Gefahren heranreifen –, doch sie können sie nicht vorhersehen. Deshalb können sie, wenn überhaupt, praktisch nur gegen ihren eigenen Willen gerettet werden.«

Bei der Durchsicht seiner Darlehen wird der Bankier vermutlich sagen: »Dieser Kredit ist durch den Kaffee gedeckt, der soeben transportiert wird, dieser da ist durch eine Ladung Schuhe abgesichert, dies ist Schuld eines souveränen Staates, der ja niemals zahlungsunfähig werden kann.«

Diese Behauptung über die garantierte Zahlungsfähigkeit eines Staates stimmt allerdings nicht ganz. Selbst wenn wir alle Kubas dieser Welt ausklammern, die ihre Verbindlichkeiten nicht erfüllen und sich auf die andere Seite schlagen, tun andere Staaten natürlich genau dasselbe, wenn sie nicht ihren Zahlungen nachkommen. Wenn sie jedoch in dem System bleiben wollen, rechtfertigen sie sich zumindest dafür und setzen sich mit den Banken zusammen, um einen Plan auszuarbeiten. Meistens erhalten sie ein neues Darlehen, mit dem sie das alte tilgen können, und die Banken hoffen, daß der Kaffee-, Sisal- oder Kupferpreis künftig steigt und sie ihr Geld schließlich zurückerhalten.

In einer Hinsicht durchläuft die Welt derzeit eine Periode der Wirtschaftsgeschichte, die gewisse Parallelen mit der der Vereinigten Staaten im vergangenen Jahrhundert aufweist. Damals waren die USA ein relativ kapitalarmes Land. Die einzelnen Banken konnten ihre eigene Währung herausgeben, und ein Chikago-Dollar in New York wurde teilweise für achtzig Cent gehandelt. Die verschuldeten Farmer wollten möglichst »grüne Scheine« bzw. billiges Geld, um leicht an Geld heranzukommen und es später billig zurückzahlen zu können. »Freies Silber!« lautete die Parole des Westens, während die Bankiers des Ostens vor allem eine mengenmäßig begrenzte harte Währung wollten.

Als William Jennings Bryan vor seinem Nominationskonvent erklärte: »Ihr sollt die Menschheit nicht auf einem Kreuz aus Gold kreuzigen«, sprach er vor allem für die an Banknoten interessierten Kreditnehmer und gegen die Gold- und Hartwährungsfanatiker.

Die Vereinigten Staaten taumelten von einem Hoch in das nächste Tief und erleben eine Panik nach der anderen. Nach der Panik von 1907 gründete der Kongreß zunächst eine nationale Währungskommission und zu guter Letzt im Jahre 1913 die Federal-Reserve-Bank, deren Zweck laut Gesetz die »Schaffung einer elastischen Währung« ist. Die Gründung der US-Notenbank mit ihrer »elastischen Währung« traf zufällig mit dem Ersten Weltkrieg zusammen, als die europäischen Regierungen den Goldstandard aufgaben und zum Papiergeld übergingen, um auf diese Weise den Krieg finanzieren zu können. Die Banknoten der Federal Reserve ergänzten die vom Schatzamt herausgegebenen Banknoten und Silberdollars, so daß die Notenbank den Banken eine Geldspritze geben konnte, falls ihre Kunden unerwartet ihre Guthaben auflösen wollten. Während der Bankkrise der dreißiger Jahre konnte die Federal Reserve diese Bankzusammenbrüche jedoch nicht mehr verhindern. Nach Auffassung ihrer Kritiker war dies vor allem durch Mißmanagement bedingt. Der New Deal stützte das System mit Hilfe von Bankreformen und einer Guthabenversicherung ab, so daß die Banken heute insgesamt als sehr vertrauenswürdige Institutionen gelten. Die Federal Reserve ist die letzte Instanz in der Kette der Kreditgeber bzw. die letzte Kreditzuflucht.

Während aggressive Bankiers der Auffassung sind, daß sich alles irgendwie von allein regeln wird, haben konservative Bankiers eher das Gefühl, daß es angesichts dessen, was sie mit ihren Augen sehen können, allerhöchste Zeit ist. Und was sehen sie? Die Nicht-Ölländer der Dritten Welt haben 138 Milliarden Dollar von der Weltbank und von anderen Regierungen zu relativ strengen Konditionen ausgeliehen. Außerdem haben sie bei multinationalen Banken weitere hunderneunzig Milliarden Dollar aufgenommen, wobei sämtliche Kredite innerhalb der nächsten drei Jahre fällig werden. Die multinationalen Banken haben ihre Kreditgrenze erreicht und dürfen diese nach den Geboten der Vorsicht nicht überschreiten. Wie können die Entwicklungsländer nun das zu ihrem Wachstum benötigte Geld erhalten und dennoch ihre Darlehen zurückzahlen? Der zuversichtliche Bankier würde sagen: »Erinnert euch doch einmal an all das Untergangsgerede im Jahre 1975, und wir haben es dennoch geschafft und werden es auch wieder schaffen. Wir haben die erste Ölkrise bewältigt und werden auch die zweite überstehen. Der Mechanismus funktioniert offenbar. Warum wollt ihr daran herumbasteln? Natürlich würden die Bürokraten in den Notenbanken sich nur zu gern in unsere Geschäfte einmischen. Aber es gibt bisher keine Bank, die wegen schlechter Kredite bankrott gegangen wäre. Die Banken versagen nur, weil sie auf dem Devisenmarkt spekulieren oder die falschen Investitionsentscheidungen treffen.«

Öl – Bankguthaben – Bankkredite – Inflation. Als ich diese Reaktionskette einmal bei einigen lateinamerikanischen Bankiers vortrug, war ihre Reaktion völlig anders und überraschend: »Na und? Wir leben ständig mit der Inflation. Leiht uns das Geld, denn ihr könnt die Entwicklungsländer nicht an ihrem Wachstum hindern, nur weil ihr euch ein wenig Sorgen über einige Banken macht. Und was passiert, wenn einige marginale Banken herausgefiltert werden? Was macht's denn? Und was ist an einer Inflation oder an einem Zusammenbruch schon so schlimm?«

Hier geht es nicht um den großmächtigen Westen, sondern um den mächtigen Norden.

»Der Norden ist ein dicker Mann, der täglich seine zwei Steaks zu sich nimmt, während woanders Leute vor Hunger sterben«, sagte einer meiner lateinamerikanischen Bankiers. »Es wird dem Norden nur guttun, seinen Konsum ein wenig zu drosseln. Vielleicht braucht der Norden auch einen Schock für sein System, ähnlich einer Nulldiät.«

»Aber eine große Krise, ein Bankenzusammenbruch oder eine Reduktion der Bankaktivitäten würde eure Kunden abschrecken«, protestierte ich.

»Dann verstaatlicht eben alle Banken, und fangt noch einmal von vorn an.«

Diese Auffassung ist so andersartig, daß sie geradezu verwirrend erscheint.

Bei mir geriet aufgrund dieser Gespräche einiges durcheinander. Ich war bisher immer von der Vorstellung ausgegangen, daß das System unbedingt überleben mußte, und fand nun eine Menge Leute aus dem Süden und Osten (der Welt), die wild entschlossen waren, das Spiel »Einholen und Aufholen« zu spielen, und von völlig anderen Voraussetzungen ausgingen. Was für ein System? David Rockefellers System? Vielleicht werden die Araber ihr eigenes System entwickeln.

Alle Banken sind der Meinung, der Internationale Währungsfonds hätte zu helfen. Die Kreditnehmer sind von dem IWF nicht sonderlich angetan, weil er so streng ist und immer die politischen Bedingungen diktiert. Ein Beispiel ist Ägypten, dem er vor einigen Jahren äußerst strikte Auflagen gemacht hatte, so daß die ägyptische Regierung Brot und Salz nicht mehr subventionieren konnte und die Massen auf die Straßen gingen und Gebäude verbrannten. Genau dasselbe passierte in Peru. Wenn man Regierungsmitglied ist und beim Hinausschauen den Massen beim Verbrennen von Gebäuden zuschauen kann, gilt die erste Sorge zunächst den Massen und die zweite erst den IWF-Bankiers.

Der Internationale Währungsfonds ist keine Zentralbank, sondern erhält seine Mittel von seinen hundertvierzig Mitgliedern, wobei die Höhe der Beiträge vom jeweiligen Kongreß oder Parlament bewilligt werden muß. Die Beiträge sind relativ schwer einzutreiben. Das Kapital des IWF beläuft sich auf 33 Milliarden Dollar, also auf eine relativ bescheidene Summe, wenn man bedenkt, in was für einem riesigen Gebiet er den Feuerwehrmann spielen muß.

Der holländische Bankier Jelle Zijlstra, der die Leitung der Bank für Internationalen Zahlungsausgleich übernahm, gab 1980 anläßlich des fünfzigsten Geburtstags dieser Bank eine Art »Lagebericht« ab. Danach würden die Banken trotz der zweiten Ölkrise weiterbestehen, das Wachstum des Westens würde nur die Hälfte dessen betragen, was wir gewöhnt waren, und wenn der OPEC-Überschuß allmählich abgebaut würde, lebten wir zwar in einer trägen Welt, könnten aber überleben.

Für Zijlstra stand allerdings fest, daß das System eine dritte Ölkrise nicht überleben würde. In diesem Falle würde die Inflation steigen, das Recycling an die Länder mit Ölknappheit wäre nahezu unmöglich, und der Welthandel würde ebenso wie das System zusammenbrechen.

Würde nicht die OPEC diese Gefahr erkennen und deshalb vor einer dritten Ölkrise zurückschrecken?

Dies setzt vernünftige Menschen voraus, die vernünftig handeln. Für die Vereinigten Staaten ist es sicherlich nicht sehr rational, ihr Erbe auf den Straßen zu verbrennen und zuzusehen, wie ihre Währung zusehends schrumpft – und doch wird nach wie vor gegen Geschwindigkeitsbeschränkungen protestiert. Das ist Politik.

Das Handeln der OPEC ist sogar noch politischer und zugleich irrationaler. Die Politik einiger Mitglieder ist unbeständig und völlig unberechenbar. Obwohl der Ayatollah Khomeini selbst eine Zeitlang friedlich in einer Pariser Vorstadt lebte, gestehen seine Nachfolger ihren eigenen Widersachern einen derartigen Luxus nicht mehr zu, sondern knallen diese auf den Straßen von Paris nieder. Und in Bethesda, Maryland, wird ein Exil-Perser direkt in seiner Haustür niedergeknallt, als er einem Postboten zum Empfang eines Einschreibens die Tür öffnet.

Desgleichen wird der ehemalige syrische Premierminister beim Betreten seines Pariser Büros skrupellos erschossen, und in London und Paris werden die Botschaften abwechselnd von Irakern und Iranern besetzt, was natürlich jedesmal mit Schießereien verbunden ist.

Ein rationales Verhalten von seiten der Privatbanken des Systems würde erfordern, daß sie diesem überaus großen Risiko ausweichen und es den OPEC-Mitgliedern überlassen, ihr Überschußgeld selbst zu verleihen. Und für die arabischen Überschußländer wäre es rational, bei den internationalen Institutionen hohe Einzahlungen zu leisten, damit diese das Geld an die ölimportierenden Länder vergeben können. Die Araber haben es jedoch vorgezogen, ihre Beiträge mit politischen Bedingungen zu verknüpfen.

Obwohl die ehemaligen saudischen USC-Schüler mit ihren Video-Kassetten der Fußballspiele zwar gewisse Sympathien erwekken, sind die Iraker, Libyer und Iraner sehr viel zahlreicher und sehr viel feindseliger. Der prominente Arabist Prof. J. B. Kelly weist ausdrücklich darauf hin, daß die Moslem-Rechtsprechung die Welt in das Moslem-Territorium *dar-Islam* und das feindliche Territorium *dar-al-harb* unterteilt, das vornehmlich aus dem westlichen Christentum besteht. Und er fährt fort, daß ein Grundfaktor der nahöstlichen Politik das »dauerhafte und tief eingefleischte Ressentiment der Moslem-Staaten gegenüber dem christlichen Westen« ist.

Nehmen wir einmal an, das System würde nicht überleben und der Westen würde sich in Handelskriegen zerfleischen. Die OPEC könnte dann den Westen ohne weiteres zerbrechen lassen, da sie ihn ohnehin nicht liebt. Man braucht nur einmal dem Ruf nach dem heiligen Krieg, *jihad*, zuzuhören, der aus den verschiedensten offiziellen Radiostationen ertönt. Mit ihren eigenen Banken könnte die OPEC nicht nur die Energie, sondern zugleich das Kapital kontrollieren und auf diese Weise jeweils mit den westlichen Nationen Allianzen bilden, die das Öl am dringendsten brauchen.

Diesmal ist der Wolf da, lautet der Refrain. Der Bankier sagt nach wie vor: »Noch nicht.«

Aber der Wolf wartet bereits draußen.

Ich besuchte wieder einmal meinen Bankberater, den ich hier nicht identifizieren werde, aber die Möbel in seinem Büro sind ganz antik mit Messinggriffen, an den Wänden befinden sich Lithographien der großen Rennpferde, und das einzige Getränk, das zum Mittagessen serviert wird, ist Sherry.

»Walt Weston sagt, daß nichts so gut funktioniert wie eine aggressive Bank, die ihre Sache selbst in die Hand nimmt«, erzählte er mir von dem Präsidenten der Citicorp. »Wilfried Guth schlägt ein Sicherheitsnetz für die Banken vor, und David Rockefeller sagt zu Guth: ›Sie vergeben Darlehen, die ich nicht vergeben würde.‹ «

»Die Ölpreissteigerungen haben das System sehr anfällig gemacht«, sagte mein Bankier und reichte mir ein Blatt Papier. »Hier sind die sechzig größten Banken der Welt aufgelistet. Innerhalb der nächsten drei Jahre wird mindestens eine von ihnen in ernsthaften Schwierigkeiten sein. Deshalb hoffen wir, daß die Feuerwehrautos einsatzbereit sind.«

»Was wird dann passieren?« wollte ich wissen.

»Alle Vertreter der Zentralbanken sind übereingekommen, daß jeder in seinem Land die Rolle des Kreditgebers der letzten Stunde übernehmen wird. Und jeder wird versuchen, die Gesamtposition seiner sämtlichen Banken zu erfahren – was keineswegs einfach ist, weil so viele Banken bereits die Grenze überschritten haben.« Er meinte natürlich im Euro-Land. »Wie stehen unsere Chancen im Falle ernsthafter Schwierigkeiten?«

»Ich würde meinen, mindestens zwei zu drei. Ich glaube nicht, daß es eine amerikanische oder deutsche Bank sein wird, obwohl die Bundesbank die deutschen Banken außerhalb der Bundesrepublik nicht kontrollieren kann. Aber es gibt heute sehr viele große Banken auf der Welt.

Nach der ersten Ölkrise wurden die Bankiers wieder ziemlich zuversichtlich, als die OPEC-Überschüsse allmählich zurückgingen. Niemand war wirklich auf den Ayatollah und die zweite Ölkrise gefaßt, und das zeigt, daß die Ereignisse sich sehr schnell verselbständigen können.«

»Sind die einzelnen Zentralbanken dieser Aufgabe wirklich gewachsen?«

»Einige nicht.«

»An wen werden sie sich dann wenden? Es gibt schließlich keine Weltinstanz, die die Rolle der letzten Kreditzuflucht übernehmen könnte.«

»Wir hoffen, daß die OPEC vernünftig ist und daß der Internationale Währungsfonds über mehr Mittel verfügt.«

»Das erscheint mir ziemlich viel verlangt. Was passiert, wenn die OPEC nicht vernünftig ist und dem IWF die Mittel ausgehen?«

»Dann gibt es keine Wahl. Die Federal Reserve wird die anderen Notenbanken um Hilfe rufen, aber sie wird wohl oder übel der Kreditgeber der letzten Stunde sein.«

»Für die ganze Welt?«

»Für die ganze Welt.«

»Wo wird die Federal Reserve das Geld herbekommen?«

»Sie wird es drucken.«

»Aber das bedeutet ja Hyperinflation!«

»Das System muß überleben. Und ein Liquiditätsüberfluß zur rechten Zeit kann es retten, so daß es Zeit gewinnt, um die Probleme zu lösen. Sonst werden wir eine massive Depression erleben, und die westlichen Nationen werden sich genau wie bei der Großen Depression gegenseitig zerfleischen.«

»Und wie ist es mit dem Gesetz, das die Etablierung von Federal-Reserve-Banken, *die Schaffung einer elastischen Währung*, die Realisierung einer wirksameren Bankaufsicht und andere Zwecke vorsieht?«

»Sie haben das Gesetz gut gelesen«, sagte mein Bankier.

»Daß wir eine elastische Währung haben, ist gewiß«, sagte ich.

»Das stimmt. Die Männer, die das Gesetz entwarfen, standen noch unter dem Eindruck der Geldpanik und dachten, daß eine Zentralbank bzw. eine Reservebank mit einer elastischen Währung das Vertrauen der Einleger erhalten und einen Ansturm auf die Banken sowie einen Bankzusammenbruch verhindern könnte. Ich habe den Verdacht, daß das von ihnen geschaffene Instrument vielleicht eine viel umfassendere Anwendung erfahren wird, als sie damals beabsichtigten.«

»Wenn aber mehr Dollars gedruckt werden, würde dann nicht eine Dollarflucht eintreten?«

»Wir hoffen, daß eine richtig gehandhabte Liquiditätsschwemme das Vertrauen wiederherstellen und es nicht zerstören wird. Alles wird davon abhängen, was die Leute glauben. Ein Ansturm auf den Dollar wäre das Ende des Systems; andererseits gibt es aber keine Ausweichmöglichkeit. Deshalb wird jeder nach rationalen Maßstäben an das System glauben *müssen*, weil es keine andere Wahl gibt.«

»Aber die Welt ist nicht immer rational.«

»Nein, das stimmt. Es kann genausogut passieren, daß völlig undenkbare Dinge geschehen werden.«

»Glauben Sie, daß die Leute diese Situation verstehen – die währungsähnliche Rolle des Öls, die Multiplikatorwirkung auf das Geld, das Geld, das die ganze Welt überschwemmt, dann der aufgrund der Inflation unaufhaltsam steigende Ölpreis?«

»Keineswegs. Noch nicht einmal die Regierung. Vielleicht einige wenige Kongreßabgeordnete und Senatoren; ich könnte sie an einer Hand abzählen. Eventuell noch eine Handvoll Leute im Schatzamt. Im Ausland dürfte es dasselbe sein. Und diejenigen, die es verstehen, können es noch lange nicht erklären.«

Diese Recycling-Geschichte ist absolut verwirrend, und zwar insbesondere, wenn Sturmwarnungen, Feuerwehrabteilungen und Wölfe auftauchen, wenn sie keiner erwartet. Man kann zwar sehen, daß das System sehr fragil und an einigen Schlüsselstellen überaus verletzlich ist. Sobald es jedoch auseinanderzubrechen beginnt, wird man das nicht in den Fernsehnachrichten sehen, weil man das System nicht in drei Minuten der Hauptsendezeit unterbringen kann. Was man vielleicht sehen wird, ist die Ankündigung, daß der Präsident irgendeine kühne Maßnahme zur Beseitigung der Arbeitslosigkeit unternommen hat oder daß in Ägypten und Peru Straßenkämpfe stattfinden oder daß irgendeine Maßnahme irgend etwas für die Banken erreicht, oder der Präsident verkündet kühn, daß patriotische Leute in diesem Jahr nicht verreisen werden.

Wenn es tatsächlich eine dritte Ölkrise geben sollte, dann müssen wir die im nächsten Kapitel dargestellten guten Nachrichten vergessen, bis wir alle etwas klarer sehen.

Die ganze Welt ist eine Bühne, und unsere nadelgestreiften Bankiers tauchen ausgerechnet in dem klassischen Kinderstück »Peter Pan« auf. Denn Sie werden sich erinnern, daß Peter beim Tode seines unsichtbaren Freundes Tinker Bell nach vorn an die Rampe der Bühne tritt und sich direkt an die Zuhörer wendet und sie fragt: »Glauben Sie? *Sagen Sie mir, daß Sie glauben!* Klatschen Sie in die Hände, wenn Sie glauben!«

Ich habe einmal eine Broadway-Schauspielerin, die die Rolle des Peter Pan spielte, gefragt, was passieren würde, wenn die Zuhörer nicht klatschen würden?

Sie antwortete darauf: »Das Spiel wäre beendet. Sie müssen klatschen. Aber sie wissen das, und deshalb tun sie es.«

Kapitel 11

Der Aktienmarkt: Was tun wir an einem Montagmorgen?

Vor vielen Jahren habe ich einmal einen kleinen Investment-Fonds geleitet, dessen eigentlicher Chef mit zu den gerissensten und originellsten Talenten der Wall Street gehörte, da er noch die alte Bauernschläue besaß und sämtliche Verhandlungstricks kannte. Er war in Sedalia, Missouri, geboren und ließ nur selten erkennen, daß er zwei Jahre auf der Harvard Business School verbracht hatte. Ich bin sicher, daß er seine spezifischen Eigenschaften in Manhattan noch sehr viel stärker entfalten konnte als zuvor in Sedalia. Er betrachtete meine Jahre in Harvard und Oxford eher als Handikap, das sich seines Erachtens jedoch mit ein bißchen gutem Willen beseitigen ließ, war aber nach meiner Ankunft in seinem Haus am Samstag jedesmal über den von mir gelieferten Bericht über die Weltlage ziemlich entsetzt. Hat Chruschtschow dies tatsächlich gesagt? Und waren das wirklich de Gaulles Worte? Herr im Himmel! Was machen wir am Montagmorgen?

Wenn er noch lebte, würde er vermutlich sagen: »Oje, es gibt keine herrschende Wirtschaftstheorie; die Ersparnisse sind in die Häuser gesteckt worden, und die Häuserpreise sind ins unermeßliche gestiegen. Sie haben den Dollar zur Leitwährung gemacht, und jetzt wollen sie ihn nicht mehr haben. Er befindet sich jetzt im düsteren alten Stadium drei, aber es gibt keine neuen Kandidaten für das Stadium eins. Der Club kontrolliert die Energiepreise und läßt nicht locker; der mächtige Westen sieht aus wie warmer Mozzarella, das Banksystem ist wackelig, und die Euro-Banken können Geld wie Heu ausgeben. Es gibt nur acht Leute, die all dies verstehen, es aber auch nicht erklären können. Hinzu kommt noch: Die Riesen haben keinen Abwehrspieler, der vernünftig werfen kann. Ojemine!«

Ich versuche immer noch auszuweichen und antworte auf seine Frage: »Was machen wir am Montagmorgen?«: »Werfen wir mal einen Blick auf den Aktienmarkt. Vielleicht ist da was los.«

Ich weiß, daß meine Worte vielleicht an den Ball der Herzogin von Richmond erinnern, den diese am Vorabend der Schlacht von Waterloo gab.

Die Herzogin hatte im Sommer 1815 in Brüssel ein prunkvolles Haus gemietet. Napoleon und seine furchterregende Armee waren nur fünfzehn Kilometer entfernt, und in ganz Belgien befanden sich 200 000 Soldaten, die sich auf diese Schlacht vorbereiteten, welche über das Schicksal Europas entscheiden sollte. Am Horizont hörte man ständig das Donnern und Dröhnen von Kanonen. Als die Herzogin fragte, ob sie ihren Ball tatsächlich geben sollte, sagte der britische befehlshabende Kommandant, der Herzog von Wellington: »Mit absoluter Sicherheit und ohne Angst vor einer Unterbrechung.« Er brachte seine sämtlichen Offiziere mit, und als der Champagner floß und die Musik spielte, mußten einige in Tanzschuhen zu ihrem Regiment abrücken. Als Wellington schließlich den Tanzboden verließ, fragte er mit seiner extremen Nonchalance und Zuversicht: »Haben Sie eine gute Landkarte in diesem Haus?«

Seien Sie vorbereitet, zuversichtlich und leichtfüßig – dann können Sie zu unserer »Party« kommen.

Bevor jedoch alle in völlige Partystimmung geraten, sollten wir erst einmal die üblichen Warnungen aussprechen. Wir unterstellen zunächst, daß alle ein komfortables, vierfach subventioniertes und auf sozialem Konsens basierendes Haus besitzen, um darin zu leben – und nicht etwa, um damit zu spekulieren. Außerdem gehen wir davon aus, daß jeder in der Krankenversicherung ist und überdies hinreichend gegen alle möglichen Schäden versichert ist sowie über genügend Bargeld zum Kauf von Hamburgern verfügt und zur Begleichung der auf Kreditkarte gekauften Waren imstande ist. Wir müssen noch eine weitere Warnung aussprechen: Dies ist eine Flaschenbotschaft. Wir können sie in die Flasche tun und sie ins Wasser werfen, aber wir wissen nicht, wann sie ans Ufer gespült wird. Wenn Bücher ohne geringste Verzögerung an den Mann gebracht und gelesen würden, wäre eine derartige Warnung nicht notwendig. Unglücklicherweise handelt es sich jedoch bei einem Buch um eine Erfindung des 16. Jahrhunderts, die mit den Mitteln des 19. Jahrhunderts transportiert wird. Monate vergehen, bis der Text gesetzt ist, die Druckfahnen korrigiert und zurückgeschickt, die Seiten gedruckt und gebunden sind und das Endprodukt schließlich einem netten Herrn mit einer hübschen Kutsche und zwei passenden grauen Wallachen übergeben wird, woraufhin dieser »Hü hott« schreit und die Bücher zu den einzelnen Buchläden bringt. In der Zwischenzeit wird dem Leser geraten, doch bitte schön die Zeitungen zu lesen, weil er dann wenigstens weiß, was in der Welt passiert und was passieren wird, um das alles schließlich entsprechend einzuordnen.

Die »Aktienmarktparty« wird vermutlich trotz des am Horizont heraufziehenden Unwetters stattfinden. Nur im schlimmsten Falle, nämlich einer dritten Ölkrise, einer Bankkrise, einer Deflation und Depression, würde sie verschoben werden. Wenn der mächtige Westen zerfällt, wird jedes Land versuchen, sein Schäfchen ins trockene zu bringen, der Protektionismus wird aufblühen und der Welthandel drastisch nachlassen. Dies würde eine so starke Rezession oder Depression nach sich ziehen, daß wir zwangsläufig abwarten müßten, bis mehr Klarheit herrscht. Eine solche Rezession kann für Käufer von Obligationen eine außerordentlich günstige Chance bieten, da die Effektenkurse während der Rezession normalerweise steigen. Sobald die wirtschaftliche Aktivität nachläßt, nimmt die Geldnachfrage ab, die Zinsen sinken, die neuen Obligationen werden zu niedrigeren Zinssätzen aufgelegt, und die Kurse der alten Schuldverschreibungen steigen aufgrund ihrer höheren Zinsen. Die Katastrophe kann also durchaus Vorteile bieten, allerdings nur für sehr, sehr gewitzte Leute: Denn dies ist keine klassische Periode, und die Regierungen werden das Nachlassen der Konjunktur kaum zulassen, ohne selbst Kredite aufzunehmen und vermehrte Ausgaben zu tätigen, so daß dem Auftrieb des Rentenmarktes gewisse Grenzen gesetzt sind.

Falls dieser schlimmste Fall nicht eintritt, dann sehen die Prognosen für den Aktienmarkt gar nicht so schlecht aus.

Im Laufe des nächsten Jahrzehnts könnte sich der Aktienmarkt verdreifachen, das heißt, der Dow-Jones-Index, der die breite Masse der gehandelten Aktien repräsentiert und zum Zeitpunkt der Flaschenbotschaft knapp über neunhundert liegt, würde einen Wert von 2 700 erreichen. Dieser spezielle Durchschnitt umfaßt viele alte und eingesessene Gesellschaften, so daß unbeständigere Firmen erheblich stärkere Ausschläge verursachen könnten – was teilweise bereits geschehen ist.

Der Dow-Jones-Index hat sich – genau wie die anderen bekannten Indizes – vor einer Generation, von 1954 bis 1961, schon einmal verdreifacht und den Aktionären das angenehme Gefühl vermittelt, auf clevere Weise viel Geld verdient zu haben. Die Inflationsraten waren damals ebenso wie die Zinssätze nach derzeitigen Maßstäben relativ niedrig. Als die US-Regierung ihre erste Fünf-Prozent-Schuldverschreibung auflegte, wurden diese Obligationen als die »magischen Fünfer« bezeichnet und begierig nachgefragt.

Leider ist eine Verdreifachung heute nicht mehr das, was sie früher war. Die staatlichen Schuldverschreibungen haben absolut nichts Magisches mehr an sich, selbst wenn es sich um zehn- oder zwölfprozentige Rentenpapiere handelt. Wenn man heute eine Obligation zu zehn Prozent kauft und jeden Zinsschein in weiteren Obligationen zu zehn Prozent anlegt, kann man sein Geld bereits in sieben Jahren verdoppeln, so daß eine Verdreifachung gar nicht mehr so atemberaubend erscheint, zumal man ja einen Teil an den Fiskus abgeben muß.

Dennoch wird eine Verdreifachung der Aktienkurse immer noch so viel Bewegung auf dem Aktienmarkt auslösen, daß sich die Buchmacher zufrieden die Hände reiben. Während der Tagesumsatz bei der New Yorker Börse vor einer Generation weniger als fünf Millionen Aktien betrug, stieg er während der Kuba-Krise auf sieben Millionen Aktien täglich und erreichte während der schlimmsten Tage des Zusammenbruchs von 1929 16,5 Millionen Aktien pro Tag. Heute ist es dagegen ohne weiteres möglich, daß an einem Tag hundert Millionen oder im Maximalfall gar hundertfünfzig Millionen Aktien umgesetzt werden. Für Wall Street sollte das ein hinreichendes »Trostpflaster« sein, um zu vergessen, daß eine Verdreifachung der Aktienkurse heute nicht mehr das ist, was sie früher war. Und dieser Trost wird sicherlich irgendwie anstekkend wirken.

Die unsichtbare Krise

Auf den meisten Listen über Inflationssicherungen taucht der Aktienmarkt gar nicht auf. Auf der folgenden Liste werden Sie ihn deshalb vergeblich suchen.

Inflationssicherungen

Logarithmische jährliche Kapitalverzinsung (in Prozent)

	10 Jahre	Rang	5 Jahre	Rang	1 Jahr	Rang
Gold	31,6	1	28,4	3	104,0	1
Öl	31,6	2	17,7	7	92,4	2
Silber	23,7	3	27,3	4	76,8	3
US-Briefmarken	21,8	4	31,0	2	43,2	4
chinesische Keramik	18,8	5	38,7	1	13,1	11
seltene Bücher	16,1	6	12,7	10	14,0	10
US-Münzen	16,0	7	21,9	5	25,3	5
Diamanten	15,1	8	18,3	6	25,0	6
alte Maler	13,4	9	15,2	8	17,4	7
landwirtschaftlich genutzter Boden	12,6	10	13,4	9	14,3	9
Wohnen	10,2	11	11,6	11	10,4	12
Konsumpreisindex	7,7	12	8,9	12	14,5	8

Quelle: Salomon Bros.

Der Grund, warum der Aktienmarkt auf dieser Liste nicht aufgeführt ist, liegt in der Tatsache, daß all diese Investitionsmöglichkeiten im Wert gestiegen sind, der Aktienmarkt dagegen nicht, und daß es sich um eine Tabelle mit Vergangenheitsdaten handelt. Sowohl private als auch professionelle Anleger haben sich in den siebziger Jahren auf dem Aktienmarkt die Finger verbrannt und verhalten sich genau wie Mark Twains Katze, die, nachdem sie auf einem zu heißen Ofen gesessen hatte, auch nicht mehr auf einem kalten sitzen wollte.

Sehen wir uns einmal an, was tatsächlich geschehen ist.

Der Aktienmarkt erlitt in den siebziger Jahren einen Zusammenbruch, der von außen praktisch nicht bemerkt wurde. Natürlich haben die unmittelbar Betroffenen ihn durchaus wahrgenommen und ihn als schmerzlich empfunden, aber unter einem Zusammenbruch verstehen wir gewöhnlich eine bundesweite Katastrophe ähnlich dem großen Zusammenbruch von 1929, der eine ganze Generation von Geldanlegern auslöschte und die »Große Depression« auslöste. Der Zusammenbruch der siebziger Jahre äußerte sich nicht in einem so drastischen und katastrophalen Sturz und führte auch nicht zu einer nationalen Katastrophe, obwohl der Kurseinbruch laut Statistik merkwürdigerweise sogar viel stärker war. Während der erste Zusammenbruch einem dramatischen Sprung von einem Sechzig-Stockwerke-Gebäude entsprach, war für den zweiten eher das Bild des Ertrinkens in einem Schaumbad zutreffend. Obwohl diese Form des Todes vielleicht weniger erschreckend wirkt, ist das Endergebnis jedoch dasselbe.

Bei dem großen Zusammenbruch erlebten die Aktienkurse im Herbst 1929 zunächst einen drastischen Sturzflug, holten 1930 wieder um fünfzig Prozent auf und sackten dann bis 1932 allmählich ab, bis der Dow-Jones-Index immerhin 83 Prozent seines Spitzenwertes verloren hatte. Da viele Geldanleger ohnehin an der Grenze ihrer Ressourcen und mit Krediten operiert hatten, war nur sehr wenigen noch etwas geblieben. Und diese wenigen erlebten während der restlichen Jahre dieses Jahrzehnts, daß ihre Dollars im Wert stiegen und die damit käuflichen Dienstleistungen sehr billig waren: Ein Dienstmädchen kostete beispielsweise fünf Dollar pro Woche. In den siebziger Jahren erlebte der Dollar dagegen eine Abwertung, und die Dienstleistungen verteuerten sich schneller als alles andere.

Von Ende 1929 bis 1939 sanken die Aktienkurse an der New

Yorker Börse insgesamt »nur« um 31 Prozent, weil sie zu Beginn der dreißiger Jahre allmählich wieder anzogen. Demgegenüber sank der Wert der Aktien in der siebziger Dekade um 42 Prozent.

Natürlich fühlten sich die Aktienbesitzer der siebziger Jahre anders als die der dreißiger, weil ihre Welt noch aus anderen Dingen als aus Wertpapieren bestand. Ihre Häuser gewannen ständig an Wert, und ihre Arbeitsplätze waren gesichert. Der Aktienmarktzusammenbruch der siebziger Jahre wurde also durch das Zeitalter des Papiergeldes kaschiert.

In den siebziger Jahren waren die Steuern sehr viel höher als in den dreißiger Jahren. Sowohl Dividenden als auch Kapitalgewinne, sofern es solche gab, wurden vom Bund und vom Staat besteuert, wobei die Inflationsrate ebenfalls wie eine Kapitalsteuer wirkte. Nach Deduktion der Inflationsrate war sowohl die Rendite auf Aktien als auch auf Obligationen negativ. Das heißt, die Zinsen wurden sozusagen von den Preisen aufgefressen.

Insofern ist es kein Wunder, daß sieben Millionen Geldanleger aus dem Aktienmarkt ausstiegen. Die Zeitschrift *Business Week* erklärte 1979 in einer dramatischen Titelgeschichte, »Der Tod der Aktien«, daß der Markt von der Inflation zerstört worden wäre und ein für allemal tot sei. Nach Ansicht von *Business Week* fielen die Gewinne aufgrund der Inflation; denn die Unternehmen könnten ihre Preise nicht schnell genug anheben. Die Investoren legten ihr Geld deshalb lieber in »Sammelgegenstände« wie Diamanten, Gold und Kunstwerke an.

Die These der *Business Week* wurde unter anderem von Prof. James Lorie von der Universität von Chikago bestritten, nach dessen Berechnungen die Unternehmensgewinne von 41,8 Milliarden Dollar (1969) auf 85,8 Milliarden Dollar (1979) gestiegen waren – das war mehr als das Doppelte, aber nicht soviel wie die Inflation. Entscheidend war hingegen nicht, daß die Unternehmensgewinne abnahmen, sondern vielmehr, was die Investoren bereit waren, für diese Gewinne zu zahlen. Letztlich kollabierten nämlich die Aktienkurse und nicht die Gewinne der an der Börse gehandelten Aktiengesellschaften.

Wir werden auf diesen Fall in Kürze noch einmal zurückkommen. Der unsichtbare Zusammenbruch der siebziger Jahre löste in Wall Street ziemlich anhaltende depressive Tedenzen aus; aber ihm fehlte letztlich die »erlösende« dramatische Zuspitzung: Der Aktienmarkt stagnierte weitgehend, während alles andere »nach oben ging«. Die gesamte Effektenindustrie befand sich in einem Tief, und zwar unabhängig von den Scheinen, mit denen sie handelte.

Ein erster Grund hierfür war, daß sie ihres ursprünglichen Privilegs einer offiziell festgesetzten Kommission beraubt worden war. Diese Kommissionen waren insofern günstig, als sie für ein Geschäft mit einer Million Aktien (prozentual) genauso hoch waren wie für den Umsatz von hundert Aktien, obwohl in beiden Fällen in etwa dieselben Kosten anfielen für Telefon, Angestellte und die Leistungen der selbständigen Börsenmitglieder. Auf diese Weise wurde ein Millionengeschäft ausgesprochen profitabel, und die Buchmacher waren überaus glücklich, wenn sie für institutionelle Investoren mit potentiellen Millionenaufträgen Eintrittskarten für Hockey-Spiele und Ausflüge in die Karibik finanzieren konnten. Als schließlich die festen Kommissionssätze durch staatlichen Erlaß aufgehoben wurden, entwickelte sich erstmals ein echter Wettbewerb, und die möglichen Gewinne wurden genau zu dem Zeitpunkt, als sieben Millionen private Geldanleger den Markt verließen, ausgesprochen mager. Viele Wall-Street-Firmen konnten sich dem neuen Klima des harten Wettbewerbs nicht anpassen und schlossen sich zusammen oder machten dicht. Die Tendenz war eindeutig: weniger Firmen, weniger private Anleger, weniger Analytiker, die sich an Unternehmen wandten, und weniger Telefonanrufe zwischen Maklern und Klienten. Lord Keynes hat einmal gesagt, daß die natürlichen »animalischen Instinkte« des Menschen eine wichtige Triebkraft des Wirtschaftsdaseins waren – und genau diese waren in Wall Street weitgehend verlorengegangen.

Ein zweiter Grund für den schlechten Zustand der Effektenindustrie – die eine Art »Bühnenarbeiter« für die Leistungen des Aktienmarktes darstellen – war ein gewisser Verlust ihres intellektuellen Ansehens. Die vorhergehenden Generationen hatten in der Vorstellung gelebt, daß die gerissenen alten Füchse der Wall Street ihr Handwerk des Aktienauswählens und des Effektenmanagements von der Pike auf gelernt hatten, und die Banken und Investmentfonds verkauften die Leistungen ihrer Manager genau auf dieser Basis. Dann begann jedoch die Gemeinschaft der Finanzwissenschaftler die Investitionsleistung der professionellen Manager mit ihrem neuen Werkzeug, dem Computer, genauer zu untersuchen – wobei witzigerweise ein Teil des Geldes, mit dem diese Arbeit gefördert wurde, von den alten »Wall-Streetern« kam, die es verdient hatten und einen Teil davon an die Alma mater abführen wollten. Und sie stellten bei dieser statistischen Untersuchung fest, daß die Ergebnisse von Portefeuilles, die von professionellen Beratern zusammengestellt worden waren, nicht sehr viel besser waren als die rein zufällig ausgewählten Aktienportefeuilles. Das hieß nichts anderes, als daß das ganze Kaufen, Verkaufen und Herumtelefonieren für die Katz war. Man konnte genausogut eine Liste mit sämtlichen Aktien an die Wand heften, und ein Affe mit einer Handvoll Wurfpfeilen konnte offenbar genau dasselbe erreichen wie der Bursche in dem Dreiteiler von der Standford Business School.

Nach Auffassung der Finanzprofessoren ist der Börsenmarkt selbst höchst »effizient«. Da die Meinungen sämtlicher Investoren bereits in den Kursen enthalten sind, ist der Markt sozusagen »unschlagbar«. Man kann zwar die Bewegungen des Marktes nach unten oder nach oben mitmachen, aber man kann ihn nicht überlisten; er ist ein reines »Vabanquespiel«. Im Falle eines guten Marktes kann man sich eben freuen, daß man davon profitieren kann. Leider gab es in den siebziger Jahren praktisch keine guten Aktienmarktsituationen, und die professionellen Manager schnitten häufig sogar schlechter ab als die Marktdurchschnitte.

Die Studenten der Finanzprofessoren machten schließlich ihr Examen und erhielten Positionen in den Banken und Versicherungsgesellschaften und erzählten den »Wall-Streetern«, daß sie praktisch überflüssig wären, da der Markt ohnehin effizient war. Deshalb hörten schließlich einige der Fonds-Manager auf, Aktien zu kaufen und zu verkaufen, schufen statt dessen Computerindizes von dem Gesamtumsatz und verkauften »Index-Fonds«, die einfach den Markt duplizierten. Und die Manager, die nach wie vor behaupteten, sie würden die Aktien sorgfältig auswählen, und dabei sehr marktähnliche Ergebnisse erzielten, wurden von ihren Feinden als »Schrank-Indizierer« bezeichnet, da sie angeblich die Aktien nicht aussuchten, sondern einen Computer im Schrank versteckt hatten, mit dem sie den Markt »beschatteten«.

Die derart beschimpften »Wall-Streeter« begannen schließlich, das statistische Vokabular ihrer Angreifer zu benutzen. Da gab es zum Beispiel den griechischen Buchstaben »Beta«, dessen sich die Angreifer in ihren Gleichungen äußerst gern bedienten. Beta maß die Empfindlichkeit der Aktien gegenüber Marktveränderungen und setzte das Risiko mit Unbeständigkeit gleich, so daß man das Maß an Risiko ermitteln konnte, das man bereit war zu aktzeptieren, und auf diese Weise das Beta eines Portefeuilles erhielt. Dies ermöglichte den Effektenhändlern die Verwendung derselben griechischen Buchstaben, die ihre Angreifer benutzten. Der Begriff »Beta« stammt aus der neueren Portefeuille-Theorie, deren statistische Methoden sogar noch fortschrittlicher waren. Falls Sie in den sechziger Jahren aus dem Aktienmarkt ausgestiegen sind und erwägen, es in den achtziger Jahren erneut zu versuchen, brauchen Sie sich über diese Theorie vielleicht gar keine Gedanken mehr zu machen. Vor kurzem hat nämlich eine andere Gruppe Akademiker mit eigenen Computerergebnissen aufgewartet und behauptet, daß weder Beta noch die neuere Portefeuille-Theorie funktionierten – was natürlich in sehr kleinen Kreisen zu einer immensen Kontroverse führte, weil einige Banken ihre Dienstleistungen bereits auf der Basis ihrer Kenntnis dieser Theorie an institutionelle Kunden verkauft hatten. Im Falle einer ungünstigen Kursentwicklung vermittelten die fortgeschrittenen mathematischen Methoden und die Computerausdrucke den Kunden wenigstens das angenehme Gefühl und Geräusch der Technik und gaben ihnen den Eindruck, daß ihre Investitionen wissenschaftlich betreut wurden.

Der Computer ist ein Werkzeug, das unser Leben grundlegend verändert hat. Wir können praktisch nicht mehr ohne ihn auskommen. Mein alter Börsenberater pflegte damals in seiner affektierten hinterwäldlerischen Art zu sagen: »Ein guter Hund ist prima zum

Jagen, geht nicht ohne ihn, aber man gibt doch dem *Hund* nicht das *Schießeisen.*«

Natürlich orientierten sich die privaten Geldanleger nicht genau an den Anwendungsmöglichkeiten und Disputen Eingeweihter über die Modelle zur Bewertung des Anlagevermögens. Wenn man einem Anleger sagen würde, daß die Aktienkurse im Schnitt um 35 Prozent gesunken waren, seine Aktien dagegen nur um dreißig Prozent, und daß dies für sein spezifisches Beta hervorragend sei, würde dieser vermutlich antworten: »Ich pfeife auf Ihr Beta, ich möchte keine dreißig Prozent verlieren.« Dann würde er den Rest seines Geldes mitnehmen und entweder ins Casino oder in den Supermarkt gehen.

Die düstere Stimmung in Wall Street, das verschlechterte Selbstbild der Effekten- bzw. Fonds-Manager und die verwirrende Vielfalt der Techniken waren nur zweitrangig für den unsichtbaren Zusammenbruch, da es sich nur um Probleme unter »Bühnenarbeitern« handelte.

Der primäre Grund für das Markttief war dagegen: Der Markt mußte sich an das Zeitalter des Papiergeldes anpassen, und das brauchte seine Zeit.

Der Yale-Ökonom Irwin Fisher, der seine Arbeiten in den zwanziger Jahren veröffentlichte, formulierte damals die Idee von der Kapitalverzinsung, wonach der Ertrag einer Obligation über der Inflationsrate liegen mußte. Wenn es keine Inflation gab, würde die reale Verzinsung eines Spitzenpapiers bei etwa drei Prozent liegen. Diese Aussage ist durch eine Reihe statistischer Untersuchungen unterstützt worden.

Im Falle einer zehnprozentigen Inflationsrate würde man auf Rentenpapiere also einen Zinsertrag von dreizehn oder gar fünfzehn Prozent erwarten, wenn man Steuern mitberücksichtigte. Und riskantere Obligationen müßten eine noch höhere Verzinsung erbringen. Da Aktien in der Regel als riskanter betrachtet werden als Schuldverschreibungen, müßten sie wiederum eine höhere Rendite erwirtschaften als Obligationen. Allerdings braucht dieser »Ertrag« nicht wie bei der Obligation in Form eines Coupons zu erfolgen, und die Dividenden brauchen nicht die gleiche Höhe wie die Obligationszinsen zu betragen. Entscheidend ist, daß die Rentabilität der Gesellschaft, also die Kapitalverzinsung, höher sein muß als eine Obligation.

Erfreulicherweise war genau dies jahrelang beim Aktienmarkt der Fall. In den beiden Jahrzehnten nach dem Zweiten Weltkrieg war die Inflationsrate niedrig, die Obligationen erbrachten einen drei- oder vierprozentigen Ertrag, und die Aktienrendite lag zwischen zehn und elf Prozent. Die ersten Kapitalanleger hatten sogar einen doppelten Vorteil: Einerseits erhielten sie eine hohe Kapitalverzinsung, und andererseits profitierten sie von den steigenden Kursen, als immer mehr Investoren dies gute Geschäft erkannten und in den Markt einstiegen.

Angesichts der steigenden Inflation mußte sich die Situation zwangsläufig ändern. Die Investoren verlangten eine höhere Rendite, so daß die neuen Obligationen sich mit acht bis zehn Prozent verzinsten und der Kurs der alten auf dem Markt so weit absank, bis sie ebenfalls eine entsprechende Rendite erwirtschafteten.

Die Preise auf dem Rentenmarkt passen sich sehr schnell an, weil die dominierenden staatlichen Schuldverschreibungen in derart großem Umfang gehandelt werden und so ersetzbar bzw. so leicht substituierbar sind. Im Falle der Emission einer zehnprozentigen Anleihe der US-Regierung mit dreijähriger Laufzeit werden die alten staatlichen Obligationen mit derselben Laufzeit auf dem Markt im Kurs so absinken, daß sie letztlich in etwa die gleiche Rendite erbringen.

In den siebziger Jahren sanken die Rentenkurse unaufhörlich, was angesichts der zunehmenden Inflation völlig erwartungsgemäß war. Wenn die Inflationsrate von ursprünglich fünf Prozent auf zehn Prozent ansteigt, werden anstelle der zuvor achtprozentigen Rentenpapiere dreizehnprozentige Obligationen aufgelegt werden, und die alten Papiere werden so lange im Kurs sinken, bis sie ebenfalls dreizehn Prozent Rendite erbringen.

Während die Rentenkurse sanken, debattierten die Manager von Aktienpaketen darüber, ob die alte Maxime, daß Aktien eine Inflationssicherung darstellen, zutreffend wäre oder nicht. Professor Franco Modigliani vom MIT und Professor Richard Cohn von der Universität von Illinois in Chikago behaupteten, die Aktien wären unterbewertet, weil der Markt den Inflationsbonus der *Unterneh-*

mensschuld nicht berücksichtigte, also all jene Anleihen, die die Gesellschaften früher aufgelegt hatten und die jetzt mit billigeren Dollars zurückgezahlt werden konnten. Gleichzeitig behaupteten sie, daß die Inflation die Kosten verschleierte, so daß man den Gewinnberichten nicht trauen konnte. Wenn man ein Fünftausend-Dollar-Auto fährt und es mit dieser Summe in den Büchern erscheinen läßt, erhält die Bilanz automatisch einen Schock, wenn das Auto abgeschrieben ist und für ein neues Auto nicht mehr fünftausend Dollar, sondern zehntausend Dollar bezahlt werden müssen.

In der Zwischenzeit sind manche Aktien im Kurs gestiegen, andere wiederum gesunken, aber die Gesamttendenz des Aktienmarktes war dennoch sinkend. So verkaufte beispielsweise ein Manager in Boston einen Teil seiner schlechteren Aktien und investierte das Geld statt dessen in Staatsanleihen, indem er es mit einer hohen Rendite von neun oder zehn Prozent festlegte und angesichts der sinkenden Aktienkurse einen relativ guten Ertrag erzielte. Oder ein Manager in Chikago kaufte mit neuen Pensionszuschüssen vielleicht zehnprozentige Obligationen, weil sie seinen Versicherungsanforderungen eher entsprachen und weil zehn Prozent ihm eingedenk der »magischen Fünfer« relativ hoch erschienen.

Zu Beginn der siebziger Jahre hatten die institutionellen Geldanleger fast achtzig Prozent ihrer Mittel in Aktien investiert, am Ende der siebziger Jahre war dieser Anteil jedoch auf sechzig Prozent gesunken.

Die Aktienkurse fielen so lange, bis sie mit den festverzinslichen Erträgen gleichgezogen hatten, die sich ihrerseits wiederum an das neue Zeitalter des Papiergeldes auf einem bestimmten Niveau eingependelt hatten. Dies ist nichts weiter als ein genereller statistischer Schnappschuß. Bis zum Zeitpunkt des Eintreffens der Daten klafften Theorie und Praxis noch weit auseinander.

Manche Unternehmen erzielen eine hohe Aktienrendite und manche nicht; manche haben sich ziemlich leicht der Inflation angepaßt und sind immer obenauf geschwommen wie ein Korken. Werbeagenturen erhalten beispielsweise von jedem ausgegebenen Werbedollar fünfzehn Prozent. Sobald die Inflationsrate steigt, gehen die Kosten eines Fernsehwerbespots oder einer ganzseitigen Anzeige ebenfalls nach oben, aber die Werbeagentur braucht deswegen keine neue Fabrik zu errichten. Ihre Kommission bezieht sich genau wie bei den Immobilienmaklern, die ja auch von den steigenden Preisen profitieren, immer auf den Gesamtbetrag. Genau dasselbe ist bei den Zeitungsmonopolen der Fall. Sobald es in einer Stadt nur eine einzige Zeitung gibt – was für deren Einwohner nicht gerade vorteilhaft ist –, müssen Sears und A & P zwangsläufig darin annoncieren und den verlangten Satz bezahlen. Tatsächlich kann die Zeitung auf diese Weise von den höheren Kosten bei Sears und A & P mitprofitieren. Andere Industrien haben dagegen ihre Kosten soweit wie möglich gesenkt und ihre Preise erhöht, so daß die Gewinne ebenso wie die Kapitalrendite stiegen.

Die Kapitalrenditestatistiken der bekanntesten Indizes zeigen, daß sich die darin enthaltenen Gesellschaften sehr wohl der Inflation angepaßt haben. Erinnern wir uns noch einmal, daß die Aktien in den fünfziger Jahren eine Kapitalrendite von zehn bis elf Prozent besaßen, während der Zinssatz bei drei bis vier Prozent lag. In den vergangenen fünf Jahren stieg die Kapitalrendite der fünfhundert Fortune-Aktien auf nahezu sechzehn Prozent, während die im Standard-&-Poor-Index enthaltenen Industrieaktien in demselben Zeitraum von etwa dreizehn auf neunzehn Prozent gestiegen sind. (In diesem Durchschnitt werden die Ölaktien stärker gewichtet, und wir haben ja gesehen, daß sich die Ölgesellschaften in der jüngsten Vergangenheit sehr günstig entwickelt haben.)

Demnach haben wir die Situation, daß die Aktienrendite weitgehend mit der Verzinsung von Anleihen übereinstimmt, welche ihrerseits in etwa mit den Inflationserwartungen korrespondiert. Nur haben die Aktien die günstigeren Kurse.

(Sie können jetzt sehen, warum wir die Flaschenbotschaft benötigen: weil sich die Preise ändern. Deshalb suchen wir auch nicht nach kurzfristigen Tips, sondern nach einem Denkschema.)

Das Vermögen der institutionellen Investoren beläuft sich heute auf etwa zwei Billionen Dollar, die teilweise in Immobilien, in Hypotheken, in Anleihen und in Aktien angelegt sind. Vor kurzem betrug der Wert der Aktien 415 Milliarden Dollar, diese Zahl ändert sich jedoch je nach Marktlage. Wenn diese Kapitalanleger einen bestimmten Prozentsatz ihrer Gelder in Aktien anlegen, bringt dies natürlich mehr Geld auf den Markt. Ferner besitzen wir heute die größte Erwerbsbevölkerung in unserer nationalen Geschichte, die weitgehend durch Pensionspläne abgesichert ist, in die jedes Jahr Beiträge von den privaten Gesellschaften sowie von staatlichen und kommunalen Regierungen eingezahlt werden. Das amerikanische Arbeitsministerium schätzt das Vermögen der privaten Pensionsfonds für 1985 auf 889,5 Milliarden Dollar und das der staatlichen und kommunalen Fonds auf 327 Milliarden Dollar. Und 1995 wird sich das Gesamtvermögen der Pensionsfonds nach seinen Schätzungen auf nahezu vier Billionen Dollar belaufen. Da die Pensionsfonds nur eine Form institutionellen Vermögens sind, enthalten diese vier Billionen Dollar noch nicht die freiwilligen Ersparnisse in Lebensversicherungen und Investmentfonds.

Wenn die institutionellen Investoren den Prozentsatz ihrer Aktien von sechzig auf achtzig Prozent erhöhten, wäre dies mit einem enormen Zufluß an Mitteln verbunden.

Natürlich würde der Staat ebenso wie andere Kreditnehmer im Falle einer beschleunigten Inflation seine Anleihen zu immer höheren Preisen verkaufen müssen, und diese höheren Anleihezinsen würden genau wie im letzten Zyklus mit den Aktien konkurrieren. In einer echten Finanzkrise schneiden Aktien gewöhnlich nicht so gut ab, weil sie die Ängste des Marktes so unmittelbar reflektieren. Generell gilt, daß Finanzkrisen den Rentenmarkt zerstören und daß kranke Rentenmärkte ihrerseits schädliche Auswirkungen auf die Aktienmärkte haben.

Soweit die institutionellen Anleger. Wie steht es jetzt mit den privaten Investoren sowie den Häusern und den Inflationssicherungen? Die Papiergeldschwemme hat *bereits* auf sämtliche Formen der Inflationssicherung durchgeschlagen: auf Briefmarken, chinesische Keramik, alte Bronzegegenstände, Chippendale-Kommoden, Diamanten, Gold, moderne Kunst, alte Meister, Zigarrenbinden, Comic-Hefte, antike Autos, Silber, Meißner Figuren, Kewpie-Puppen, Art-nouveau-Postkarten, Gewehre, Spazierstökke und sämtliche Gegenstände, die von irgend jemandem gesammelt werden. Während der Dow-Jones-Index heute bei seinem 1967er Wert liegt, gibt es heute keine Zigarrenbinde, keine Chippendale-Kommode, keine Meißner Figur – und vermutlich nirgendwo ein Haus, das zu seinem Preis von 1967 verkäuflich wäre. Der Aktienmarkt besitzt die zweifelhafte Tugend, daß er der letzte Zufluchtsort für die Spieler einer Stadt ist.

Bankiers und Treuhänder von Investmentfonds haben sich normalerweise mit ihren Klienten zusammengesetzt und sind die Listen mit sämtlichen Wertpapieren durchgegangen. Wenn Sie heute über ein nennenswertes Treuhandkonto verfügen, werden die größeren Banken Ihnen beim Kauf von Kunstgegenständen, Orientteppichen, antiken Möbeln und anderen hübschen Dingen, die bei Sotheby ersteigert werden können, gern behilflich sein. Fünfzehn Banken werden Ihnen helfen, Diamanten in Ihren Altersversorgungsplan zu integrieren, und Ihr Portefeuille kann heute ohne weiteres einen Teppich, eine Kommode und einen hübschen Stein enthalten. Das ist echte Geldflucht.

Wenn Sie genügend Zeit und Energie in das Sammeln von Teppichen, hochrassigen Pferden oder moderner Kunst zu investieren bereit sind, können Sie äußerst erfolgreich sein: aber die finanziellen »Spannen« können möglicherweise sehr groß sein. Während bei einer Tausend-Dollar-Anleihe oder einem entsprechenden Aktienpaket die Angebots- und die Nachfragepreise nur um wenige Dollars differieren, kann beispielsweise ein Kunsthändler ein Bild für tausend Dollar verkaufen, obwohl er im Falle eines Kaufes nur sechshundert Dollar dafür bieten würde. Außerdem läßt sich nicht immer gerade an dem Tag, an dem Sie Ihr Rennpferd oder Ihren Cézanne verkaufen wollen, ein Käufer finden. Wenn der Bankier Winford Blueford III. höchstpersönlich bereit ist, Sie bei Teppichen und Malereien zu beraten, möchte ich wetten, daß damit irgendwelche anderen Chancen verbunden sind.

Übrigens ist das Papiergeld ein weltweites Phänomen. Die Meißner Figuren und die Chippendale-Kommoden sind überall im Preis gestiegen. Ein hübsches Haus in Genf kann eine Million Dollar kosten und eine hübsche Eigentumswohnung an der Küste von Rio eine halbe Million. Im Vergleich zu vielen anderen Orten sind die Preise in den Vereinigten Staaten heute geradezu günstig. Dies gilt insbesondere für ausländische Dollarinhaber, weil Amerika alle Leitwährungsdollars vertrieben und sie im Ausland gelassen hat, weil es danach eine weitere Menge Dollars an die Ölländer vergeben hat – und weil die Dollarbesitzer die schlechte Währung verkauft und die gute beiseite gelegt haben, wodurch der Dollar ja entsprechend dem von Sir Thomas Gresham 1566 formulierten Gesetz billiger wurde. So kamen also die Deutschen mit ihren billigen Dollars und kauften A & P sowie die Bantam-Taschentuchgesellschaft, ferner pharmazeutische Gesellschaften und landwirtschaftlich nutzbaren Boden, der insgesamt größer ist als das in Ostdeutschland landwirtschaftlich genutzte Areal. Den Amerikanern mögen die US-Immobilienpreise vielleicht verrückt vorkommen – sie sind aber dennoch durchaus vernünftig, wenn man nicht in Dollar bezahlt.

Die Kuwaiter werden nur dann das Haus von nebenan kaufen, wenn es sich in Beverly Hills oder im Olympic Tower in New York befindet. Sie werden ihr Geld in einer Schweizer Bank anlegen oder eine eigene Bank gründen und sich mit einer Schweizer Bank zusammentun, und der Schweizer Bankier wird sich in der Welt nach günstigen Anlagemöglichkeiten umsehen. Fast sämtliche anderen größeren Aktienmärkte in der Welt haben ansehnliche Steigerungen erlebt. (Auf den kleineren Märkten bilden Spanien das untere und Hongkong das obere Extrem.) Die Vereinigten Staaten besitzen jedoch nach wie vor die größten, effizientesten und ehrlichsten Effektenmärkte auf der Welt. Die Ausländer halten sich nur deshalb manchmal zurück, weil sie nicht wissen, ob sie die Regeln verstehen, oder weil sie den Wert des Dollars nicht richtig einzuschätzen vermögen.

Für die Verdreifachung des Aktienmarktes brauchen wir im Grunde nur relativ bescheidene Annahmen zu treffen. Eine lautet, daß die Gewinne nach Steuern etwa zehn Prozent betragen, sich also in etwa im derzeitigen Rahmen bewegen. Die zweite Annahme ist, daß die Gewinne reinvestiert werden und daß die Investoren für die gleichen Gewinne ein wenig mehr bezahlen. Wenn sie derzeit das Siebenfache des Gewinns bezahlen, werden sie in zehn Jahren vielleicht das Achteinhalb- oder Neunfache der Gewinne zahlen. Grundsätzlich gibt es drei potentielle Geldanleger mit hoher Kaufkraft: die institutionellen, die privaten und die ausländischen Investoren.

Eine Zeitlang herrschte die Auffassung vor, daß die privaten Investoren immer falsch lagen. So gab es relativ lange spezielle Informationsdienste, die angaben, was die »kleinen Leute« taten, damit die »cleveren Leute« genau das Gegenteil tun konnten. Heute ist von den dummen kleinen Leuten nicht mehr die Rede, weil sich so viele auf den Eigentumswohnungsmarkt, den Rentenmarkt und den Prämienmarkt abgesetzt haben und weil die großen cleveren Leute so schlecht abgeschnitten haben. Für den privaten Anleger ist es nur zu natürlich und durchaus angebracht, vorsichtig zu sein. Dabei kommen ihm überdies zwei Faktoren entgegen. Der erste ist, daß die klugen Professionellen immer jemanden haben, entweder einen Chef oder einen Kunden, der ihnen ständig über die Schultern schaut. Dadurch können sie nur sehr kurzfristig disponieren. In meiner Rolle als Direktor einer Aktiengesellschaft habe ich mehrere Treuhänder erlebt, die mir berichtet haben, daß der Pensionsfonds unter fünf Managern aufgeteilt war, von denen drei den Durchschnitt übertroffen hatten und zwei nicht, die jetzt durch zwei andere ersetzt werden sollten. Eine solche Situation läßt die institutionellen Manager natürlich nicht kalt.

Der zweite Faktor ist, daß die institutionellen Geldanleger sozusagen große Tiere sind, die sich meistens nicht auf das dünne Eis hinauswagen und überdies sehr viel Platz benötigen. In bezug auf den Effektenmarkt heißt dies, daß sie gewöhnlich sehr umfangreiche Verkäufe vornehmen müssen und daß sie deshalb häufig mit kleineren Gesellschaften nicht viel im Sinn haben, da bei diesen nur relativ kleine Aktienumsätze getätigt werden können, die überdies prozentual recht beträchtliche Kursbewegungen auslösen können. Wegen dieser relativ engen Grenzen lohnt sich für sie häufig nicht der erforderliche Zeit- und Personalaufwand.

Die versteckte Hausse

Der folgende kurze Abschnitt ist im Grunde eine Fußnote für unser Hauptargument und sollte, da er meine persönlichen Vorurteile enthält, vom Leser dementsprechend mit Vorsicht aufgenommen werden. Der von mir früher geleitete Fonds besaß das, was heute als sehr hohes Beta bezeichnet würde. Als mir einmal ein fast zwanzig Jahre altes Portefeuille aus einem Aktenschrank entgegenfiel, den ich gerade einer Säuberung unterzog, war mir nahezu ein Drittel der darin enthaltenen Namen nicht mehr bekannt.

Diese Gesellschaften waren einfach vom Erdboden verschwunden. Dixie Dinettes? Mother's Cookies? Habe ich tatsächlich dreißigtausend Aktien von Mother's Cookies gekauft? Was ist mit Mother's Cookies geschehen? Ich hoffe, der Firma geht es gut, wohin auch immer sie gegangen sein mag. Allmählich ließ meine Aufregung ein wenig nach, weil ich mich erinnerte, wohin die einzelnen Firmen entschwunden waren. Hermes Electronics wurde von Itek aufgekauft, die überlebte und der es derzeit sehr gut ging. TRG wurde von Control Data erworben, die sich zu einer sehr großen Gesellschaft gemausert hatte. Eberline Instrument wurde in die Thermo Electron integriert, die sich glänzend entwickelt hatte. Außerdem waren da noch die Ölzulieferfirmen Texas Instruments und Schlumberger, von denen die erstere schließlich zu einem Milliarden-Dollar-Riesen im Halbleiterbereich wurde, während die zweite die Ölfelder der Welt auslotete. Ich hoffe, daß meine Nachfolger Schlumberger behalten haben, weil die Firma inzwischen um das Fünfzigfache bzw. um fünftausend Prozent gestiegen ist, aber ich wette, daß dem nicht so ist. Bei dem Ölpreis von dreißig Dollar pro Barrel interessieren sich nämlich alle Bohrer plötzlich für Schlumberger mit seinen seismographischen Meß- und Registrier-Techniken, während damals eine wachstumsträchtige Aktie gleichbedeutend mit Alcoa war.

Das Interessante an den Aktien kleinerer Firmen war trotz ihres größeren Risikos, daß viele von ihnen echt innovativ tätig waren und dabei sowohl das Wachstum als auch die Probleme der Adoleszenz durchlebten. Manchmal hatte sie plötzlich kein Geld mehr, und manchmal konnten die Gründerväter ihnen zwar zum Start verhelfen, waren aber nicht mehr imstande, ein mittelgroßes Unternehmen zu leiten, oder hatten einfach keine Lust mehr, wurden geschieden oder aber von IBM eingeschüchtert. Die Geldanleger mußten einige schlimme Tiefs durchmachen und auch in Perioden des Umschwungs einen klaren Kopf behalten, obwohl überall neue Gesellschaften aus dem Boden schossen und das Unkraut sehr stark den Blumen ähnelte.

Josef Schumpeter, der wohl einer der größten Ökonomen dieses Jahrhunderts ist, schrieb zu einer Zeit, als die Aussichten des Kapitalismus nicht sonderlich rosig waren, daß dieser vor allem durch seine innovativen Fähigkeiten gerettet werden könnte. Dank dieser von ihm als »kreative Destruktion« bezeichneten Fähigkeit erreichen die Märkte deswegen keinen Sättigungspunkt, weil die Innovation die alten Produkte obsolet macht. So kann man im Wissenschaftsmuseum in Kensington in London sehen, daß der Strom der im 19. Jahrhundert von Großbritannien erzeugten mechanischen und elektrischen Erfindungen – beispielsweise Ventile, Getriebe und Pumpen – der industriellen Revolution jeweils neue Impulse vermittelt hat. Außerdem brachte ein neues Ventil oder eine neue Pumpe dem Erfinder oder der Firma meistens auch recht beträchtlichen Wohlstand ein. Die nachindustrielle Revolution erfolgte im Bereich der Informationsverarbeitung und kann in ihrer Wirkung durchaus der industriellen Revolution gleichgesetzt werden. Ein Großteil der kleinen Gesellschaften hat mit einem neuen Produkt oder einer neuen Dienstleistung, die sich bald auf dem Weltmarkt durchsetzte, echte Pionierarbeit geleistet. Desgleichen ist das von den Investoren im Computer-, Halbleiter- und biomedizinischen Gerätebaubereich übernommene Risiko voll und ganz belohnt worden.

Das Wirtschaftsmagazin *Fortune* schrieb 1980: »Es hat sich gezeigt, daß die Aktien der kleinen Gesellschaften häufig besser abschneiden als der Markt, ohne daß man wüßte, warum.« Nach Auffassung des Magazins war eine mögliche Erklärung, daß der Unterschied zwischen den Aktien kleiner und großer Firmen auf einem »Liquiditätsbonus« beruhte, weil sie schwerer zu kaufen und zu verkaufen waren. Außerdem waren Informationen schwieriger erhältlich, obgleich die Summe der nicht assimilierten Informationen theoretisch neutral sein müßte, weil sich die unbekannten schlechten Nachrichten mit den unbekannten guten gegenseitig aufheben. Die Märkte der großen Aktiengesellschaften waren dagegen sehr »effizient«, denn sie verfügten über mehr Informationen, so daß sich die großen Geldanleger sicherer fühlten.

Die Universität von Chikago, die ja eine Hochburg der »effizienten Markt«-Theorie ist, hat diesen »Untergrund-Hausse-Markt« eingehend studiert, und Professor Roger Ibbotson hat für eine Periode von 22 Jahren die folgenden Ergebnisse ermittelt: Während der Standard-&-Poor-Index der fünfhundert größten Unternehmen um 504 Prozent gestiegen ist, hat die »zweite Schicht« immerhin 967 Prozent zugelegt. Nach Aussagen von Prof. Rolf W. Banz haben die Aktien kleinerer Firmen im Laufe von 54 Jahren die zweifache Rendite der Großunternehmen erbracht. Als daraufhin seine Kollegen, Anhänger der effizienten Markttheorie, antworteten: »Das paßt gut ins Bild, die Investoren akzeptieren bei diesen Aktien das größere Risiko und werden dafür belohnt«, führte Banz eine weitere Studie mit den kleinsten Gesellschaften durch. Und obwohl das Risiko statistisch besonders berücksichtigt worden war, schnitten diese immer noch deutlich besser ab.

Dennoch fehlt diesen Firmen trotz ihrer außerordentlichen Leistungen das Publikum, und viele spielten sozusagen vor leeren Theatern. Die Effektenindustrie hält sich ziemlich weitgehend an den großen Trend; der Riese dieser Branche, Merrill Lynch, betreut mit Hilfe von achtzig Beratern 1 117 Aktien, und bei der nächstgrößeren Firma, Salomon Brothers, betreuten 26 Berater 679 Aktien, die weitgehend mit denen von Merrill übereinstimmen.

Insgesamt gibt es jedoch 21 000 Aktiengesellschaften, und es zeigt sich, daß die meisten offenbar ignoriert werden. Von den 2 800 Spitzengesellschaften werden nur dreißig Prozent von einem einzigen Berater eingehend verfolgt. Mehr als zwölftausend Gesellschaften halten zwar ihre Bücher bei der Börsenaufsichtsbehörde auf dem jeweils neuesten Stand, finden in den meisten Fällen aber niemanden, der sich dafür interessiert. Häufig handelt es sich um Landbanken oder regionale Supermärkte, die sich inzwischen bereits daran gewöhnt haben, nur für einige wenige enge Verwandte und Cousins zu arbeiten.

Die kommerziellen Beratungsfirmen erhalten die Daten von der Börsenaufsichtsbehörde, um sie zu veröffentlichen und häufig sogar in den Datenbasen von Computern zu speichern. Falls sie im

Besitz eines eigenen Computerterminals sind, können sie per Telefon die Leistungen abonnieren und auf diese Weise sämtliche Informationen erhalten. Private Computerterminals kosten heute etwa genausoviel wie gute Fernsehgeräte, und die Subskriptionsgebühren für die Investitionsleistungen werden auf Stundenbasis berechnet, wobei die Nachtsätze genau wie beim normalen Telefondienst billiger sind. Bislang ist dies jedoch noch nicht aktuell, und das Interesse an den kleinen Firmen nach wie vor gering.

Wie wissen wir – ohne die Hilfe einer »Marktuhr« –, woran wir mit den kleineren Aktien sind? Es gibt sicherlich Zeiten, in denen sie mit extremer Begeisterung gekauft werden, bis sie dann riskant werden. Als wir die Flaschenbotschaft zu entwerfen begannen, lag das Preis-Ertrags-Verhältnis der sekundären Aktien im Dow-Jones-Index *unter* denen ihrer großen Brüder. Einige Zeit danach waren sie bereits teurer und lagen etwa um das 1,2- oder 1,3fache über den Verhältnissen ihrer großen Brüder. Da gleichzeitig konvertible Obligationen mit impliziten hohen Prämien aufgelegt wurden, befinden wir uns sozusagen mitten im Entdeckungsstadium. Rein historisch war es bisher immer ein Gefahrensignal, wenn der relative Preis der kleineren Aktien das Zweifache der großen betrug.

Sobald und falls die institutionellen Anleger ihren Aktienanteil erhöhen, sobald die Kuwaiter und die Deutschen ihre Begeisterung für den Aktienmarkt entdecken, sobald Ihr Nachbar bis spät in die Nacht auf seinem Heimcomputer herumtippt und sobald der Aktienmarkt logisch erscheint, ist diese Flaschenbotschaft überholt und hinfällig. Hier erscheint das bürgerliche französische Sprichwort *Achetez aux canons, vendez aux clairons* (»kauft bei Kanonen, verkauft bei Trompeten«) angebracht. Die Kanonen sind hier die feindliche Artillerie, die Ihre Stadt beschießen, und die Trompeten verkünden den Angriff des Verteidigers, der den Feind in die Flucht schlägt. Es bedarf psychologischer Seelenruhe und Kraft, um das Gegenteil von dem zu tun, was angebracht zu sein scheint. Andererseits war die Philosophie des Schwimmens gegen den Strom schon seit langem eine Quelle von Sprichwortweisheiten.

Das verlorene Universum

Das, was Sie soeben gelesen haben, sind einige vernünftige Argumente, die für das Aufholen des Aktienmarktes sprechen. Vernünftige Argumente reichen jedoch nicht aus, um die Aktienkurse steigen zu lassen. Ein wichtiges Element hat sich nämlich verändert.

Früher sah das Spektrum der Anlageinstrumente folgendermaßen aus:

Wenn man sein Geld ohne Risiko anlegen wollte, kaufte man staatliche Schuldverschreibungen und akzeptierte den damit verbundenen Ertrag. Daneben gab es die ein klein wenig riskanteren Industrieobligationen sowie die »Blue-chip«-Aktien, die die Crème de la crème darstellten: American Telephone & Telegraph, United States Steel, General Motors, Alcoa, du Pont, Standard Oil.

Und für die etwas schneller wachsenden Gesellschaften wie IBM, Minnesota Mining and Manufacturing wurde es wiederum ein bißchen teurer.

Noch riskanter waren schließlich die »red chips« und die »white chips«, die amerikanische Börse und der Freiverkehr.

Insgesamt war das Universum der Kapitalanleger klar und eindeutig und funktionierte genau nach den Vorstellungen Newtons. Dies ist alles vorbei – das Newton-Universum existiert nicht mehr.

Obligationen werden mit zunehmender Laufzeit nominal zwar auf Heller und Pfennig bzw. Dollar zurückgezahlt, aber wir wissen nicht mehr, was der Dollar zu diesem Zeitpunkt wert ist. Wenn der Direktor der Federal Reserve in der Zwischenzeit im Morgengrauen einen Telefonanruf erhält, daß die peripheren Verteidigungslinien durchbrochen worden sind, können die Zinsen plötzlich bei zwanzig Prozent liegen und die Rentenkurse zum Trudeln bringen. Insofern können festverzinsliche Anleihen genau wie die unbeständigen Aktien fluktuieren – eine bittere Erfahrung, die manche professionellen Manager inzwischen am eigenen Leibe gemacht haben. Genau dasselbe gilt für die steuerfreien Wertpapiere.

Was nun die ursprünglichen »blue chips« angeht, stellt sich die Frage, welche Aktien heute noch dazu zählen? Früher wurden die Aktien von Gesellschaften wie American Telephone mit ihren sicheren Dividenden als »Wachstumsobligationen« betrachtet; denn da die Dividende so hundertprozentig sicher war und überdies gelegentlich erhöht wurde, verkauften sich die Aktien so leicht wie Rentenpapiere. Die American Telephone liegt zwar immer noch gut im Kurs, aber die Obligationen fluktuieren. Von den 22 größten Stahlwerken der Welt befinden sich vierzehn in Japan, und kein einziges liegt in den Vereinigten Staaten. Wer will denn noch US-Stahl haben? Die IBM-Aktien besaßen ursprünglich eine geradezu religiöse Anziehung, aber ihr Preis fiel dennoch, weil die Geldanleger für die Erträge nicht mehr soviel zahlen wollten und andere Gesellschaften auch Computer herstellen. General Motors mußte feststellen, daß Datsuns, Toyotas und VWs sich ein Stück vom Markt abschneiden konnten – das Spiel vollzieht sich heute auf weltweiter Ebene.

Dies heißt keineswegs, daß die Aktien nicht steigen könnten. Viele werden dies auch tun. Es heißt vielmehr, daß sich der Bezugsrahmen verändert hat. Der Markt ist sehr viel unbeständiger geworden, und diese Unbeständigkeit kann uns zwar große Chancen, aber sicher keinen ruhigen Schlaf bieten.

Im Zeitalter des Papiergeldes sind alle Investitionen Spekulationen.

Soames Forsyte konnte sagen: »Verkaufe nie Staatspapiere [consols]« und diesen Rat über Generationen hinweg fortpflanzen. Heute ist es dagegen zweifelhaft, ob er irgend etwas überliefern könnte, das in einem Jahr noch zutreffend wäre. Der König ist nicht auf dem Thron, das Pfund ist kein Pfund wert, es stimmt alles nicht mehr so recht in dieser Welt. Index-Fonds, Beta und die neuere Portefeuille-Theorie sowie drei weitere computerabgeleitete im Entstehen begriffene Techniken zeugen alle von einem Bedürfnis nach Sicherheit, nach Orientierung, nach einer klassischen Wissenschaft, nach dem verlorenen Newtonschen Universum.

Bringen Sie Ihre Tanzschuhe mit zu der Party, *aber lassen Sie Ihre Stiefel im Flur.*

Kommen wir noch einmal kurz auf den Herzog Wellington zurück. Er verließ die Party, hielt einen kurzen Schlaf, stieg auf sein kastanienbraunes Pferd und gewann eine große Schlacht – nach seinen eigenen Worten war es »verdammt knapp«. Seine Brieftaube brachte die Nachricht über den Kanal zu dem Mann, der dem Herzog bei der Finanzierung seines Feldzuges geholfen hatte. Nathan Rothschild gab dem Vogel einen Taubenbonbon, ging zur Börse, verkaufte gerade so viel seiner Papiere, um eine kleine Panik auszulösen, trat dann mit seinem gesamten Vermögen als massiver Käufer auf den Plan und löste einen Hausse-Markt aus, der 99 Jahre lang anhielt. Ein wahrhaft überzeugendes Beispiel einer praktizierten Sprichwort-Weisheit.

Kapitel 12

Die Bedeutung des Papiergeldes

Kurzsichtigkeit ist: auf Kredit leben

Ich wünsche viel Glück mit dem Aktienmarkt, dem Haus, dem Grundbesitz, den kleinen Swissies und dem Yen, dem Gold und Silber, den Münzen, der Kunstsammlung, dem Rennpferd und den Meißner Figuren. Denn wir als Individuen haben weder die jetzige Welt noch das Papiergeld erschaffen und müssen, um darin zurechtzukommen, wohl oder übel unseren Grips benutzen. Die Häuser sind zum Leben da, und das Reparieren von Häusern kann durchaus produktive Arbeit sein; desgleichen kann der Aktienmarkt durchaus als produktive Investition betrachtet werden. Ferner hoffe ich, daß Ihre moderne Kunstsammlung Ihnen viel Vergnügen bereitet und daß Ihr Rennpferd tatsächlich gewinnt.

Allerdings ist das, was uns als Individuen gegenwärtig nützt, nicht auch zwangsläufig für die Gemeinschaft von Nutzen. Selbst wenn Sie bisher lange genug durchgehalten haben, um sich durch all die Abstraktionen und großen Zahlen hindurchzubeißen, und genügend Fähigkeiten besitzen, um die kommenden Jahre gut zu überstehen, brauchen wir dennoch für ein bequemes Leben mehr als ein dickes Bankkonto. Wir brauchen den Milchmann, den Polizisten, den Bäcker ebenso wie den Lehrer, müssen aber damit rechnen, daß sich nicht alle gleichermaßen gegen die Währung absichern können. Sobald eine dieser Berufsgruppen unzufrieden ist, wird sie streiken oder ihre Arbeit nicht in derselben Weise ausführen, so daß unser Lebensstandard genauso sinken wird, als wenn unsere Bankkonten zusammenschmelzen würden. Deshalb können wir diese Mitbürger selbst bei einer rein materialistischen Betrachtungsweise nicht einfach fallenlassen.

Im Anfangsstadium des Papiergeldes können sie aufgrund ihrer »Indexierung« noch gut mithalten, wenngleich auch mit leichter Verzögerung. Ihre Gewerkschaften setzen die ständigen Anpassungen an die Lebenshaltungskosten durch, außerdem richten sich ihre Lohnerhöhungen nach den Empfehlungen des Rates für Lohn- und Preisstabilität. Gleichzeitig sind kommerzielle Verträge und Immobiliengeschäfte an den Konsumpreisindex gekoppelt. Die lateinamerikanischen Bankiers hatten doch das Rezept parat: »Warum druckt ihr nicht einfach mehr Geld, indiziert alles und hört auf, euch Sorgen zu machen?«

Wenn ich meine Preise gestern angehoben habe und Sie mein Konkurrent sind und die Regierung sagt: »Preise einfrieren!«, dann habe ich zunächst einen großen Vorteil vor Ihnen. Bei der nächsten Gelegenheit werden Sie allerdings sofort aufholen, und ich werde schleunigst folgen. Es ist äußerst schwierig, Indexklauseln zu finden, bei denen sich sämtliche Preise verändern, weil es immer einige Produkte und Prozesse gibt, die sich nicht mit der gleichen Geschwindigkeit verändern. Eine echte Kontrolle gestaltet sich also äußerst schwierig. In Lateinamerika hinken beispielsweise die Sparraten meistens hinter der Inflationsrate her; wenn in Brasilien die Inflation zum Beispiel hundert Prozent betrug, lag die Sparrate bei nur fünfzig Prozent. Eine derartige Instabilität hat schon so mancher Militärregierung an die Macht verholfen. So ziemlich alle südamerikanischen Länder haben irgendwann einmal eine Militärjunta an ihrer Spitze gehabt, die die normalen Geschehnisse zunächst suspendiert und mit Hilfe von Erlassen und Bajonetten regiert hat. Aber diese Form der Politik steht hier ja wohl nicht zur Diskussion. Fest steht also: Es gibt einfach keine vollkommen indizierte und zugleich optimal funktionierende Wirtschaft.

Auf lange Sicht und bei kollektiver Betrachtung ist offenbar jeder Versuch, sich gegen die Inflation zu sichern oder sie zu überrunden, unsinnig und aussichtslos. Die Inflationssicherung hängt letztlich davon ab, daß es immer genügend Trottel, Dummköpfe, Narren und Leute gibt, die nicht hinreichend informiert sind. Sie brauchen sich doch nur einmal klarzumachen, daß Ihnen irgend jemand die »Inflationssicherung« verkaufen muß, die er bereits besitzt. Warum sollte er dies tun? Warum sollte ich mein Haus gegen Ihre schlechten Dollars eintauschen? Der Ratgeber, der Ihnen sagt, sich Geld zu leihen und *Sach*werte zu kaufen, weil dies die einzige inflationssichere Geldanlage ist, unterstellt, daß der Kreditgeber nicht weiß, was mit dem Geld passiert ist. Vielleicht handelt es sich bei den letzteren um die dummen Kinder mit ihren fünfprozentigen Sparbüchern und den sechsprozentigen Fünfzig-Dollar-Schatzbriefen. Sobald die dummen Kinder jedoch feststellen, daß sich der Preis der Schlittschuhe, für die sie gespart haben, inzwischen verdoppelt hat, sobald alle dummen Kinder zusammengenommen herausfinden, daß sie das Geld über ihre Sparkasse an Leute zum Kauf einer Eigentumswohnung verliehen haben, deren Wert ins unermeßliche gestiegen ist, während sie immer noch nicht ihre Schlittschuhe haben, werden sie alles verfluchen – und wenn sie dann alt genug sind, um selbst zu wählen, werden sie sich daran erinnern, wie dumm sie waren, und sie werden einen Kandidaten wählen, von dem sie sich Rache an all denen versprechen, die von ihrer Dummheit profitiert haben.

Inflationssicherung funktioniert nur im Falle einer *nichtantizipierten* Inflation. Sir Thomas Gresham ging davon aus, daß irgend jemand Ihr schlechtes Geld nehmen würde, damit Sie das gute behalten können. Vielleicht gibt es so einen »Irgendjemand«. Vielleicht werden die Gläubiger immer ihr Geld verleihen, genau wie die Apportierhunde immer einem Ball nachlaufen. Wir wollen dies einmal unterstellen.

Alle erhalten also die Losung: Leiht euch Geld, und sichert euch gegen Inflation. Wenn sich alle auf ein und dieselbe Seite des Bootes setzen, muß das Boot zwangsläufig umkippen. Auch unser »Uncle Sam«, der Staat, befindet sich mitten unter der Menge auf der einen Seite; auf sein Konto geht immerhin ein Viertel der gesamten Kreditaufnahme.

Ich habe die ungeheure Zahl bis hierher aufgespart und habe auch keinerlei Möglichkeit, sie irgendwie zu dramatisieren. Sie lautet: 4,3 Billionen Dollar: 4 300 000 000 000. Das ist die ausstehende Schuld auf den Kreditmärkten. Daran sind Sie ebenso beteiligt wie ich: Autoraten, offene Kreditkartenrechnungen, sämtliche Gesellschaften und Firmen ebenso wie »Uncle Sam« mit seinem Anhang. Diese 4,3 Billionen Dollar wirken insbesondere hoch im Verhältnis zum Kapital bzw. zum Aktienkapital, das etwa eine Billion Dollar beträgt und in den vergangenen zehn Jahren nicht sonderlich gestiegen ist. Die folgenden Zahlen zeigen, wie sich der Schuldenberg vergrößert hat:

1960 waren es 750 Milliarden Dollar.
1970 waren es 1,5 Billionen Dollar.
1980 waren es 4,3 Billionen Dollar.

Ein Teil dieses Sprungs von 1,5 Billionen Dollar auf 4,3 Billionen Dollar diente der Finanzierung des Wachstums, aber der größte Teil ging in den Konsum und war mit dem Prozeß des Konsumierens verschwunden. Wir haben uns also verschuldet, um so leben zu können, wie wir es wollten. Natürlich leben wir immer noch auf dem hübschesten Fleck in der Umgebung, aber die alte Farm ist bis über die Halskrause mit Hypotheken belastet, die Banken sind nervös, außerdem sind die Baumwollfelder vom Rüsselkäfer befallen. Unser Erbe sieht zwar riesig aus, ist aber voller Hypotheken.

Werfen wir einmal einen Blick auf das Schaubild von den amerikanischen Haushalten: Dabei können wir sehen, daß die Linie, die die Haushaltskredite darstellt, die der Haushaltsersparnisse zum ersten Mal in den siebziger Jahren schneidet. Entscheidend ist in diesem Zusammenhang, daß die Haushaltskredite den Konsum sowie Vermögenswerte wie eigengenutzte Häuser, Autos, Silber und Puppen finanzieren, die keinen zusätzlichen Wohlstand erzeugen.

Und »Uncle Sam« verschuldet sich – in äußerst edler Absicht –, um all jene guten Werke bezahlen zu können, mit denen er die Armen unterstützt, den Kranken hilft, die Konsumenten vor Betrug schützt, den Bauern unter die Arme greift, die potentiellen Gesundheitsgefahren reguliert und den Staaten und Städten Geld gibt. Er tut dies letztlich mit unserem Geld, mit unseren expliziten Steuern auf das Einkommen, auf Grundbesitz, auf Schenkungen, auf Benzin usw. sowie mit unserer impliziten Inflationssteuer. Die Kosten seiner guten Taten hat er offenbar nicht genau berechnet.

Das Borgen von Geld ist im Gegensatz zum Verleihen äußerst populär geworden. Da jedem Geldnehmer jedoch ein Geldgeber gegenüberstehen muß, ist der Preis des Geldes, nämlich der Zinssatz, gestiegen, und der Gläubiger möchte sein Geld außerdem schneller zurückhaben. Dieser Zeithorizont des Kreditnehmers ist zuvor bereits erwähnt worden, weil er ein sehr wichtiges Symbol ist.

Im 19. Jahrhundert konnte die britische Regierung Geld aufnehmen und dabei offen zugeben, daß sie dies *niemals* zurückzahlen würde. Da sie eine sehr hohe Kreditwürdigkeit besaß, gingen die Obligationen dennoch nach oben. Dies waren die sogenannten »Staatspapiere (consols)« mit nahezu unbegrenzter Laufzeit. Nach dem Zweiten Weltkrieg konnten die Vereinigten Staaten Geld für die Dauer von vierzig Jahren aufnehmen und dem Kreditgeber zweieinhalb Prozent dafür bezahlen. Heute müssen sie dagegen für eine Laufzeit von zehn Jahren dreizehn Prozent auf den Tisch legen. Der Zeithorizont der Kreditgeber läuft genau parallel mit einer allgemeinen Tendenz zu einer kurzfristigeren Perspektive. Gläubiger möchten nicht mehr langfristig Geld verleihen, Unternehmensmanager wollen nicht mehr langfristig denken, sondern planen eher für kurzfristige Drei-Jahres-Zeiträume. Der Aufbau von Kapital und die Verringerung der Schulden sind ein harter und äußerst schmerzlicher Prozeß. Wenn er im Rahmen des Konjunkturzyklus geschieht, hört man laute Klagen von den Betroffenen, seien dies die Unternehmer, die Bauern oder die Arbeitnehmer, während sich der Staat einfach mit mehr Geld aus der Klemme hilft. Auf diese Weise wächst der Schuldenberg unaufhörlich.

Ernsthafte Leute fragen sich vermutlich: Wie können wir diesen Zyklus brechen? Wir sind schließlich keine isolierte autarke Insel, so daß wir mit zunehmender Verschuldung gegenüber irgendeinem externen Schock – wie beispielsweise einer Öl- oder einer Bankkrise – extrem anfällig werden. Ohne einen solchen Schock werden wir weiterhin mehr Kreditnehmer als -geber haben und zunehmend verletzlicher werden. Und mit einem Schock – der

Jährlicher Nettozuwachs
der Haushaltsersparnisse und Schulden, 1952–1979
(in Milliarden Dollar)

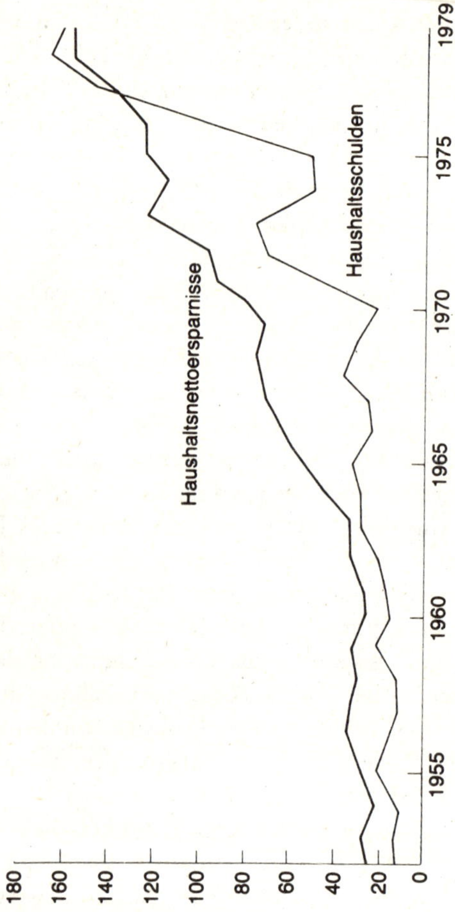

Die Leute sparen, aber sie borgen auch. In einer gesunden Wirtschaft sparen sie mehr, als sie borgen. Erstaunlich an diesem Diagramm ist, daß sich beide Linien schneiden, und es gibt natürlich eine Verschuldungsgrenze.

Quelle: Salomon Bros.

sowohl im Inland als auch im Ausland ausgelöst werden kann – könnte das gesamte System zusammenbrechen.

Zuerst formen und entwerfen wir unsere Häuser, und dann formen sie uns. Die Zunahme des Schuldenberges schafft mehr Dollars, dies bewirkt einen Vertrauensschwund des Dollars, welcher die Kreditwürdigkeit der Währung als Wertaufbewahrungsmittel untergräbt. Wir konzentrieren uns viel zu sehr darauf, wie wir die nächste Krise im nächsten Jahr überstehen, und vernachlässigen dabei unsere besseren Instinkte, die langfristigere Vorkehrungen für das nächste Jahrzehnt und die nächste Generation erwarten würden.

Diese Instinkte – zu arbeiten und zu sparen bzw. zu akkumulieren – sind in produktiven Gesellschaften sehr stark ausgeprägt, und ihre Symbole sind Kinder und Bäume. So pflanzt der Mensch Bäume, obwohl er nie ihr Endstadium erlebt; sondern er möchte der nächsten Generation bestimmte Dinge hinterlassen und in den Genuß einer wachsenden Familie und von Zinseszinszahlungen kommen. Obwohl die meisten Menschen über das Geld etwas anderes denken, möchten sie in ihm – und nur in ihm – ein Wertaufbewahrungsmittel sehen, weil sie sich nicht ständig Gedanken machen wollen, wie sie die Währung manipulieren oder ihr entfliehen können. Denn irgend jemand wird immer etwas schneller sein und sie zum Verlierer stempeln. Außerdem möchten sie lieber ihrer derzeitigen Beschäftigung des Bauens, Verkaufens, Pflügens oder Singens nachgehen. Das Problem beim Papiergeld ist, daß es nur die kleine Minderheit belohnt, die mit ihm umgehen kann, während es die Generation, die gearbeitet und gespart hat, zum Narren hält.

Demgegenüber galt Keynes' erste Sorge der anderen Seite des Problems, nämlich wie man die Wirtschaft mit Liquidität versorgen und die Ersparnisse freisetzen konnte. Er hielt die protestantische Ethik für viel zu extrem. »Wir sind zu lange darauf hingetrimmt worden, uns abzumühen und nicht zu genießen«, und er freute sich auf den Tag, an dem wir die »sozialen Bräuche und wirtschaftlichen Praktiken ... die zur Kapitalakkumulation förderlich sind, endlich ablegen können«. Für ihn waren diese Praktiken einfach zu grob und ruppig. Wir haben diesen von Keynes erwarteten Tag inzwischen erreicht, unglücklicherweise jedoch auf dem falschen Wege, nämlich über eine Abkürzung. Der Tag, von dem Keynes sprach, sollte im 21. Jahrhundert liegen, nach hundert Jahren wachsenden Reichtums, den wir den Früchten der Wissenschaft und der Konsolidierung eines zuvor verdienten Vermögens zu verdanken gehabt hätten. Wir haben aber heute bereits die »sozialen Bräuche und wirtschaftlichen Praktiken«, die zur Verteilung der Produktion – im Namen der Gerechtigkeit – gedacht sind und die genau die Kapitalakkumulation entmutigen, die uns schließlich befreien sollte. Wir genießen jetzt, indem wir heute fliegen und später dafür zahlen.

Wozu brauchen wir das Geld?

Wir sind sowohl gut gekleidet und leben in guten Wohnbedingungen, obwohl die Verwendung des Haus-und Wohnungsmarktes als spekulatives Mittel die Bedeutung guten Wohnens sehr wohl gefährden kann. Außerdem sind wir sicherlich gut genährt, denn vierzig Millionen Amerikaner machen jährlich eine Diät. Die Landwirtschaft ist unser größter Exportbereich, und das Landwirtschaftsministerium läßt die alte Texas Railroad Commission wie einen Stümper erscheinen. (Die Texas Railroad Commission drosselte erst nach Befragen ihrer Industrie die Produktion, während das Landwirtschaftsministerium die Milchpreise bereits bei einem geringfügigen Ausschlag des Konsumpreisindex nach oben *drückt.)*

Wenn wir genügend Nahrung, Kleidung und Wohnungen besitzen und über hundertvierzig Millionen Fahrzeuge auf der Straße verfügen sowie den Sättigungspunkt bei Fernsehgeräten, Stereoanlagen und Elektrogeräten erreicht haben – wozu brauchen wir dann das Geld? Ich glaube, wir versuchen etwas zu kaufen, das gar nicht käuflich ist. Dies ist ein Gefühl *der Gemeinschaft,* im Arabischen das *asibaya,* im Japanischen das *danketsu.* (Die Ökonomen haben die OPEC 1974 deshalb falsch eingeschätzt, weil sie sie nach rein ökonomischen Gesichtspunkten beurteilt und das *asibaya* unter ihren Mitgliedern übersehen haben.) Die Gemeinschaft impliziert sozialen Zusammenhang, Solidarität, persönliche Vertrautheit, emotionale Tiefe, moralische Verpflichtung, zeitliche Kontinuität und die Betrachtung eines Menschen in seiner Gesamtheit und nicht in seinen einzelnen Rollen.

Wie versuchen wir nun, diese Gemeinschaft zu erkaufen? Ein Beispiel: Wir bezahlen für Verbrechen oder weichen ihm aus; wir scheinen jedoch nicht imstande zu sein, es zu lösen. Jedes Jahr werden mehr als eine Million Autos gestohlen, und die Versicherungsgesellschaften finden es billiger, die Kosten über die Prämien abzudecken, als uns zur Lösung des Problems anzuhalten. Unsere Kriminalstatistik steigt jedes Jahr, und auch daran haben wir uns bereits gewöhnt. Da wir an einem sicheren Ort leben wollen, wo unsere Häuser und Kinder sicher sind, ziehen wir ständig um. Unsere »Altersruhesitze« ähneln manchmal bewachten Palisadendörfern. In unseren größeren Städten haben wir uns gegenüber Straßenüberfällen, Körperverletzungen in dunklen Parkecken und Morden in der U-Bahn eine ziemlich gleichgültige und kaltblütige Haltung angewöhnt – und legen damit eine Gleichgültigkeit gegenüber dem Leben an den Tag, die wir bislang immer mit dem Orient assoziiert haben.

Im Orient und in Japan sind dagegen *sinkende* Verbrechensraten zu verzeichnen. Angeblich kann man in Tokio überall langgehen, ohne sich ängstlich umsehen zu müssen, und Taxifahrer führen ohne weiteres größere Mengen Bargeld bei sich. Ein Harvard-Soziologe hat dies Phänomen genauer untersucht. Seines Erachtens ist das sogenannte *danketsu gai tsuyoi*, das heißt die Fähigkeit, miteinander zu arbeiten, ausschlaggebend. Die nachbarschaftlichen Beziehungen sind in Japan ebenso wie die Familienbeziehungen ausgesprochen stark und intensiv, die Polizei ist voll darin integriert, und von Verbrechern wird erwartet, daß sie sich freiwillig stellen, um ihre Eltern nicht zu beschämen.

All diejenigen, die uns mit großer Sicherheit eine apokalyptische Depression vorhersagen, sind sich ebenso sicher, daß wir keinen Gemeinschaftssinn besitzen; genau dies ist das fehlende Element in ihren schrecklichen Prognosen von einer »Großen Depression«. Nach ihrer Auffassung sollen wir deshalb unseren Keller mit Vitaminen, Rindfleisch- und Thunfischdosen, Silbermünzen und Penicillin vollstopfen, damit man es sich für den Fall, daß die Läden leergefegt sind und der Strom abgedreht ist, mit seinem tragbaren Generator, den Lebensmittelvorräten und dem Gewehr gemütlich machen kann. Und falls unser Nachbar kurz vor dem Verhungern ist und um eine Dose Thunfisch bittet, dann geben wir ihm mit einem Warnschuß zu verstehen, daß er sich ja rechtzeitig auf die Arche hätte retten können. Ein nüchterner Angestellter einer Versicherungsgesellschaft, der uns in einem nüchternen kleinen Buch vor einer Finanzkrise warnt, schlägt vor, sich ein Landhaus in den Bergen zu suchen, das »sich am besten oberhalb von einer Brücke befindet, die verteidigt und notfalls zerstört werden kann«. Der Gedanke, daß man sich mit seinem Nachbarn gut verstehen könnte, daß sich die Leute in der Kirche oder in der Schule treffen und daß man mit seinem Nachbarn den Thunfisch zusammen mit dessen Pfirsichbowle teilen könnte, scheint diesen Leuten völlig fremd zu sein.

Natürlich sind wir heute sicherlich eine viel gewalttätigere Gesellschaft als die Deutschen im Jahre 1923. Ihre Gesetzestreue ging so weit, daß beispielsweise eine Gruppe von Revolutionären, die zuerst die U-Bahn in ihre Hand brachte, um die Regierung zu stürzen, sich ordnungsgemäß vor dem Fahrkartenschalter anstellte und alle Hinweisschilder getreulich befolgte. (Diese Gruppe war vermutlich vor allem aufgrund dieser Mentalität erfolglos, die bewirkte, daß sie zuerst Karten kaufte und mit der U-Bahn fuhr, um die Regierung zu stürzen.) Im Gegensatz zu uns besaßen die Deutschen weder hundert Millionen Pistolen noch eine generationenalte Arbeitslosigkeit. Die Hyperinflation löste ihren »sozialen Kitt« schnell auf, doch brauchten wir heute gar nicht erst zu warten, bis wir mit Hundert-Millionen-Dollar-Scheinen bezahlen müssen, um sehr ernsthafte Schwierigkeiten zu haben. Sobald die Lastwagenfahrer streiken, werden die Ladenregale bald leer sein, und wenn die Elektrizitätswerke lange genug ihre Arbeit niederlegen, kann sich Ihr tragbarer Generator schnell als sehr praktisch erweisen. Ich muß aber immer noch an ein Interview mit der deutschen Schausspielerin Lotte Lenya denken, die 1923 in Berlin lebte. Konnte sie sich daran erinnern? »Oh ja, Brecht arbeitete damals an seinem Stück, und ich probte in einem anderen Stück.« Und wie hatte sie die Inflation empfunden? »Oh, das war ja alles Politik.«

In jedem Land, das eine heftige Hyperinflation erlebt hat, war dieser immer ein Krieg oder eine Revolution vorausgegangen.

Und wie sieht es langfristig aus?

Das Papiergeld besitzt einen ungeheuer großen Interessentenkreis. Alle Leute, die die 4,3 Billionen Dollar besitzen, haben gar nichts dagegen, wenn der Dollar billiger wird, weil sie davon profitieren. Da es offenbar keine einheitliche Interessengruppe zur Erhaltung der Integrität einer Währung gibt, wird es immenser Kraftanstrengungen bedürfen, um das angeschlagene System durch das nächste Jahrzehnt hindurchzubringen – *aber wir müssen es unbedingt schaffen*, denn das System muß überleben.

Es geht nämlich um viel mehr als um bloße Bankkonten. Erinnern wir uns noch einmal an den holländischen Bankier, der sagte: »Was bleibt uns außer dem Dollar? Der Mond?« Sobald man außerhalb Amerikas auf Reisen ist, wird einem die Verantwortung sehr viel bewußter. Es ist immer noch das Land, auf das alle anderen Länder schauen und das seine Leute nicht mit Scheinwerfern und Stacheldraht einschließt. Es gibt kein anderes Land, das den Westen anführen könnte. Die für den Rest der Welt nach wie vor größten Attraktionen sind die Energie unseres Landes, seine vielfältigen Chancen, seine Großzügigkeit und sogar sein Mitgefühl – selbst wenn diese Qualitäten heute nicht überall mobilisiert werden. Auf jeden Fall sind sie nach einer langen Entstehungsgeschichte durchaus existent.

Wir verbinden mit den Arabern die Vorstellung, daß sie unser Geld wegnehmen und uns durch ihr Öl ausrauben. Vor tausend Jahren haben sie uns sogar etwas noch Wertvolleres und Notwendigeres als das Öl gegeben, nämlich die Zahlen. Sie haben uns aus Indien die äußerst geniale Zahl Null überliefert und uns unsere heutigen »arabischen« Ziffern vermittelt.

Im 13. Jahrhundert brachte ein Reisender aus Pisa, ein Leonardo Fibonacchi, das Zahlensystem in die Toskana in Norditalien, so daß die Toskaner in ihren Büchern nicht mehr die lateinischen Ziffern wie zum Beispiel CXXV mit MCMXXXIII multiplizieren mußten sondern anhand der arabischen Zahlen komplizierte Rechnungen ausführten sowie die doppelseitige Buchführung und ein ganzes Rechensystem besaßen. Ferner entwickelten die Toskaner erstmals Banken mit Wechseln und Kreditscheinen wie den mittelalterlichen Reiseschecks, so daß die reisenden Händler nicht ständig Bargeld transportieren mußten.

Bald darauf verbreitet sich das Bankwesen der Toskaner, der Florentiner und der Venezianer über das ganze südliche und mittlere Europa, und sein spezifischer *Geist* dringt über die Alpen bis nach Holland vor, weil die Spanier den südlichen Teil der Niederlande erobert und alle Bauernhöfe verbrannt hatten, so daß sich die holländischen Flüchtlinge in Amsterdam zusammenscharen, während ihre Cousins in vielen Städten in ganz Europa zerstreut leben. Als schließlich ein Boom in Europa ausgelöst wird, gibt es eine Energiekrise, die dadurch bedingt ist, daß im Süden Europas überall die Bäume als Brennmaterial abgeholzt wurden, und zwar so viele Bäume, daß die Glasmacher kein Feuer mehr zur Herstellung von Glas machen dürfen und die Holländer sich per Schiff in die Ostsee begeben, um dort mehr Holz zu holen und mit den finnischen und schwedischen Bäumen die Energiekrise zu bewältigen. Aus den Aufzeichnungen von James Burke geht hervor, daß die Holländer bald den ganzen Holzhandel monopolisieren, ihre Notsituation also in einen Vorteil verkehren, und daß ihre kleinen Schiffe das Holz nach Süden und den Wein nach Norden transportieren. Auf diese Weise ist Amsterdam bald die reichste Stadt Europas, und der gesamte Handel wird durch die von den Norditalienern übernommenen Papierscheine finanziert, auf denen die von den Arabern aus Indien mitgebrachten Zahlen stehen.

Die Briten gehen ebenfalls auf See, indem sie das Geld von ihren Gutsbesitzern erheben und das von den Franzosen übernommene System der *mort-gage* verwenden. Die damals vorherrschende Grundeinstellung erhält überdies Auftrieb durch Johannes Calvin, der seinen Landsleuten predigt, daß Arbeit und vor allem erfolgreiche Arbeit ein Hinweis dafür ist, daß man vor Gott Gnade findet. Die holländischen Schiffe segeln nach Amerika, wo die Holländer den Manhattan-Indianern eine Insel abkaufen und eine Mauer entlang der nördlichen Grenze ihrer kleinen Ansiedlung errichten, und dieser lehmige Pfad entlang dieser Mauer ist natürlich die heutige Wall Street. Als die Briten von den katholischen Stewart-Königen die Nase voll haben, lassen sie sich von den Holländern den geeignetsten Protestanten, den Prinzen von Oranien und Nassau, schicken, der ihnen nicht nur William und Mary als Herrscher beschert, sondern zugleich die Leute aus den holländischen Kaffeehäusern, die mit William mitgehen und sich bald mit den Leuten in den englischen Cafés vermischen. In diesen Kaffeehäusern kann man sämtliche Schiffahrtsnachrichten finden, Geld leihen, verleihen und investieren, Musik hören, Kaffee trinken, Frauen und Männer treffen – also nahezu alles tun. Die holländischen und die englischen Schiffe sind immer sehr lange Zeit unterwegs (ihre Schiffe waren nach Risiko und Stabilität versichert, und zwar nach dem Muster von Café Lloyd's), ihre Ladungen wurden mit Hilfe von Papiergeld, den sogenannten Kreditwechseln, finanziert, wobei das Geld von den *mort-gages* (Hypotheken) auf die neu registrierten Grundstücke in England stammte, während die Wechsel ihrerseits von den Holländern übernommen worden waren, die diesen von den Norditalienern mit den von den Arabern aus Indien importierten Zahlen überliefert worden waren.

Die Russen haben damals auch schon eine Rolle in dieser Geschichte gespielt. Da sie meinen, einen Warmwasserhafen zu benötigen, marschieren sie nach Finnland, das den von den Holländern zur Lösung der Energiekrise entwickelten Holzhandel ruiniert. Europa braucht ja nicht nur Holz als Brennstoff und für Schiffe, sondern es hat zugleich Probleme mit dem Wasserweichtier *Teredo navalis,* das die Rümpfe der Holzschiffe frißt. Sobald die Schiffswände jedoch mit Pech und Schwefel von Kiefern beschichtet sind, kann das *Teredo navalis* das Holz nicht mehr fressen. Da den Russen die baltischen Kiefernwälder gehören, muß man sich wohl oder übel nach einem anderen Ort mit Kiefernwäldern umsehen. Da bieten sich vor allem die Kiefernwälder der Karolinen an, und auf diese Weise erhalten die Bewohner von North Carolina ihren späteren Spitznamen der »Tarheels« (der Teerhacken). Im Laufe der Zeit überqueren immer mehr Schiffe den Atlantik. New Amsterdam wird zu New York, die Puritaner werden die Yankee-Händler, und um ihren Handel mit Papiergeld abwickeln zu können, treffen sie sich 1692 unter einer Platane, die den Lehmpfad bzw. die heutige Wall Street überschattet, und nennen das Gebiet um den Baum herum die Börse.

Angesichts des ausgeprägten Schiffsverkehrs sind eine Menge von Kreditwechseln in Umlauf, auf die man bis zur Ankunft seines Schiffes Bargeld erhalten kann, und um diese Methode richtig zu organisieren, hat sich in London, in »Nag's Head-Saloon« in der Cateaten Street, eine informelle Vereinigung konstituiert. Da diese 1694 einen besseren Namen benötigt, nennt sie sich einfach die Bank von England. Als eines Tages wieder alle bei »Nag's Head« in der Cateaten Street versammelt sind, sagt jemand plötzlich: »Wer sollte Ihrer Meinung nach der nächste ›Leiter der Münze‹ sein?« Ein anderer antwortet darauf: »Wie wär's mit Isaac Newton? Er hat sich doch hinreichend verdient gemacht.« Darauf ein anderer: *»Isaac Newton?* Der Isaac Newton aus Cambridge – mit den ganzen Mathematikformeln und seinen Artikeln über Optik und Licht? Hat er nicht eine etwas merkwürdige Einstellung zum Gold?«

In der Zwischenzeit, in einer Taverne in New York ... aber halt! Da waren wir schon dabei. Und Sie wissen jetzt genug von der übrigen Geschichte. Es ist jedoch ganz nützlich, wenn man sich an schlechten Tagen erinnert, was für eine lange und abenteuerliche Geschichte es ist. Und sie ist noch nicht vorbei.

Quellenverzeichnis

Akhtarekhavari, Farid: Die OPEC im wirtschaftlichen Spannungsfeld. Hamburg 1976.
–: Die Ölpreispolitik der OPEC-Länder, Hamburg 1975.
Energie-Report Havard Business School. Hrsg. von Stobaugh, R./Yergin, D., München 1980.
Gälli, Anton: Die sozio-ökonomische Entwicklung der OPEC-Staaten. 1978.
Galbraith, John K.: Mächte, Märkte und Moneten. München 1981.
Heller, Walter W.: Das Zeitalter des Ökonomen. Neue Dimensionen der Wirtschaftspolitik. Tübingen 1968.
Kaltenbrunner, Gerd K. (Hrsg.): Inflation ohne Ende. Wer verliert, wer gewinnt? Freiburg 1977.
Kelly, John B.: Brennpunkt Gold. Die Ölstaaten und der Westen. Berlin 1981.
Keynes, John M.: Allgemeine Theorie der Beschäftigung, des Zinses und des Geldes. 5. Aufl., Berlin 1974.
–: Politik und Wirtschaft. Männer und Probleme. Berlin 1956.
–: Vom Gelde. 2. Aufl., Berlin 1955.
Kloten, Norbert u. a.: Die Entwicklung des Geldwertes in Deutschland. Fakten und Bestimmungsgründe. Berlin 1980.
Leijonhufvud, Axel: Über Keynes und Keynesianismus. Köln 1973.
Ochel, Wolfgang: Die Industrialisierung der arabischen OPEC-Länder und des Iran. 1978.
Sampson, Anthony: Weltmacht ITT. Die politischen Geschäfte eines multinationalen Konzerns. Reinbek 1975.
Samuelsen, Paul A.: Volkswirtschaftslehre. Eine Einführung. Köln 1981.
Schmölders, Günter: Gutes und schlechtes Geld. Frankfurt/M. 1968.
Schumpeter, Joseph A.: Kapitalismus, Sozialismus und Demokratie. 5. Aufl., UTB 1980.
–: Das Wesen des Geldes. Göttingen 1970.

Smith, Adam: Das große Spiel ums Geld. Düsseldorf 1969.
Thurow, Robert: Wegweiser vom Währungswirrwarr. Berlin 1967.
Westphal, Uwe: Die importierte Inflation bei festem und flexiblem Wechselkurs. Tübingen 1968.

Akins, James E.: »The Oil Crisis: This Time the Wolf Is Here.« Foreign Affairs, April 1973.
Anderson, James E., u. a.: Texas Politics. New York 1971.
Arnold, Jose: Golden Swords, and Pots and Pans. New York 1963.
Bell, Geoffrey: The Euro-Dollar Market and the International Financial System. New York 1973.
Bellah, Robert: Tokugawa Religion. Boston 1957.
Benton, Wilbourn E.: Texas: Its Government and Politics. 1972.
Bergsten, C. Fred: The Dilemmas of the Dollar. New York 1975.
Betancourt, Romulo: Venezuela: Oil and Politics. Boston 1979.
Blair, Johann: The Control of Oil. New York 1977.
Brownlee, W. Elliot: Dynamics of Ascent. New York 1978.
Clowes, Sir William Laird: The Royal Navy. London 1903.
Craig, Sir John: The Mint. Cambridge 1953.
Dillard, Dudley: Economic Development of the North Atlantic Community. Englewood Cliffs 1967.
Duncan, Andrew: Money Rush. New York 1979.
Einzig, Paul/Quinn, Brian Scott: The Eurodollar System. London 1977.
Feaveryear, Sir Albert: The Pound Sterling. Oxford 1963.
Fergusson, Adam: When Money Dies: The Nightmare of the Weimar Collapse. London 1975.
Fischer, Stanley/Dornbusch, Rudiger: Macroeconomics. New York 1978.
Friedman, Milton/Schwartz, Anna Jacobson: A Monetary History of the United States 1867–1960. Princeton 1963.
Galbraith, John K.: The Great Crash, 1929. Boston 1972.
Gough, Robert/Siegel, Robin: »Why Inflation Becomes Worse.« Data Resources Review, Januar 1979.
Guttmann, William: The Great Inflation, Germany 1919–1923. Farnborough (England) 1975.
Habday, Peter: Saudi Arabia Today: An Introduction to the Richest Oil Power. London 1978.
Halberstam, David: The Best and the Brightest. New York 1972.

Harrod, Sir Roy: The Life of John Maynard Keynes. London 1951.
Hicks, Sir John: Causality in Economics. Oxford 1979.
Hirst, David: Oil and Public Opinion in the Middle East. London 1966.
Horsefield, J. Keith: The International Monetary Fund 1945–1965. Washington, D. C., 1969.
Howarth, David: The Desert King: A Life Of Ibn Saud. London 1964.
International Monetary Fund (IMF): The First Ten Years of the International Monetary Fund 1945–1955. Washington, D. C., 1956.
Kaufman, Henry/McKeon, James/Foster, David: 1980 Prospectus for Financial Markets. New York 1980.
Kenen, Peter: Reserve Asset Preferences of Central Banks and Stability of the Gold Exchange Standard. Princeton 1963.
Keynes, John Maynard: The Collected Writings. 16. Aufl., New York 1971.
–: The Economic Consequences of the Peace, London 1919.
–: The General Theory of Employment, Interest and Money. London 1936.
Keynes, Milo (Hrsg.): Essays on John Maynard Keynes. London 1975.
Kubbah, Abdul Amir Q.: OPEC: Past and Present. Wien 1974.
Laursen, Karsten/Pederson, Jorgen: The German Inflation, 1918–1923. Amsterdam 1964.
Legum, Colin: Middle East Contemporary Survey. New York 1979.
Lekachman, Robert: The Age of Keynes. New York 1975.
–: Economists at Bay. New York 1976.
Longford, Elizabeth: Wellington. New York 1969.
MacCorkle, Stuart: Texas Government. New York 1974.
Malkiel, Burton G.: The Inflation Beater's Investment Guide. New York 1980.
–: A Random Walk Down Wall Street. New York 1973.
Mayer, Martin: The Builders. New York 1978.
–: The Fate of the Dollar. New York 1980.
Mayer, Thomas: »Economics as Hard Science: Realistic Goal or Wishful Thinking?« Economic Inquiry, 18. Aufl., April 1980.
McCleskey, C.: The Government and Politics of Texas. Boston 1975.
Mendelsohn, M. S.: Money on the Move. New York 1980.
Mikdashi, Zuhayr: The Community of Oil Exporting Countries. London 1972.
Odell, Peter: Oil and World Power. New York 1975.
Philby, H. St. John: Saudi Arabia. London 1955.
Ratner, Sidney/Soltow, James/Sylla, Richard: The Evolution of the American Economy. New York 1980.
Ringer, Fritz (Hrsg.): The German Inflation of 1923. New York 1969.

Robinson, E. A. G.: John Maynard Keynes: Economist, Author, Statesman. New York 1971.

Rustow, Dankwart A./Mugno, John R.: OPEC: Success and Prospects. New York 1976.

Sampson, Anthony: The Seven Sisters. New York 1975.

Samuelson, Paul: Economics. New York 1973.

–: Readings in Economics. New York 1973.

Sherbiny, N. A.: Arab Oil. New York 1976.

Smith, Adam: Supermoney. New York 1972.

Spero, Joan Edelman: The Failure of the Franklin National Bank. New York 1980.

Starr, Roger: Housing and the Money Market. New York 1975.

Sterling, Bryan B. (Hrsg.): The Will Rogers Scrapbook. New York 1976.

Stern, Carl H./Makin, John H./Logue, Dennis E.: Eurocurrencies and the International Monetary System. Washington, D. C., 1976.

Thurow, Lester C.: The Zero-Sum Society. New York 1980.

Triffin, Robert: Gold and the Dollar Crisis. New Haven 1961.

Tugwell, Franklin: The Politics of Oil in Venezuela. Standford 1975.

Turner, Louis: Oil Companies in the International System. London 1978.

United States Central Intelligence Agency: The International Energy Situation: Outlook to 1985. Washington, D. C., 1977.

U. S. Department of Commerce: National Gas from Unconventional Geologic Sources. Washington, D. C., 1976.

Whorf, Benjamin Lee: Language, Thought, and Reality. Cambridge, Mass., 1956.

Wilson, Carroll L. (Hrsg.): Coal-Bridge to the Future: Report of the World Coal Study. Cambridge, Mass., 1980.

Wilson, Neill C./Taylor, Frank: Southern Pacific. New York 1952.

Winder, Bayly: Saudi Arabia in the Nineteenth Century. London 1965.

Personen- und Sachregister